"101 计划"核心教材
数学领域

代数数论

程创勋　张翀　编著

中国教育出版传媒集团

高等教育出版社·北京

内容提要

本书叙述代数数论的基本内容，分为三部分：数域、局部域、数域上的傅里叶分析。在数域部分，讲述代数数域和代数整数环的基本性质、Dedekind 整环、理想的分解、类群、类数、Dirichlet 单位定理；在局部域部分，讲述 p-进数、赋值域、有理数域上二次型的局部—整体原则、高阶分歧群；在数域上的傅里叶分析部分，讲述局部紧 Abel 群上的调和分析、adele、idele、zeta 积分。

本书深入浅出地讲解了从基础概念到前沿课题的多层面内容，通过详尽的分析和有代表性的实例帮助读者建立稳固的知识体系。本书可作为高校数学类专业数论课程的教材或参考书，也可供其他科研人员参考。

总 序

自数学出现以来,世界上不同国家、地区的人们在生产实践中、在思考探索中以不同的节奏推动着数学的不断突破和飞跃,并使之成为一门系统的学科。尤其是进入 21 世纪之后,数学发展的速度、规模、抽象程度及其应用的广泛和深入都远远超过了以往任何时期。数学的发展不仅是在理论知识方面的增加和扩大,更是思维能力的转变和升级,数学深刻地改变了人类认识和改造世界的方式。对于新时代的数学研究和教育工作者而言,有责任将这些知识和能力的发展与革新及时体现到课程和教材改革等工作当中。

数学"101 计划"核心教材是我国高等教育领域数学教材的大型编写工程。作为教育部基础学科系列"101 计划"的一部分,数学"101 计划"旨在通过深化课程、教材改革,探索培养具有国际视野的数学拔尖创新人才,教材的编写是其中一项重要工作。教材是学生理解和掌握数学的主要载体,教材质量的高低对数学教育的变革与发展意义重大。优秀的数学教材可以为青年学生打下坚实的数学基础,培养他们的逻辑思维能力和解决问题的能力,激发他们进一步探索数学的兴趣和热情。为此,数学"101 计划"工作组统筹协调来自国内 16 所一流高校的师资力量,全面梳理知识点,强化协同创新,陆续编写完成符合数学学科"教与学"特点,体现学术前沿,具备中国特色的高质量核心教材。此次核心教材的编写者均为具有丰富教学成果和教材编写经验的数学家,他们当中很多人不仅有国际视野,还在各自的研究领域作出杰出的工作成果。在教材的内容方面,几乎是包括了分析学、代数学、几何学、微分方程、概率论、现代分析、数论基础、代数几何基础、拓扑学、微分几何、应用数学基础、统计学基础等现代数学的全部分支方向。考虑到不同层次的学生需要,编写组对个别教材设置了不同难度的版本。同时,还及时结合现代科技的最新动向,特别组织编写《人工智能的数学基础》等相关教材。

数学"101 计划"核心教材得以顺利完成离不开所有参与教材编写和审订的专家、学者及编辑人员的辛勤付出,在此深表感谢。希望读者们能通过数学"101 计划"核心教材更好地构建扎实的数学知识基础,锻炼数学思维能力,深化对数学的理解，进一步生发出自主学习探究的能力。期盼广大青年学生受益于这套核心教材，有更多的拔尖创新人才脱颖而出！

田　刚

数学"101 计划"工作组组长

中国科学院院士

北京大学讲席教授

前 言

Langlands 写道: 数论中两个最直接最初等同时也是最充满挑战的问题是 Diophantus 方程和素数。数论也是围绕这两个主题不断发展的。素数的概念是熟知的, 它们的行为非常神秘。Diophantus 方程是指系数都是整数的方程, 即
$$f(x_1,\cdots,x_n)=0, \quad f\in\mathbb{Z}[x_1,\cdots,x_n],$$
例如 Fermat 方程 $x^n+y^n=z^n$。给定一个 Diophantus 方程, 我们面临的挑战是: 判断它是否有 (整数) 解, 解集是否有特定的代数或几何的结构, 能否找到所有的解。这些问题不仅是数论前进的动力, 也促进了其他理论的发展, 譬如分析学、代数几何、表示论等。当下, 数论已经和这些理论水乳交融, 密不可分。

求解 Diophantus 方程一般而言是非常困难的。一个朴素的想法是: 如果有环同态 $\phi:\mathbb{Z}\to R$, 记 $\phi(f)$ 为 f 在 $R[x_1,\cdots,x_n]$ 中的像, 那么可以先在 R 中求解方程 $\phi(f)=0$, 进而帮助我们去理解原本的 Diophantus 方程。

首先是同余的思想, 即 $R=\mathbb{Z}/n\mathbb{Z}$, $\phi:\mathbb{Z}\to\mathbb{Z}/n\mathbb{Z}$ 是商映射。此时探讨同余方程
$$f(x_1,\cdots,x_n)\equiv 0 \pmod{n}.$$
特别地, 当 $n=p$ 是素数时, 我们是在有限域 $\mathbb{F}_p$ 上求解。此时同余方程将 Diophantus 方程和素数这两个主题联系在一起。如果我们对所有素数 p 考察同余方程的解的行为, 往往会展现神奇的现象, 被称作互反律。这是一个非常核心的问题。例如, 对于一元二次方程, 就是经典的二次互反律。

另一类重要的环 R 是数域的整数环 $\mathcal{O}$, 例如 Gauss 整数环 $\mathbb{Z}[i]$, 分圆域的整数环 $\mathbb{Z}[\zeta_n]$ 等。它们是 $\mathbb{Z}$ 的自然延展, 此时 $\phi:\mathbb{Z}\to\mathcal{O}$ 是嵌入映射。我们将视野从 $\mathbb{Z}$ 扩大到了更大的环, 然后从中获取信息反馈至 $\mathbb{Z}$。例如, 素数的平方和问题 $p=x^2+y^2$ 与 $\mathbb{Z}[i]$ 密切相关, Fermat 方程 $x^n+y^n=z^n$ 与 $\mathbb{Z}[\zeta_n]$ 有关。在研究同余方程时, $\mathbb{F}_p$ 和 $\mathbb{F}_p^\times$ 的代数结构起到了至关重要的作用。所以需要首先了解 $\mathcal{O}$ 与它的单位群 $\mathcal{O}^\times$ 的结构, 这是本书前四章介绍的内容。整数环 $\mathbb{Z}$ 是主理想整环, 特别地, 它是唯一分解整环。而 $\mathcal{O}$ 通常不是唯一分解整环, 它是 Dedekind 整环, 我们只能在其上讨论理想的分解。环 $\mathcal{O}$ 与主理想整环的差距由它的类群衡量, 这是一个有限 Abel 群。

求解 Diophantus 方程的另一个重要方法是局部—整体方法。20 世纪初 Hensel 创造了 p-进整数 $\mathbb{Z}_p$ 和 p-进数 $\mathbb{Q}_p$，用于解决 Dedekind 关于数域判别式的猜想；20 世纪 20 年代 Hasse 发现，对不同的素数 p, p-进数的全体有重要的理论意义，并进一步发展了这一思想，即局部—整体原则，也称为 Hasse 原则。局部—整体原则不是一个定理，而是一种研究问题的思想。简单来说，局部—整体原则是指：一个命题在 $\mathbb{Q}$ 上成立当且仅当其在 $\mathbb{R}$ 上成立，并且对所有素数 p，在 $\mathbb{Q}_p$ 上成立。或更一般地，我们通过在 $\mathbb{R}$ 上和在 $\mathbb{Q}_p$ 上研究一个数论对象，从而得到对象在 $\mathbb{Q}$ 上的性质。正如我们在几何上，通过研究几何对象（如曲线、曲面等）在单点的邻域上的性质，而得到几何对象的整体性质。回到 Diophantus 方程，我们考虑的映射便是 $\phi_p : \mathbb{Z} \to \mathbb{Z}_p$。本书第五章从历史的角度介绍了 p-进数的构造和基本性质。作为 p-进数在解 Diophantus 方程方面的具体应用，第六章我们证明有理数域上二次型的局部—整体原则。第七章和第八章介绍了 p-进数域 $\mathbb{Q}_p$ 的推广——赋值域和局部域，将局部—整体原则运用到一般数域的研究上。

整数环 $\mathbb{Z}$ 和赋值环 $\mathbb{Z}_p$ 都是一维的。为了研究 Diophantus 方程，势必会走进高维的世界。例如椭圆曲线、模曲线、模形式，这些是二维对象。更进一步，有 Galois 表示、Abel 簇、Shimura 簇、自守形式这些高维对象。这些对象来自数学的不同分支，包括数论、几何、表示论等。Langlands 纲领将它们紧密联系在一起，中间的桥梁是各种 L-函数。本书不会触及这些高维概念，但会在最后的章节介绍一维 L-函数，即 Tate 的博士论文。一方面，这部分内容是我们进一步学习的基础；另一方面，在这一章我们将数域与其所有完备化联系起来，从另一角度深入理解局部—整体思想。

本书旨在详细地介绍代数数论的经典理论，为今后的进一步学习打下坚实的基础。本书涵盖的内容大体与冯克勤老师的《代数数论》(参考文献 [35]) 近似，但在处理方式上会稍有不同。尤其是对于 L-函数，我们按照 Tate 的方法进行阐述，这是更为系统，也更容易向高维推广的范式。读者可参考 [35] 的解析理论部分学习较为传统的论证与更多的结论。本书为了保持适中的长度，没有涵盖类域论等后续理论。我们推荐阅读 [28,36] 等优秀书籍了解相关的内容，尤其黎景辉老师在书中对代数数论的很多重要研究方向做了提纲挈领的综述。

作者感谢数论求学历程中给予指导的老师们：冯克勤、欧阳毅、秦厚荣、孙智伟、田野、印林生。感谢方江学与许金兴在本书编写过程中提供的帮助。崔一丁、李乐、刘昶佑、牛成、尚晓光、孙奕炜、唐晨皓、颜琪秉、姚鼎典、袁浩洋等阅读了本书的部分内容，提出了很多修改意见，作者对他们表示感谢。

程创勋　张翀
2025 年 1 月于南京

符号约定

- 符号 $\subset$ 和 $\supset$ 表示集合之间的包含关系, 也包括相等的情形。集合的真包含用符号 $\subsetneq$ 和 $\supsetneq$ 表示。
- 符号 $\forall$ 代表 "对所有", $\exists$ 代表 "存在", $\Rightarrow$ 代表 "推出", $\Leftrightarrow$ 代表 "当且仅当"。
- 如无特别说明, 环均指含幺交换环。环 A 的所有乘法可逆元形成的乘法群记为 $A^\times$, 称作 A 的单位群。对于环同态 $\varphi: A \to B$, 要求 $\varphi(1) = 1$。
- 给定环 A, $\mathrm{M}_n(A)$ 和 $\mathrm{GL}_n(A)$ 分别表示系数定义在 A 上的 n-阶方阵和可逆矩阵群, 即 $\mathrm{GL}_n(A) = \mathrm{M}_n(A)^\times$。给定 $g \in \mathrm{M}_n(A)$, 用 g^T 表示它的转置。
- 对于一个域 k, 用 $\bar{k}$ 表示它的代数闭包。
- 记 $\mathbb{N}$ 为自然数集 (大于 0 的整数全体), $\mathbb{Z}$ 为整数环, $\mathbb{Q}$ 为有理数域, $\mathbb{R}$ 为实数域, $\mathbb{R}_+^\times$ 为大于 0 的实数组成的乘法群, $\mathbb{C}$ 为复数域, $\mathbb{F}_q$ 为 q 元有限域。
- 如无特别说明, π 代表圆周率, e 代表自然常数, i 代表虚根 $\sqrt{-1}$。
- 对于有限集 S, 用 $|S|$ 或 $\#S$ 表示 S 的元素个数。
- id 代表恒等映射。

目 录

第一章　代数整数环　1
　1.1　代数数与代数整数　2
　　　1.1.1　基本定义　2
　　　1.1.2　整性的判断准则与基本性质　3
　　　1.1.3　数域的整数环　5
　1.2　迹与范　6
　　　1.2.1　定义与性质　6
　　　1.2.2　迹与双线性型　10
　　　1.2.3　Hilbert 定理 90　11
　1.3　判别式与整基　13
　　　1.3.1　元素组的判别式　13
　　　1.3.2　整基与判别式　14
　　　1.3.3　整基与 Eisenstein 多项式　18
　1.4　分圆域的整基　20
　　　1.4.1　分圆域　21
　　　1.4.2　线性不相交　22
　习题　24

第二章　Dedekind 整环　27
　2.1　Dedekind 整环　28
　2.2　素理想分解定理　30
　　　2.2.1　基本结果　30
　　　2.2.2　其他结论　33
　2.3　局部化　36
　习题　39

第三章　数域中的素理想分解　41
　3.1　理想的范　42
　3.2　数域扩张下的素理想分解　44

	3.2.1 分歧指数与剩余次数	44
	3.2.2 Dedekind 准则	46
	3.2.3 非分歧准则	51
3.3	一些例子	52
	3.3.1 二次域	52
	3.3.2 Eisenstein 多项式与素理想分解	54
3.4	相对差分和判别式	55
3.5	Galois 扩张下的素理想分解	58
	3.5.1 Galois 群作用	59
	3.5.2 分解群与惯性群	60
	3.5.3 Frobenius 自同构	65
3.6	分圆域中的素理想分解	67
	3.6.1 分歧情形	67
	3.6.2 非分歧情形	69
	3.6.3 一般情形	69
	3.6.4 二次互反律	70
3.7	Fermat 大定理	71
习题		74

第四章 类群和单位群 — 77

4.1	类群的有限性	78
	4.1.1 主要结果	78
	4.1.2 一些例子	79
	4.1.3 格	84
	4.1.4 数的几何	86
4.2	Dirichlet 单位定理	89
	4.2.1 主要结果	90
	4.2.2 定理 4.2.1的证明	92
	4.2.3 CM 域	95
习题		96

第五章 p-进数 — 99

5.1	p-进数与形式幂级数	100
5.2	p-进数与反向极限	103
5.3	p-进绝对值	106
	5.3.1 p-进距离和完备化	106
	5.3.2 超距几何	111

		5.3.3 完备化与反向极限	112
5.4	$\mathbb{Q}_p$ 的乘法群		113
5.5	p-进方程		116
5.6	$\mathbb{Q}_p$ 上的 Hilbert 符号		118
	5.6.1	Hilbert 符号的定义和计算	118
	5.6.2	Hilbert 符号的局部—整体性质	121
	5.6.3	Hilbert 符号和 K_2-群	123
习题			129

第六章 二次型的局部—整体原则 131

6.1	二次型的代数性质		132
	6.1.1	二次模与双线性型	132
	6.1.2	二维二次模	134
	6.1.3	二次模的正交基	136
	6.1.4	Witt 环	137
6.2	二次型与数的表示		139
	6.2.1	定义与性质	139
	6.2.2	有限域上的二次型	140
6.3	$\mathbb{Q}_p$ 上的二次型		141
	6.3.1	不变量 $d(f)$ 和 $\epsilon(f)$	142
	6.3.2	$\mathbb{Q}_p$ 上二次型与数的表示	142
	6.3.3	$\mathbb{Q}_p$ 上二次型的分类	145
	6.3.4	$\mathbb{R}$ 上的二次型	146
6.4	$\mathbb{Q}$ 上的二次型		147
	6.4.1	Hasse-Minkowski 定理	147
	6.4.2	$\mathbb{Q}$ 上的二次型与数的表示	149
	6.4.3	$\mathbb{Q}$ 上二次型的等价	150
	6.4.4	平方和问题	151
	6.4.5	二次型与域扩张	153
习题			155

第七章 赋值域 157

7.1	赋值与赋值域		158
	7.1.1	定义和基本性质	158
	7.1.2	独立性和逼近定理	161
	7.1.3	离散赋值	161
	7.1.4	赋值的限制和扩张	165

7.2	离散赋值环的扩张	167
7.3	完备化	170
7.4	Hensel 引理与赋值的扩张	176
	7.4.1　Hensel 引理	176
	7.4.2　赋值的扩张: 完备情形	178
	7.4.3　Newton 逼近	181
	7.4.4　Newton 折线	182
7.5	赋值的 Galois 理论	184
	7.5.1　赋值的扩张: 一般情形	184
	7.5.2　数域上的赋值	188
	7.5.3　赋值的扩张: Galois 情形	190
习题		192

第八章　局部域　195

8.1	局部域的代数性质	196
	8.1.1　局部域的分类	196
	8.1.2　p-进对数映射和 p-进指数映射	197
	8.1.3　局部域的乘法群	200
	8.1.4　Krasner 引理和局部域的扩张	202
	8.1.5　p-进复数域 $\mathbb{C}_p$	205
8.2	高阶分歧群	206
	8.2.1　高阶分歧群的定义和基本性质	206
	8.2.2　Herbrand 定理	209
	8.2.3　下编号高阶分歧群的商	212
8.3	差分和判别式	214
习题		217

第九章　数域上的调和分析　219

9.1	LCA 群上的调和分析	220
	9.1.1　LCA 群	220
	9.1.2　Pontryagin 对偶	222
	9.1.3　测度	223
	9.1.4　Fourier 变换	226
	9.1.5　限制直积	227
9.2	局部域上的调和分析	231
	9.2.1　F 上的调和分析	232
	9.2.2　$F^{\times}$ 上的调和分析	237

9.3	Adele 和 idele		240
	9.3.1	Adele 和 idele	240
	9.3.2	Adele 上的调和分析	244
	9.3.3	Idele 上的调和分析	249
9.4	Zeta 积分: 局部理论		253
	9.4.1	基本结果	253
	9.4.2	非 Archimedes 情形	254
	9.4.3	Archimedes 情形	260
	9.4.4	分布与 zeta 积分	263
9.5	Zeta 积分: 整体理论		266
	9.5.1	基本结果	266
	9.5.2	定理 9.5.1 的证明	267
	9.5.3	L-函数	270
习题			272

参考文献   273

名词索引暨英译   276

第一章

代数整数环

本章介绍数域及其整数环的概念，它们是有理数域 $\mathbb{Q}$ 和整数环 $\mathbb{Z}$ 的自然延伸. 本章还引入了迹、范，以及判别式等工具和概念，研究了代数整数环的基本结构，特别是证明了整基的存在性. 我们给出了整基的一些判断准则. 作为最重要的例子，我们讨论了二次域和分圆域整基的具体构造.

1.1 代数数与代数整数

1.1.1 基本定义

定义 1.1.1 对于复数 α,
- 若存在首一多项式 $f \in \mathbb{Q}[x]$ 使得 $f(\alpha) = 0$, 则称 α 是**代数数**, 反之则称其为**超越数**;
- 若存在首一多项式 $f \in \mathbb{Z}[x]$ 使得 $f(\alpha) = 0$, 则称 α 是**代数整数**.

为了方便，记 $\mathbb{Q}^{\mathrm{alg}}$ 为全体代数数的集合，记 $\mathbb{Z}^{\mathrm{alg}}$ 为全体代数整数的集合. 显然有如下关系:

$$\mathbb{Z} \subset \mathbb{Z}^{\mathrm{alg}}, \quad \mathbb{Q} \subset \mathbb{Q}^{\mathrm{alg}}, \quad \mathbb{Z}^{\mathrm{alg}} \subset \mathbb{Q}^{\mathrm{alg}}.$$

我们很快会看到 $\mathbb{Q}^{\mathrm{alg}}$ 是 $\mathbb{C}$ 的子域，并且 $\mathbb{Q}^{\mathrm{alg}}$ 是 $\mathbb{Q}$ 的代数闭包，通常也被记作 $\overline{\mathbb{Q}}$. 我们还会看到 $\mathbb{Z}^{\mathrm{alg}}$ 是 $\mathbb{Q}^{\mathrm{alg}}$ 的了环，并且它的分式域就是 $\mathbb{Q}^{\mathrm{alg}}$.

引理 1.1.1 若 $\alpha \in \mathbb{Q}^{\mathrm{alg}}$ 非零，则 $\alpha^{-1} \in \mathbb{Q}^{\mathrm{alg}}$, 且存在非零整数 k 使得 $k\alpha \in \mathbb{Z}^{\mathrm{alg}}$.

证明留作练习.

注记 1.1.1 在交换代数的理论中，有更一般的概念: **整性**. 设 B 为交换环，A 是其子环. 对于 B 中元素 α, 若存在首一多项式 $f \in A[x]$ 使得 $f(\alpha) = 0$, 则称 α 在 A 上整. 若 B 中任意元素均在 A 上整，则称 B 在 A 上整. 所以，对于复数 α, 它是代数数等价于其在 $\mathbb{Q}$ 上整; 它是代数整数等价于其在 $\mathbb{Z}$ 上整.

例 1.1.1 (1) 对于 $d \in \mathbb{Z}$, $\sqrt{d} \in \mathbb{Z}^{\mathrm{alg}}$.

(2) 易见 $\dfrac{\sqrt{-3}}{2}$ 和 $\dfrac{\sqrt{5}}{2}$ 不属于 $\mathbb{Z}^{\mathrm{alg}}$, 但 $\dfrac{1+\sqrt{-3}}{2}$ 和 $\dfrac{1+\sqrt{5}}{2}$ 属于 $\mathbb{Z}^{\mathrm{alg}}$.

(3) 对于 $n \in \mathbb{N}$, $\mathrm{e}^{2\pi \mathrm{i}/n} \in \mathbb{Z}^{\mathrm{alg}}$.

(4) 判断超越数在历史上是一个非常重要的问题. Hermite 证明了 e 是超越数. Lindemann 证明了 π 是超越数，并且他证明了对于非零 $\alpha \in \mathbb{Q}^{\mathrm{alg}}$, e^{α} 是超越数 (所以由 $\mathrm{e}^{\pi \mathrm{i}} = -1$ 知 π 是超越数). 著名的 Hilbert 第 7 问题是: 设 $\alpha \in \mathbb{Q}^{\mathrm{alg}}$ 不是 1 或 0, 设 $\beta \in \mathbb{Q}^{\mathrm{alg}}$ 但 $\beta \notin \mathbb{Q}$, 问 α^{β} 是否是超越数? 此问题由 Gelfond 和 Schneider 给出了肯定的

答案. 由此可知 $\sqrt{2}^{\sqrt{2}}$ 是超越数, $e^\pi = (e^{\pi i})^{-i} = (-1)^{-i}$ 是超越数. 但现在仍未知 $e + \pi$, $e\pi$, π^e, π^π, e^e 等是否为超越数.

1.1.2 整性的判断准则与基本性质

以下引理 1.1.2 和引理 1.1.3 是判断代数数和代数整数常用的 "有限性" 准则, 它们是命题 1.1.1 关于判断整性的一般性准则的特例.

引理 1.1.2 以下结论等价:

(1) $\alpha \in \mathbb{Q}^{\mathrm{alg}}$.

(2) $\mathbb{Q}(\alpha)$ 是 $\mathbb{Q}$ 的有限扩域.

(3) $\mathbb{C}$ 中存在非零有限维 $\mathbb{Q}$-线性子空间 V 使得 $\alpha V \subset V$.

引理 1.1.3 以下结论等价:

(1) $\alpha \in \mathbb{Z}^{\mathrm{alg}}$.

(2) $\mathbb{Z}[\alpha]$ 是有限生成 Abel 群.

(3) $\mathbb{C}$ 中存在有限生成的非零 Abel 子群 M 使得 $\alpha M \subset M$.

命题 1.1.1 对于交换环 $A \subset B$, 以下结论等价:

(1) $\alpha \in B$ 在 A 上整.

(2) $A[\alpha]$ 是有限生成 A-模.

(3) 存在有限生成 A-模 $M \subset B$, 使得 $\alpha M \subset M$, 且 M 含有一个元素 β 满足 β 不是 B 中的零除子.

证明 ((1) $\Rightarrow$ (2)) 若 α 在 B 上整, 则存在关系

$$\alpha^n = -(a_{n-1}\alpha^{n-1} + \cdots + a_1\alpha + a_0),$$

其中 $a_i \in A$. 运用归纳法, 不难看出对任意 $k \geqslant n$, α^k 都可由 $1, \alpha, \cdots, \alpha^{n-1}$ 通过 A-系数线性组合得到. 所以 $A[\alpha]$ 可由 $1, \alpha, \cdots, \alpha^{n-1}$ 生成.

((2) $\Rightarrow$ (3)) 令 $M = A[\alpha]$ 以及 $\beta = 1$ 即可.

((3) $\Rightarrow$ (1)) 取 M 的一组生成元 $x_1, \cdots, x_n$. 由于 $\alpha M \subset M$, 可知在 M 上数乘 α 是 M 上的 A-模自同态. 所以存在 $g \in \mathrm{M}_n(A)$ 使得 $\alpha(x_1, \cdots, x_n) = (x_1, \cdots, x_n)g$, 即

$$(x_1, \cdots, x_n)(\alpha I_n - g) = 0,$$

其中 I_n 是 n 阶单位方阵, $\alpha I_n - g$ 被视作 $\mathrm{M}_n(A[\alpha])$ 中的矩阵. 右乘 $\alpha I_n - g$ 的伴随矩阵得到

$$(x_1, \cdots, x_n)\det(\alpha I_n - g) = 0.$$

所以 $\det(\alpha I_n - g) \cdot M = 0$. 特别地, $\det(\alpha I_n - g)\beta = 0$. 因为 β 不是零除子, 所以

$\det(\alpha I_n - g) = 0$, 其展开式即为 $\alpha^n + a_{n-1}\alpha^{n-1} + \cdots + a_0 = 0$, 其中各个 $a_i \in A$. 所以 α 在 A 上整. □

下面是涉及有限性时常用的引理, 可理解为有限性的传递性, 证明留作练习.

引理 1.1.4　设 B 是 A-代数, 并且是有限生成 A-模. 如果 M 是有限生成 B-模, 那么 M 是有限生成 A-模.

推论 1.1.1　若 $\alpha_1, \cdots, \alpha_n \in B$ 在 A 上整, 则 $A[\alpha_1, \cdots, \alpha_n]$ 是有限生成 A-模.

证明　对 n 进行归纳证明. 当 $n = 1$ 时, 是命题 1.1.1. 假设结论当 $n-1$ 时成立, 即 $A[\alpha_1, \cdots, \alpha_{n-1}]$ 是有限生成 A-模. 因为 α_n 在 A 上整, 所以 α_n 也在 $A[\alpha_1, \cdots, \alpha_{n-1}]$ 上整, 因此 $A[\alpha_1, \cdots, \alpha_{n-1}, \alpha_n]$ 是有限生成 $A[\alpha_1, \cdots, \alpha_{n-1}]$-模. 由引理 1.1.4 可知结论成立. □

注记 1.1.2　若 B 在 A 上整, 则 B 未必是有限生成 A-模. 例如 $\mathbb{Q}^{\mathrm{alg}}$ 不是有限生成 $\mathbb{Q}$-模.

定义 1.1.2　对于交换环 $A \subset B$, 记 $\overline{A} := \{\alpha \in B \mid \alpha \text{ 在 } A \text{ 上整}\}$, 称其为 A 在 B 中的**整闭包**. 若 $\overline{A} = A$, 则称 A 在 B 中**整闭**.

例 1.1.2　由定义知 $\mathbb{Q}^{\mathrm{alg}}$ 是 $\mathbb{Q}$ 在 $\mathbb{C}$ 中的整闭包, $\mathbb{Z}^{\mathrm{alg}}$ 是 $\mathbb{Z}$ 在 $\mathbb{C}$ 中的整闭包.

推论 1.1.2(封闭性)　$\overline{A}$ 是 B 的子环.

证明　我们需要证明若 $\alpha, \beta \in \overline{A}$, 则 $\alpha + \beta, \alpha\beta \in \overline{A}$. 注意到 $A[\alpha + \beta]$ 和 $A[\alpha\beta]$ 均属于 $A[\alpha, \beta]$. 由推论 1.1.1 知 $A[\alpha, \beta]$ 是有限生成 A-模, 从而由命题 1.1.1 知 $\alpha + \beta$ 和 $\alpha\beta$ 在 A 上整. □

推论 1.1.3　$\mathbb{Q}^{\mathrm{alg}}$ 是 $\mathbb{C}$ 的子域, $\mathbb{Z}^{\mathrm{alg}}$ 是子环, 且 $\mathbb{Q}^{\mathrm{alg}}$ 是 $\mathbb{Z}^{\mathrm{alg}}$ 的分式域.

证明　结合引理 1.1.1 和推论 1.1.2 可知. □

推论 1.1.4(传递性)　对于交换环 $A \subset B \subset C$, 以下结论等价:

(1) C 在 A 上整.

(2) C 在 B 上整, 且 B 在 A 上整.

证明　$((1) \Rightarrow (2))$ 显然.

$((2) \Rightarrow (1))$ 设 $\alpha \in C$. 由于 α 在 B 上整, 故存在 $b_{n-1}, \cdots, b_0 \in B$ 使得

$$\alpha^n + b_{n-1}\alpha^{n-1} + \cdots + b_0 = 0.$$

所以 α 在 $A[b_0, \cdots, b_{n-1}]$ 上整, 从而 $A[b_0, \cdots, b_{n-1}, \alpha]$ 是有限生成 $A[b_0, \cdots, b_{n-1}]$-模. 又因为 B 在 A 上整, 所以 $A[b_0, \cdots, b_{n-1}]$ 是有限生成 A-模. 综上可知 $A[b_0, \cdots, b_{n-1}, \alpha]$ 是有限生成 A-模, 所以 α 在 A 上整. □

推论 1.1.5　对于交换环 $A \subset B$, $\overline{A}$ 在 B 中的整闭包仍是 $\overline{A}$.

证明　由推论 1.1.4 立知. □

定义 1.1.3　对于整环 A, 若它在其分式域中是整闭的, 则称它是**整闭的**或者**正规的**.

引理 1.1.5　(1) $\mathbb{Z}$ 是正规的; 更一般地, 唯一分解整环是正规的.

(2) 若 A 是正规整环, 则 $A[x]$ 也是正规的.

证明留作练习.

1.1.3 数域的整数环

定义 1.1.4　(1) 我们称 $\mathbb{Q}$ 在 $\mathbb{C}$ 中的有限次域扩张 F 为**数域**. 若 $[F:\mathbb{Q}] = n$, 则称 F 的次数为 n.

(2) 对于数域 F, 我们记 $\mathcal{O}_F$ 为 $\mathbb{Z}$ 在 F 中的整闭包, 称其为 F 的**整数环**.

注记 1.1.3　(1) 数域 F 的基指的是它作为 $\mathbb{Q}$-线性空间的基.

(2) 由定义可见 $\mathcal{O}_F \subset \mathbb{Z}^{\mathrm{alg}}$, 由引理 1.1.2 可知 $F \subset \mathbb{Q}^{\mathrm{alg}}$.

(3) $\mathcal{O}_F$ 的分式域是 F, 这与推论 1.1.3 的道理相同.

(4) 由推论 1.1.4 可知 $\mathcal{O}_F$ 是正规整环. 我们今后会证明 $\mathcal{O}_F$ 是 Dedekind 整环.

(5) 对于数域之间的扩张 L/F, 由推论 1.1.4 可知 $\mathcal{O}_L$ 也是 $\mathcal{O}_F$ 在 L 中的整闭包.

例 1.1.3　以下是两类重要的数域, 我们今后将在其上践行诸多一般性的理论.

(1) **二次域**是次数为 2 的数域. 易见它们均可写成 $\mathbb{Q}(\sqrt{d})$ 的形式, 其中 d 是无平方因子的整数.

(2) **分圆域**是形如 $\mathbb{Q}(\zeta_n)$ 的数域, 其中 $\zeta_n \in \mathbb{C}$ 是 n 次本原单位根.

给定数域 F. 对于 $\alpha \in F$, 我们经常需要判断其是否属于 $\mathcal{O}_F$. 例如, 若想证明 $\alpha \notin \mathcal{O}_F$, 则按照定义就要说明不存在首一多项式 $f \in \mathbb{Z}[x]$ 使得 $f(\alpha) = 0$, 而这有时是不容易操作的. 而下面的准则 (推论 1.1.6) 告诉我们只需考察 α 的极小多项式即可.

引理 1.1.6　给定首一多项式 $f, g \in \mathbb{Q}[x]$. 若 $fg \in \mathbb{Z}[x]$, 则 $f, g \in \mathbb{Z}[x]$.

证明　设 f 的复根为 $\alpha_1, \cdots, \alpha_n$, g 的复根为 $\beta_1, \cdots, \beta_m$, 则它们构成了 fg 的全部复根. 因为 fg 是首一整系数多项式, 所以 $\alpha_1, \cdots, \alpha_n, \beta_1, \cdots, \beta_m$ 都是代数整数. 我们知道 f 的系数可由它的复根通过加、减、乘三种运算得到, 故由推论 1.1.2 知这些系数是代数整数. 而这些系数又都是有理数, 由 $\mathbb{Z}$ 是正规环知它们必须是整数, 即 $f \in \mathbb{Z}[x]$. 同理知 $g \in \mathbb{Z}[x]$. □

注记 1.1.4　从引理 1.1.6 的证明中可以看出 $\mathbb{Z}$ 的正规性起到了决定性的作用. 因此若将 $\mathbb{Z}$ 替换成一般的正规整环 A, 将 $\mathbb{Q}$ 替换成 A 的分式域 F, 该引理的结论仍然成立.

推论 1.1.6 设 F 是数域, $\alpha \in F$, $f \in \mathbb{Q}[x]$ 是 α 在 $\mathbb{Q}$ 上的极小多项式, 则 $\alpha \in \mathcal{O}_F$ 当且仅当 $f \in \mathbb{Z}[x]$.

证明 只需证明必要性. 设首一多项式 $h \in \mathbb{Z}[x]$ 满足 $h(\alpha) = 0$. 由极小多项式的性质知 $f \mid h$, 即存在首一多项式 $g \in \mathbb{Q}[x]$ 使得 $h = fg$. 那么由引理 1.1.6 立得 $f \in \mathbb{Z}[x]$. □

注记 1.1.5 结合注记 1.1.4, 推论 1.1.6 可以推广为如下一般形式. 设 A 是正规整环, F 是 A 的分式域, $\overline{F}$ 是 F 的代数闭包. 如果 $\alpha \in \overline{F}$, $f \in F[x]$ 是 α 在 F 上的极小多项式, 那么 α 在 A 上整当且仅当 $f \in A[x]$.

例 1.1.4 (二次域的整数环) 设 $F = \mathbb{Q}(\sqrt{d})$ 是二次域, d 是无平方因子的整数. 令

$$\varpi_d = \begin{cases} \dfrac{1+\sqrt{d}}{2}, & \text{若 } d \equiv 1 \pmod{4}, \\ \sqrt{d}, & \text{若 } d \equiv 2, 3 \pmod{4}, \end{cases}$$

则

$$\mathcal{O}_F = \mathbb{Z} + \mathbb{Z}\varpi_d = \mathbb{Z}[\varpi_d].$$

首先, 显然 $\mathbb{Z} + \mathbb{Z}\varpi_d \subset \mathcal{O}_F$. 其次, 只需证明若 $\alpha = a + b\sqrt{d} \in \mathcal{O}_F$ ($a, b \in \mathbb{Q}, b \neq 0$), 则 $\alpha \in \mathbb{Z} + \mathbb{Z}\varpi_d$. 由推论 1.1.6, α 的极小多项式 $x^2 - 2ax + (a^2 - b^2 d)$ 属于 $\mathbb{Z}[x]$. 因为 d 无平方因子, 容易验证

- 若 $a \in \mathbb{Z}$, 则 $b \in \mathbb{Z}$;
- 若 a 是半整数 $\left(\text{即 } a \in \frac{1}{2}\mathbb{Z} \setminus \mathbb{Z}\right)$, 则 b 也是半整数, 并且此时 $d \equiv 1 \pmod{4}$.

无论哪种情形, 均有 $\alpha \in \mathbb{Z} + \mathbb{Z}\varpi_d$.

1.2 迹与范

在本节中, 设 F 为域, L/F 是域扩张, 且 $[L:F] = n$.

1.2.1 定义与性质

若 $\alpha \in L$, 记

$$\phi_\alpha : L \longrightarrow L,$$

$$x \longmapsto \alpha x$$

为 L 上的数乘 α 映射, 则 $\phi_\alpha \in \mathrm{End}_F(L)$, 这里 $\mathrm{End}_F(L)$ 是 L 作为 F-线性空间的自同态环. 不难验证映射
$$L \longrightarrow \mathrm{End}_F(L),$$
$$\alpha \longmapsto \phi_\alpha$$
是 F-代数同态. 若取定 L 的一组 F-基, 则有同构 $\mathrm{End}_F(L) \cong \mathrm{M}_n(F)$, 将线性变换映射为它在这组基下对应的矩阵.

定义 1.2.1　对于域扩张 L/F,
- 称 ϕ_α 的迹为 α 的**迹**, 记作 $\mathrm{Tr}_{L/F}(\alpha)$;
- 称 ϕ_α 的行列式为 α 的**范**, 记作 $\mathrm{N}_{L/F}(\alpha)$.

线性变换的迹和行列式分别保持加法和乘法, 所以 $\mathrm{Tr}_{L/F}$ 和 $\mathrm{N}_{L/F}$ 分别定义了 L 到 F 的加性和乘性映射. 特别地, $\mathrm{Tr}_{L/F}: L \to F$ 和 $\mathrm{N}_{L/F}: L^\times \to F^\times$ 是群同态. 以下是迹与范的基本性质, 不难验证, 证明从略.

引理 1.2.1　对任意 $\alpha, \alpha_1, \alpha_2 \in L$ 以及任意 $a \in F$, 有
(1) $\mathrm{Tr}_{L/F}(\alpha_1 + \alpha_2) = \mathrm{Tr}_{L/F}(\alpha_1) + \mathrm{Tr}_{L/F}(\alpha_2)$.
(2) $\mathrm{Tr}_{L/F}(a\alpha) = a\mathrm{Tr}_{L/F}(\alpha)$.
(3) $\mathrm{Tr}_{L/F}(a) = na$.
(4) $\mathrm{N}_{L/F}(\alpha_1\alpha_2) = \mathrm{N}_{L/F}(\alpha_1) \cdot \mathrm{N}_{L/F}(\alpha_2)$.
(5) $\mathrm{N}_{L/F}(a\alpha) = a^n \mathrm{N}_{L/F}(\alpha)$.
(6) $\mathrm{N}_{L/F}(\alpha) = 0 \Leftrightarrow \alpha = 0$.

例 1.2.1　考虑域扩张 $\mathbb{C}/\mathbb{R}$, 取 $\mathbb{C}$ 的一组 $\mathbb{R}$-基 $\{1, \mathrm{i}\}$. 对于 $\alpha = a+b\mathrm{i} \in \mathbb{C}, a, b \in \mathbb{R}$, 可知 ϕ_α 对应的矩阵为 $\begin{pmatrix} a & -b \\ b & a \end{pmatrix}$. 所以
$$\mathrm{Tr}_{\mathbb{C}/\mathbb{R}}(\alpha) = 2a, \quad \mathrm{N}_{\mathbb{C}/\mathbb{R}}(\alpha) = a^2 + b^2 = |\alpha|^2.$$

引理 1.2.2　设 $\alpha \in L$, $f(x) = x^m + a_1 x^{m-1} + \cdots + a_m \in F[x]$ 为 α 在 F 上的极小多项式, 则
$$\mathrm{Tr}_{F(\alpha)/F}(\alpha) = -a_1, \quad \mathrm{N}_{F(\alpha)/F}(\alpha) = (-1)^m a_m.$$

证明　只需注意到 $f(x)$ 也是线性变换 $\phi_\alpha \in \mathrm{End}_F(F(\alpha))$ 的极小多项式. □

注记 1.2.1　我们可以将迹和范的定义推广到更一般的情形. 设 A 是交换环, B 是 A-代数, 并且 B 是秩为 n 的自由 A-模. 那么对于 $\alpha \in B$, B 上的数乘 α 映射 ϕ_α 属于 A-模自同态环 $\mathrm{End}_A(B)$. 由此可定义
$$\mathrm{Tr}_{B/A}(\alpha) = \mathrm{trace}(\phi_\alpha), \quad \mathrm{N}_{B/A}(\alpha) = \det(\phi_\alpha),$$
它们是 A 中的元素.

引理 1.2.3(基变换)　令 A 和 B 如注记 1.2.1. 设 $\varphi: A \to A'$ 为交换环同态. 令 $B' = B \otimes_A A'$, 则 A'-代数 B' 是秩为 n 的自由 A'-模, 并且对任意 $\alpha \in B$ 有

$$\varphi(\text{Tr}_{B/A}(\alpha)) = \text{Tr}_{B'/A'}(\alpha \otimes 1), \quad \varphi(\text{N}_{B/A}(\alpha)) = \text{N}_{B'/A'}(\alpha \otimes 1).$$

证明　取 B 在 A 上的一组基 $\alpha_1, \cdots, \alpha_n$, 容易验证 $\alpha_1 \otimes 1, \cdots, \alpha_n \otimes 1$ 是 B' 在 A' 上的一组基. 若 $\alpha \alpha_i = \sum_{j=1}^n a_{ij} \alpha_j, a_{ij} \in A$, 则

$$(\alpha \otimes 1)(\alpha_i \otimes 1) = \alpha \alpha_i \otimes 1 = \left(\sum_{j=1}^n a_{ij} \alpha_j\right) \otimes 1 = \sum_{j=1}^n \varphi(a_{ij})(\alpha_i \otimes 1), i = 1, \cdots, n.$$

上述关系说明若 $g = (a_{ij}) \in \text{M}_n(A)$ 是 ϕ_α 在基 $\alpha_1, \cdots, \alpha_n$ 下对应的矩阵, 则 $\varphi(g) = (\varphi(a_{ij})) \in \text{M}_n(A')$ 就是 $\phi_{\alpha \otimes 1}$ 在基 $\alpha_1 \otimes 1, \cdots, \alpha_n \otimes 1$ 下对应的矩阵. 由此得到结论. □

推论 1.2.1　设 L/F 是可分扩张, Ω 是 F 的一个可分闭扩域, 则

$$\text{Tr}_{L/F}(\alpha) = \sum_{\sigma \in \text{Hom}_F(L, \Omega)} \sigma(\alpha),$$

$$\text{N}_{L/F}(\alpha) = \prod_{\sigma \in \text{Hom}_F(L, \Omega)} \sigma(\alpha),$$

其中 $\text{Hom}_F(L, \Omega)$ 代表 L 到 Ω 的所有 F-嵌入.

证明　设 $\text{Hom}_F(L, \Omega) = \{\sigma_1, \cdots, \sigma_n\}$. 将 $F \subset \Omega$ 看成嵌入映射 $\iota: F \hookrightarrow \Omega$. 由引理 1.2.3 得

$$\text{Tr}_{L/F}(\alpha) = \iota\left(\text{Tr}_{L/F}(\alpha)\right) = \text{Tr}_{L \otimes_F \Omega/\Omega}(\alpha \otimes 1).$$

注意到有 Ω-代数同构

$$L \otimes_F \Omega \xrightarrow{\simeq} \Omega^n,$$

$$\alpha \otimes 1 \longmapsto [\sigma_1(\alpha), \cdots, \sigma_n(\alpha)].$$

所以

$$\text{Tr}_{L \otimes_F \Omega/\Omega}(\alpha \otimes 1) = \text{Tr}_{\Omega^n/\Omega}([\sigma_1(\alpha), \cdots, \sigma_n(\alpha)]).$$

对于 Ω-线性空间 Ω^n, 数乘 $[\sigma_1(\alpha), \cdots, \sigma_n(\alpha)]$ 映射在自然基下的矩阵是对角矩阵

$$\begin{pmatrix} \sigma_1(\alpha) & & \\ & \ddots & \\ & & \sigma_n(\alpha) \end{pmatrix}.$$

所以结论成立. □

在下文中, 始终设 Ω 是 F 的一个可分闭扩域.

推论 1.2.2　设 L/F 是数域的扩张, $\alpha \in \mathcal{O}_L$, 则

(1) $\mathrm{Tr}_{L/F}(\alpha)$ 和 $\mathrm{N}_{L/F}(\alpha)$ 均属于 $\mathcal{O}_F$.

(2) $\alpha \in \mathcal{O}_L^\times \Leftrightarrow \mathrm{N}_{L/F}(\alpha) \in \mathcal{O}_F^\times$.

证明　我们仅证明结论 (1). 结论 (2) 留作练习. 不妨设 $\Omega = \mathbb{C}$. 首先, 我们有简单的观察: 若 $\alpha \in \mathcal{O}_L$, $f \in \mathcal{O}_F[x]$ 是 α 的极小多项式, 则对于 $\sigma \in \mathrm{Hom}_F(L, \mathbb{C})$, 有

$$f(\sigma(\alpha)) = \sigma(f(\alpha)) = 0,$$

即 $\sigma(\alpha)$ 在 $\mathcal{O}_F$ 上整. 那么由推论 1.2.1 知 $\mathrm{Tr}_{L/F}(\alpha)$ 和 $\mathrm{N}_{L/F}(\alpha)$ 在 $\mathcal{O}_F$ 上整. 而这两者又是 F 中的元素, 故从 $\mathcal{O}_F$ 的正规性知道它们属于 $\mathcal{O}_F$. □

引理 1.2.4(复合性)　设 A, B 和 C 是交换环, 并假设 B 是秩为 n 的自由 A-模, C 是秩为 m 的自由 B-模, 则对任意 $\alpha \in C$ 有

$$\mathrm{Tr}_{C/A}(\alpha) = \mathrm{Tr}_{B/A}\left(\mathrm{Tr}_{C/B}(\alpha)\right), \quad \mathrm{N}_{C/A}(\alpha) = \mathrm{N}_{B/A}\left(\mathrm{N}_{C/B}(\alpha)\right).$$

证明　设 $\mathcal{A} = \{\alpha_1, \cdots, \alpha_n\}$ 是 B 作为 A-模的一组基, $\mathcal{B} = \{\beta_1, \cdots, \beta_m\}$ 是 C 作为 B-模的一组基, 则

$$\mathcal{C} = \{\alpha_1 \beta_1, \cdots, \alpha_n \beta_1, \cdots, \alpha_1 \beta_m, \cdots, \alpha_n \beta_m\}$$

是 C 作为 A-模的一组基. 对于 $\alpha \in C$, 设 $h = (b_{ij}) \in \mathrm{M}_m(B)$ 为 $\phi_\alpha : C \to C$ 在 $\mathcal{B}$ 下对应的矩阵, $B_{ij} \in \mathrm{M}_n(A)$ 为 $\phi_{b_{ij}} : B \to B$ 在 $\mathcal{A}$ 下对应的矩阵. 那么 $\phi_\alpha : C \to C$ 在 $\mathcal{C}$ 下对应的矩阵为 $g = (B_{ij}) \in \mathrm{M}_{mn}(A)$, 即 g 为分块矩阵. 所以

$$\mathrm{Tr}_{C/A}(\alpha) = \sum_{i=1}^m \mathrm{trace}(B_{ii}) = \sum_{i=1}^m \mathrm{Tr}_{B/A}(b_{ii}) = \mathrm{Tr}_{B/A}\left(\sum_{i=1}^m b_{ii}\right) = \mathrm{Tr}_{B/A}\left(\mathrm{Tr}_{C/B}(\alpha)\right).$$

注意

$$\varphi : B \longrightarrow \mathrm{M}_n(A),$$
$$\beta \longmapsto \phi_\beta \text{ 在 } \mathcal{A} \text{ 下对应的矩阵}$$

是 A-代数同态, 它的像 $\varphi(B)$ 是 $\mathrm{M}_n(A)$ 中的交换子环. 所以我们也可将 g 看成 $\mathrm{M}_m(\varphi(B))$ 中的矩阵. 根据 [5, §9.4 Lemma][①], 有

$$\det_{\mathrm{M}_{mn}(A)}(g) = \det_{\mathrm{M}_n(A)}\left(\det_{\mathrm{M}_m(\varphi(B))}(g)\right).$$

上式的意思是: 计算 $g \in \mathrm{M}_{mn}(A)$ 的行列式, 可以先计算 g 作为 $\mathrm{M}_m(\varphi(B))$ 中矩阵的行列式, 所得到的结果是 $\varphi(B)$ 中的元素, 从而也是 $\mathrm{M}_n(A)$ 中的矩阵, 最后再计算这个矩

[①] [5, §9.4 Lemma] 指参考文献 [5] 的 §9.4 Lemma, 下文不再说明.

阵的行列式. 所以

$$\begin{aligned}
\mathrm{N}_{C/A}(\alpha) &= \det_{\mathrm{M}_{mn}(A)}(g) \\
&= \det_{\mathrm{M}_n(A)}\left(\det_{\mathrm{M}_m(\varphi(B))}(g)\right) \\
&= \det_{\mathrm{M}_n(A)}\left(\varphi\left(\det_{\mathrm{M}_m(B)}(h)\right)\right) \\
&= \mathrm{N}_{B/A}\left(\mathrm{N}_{C/B}(\alpha)\right).
\end{aligned}$$

结论成立. $\square$

推论 1.2.3 对于域扩张 L/F, 有

$$\mathrm{Tr}_{L/F}(\alpha) = [L:F(\alpha)] \cdot \mathrm{Tr}_{F(\alpha)/F}(\alpha), \quad \mathrm{N}_{L/F}(\alpha) = \left(\mathrm{N}_{F(\alpha)/F}(\alpha)\right)^{[L:F(\alpha)]}.$$

证明 由引理 1.2.1 和引理 1.2.4 立得. $\square$

1.2.2 迹与双线性型

通过 $\mathrm{Tr}_{L/F}$ 可构造映射

$$\begin{aligned}
q_{L/F} : L \times L &\longrightarrow F, \\
(x,y) &\longmapsto \mathrm{Tr}_{L/F}(xy).
\end{aligned} \tag{1.2-1}$$

易见 $q_{L/F}$ 是 L 上的 F-双线性型.

命题 1.2.1 若 L/F 是可分扩张, 则双线性型 $q_{L/F}$ 是非退化的. 特别地, 存在非零元 $x \in L$ 使得 $\mathrm{Tr}_{L/F}(x) \neq 0$.

证明 假设 $q_{L/F}$ 不是非退化的, 则存在非零元 $x \in L$ 使得 $q_{L/F}(x,y) = 0$ 对任意 $y \in L$ 成立. 而另一方面, 由推论 1.2.1,

$$\begin{aligned}
q_{L/F}(x,y) &= \mathrm{Tr}_{L/F}(xy) \\
&= \sum_{i=1}^n \sigma_i(xy) \\
&= \sum_{i=1}^n \sigma_i(x)\sigma_i(y),
\end{aligned}$$

其中 $\mathrm{Hom}_F(L,\Omega) = \{\sigma_1,\cdots,\sigma_n\}$. 所以映射 $\sum \sigma_i(x)\sigma_i : L \to \Omega$ 是零映射. 而 L/F 是可分扩张, 故 $\sigma_1,\cdots,\sigma_n$ 是 Ω-线性无关的. 所以 $\sigma_i(x)$ 必须全为零, 从而 $x = 0$, 得到矛盾. $\square$

注记 1.2.2 事实上, L/F 是可分扩张 $\Leftrightarrow$ 双线性型 $q_{L/F}$ 是非退化的.

对于 $\alpha_1,\cdots,\alpha_n \in L$, 考虑 n 阶方阵 $(\mathrm{Tr}_{L/F}(\alpha_i\alpha_j)) \in \mathrm{M}_n(F)$, 即它的 (i,j) 元素为 $\mathrm{Tr}_{L/F}(\alpha_i\alpha_j)$. 注意到 $(\mathrm{Tr}_{L/F}(\alpha_i\alpha_j))$ 就是 $\alpha_1,\cdots,\alpha_n$ 在双线性型 $q_{L/F}$ 下的 Gram 矩阵. 那么由线性代数的知识有如下结果.

推论 1.2.4 设 L/F 是可分扩张, 则 $\alpha_1,\cdots,\alpha_n$ 是 L 的一组 F-基当且仅当

$$\det\left(\mathrm{Tr}_{L/F}(\alpha_i\alpha_j)\right) \neq 0.$$

1.2.3 Hilbert 定理 90

下面介绍著名的 Hilbert 定理 90. 此时设 L/F 是循环扩张, 即 L/F 是 Galois 扩张并且 $\mathrm{Gal}(L/F) \cong \mathbb{Z}/n\mathbb{Z}$. 令 σ 是 $\mathrm{Gal}(L/F)$ 的一个生成元. 固定一个 F-嵌入 $L \hookrightarrow \Omega$ 后, 我们将 L 看成 Ω 的子域. 由 Galois 理论知

$$\mathrm{Hom}_F(L,\Omega) = \mathrm{Gal}(L/F) = \{\mathrm{id},\sigma,\sigma^2,\cdots,\sigma^{n-1}\}.$$

定理 1.2.1 (Hilbert 定理 90, 乘法形式) 对于群同态 $\mathrm{N}_{L/F}: L^\times \to F^\times$, 有

$$\mathrm{Ker}(\mathrm{N}_{L/F}) = \left\{\frac{\sigma(\beta)}{\beta} \,\Big|\, \beta \in L^\times\right\}.$$

证明 首先,

$$\mathrm{N}_{L/F}\left(\frac{\sigma(\beta)}{\beta}\right) = \prod_{i=0}^{n-1} \frac{\sigma^{i+1}(\beta)}{\sigma^i(\beta)} = \frac{\mathrm{N}_{L/F}(\beta)}{\mathrm{N}_{L/F}(\beta)} = 1.$$

反之, 设 $\alpha \in \mathrm{Ker}(\mathrm{N}_{L/F})$, 考虑映射 $\varphi: L \to L$, 它的定义如下:

$$\varphi = \mathrm{id} + \alpha \cdot \sigma + \alpha\sigma(\alpha) \cdot \sigma^2 + \alpha\sigma(\alpha)\sigma^2(\alpha) \cdot \sigma^3 + \cdots + \alpha\sigma(\alpha)\cdots\sigma^{n-2}(\alpha) \cdot \sigma^{n-1}.$$

由 Dedekind 线性无关性定理知 φ 是一个非零映射. 所以存在 $\gamma \in L^\times$ 使得

$$\beta := \varphi(\gamma) \neq 0.$$

不难验证 $\alpha\sigma(\beta) = \beta$, 即 $\alpha = \dfrac{\beta}{\sigma(\beta)}$. 所以 α 为所求形式. $\square$

注记 1.2.3 乘法形式的 Hilbert 定理 90 可由更近代的 Galois 上同调语言表述为

$$H^1(\mathrm{Gal}(L/F), L^\times) = 1.$$

定理 1.2.2 (Hilbert 定理 90, 加法形式) 对于群同态 $\mathrm{Tr}_{L/F}: L \to F$, 有

$$\mathrm{Ker}(\mathrm{Tr}_{L/F}) = \{\sigma(\beta) - \beta \mid \beta \in L\}.$$

证明 与乘法形式的证明类似，通过计算可立得 $\mathrm{Tr}_{L/F}(\sigma(\beta)-\beta)=0$. 反之，若 $\mathrm{Tr}_{L/F}(\alpha)=0$, 任取 $\gamma\in L$ 使得 $\mathrm{Tr}_{L/F}(\gamma)\neq 0$. 令

$$\beta:=\frac{1}{\mathrm{Tr}_{L/F}(\gamma)}\left[\alpha\cdot\sigma(\gamma)+[\alpha+\sigma(\alpha)]\cdot\sigma^2(\gamma)+\cdots+(\alpha+\sigma(\alpha)+\cdots\sigma^{n-2}(\alpha))\cdot\sigma^{n-1}(\gamma)\right],$$

不难验证 $\alpha=\beta-\sigma(\beta)$. 所以 α 为所求形式. □

注记 1.2.4 加法形式的 Hilbert 定理 90 可由 Galois 上同调语言表述为

$$H^1(\mathrm{Gal}(L/F),L)=1.$$

我们来看 Hilbert 定理 90 的两个应用：Kummer 扩张和 Artin-Schreier 扩张.

推论 1.2.5 (Kummer 扩张) 设循环扩张 L/F 满足：F 中存在一个 n 次本原单位根 ζ_n, 并且 $(\mathrm{char}\,F,n)=1$, 其中 $\mathrm{char}\,F$ 表示 F 的特征，则存在 $a\in F$ 使得 $L=F(\sqrt[n]{a})$.

证明 因为 $\mathrm{N}_{L/F}(\zeta_n^{-1})=(\zeta_n^{-1})^n=1$, 由定理 1.2.1 知存在 $\alpha\in L^\times$ 使得 $\zeta_n^{-1}=\dfrac{\alpha}{\sigma(\alpha)}$, 即 $\sigma(\alpha)=\zeta_n\alpha$. 不断迭代得

$$\sigma^i(\alpha)=\sigma^{i-1}(\sigma(\alpha))=\sigma^{i-1}(\zeta_n\alpha)=\cdots=\zeta_n^i\alpha,\ \forall\,0\leqslant i\leqslant n-1.$$

由条件 $(\mathrm{char}\,F,n)=1$ 知 $1,\zeta_n,\zeta_n^2,\cdots,\zeta_n^{n-1}$ 互不相同，所以 $\alpha,\sigma(\alpha),\sigma^2(\alpha),\cdots,\sigma^{n-1}(\alpha)$ 互不相同，从而 $L=F(\alpha)$. 注意到

$$\sigma(\alpha^n)=\sigma(\alpha)^n=\zeta_n^n\alpha^n=\alpha^n,$$

所以 $a=\alpha^n\in F$ 满足结论所求. □

推论 1.2.6 (Artin-Schreier 扩张) 设循环扩张 L/F 满足 $\mathrm{char}\,F=p$ 以及 $n=p$, 则存在 $a\in F$ 使得 L 是 x^p-x-a 的分裂域.

证明 因为 $\mathrm{Tr}_{L/F}(-1)=-p=0$, 由定理 1.2.2 知存在 $\alpha\in L$ 使得 $\alpha-\sigma(\alpha)=-1$, 即 $\sigma(\alpha)=\alpha+1$. 不断迭代得

$$\sigma^i(\alpha)=\sigma^{i-1}(\alpha+1)=\cdots=\alpha+i,\ \forall\,0\leqslant i\leqslant p-1.$$

所以 $\alpha,\sigma(\alpha),\sigma^2(\alpha),\cdots,\sigma^{p-1}(\alpha)$ 互不相同，从而 $L=F(\alpha)$. 注意到

$$\sigma(\alpha^p-\alpha)=\sigma(\alpha)^p-\sigma(\alpha)=(\alpha+1)^p-(\alpha+1)=\alpha^p-\alpha,$$

所以 $a=\alpha^p-\alpha\in F$ 满足结论所求. □

1.3 判别式与整基

在本节, 设 F 是一个 n 次数域. 此时, 简记

$$\mathrm{Tr} = \mathrm{Tr}_{F/\mathbb{Q}}, \quad \mathrm{N} = \mathrm{N}_{F/\mathbb{Q}},$$

并且 $q = q_{F/\mathbb{Q}}$ 是 F 上由 (1.2-1) 定义的非退化双线性型. 由于 F 到 $\mathbb{C}$ 的任意域嵌入都自动是 $\mathbb{Q}$-嵌入, 我们简记 $\mathrm{Hom}(F, \mathbb{C}) = \mathrm{Hom}_{\mathbb{Q}}(F, \mathbb{C})$.

1.3.1 元素组的判别式

定义 1.3.1 对于 $\alpha_1, \cdots, \alpha_n \in F$, 令

$$\Delta(\alpha_1, \cdots, \alpha_n) := \det\left(\mathrm{Tr}(\alpha_i \alpha_j)\right),$$

称其为 $(\alpha_1, \cdots, \alpha_n)$ 的**判别式**.

注记 1.3.1 (1) 由推论 1.2.4, $\alpha_1, \cdots, \alpha_n$ 是 F 的一组基 $\Leftrightarrow \Delta(\alpha_1, \cdots, \alpha_n) \neq 0$.

(2) 如果对任意 i 都有 $\alpha_i \in \mathcal{O}_F$, 则由推论 1.2.2 知 $\Delta(\alpha_1, \cdots, \alpha_n) \in \mathbb{Z}$.

引理 1.3.1 (1) 令 $\sigma_1, \cdots, \sigma_n$ 为 F 到 $\mathbb{C}$ 的 n 个域嵌入, 则

$$\Delta(\alpha_1, \cdots, \alpha_n) = \det\left(\sigma_i(\alpha_j)\right)^2.$$

(2) 设 $g \in \mathrm{M}_n(\mathbb{Q})$, 令 $(\beta_1, \cdots, \beta_n) = (\alpha_1, \cdots, \alpha_n)g$, 则

$$\Delta(\beta_1, \cdots, \beta_n) = \det(g)^2 \cdot \Delta(\alpha_1, \cdots, \alpha_n).$$

证明 (1) 因为 $\mathrm{Tr}(\alpha_i \alpha_j) = \sum_{k=1}^{n} \sigma_k(\alpha_i) \sigma_k(\alpha_j)$, 所以有方阵之间的关系

$$(\mathrm{Tr}(\alpha_i \alpha_j)) = (\sigma_i(\alpha_j))^{\mathrm{T}} \cdot (\sigma_i(\alpha_j)),$$

这里 $\cdot^{\mathrm{T}}$ 代表矩阵的转置. 结论由此得知.

(2) 只需注意到 $(\mathrm{Tr}(\beta_i \beta_j)) = g^{\mathrm{T}} \cdot (\mathrm{Tr}(\alpha_i \alpha_j)) \cdot g$. □

引理 1.3.2 设 $\alpha \in F, f \in \mathbb{Q}[x]$ 是它的极小多项式, 则

$$\Delta(1, \alpha, \cdots, \alpha^{n-1}) = \begin{cases} 0, & \text{若 } \deg(f) < n, \\ (-1)^{\frac{n(n-1)}{2}} \mathrm{N}(f'(\alpha)), & \text{若 } \deg(f) = n. \end{cases}$$

证明 首先注意到 $1, \alpha, \cdots, \alpha^{n-1}$ 是 F 的一组基 $\Leftrightarrow \deg(f) = n$, 从而得到 $\deg(f) < n$ 时的结论. 现在设 $\deg(f) = n$, 令 $\sigma_1, \cdots, \sigma_n$ 为 F 到 $\mathbb{C}$ 的 n 个域嵌入. 由引理 1.3.1和 Vandermonde 行列式公式得到

$$\Delta(1, \alpha, \cdots, \alpha^{n-1}) = \det\left(\sigma_i(\alpha^{j-1})\right)^2 = \prod_{i<j}(\sigma_i(\alpha) - \sigma_j(\alpha))^2.$$

另一方面, 有

$$\mathrm{N}(f'(\alpha)) = \prod_{i=1}^n \sigma_i(f'(\alpha)) = \prod_{i=1}^n \prod_{j\neq i}(\sigma_i(\alpha) - \sigma_j(\alpha)).$$

比较二者可得结论. □

例 1.3.1 符号与条件如引理 1.3.2所述. 以下结论留作练习:
(1) 若 $n = 2$ 以及 $f(x) = x^2 + ax + b$, 则 $\Delta(1, \alpha) = a^2 - 4b$.
(2) 若 $n = 3$ 以及 $f(x) = x^3 + ax + b$, 则 $\Delta(1, \alpha, \alpha^2) = -4a^3 - 27b^2$.

1.3.2 整基与判别式

预备知识 为了探讨整数环 $\mathcal{O}_F$ 的代数结构, 我们先回忆一下主理想整环上有限秩自由模的相关结果. 特别地, Abel 群就是 $\mathbb{Z}$-模. 现在假设 A 是主理想整环, M 是秩为 n 的自由 A-模, M' 是 M 的子模, 则有如下事实:

- 任意有限生成的无挠 A-模都是自由模.
- M' 是自由模, 其秩不大于 n, 并且 M' 的秩为 $n \Leftrightarrow M/M'$ 是挠模.
- 设 M'' 是 M' 的子模. 若 M'' 的秩是 n, 则 M' 的秩也是 n.
- 设 M' 的秩为 m, 则 M 和 M' 存在一对**均衡基**, 即存在 M 的一组基 $\alpha_1, \cdots, \alpha_m$, 以及 $a_1, \cdots, a_m \in A$ 使得 $a_1\alpha_1, \cdots, a_m\alpha_m$ 构成 M' 的一组基.
- 现在设 $A = \mathbb{Z}$, 并且 M' 的秩为 n. 令 $\alpha_1, \cdots, \alpha_n$ 是 M 的一组基, $\beta_1, \cdots, \beta_n$ 是 M' 的一组基, 所以有方阵 $A \in \mathrm{M}_n(\mathbb{Z})$ 使得 $(\beta_1, \cdots, \beta_n) = (\alpha_1, \cdots, \alpha_n)A$. 则有

$$[M : M'] = |\det(A)|. \tag{1.3-1}$$

此结果可以通过选取 M 和 M' 的一对均衡基得到.

定义与性质

定理 1.3.1 $\mathcal{O}_F$ 是秩为 n 的自由 Abel 群.

证明 选取 F 的一组基 $\alpha_1, \cdots, \alpha_n$. 通过乘适当的整数, 可以假设对任意 i 都有 $\alpha_i \in \mathcal{O}_F$. 则

$$M := \sum_{i=1}^n \mathbb{Z}\alpha_i \subset \mathcal{O}_F$$

是秩为 n 的自由 Abel 群. 令 $\alpha_1^\vee, \cdots, \alpha_n^\vee \in F$ 是 $\alpha_1, \cdots, \alpha_n$ 关于非退化双线性型 q 的对偶基, 即 $\mathrm{Tr}(\alpha_i \alpha_j^\vee) = \delta_{ij}$. 令

$$M^\vee := \sum_{i=1}^n \mathbb{Z}\alpha_i^\vee \subset F,$$

则 $M^\vee$ 也是秩为 n 的自由 Abel 群. 对于 $\alpha \in F$, 注意到

$$\alpha = \sum_{i=1}^n q(\alpha, \alpha_i)\alpha_i^\vee = \sum_{i=1}^n \mathrm{Tr}(\alpha \alpha_i)\alpha_i^\vee.$$

通过此表达式, 可以看出

$$M^\vee = \{\alpha \in F \mid \mathrm{Tr}(\alpha \alpha_i) \in \mathbb{Z}, \forall 1 \leqslant i \leqslant n\}$$
$$= \{\alpha \in F \mid \mathrm{Tr}(\alpha \beta) \in \mathbb{Z}, \forall \beta \in M\}.$$

显然对任意 $\alpha \in \mathcal{O}_F$ 以及任意 $\beta \in M$, 有 $\mathrm{Tr}(\alpha\beta) \in \mathbb{Z}$, 所以 $\mathcal{O}_F \subset M^\vee$. 综上, 我们得到

$$M \subset \mathcal{O}_F \subset M^\vee. \tag{1.3-2}$$

从而看出 $\mathcal{O}_F$ 是秩为 n 的自由 Abel 群. $\square$

注记 1.3.2 沿用定理 1.3.1 证明中的记号.

(1) 注意到

$$\alpha_i = \sum_{j=1}^n \mathrm{Tr}(\alpha_i \alpha_j)\alpha_j^\vee,$$

即 $(\alpha_1, \cdots, \alpha_n) = (\alpha_1^\vee, \cdots, \alpha_n^\vee)(\mathrm{Tr}(\alpha_i \alpha_j))^\mathrm{T}$. 由 (1.3-1) 知

$$[M^\vee : M] = |\Delta(\alpha_1, \cdots, \alpha_n)|.$$

若记 $d = |\Delta(\alpha_1, \cdots, \alpha_n)|$, 则由 (1.3-2) 得到

$$\frac{1}{d}M \supset M^\vee \supset \mathcal{O}_F \supset M \supset dM^\vee.$$

特别地, 当 $M = \mathcal{O}_F$ 时, 有

$$\frac{1}{d}\mathcal{O}_F \supset \mathcal{O}_F^\vee \supset \mathcal{O}_F. \tag{1.3-3}$$

(2) 设 $F = \mathbb{Q}(\alpha)$, $\alpha \in \mathcal{O}_F$. 令 $M = \mathbb{Z}[\alpha]$, 那么此时

$$M^\vee = \frac{1}{f'(\alpha)} \cdot M, \tag{1.3-4}$$

其中 $f(x)$ 是 α 的极小多项式. 证明留作练习.

定义 1.3.2 $\mathcal{O}_F$ 或 F 的**整基**指的是 $\mathcal{O}_F$ 作为自由 Abel 群的一组基.

定义 1.3.3 数域 F 的**判别式**Δ_F 指的是 F 的某组整基的判别式. 由下述引理 1.3.3知判别式不依赖于整基的选取, 是良定义的.

引理 1.3.3 设 $\alpha_1, \cdots, \alpha_n$ 是 F 的一组整基, $\beta_1, \cdots, \beta_n \in \mathcal{O}_F$.

(1) 存在 $g \in \mathrm{M}_n(\mathbb{Z})$ 使得 $(\beta_1, \cdots, \beta_n) = (\alpha_1, \cdots, \alpha_n) \cdot g$.

(2) $\Delta(\beta_1, \cdots, \beta_n) = \Delta(\alpha_1, \cdots, \alpha_n) \det(g)^2$.

(3) $\beta_1, \cdots, \beta_n$ 也是 $\mathcal{O}_F$ 的一组整基 $\Leftrightarrow \det(g) = \pm 1 \Leftrightarrow \Delta(\alpha_1, \cdots, \alpha_n) = \Delta(\beta_1, \cdots, \beta_n)$.

证明 由整基的定义立知结论 (1). 由引理 1.3.1可得结论 (2). 对于结论 (3), 注意 $\beta_1, \cdots, \beta_n$ 也是一组整基 $\Leftrightarrow g \in \mathrm{GL}_n(\mathbb{Z})$, 而后者等价于 $\det(g) \in \mathbb{Z}^\times = \{\pm 1\}$, 所以结论成立. □

推论 1.3.1 设 $\alpha_1, \cdots, \alpha_n \in \mathcal{O}_F$. 如果 $\Delta(\alpha_1, \cdots, \alpha_n) \neq 0$ 且无平方因子, 那么 $\alpha_1, \cdots, \alpha_n$ 是一组整基.

证明 由引理 1.3.3中结论 (2) 可知. □

推论 1.3.2 设 $\beta_1, \cdots, \beta_n \in \mathcal{O}_F$, 且它们是 F 的一组基. 令 $M = \sum_{i=1}^n \mathbb{Z}\beta_i$, 则

$$\Delta(\beta_1, \cdots, \beta_n) = \Delta_F \cdot [\mathcal{O}_F : M]^2.$$

证明 设 $\alpha_1, \cdots, \alpha_n$ 是 F 的整基. 令 $g \in \mathrm{M}_n(\mathbb{Z})$ 满足 $(\beta_1, \cdots, \beta_n) = (\alpha_1, \cdots, \alpha_n)g$, 由引理 1.3.1知 $\Delta(\beta_1, \cdots, \beta_n) = \Delta_F \det(g)^2$. 又由 (1.3-1) 知 $[\mathcal{O}_F : M] = |\det(g)|$, 从而得到结论. □

最后我们考察判别式的正负性.

定义 1.3.4 设 $\sigma \in \mathrm{Hom}(F, \mathbb{C})$. 若 $\sigma(F) \subset \mathbb{R}$, 则称 σ 为**实嵌入**, 否则称其为**复嵌入**.

对于 $\sigma \in \mathrm{Hom}(F, \mathbb{C})$, 记 $\overline{\sigma}$ 为 σ 与复共轭的复合, 即 $\overline{\sigma}(\alpha) = \overline{\sigma(\alpha)}$, 则

- $\overline{\sigma} \in \mathrm{Hom}(F, \mathbb{C})$,
- σ 是实嵌入 $\Leftrightarrow \sigma = \overline{\sigma}$.

所以复嵌入是成对出现的, 我们将 $(\sigma, \overline{\sigma})$ 看成一对复嵌入. 记 r 为 F 的实嵌入个数, s 为复嵌入对数, 则有

$$r + 2s = n = [F : \mathbb{Q}]. \tag{1.3-5}$$

引理 1.3.4 判别式 Δ_F 的符号为 $(-1)^s$.

证明 取 F 的一组整基 $\alpha_1, \cdots, \alpha_n$, 应用引理 1.3.1, 有 $\Delta_F = \det(\sigma_i(\alpha_j))^2$. 注意到

$$\overline{\det(\sigma_i(\alpha_j))} = \det(\overline{\sigma}_i(\alpha_j)) = (-1)^s \det(\sigma_i(\alpha_j)),$$

因此, 若 s 是偶数, 则 $\det(\sigma_i(\alpha_j))$ 是实数, 此时 Δ_F 是正数; 若 s 是奇数, 则 $\det(\sigma_i(\alpha_j))$ 是纯虚数, 此时 Δ_F 是负数. □

杂例与一点说明

例 1.3.2 设 $F = \mathbb{Q}(\sqrt{d})$ 是二次域, 其中 d 是无平方因子的整数. 回忆 $\mathcal{O}_F$ 的整基是 $1, \varpi_d$, 详情见例 1.1.4. 那么 F 的判别式为

$$\Delta_F = \Delta(1, \varpi_d) = \begin{cases} d, & \text{若 } d \equiv 1 \pmod{4}, \\ 4d, & \text{若 } d \equiv 2, 3 \pmod{4}. \end{cases}$$

例 1.3.3 设 $F = \mathbb{Q}(\alpha)$, 由引理 1.3.2可知
- 若 α 是 $x^3 + x + 1$ 的根, 则 $\Delta(1, \alpha, \alpha^2) = -31$;
- 若 α 是 $x^3 - x - 1$ 的根, 则 $\Delta(1, \alpha, \alpha^2) = -23$.

而 -31 和 -23 无平方因子, 所以由推论 1.3.1知此时 $1, \alpha, \alpha^2$ 是 F 的一组整基.

例 1.3.2和例 1.3.3有一个共同的特性, 即存在 $\alpha \in \mathcal{O}_F$ 使得 $1, \alpha, \cdots, \alpha^{n-1}$ 是 F 的一组整基, 即 $\mathcal{O}_F = \mathbb{Z}[\alpha]$. 这样的整基被称作**幂元基**. 对于一般的数域 F, 幂元基并不总是存在的. Dedekind 给出了下面的例子.

例 1.3.4 设 $F = \mathbb{Q}(\alpha)$, α 的极小多项式是 $x^3 - x^2 - 2x - 8$. 由引理 1.3.2知

$$\Delta(1, \alpha, \alpha^2) = -\mathrm{N}(f'(\alpha)) = -4 \cdot 503.$$

注意 503 是一个素数. 令 $\beta = \dfrac{\alpha + \alpha^2}{2}$, 容易验证 β 的极小多项式是 $x^3 - 3x^2 - 10x - 8$, 所以 $\beta \in \mathcal{O}_F$. 因为

$$(1, \alpha, \beta) = (1, \alpha, \alpha^2) \begin{pmatrix} 1 & 0 & 0 \\ 0 & 1 & 1/2 \\ 0 & 0 & 1/2 \end{pmatrix},$$

由引理 1.3.3知

$$\Delta(1, \alpha, \beta) = \Delta(1, \alpha, \alpha^2) \cdot \frac{1}{4} = -503.$$

所以由引理 1.3.1知 $1, \alpha, \beta$ 是 F 的一组整基, 并且 $\Delta_F = -503$. 我们断言:

- 对任意 $\gamma \in \mathcal{O}_F \setminus \mathbb{Z}$, 都有 $2 \mid [\mathcal{O}_F : \mathbb{Z}[\gamma]]$.

由此可见 F 不存在幂元基. 证明上述断言的要点是 (1.3-1). 设

$$(1, \gamma, \gamma^2) = (1, \alpha, \beta)g,$$

其中 $g \in \mathrm{M}_3(\mathbb{Z})$. 设 $\gamma = a + b\alpha + c\beta$, 其中 $a, b, c \in \mathbb{Z}$. 因为

$$\alpha^2 = 2\beta - \alpha, \ \alpha\beta = 2\beta + 4, \ \beta^2 = 6 + 2\alpha + 3\beta,$$

所以
$$\gamma^2 = (a^2 + 6c^2 + 8bc) + (2c^2 - b^2 + 2ab)\alpha + (2b^2 + 3c^2 + 2ac + 4bc)\beta.$$

从而
$$g \equiv \begin{pmatrix} 1 & a & a^2 \\ 0 & b & -b^2 \\ 0 & c & 3c^2 \end{pmatrix} \equiv \begin{pmatrix} 1 & a & a \\ 0 & b & b \\ 0 & c & c \end{pmatrix} \pmod{2}.$$

因此 $\det(g) \equiv 0 \pmod{2}$. 所以断言成立. 我们将在例 3.2.2 中继续探讨 Dedekind 的这个例子.

注记 1.3.3 最后, 对于一般的数域扩张 L/F, 我们讨论下 $\mathcal{O}_L$ 作为 $\mathcal{O}_F$-模的结构.

(1) 因为 $\mathcal{O}_L$ 是有限生成 Abel 群, 所以 $\mathcal{O}_L$ 也是有限生成 $\mathcal{O}_F$-模. 由于 $\mathcal{O}_L \subset L$, 所以 $\mathcal{O}_L$ 是无挠的. 因此, 若 $\mathcal{O}_F$ 是主理想整环, 则 $\mathcal{O}_L$ 就是自由 $\mathcal{O}_F$-模. 若 $\mathcal{O}_L$ 是自由 $\mathcal{O}_F$-模 (不要求 $\mathcal{O}_F$ 是主理想整环), 则 $\mathrm{rank}_{\mathcal{O}_F}(\mathcal{O}_L) = [L:F]$. 这是因为
$$\mathrm{rank}_{\mathbb{Z}}(\mathcal{O}_L) = [L:\mathbb{Q}] = [L:F] \cdot [F:\mathbb{Q}]$$

以及
$$\mathrm{rank}_{\mathbb{Z}}(\mathcal{O}_L) = \mathrm{rank}_{\mathcal{O}_F}(\mathcal{O}_L) \cdot \mathrm{rank}_{\mathbb{Z}}(\mathcal{O}_F) = \mathrm{rank}_{\mathcal{O}_F}(\mathcal{O}_L) \cdot [F:\mathbb{Q}].$$

(2) 一般而言, $\mathcal{O}_L$ 未必是自由 $\mathcal{O}_F$-模, 有如下例子. 设 $d \geqslant 2$ 是一个无平方因子的正整数, p 是一个素数且 $p \nmid d$. 假设 $p \equiv 3 \pmod{4}$. 令
$$F = \mathbb{Q}(\sqrt{-dp}), \quad L = F(\sqrt{-p}) = \mathbb{Q}(\sqrt{-dp}, \sqrt{-p}),$$

则 $\mathcal{O}_L$ 不是自由 $\mathcal{O}_F$-模. 详情可参考 [12, Theorem 2.2].

(3) Mann 证明了: 若 $\mathcal{O}_F$ 不是主理想整环, 则存在 F 的二次扩域 L 使得 $\mathcal{O}_L$ 不是自由 $\mathcal{O}_F$-模 (参考 [26]).

1.3.3 整基与 Eisenstein 多项式

在本小节, 设 $F = \mathbb{Q}(\alpha)$, 其中 $\alpha \in \mathcal{O}_F$. 设 $f \in \mathbb{Z}[x]$ 为 α 的极小多项式. 我们将考察 f 的特殊性状与 $\mathcal{O}_F$ 的代数结构之间的一些联系. 特别是引理 1.3.6, 在后续章节它还会确保我们可以有效地计算素理想分解.

引理 1.3.5 设 $\alpha_1, \cdots, \alpha_n \in \mathcal{O}_F$ 是 F 的一组基, $M = \sum_{i=1}^n \mathbb{Z}\alpha_i$. 则以下结论等价:

(1) $\alpha_1, \cdots, \alpha_n$ 不是 F 的整基.

(2) 存在素数 p 使得 $p \mid [\mathcal{O}_F : M]$.

(3) 存在素数 p 使得商群 $\mathcal{O}_F/M$ 中含有 p 阶元.

(4) 存在素数 p 和 $x_1, \cdots, x_n \in \mathbb{Z}$ 使得 $x_i \pmod{p}$ 不全为零, 且 $\sum_{i=1}^n x_i \alpha_i \in p\mathcal{O}_F$.

证明 显然, 结论 (1) ⇔ 结论 (2) ⇔ 结论 (3). 而结论 (3) 等价于存在 $\beta \in \mathcal{O}_F \setminus M$ 使得 $p\beta \in M$. 条件 $p\beta \in M$ 等价于

$$p\mathcal{O}_F \ni p\beta = \sum_{i=1}^n x_i \alpha_i \in M,$$

而条件 $\beta \in \mathcal{O}_F \setminus M$ 等价于 $\dfrac{x_i}{p}$ 不全为整数. 所以结论 (3) ⇔ 结论 (4). □

引理 1.3.6 如果 f 是关于素数 p 的 Eisenstein 多项式, 那么 $p \nmid [\mathcal{O}_F : \mathbb{Z}[\alpha]]$.

证明 对于首一多项式 $f(x) = x^n + a_1 x^{n-1} + \cdots + a_n \in \mathbb{Z}[x]$, 如果对任意 i 都有 $p \mid a_i$, 并且 $p \parallel a_n$ (即 $p \mid a_n$ 但 $p^2 \nmid a_n$), 就称 f 是关于 p 的 Eisenstein 多项式.

根据引理 1.3.5 的证明, 我们只需证明

$$\beta := \frac{1}{p} \sum_{i=0}^{n-1} x_i \alpha^i \notin \mathcal{O}_F, \tag{1.3-6}$$

其中 $0 \leqslant i \leqslant n-1$, $x_i \in \{0, 1, \cdots, p-1\}$ 且不全为零. 为了证明 (1.3-6) 成立, 只需说明 $\mathrm{N}(\beta) \notin \mathbb{Z}$.

令 $j = \min\{i \mid x_i \neq 0\}$, 则 $\beta = \dfrac{\alpha^j}{p} \sum_{i=j}^{n-1} x_i \alpha^{i-j}$, 且

$$\mathrm{N}(\beta) = \frac{\mathrm{N}(\alpha)^j}{p^n} \mathrm{N}\left(\sum_{i=j}^{n-1} x_i \alpha^{i-j}\right).$$

简记

$$b := \mathrm{N}\left(\sum_{i=j}^{n-1} x_i \alpha^{i-j}\right).$$

我们断言

- $b \equiv x_j^n \pmod{p}$, 所以 $p \nmid b$.

因为 $\mathrm{N}(\alpha) = (-1)^n a_n$ 以及 $p \parallel a_n$, 所以 $p \parallel \mathrm{N}(\alpha)$. 如果断言成立, 那么由 $\mathrm{N}(\beta) = \dfrac{\mathrm{N}(\alpha)^j}{p^n} \cdot b$ 和 $j < n$ 知 $\mathrm{N}(\beta) \notin \mathbb{Z}$, 从而引理结论成立.

最后我们来证明断言. 首先有

$$\mathrm{N}\left(\sum_{i=j}^{n-1} x_i \alpha^{i-j}\right) = \prod_{k=1}^{n} \left(x_j + x_{j+1}\sigma_k(\alpha) + \cdots + x_{n-1}\sigma_k(\alpha)^{n-1-j}\right),$$

其中 σ_k 跑遍 $\mathrm{Hom}(F,\mathbb{C})$. 构造对称多项式

$$g(y_1,\cdots,y_n) = \prod_{k=1}^{n} \left(x_j + x_{j+1}y_k + \cdots + x_{n-1}y_k^{n-1-j}\right) \in \mathbb{Z}[y_1,\cdots,y_n].$$

注意到 g 的常数项为 x_j^n, 并且有 $b = g(\sigma_1(\alpha),\cdots,\sigma_n(\alpha))$. 回忆对称多项式的基本性质: 存在多项式 $h \in \mathbb{Z}[z_1,\cdots,z_n]$ 使得

$$g(y_1,\cdots,y_n) = h(p_1(y_1,\cdots,y_n),\cdots,p_n(y_1,\cdots,y_n)),$$

其中 p_i 是 i 次初等对称多项式. 注意到 h 的常数项为 x_j^n, 并且

$$p_i(\sigma_1(\alpha),\cdots,\sigma_n(\alpha)) = (-1)^i a_i \equiv 0 \pmod{p}, \ \forall 1 \leqslant i \leqslant n,$$

因此

$$b = h\left(p_1(\sigma_1(\alpha),\cdots,\sigma_n(\alpha)),\cdots,p_n(\sigma_1(\alpha),\cdots,\sigma_n(\alpha))\right) \equiv x_j^n \pmod{p}.$$

所以断言成立. □

命题 1.3.1 如果对于任意使得 $p^2 \mid \Delta(1,\alpha,\cdots,\alpha^{n-1})$ 的素数 p, 都存在整数 i (依赖 p) 使得 $f(x+i)$ 是一个关于 p 的 Eisenstein 多项式, 那么 $\mathcal{O}_F = \mathbb{Z}[\alpha]$.

证明 假设结论不成立, 则存在素数使得 $p \mid [\mathcal{O}_F : \mathbb{Z}[\alpha]]$. 那么此时 $p^2 \mid \Delta(1,\alpha,\cdots,\alpha^{n-1})$, 从而存在整数 i 使得 $f(x+i)$ 是一个关于 p 的 Eisenstein 多项式. 因为 $f(x+i)$ 是 $\alpha-i$ 的极小多项式, 由引理 1.3.6 知 $p \nmid [\mathcal{O}_F : \mathbb{Z}[\alpha-i]]$. 而 $\mathbb{Z}[\alpha] = \mathbb{Z}[\alpha-i]$, 矛盾. □

例 1.3.5 设 $F = \mathbb{Q}(\alpha)$, 且 $\alpha^3 = 2$. 由例 1.3.1 知 $\Delta(1,\alpha,\alpha^2) = -3^3 2^2$. 所以只有 $p = 2$ 和 $p = 3$ 满足 $p^2 \mid \Delta(1,\alpha,\alpha^2)$. 对于 $p = 2$, α 的极小多项式 $f(x) = x^3 - 2$ 是关于 2 的 Eisenstein 多项式. 对于 $p = 3$, $f(x-1) = x^3 - 3x^2 + 3x - 3$ 是关于 3 的 Eisenstein 多项式. 所以由命题 1.3.1 知 $\mathcal{O}_F = \mathbb{Z}[\alpha]$.

1.4 分圆域的整基

设 $n \geqslant 3$ 是一个正整数, 记 $\phi(n) := |(\mathbb{Z}/n\mathbb{Z})^\times|$. 令 $\zeta_n \in \mathbb{C}$ 是一个 n 次本原单位根. 在本节, 我们研究分圆域 $\mathbb{Q}(\zeta_n)$ 的整数环.

1.4.1 分圆域

命题 1.4.1 分圆域 $\mathbb{Q}(\zeta_n)$ 是 $\mathbb{Q}$ 的 Galois 扩张, 并且 $\mathrm{Gal}(\mathbb{Q}(\zeta_n)/\mathbb{Q}) \cong (\mathbb{Z}/n\mathbb{Z})^\times$.

证明 对于任何域嵌入 $\sigma: \mathbb{Q}(\zeta_n) \to \mathbb{C}$, $\sigma(\zeta_n)$ 一定也是一个 n 次本原单位根. 因此 $\sigma(\zeta_n) = \zeta_n^a \in \mathbb{Q}(\zeta_n)$, 其中 $a \in \mathbb{N}$ 满足 $(a,n) = 1$. 所以 $\mathbb{Q}(\zeta_n)$ 是 $\mathbb{Q}$ 的 Galois 扩张. 而且 $\sigma \mapsto \overline{a}$ 给出乘法群之间的单同态

$$\varphi: \mathrm{Gal}(\mathbb{Q}(\zeta_n)/\mathbb{Q}) \longrightarrow (\mathbb{Z}/n\mathbb{Z})^\times.$$

下面证明 φ 是满射. 因为 $(\mathbb{Z}/n\mathbb{Z})^\times$ 可由不整除 n 的素数 p 生成, 所以只需证明: 如果 $p \nmid n$, 那么存在 $\sigma \in \mathrm{Gal}(\mathbb{Q}(\zeta_n)/\mathbb{Q})$ 使得 $\sigma(\zeta_n) = \zeta_n^p$. 假设这样的 σ 不存在. 令

$$f(x) = \prod_{\sigma \in \mathrm{Gal}(\mathbb{Q}(\zeta_n)/\mathbb{Q})} (x - \sigma(\zeta_n)) \in \mathbb{Z}[x]$$

是 ζ_n 的极小多项式, 则由假设条件知 $f(\zeta_n^p) \neq 0$. 因为 $x^n - 1 = f(x)g(x)$, $g(x) \in \mathbb{Z}[x]$, 所以 $g(\zeta_n^p) = 0$. 那么 $g(x^p)$ 也是 ζ_n 的一个零化多项式, 从而 $f(x) \mid g(x^p)$. 令 $\overline{f}$ 和 $\overline{g}$ 分别为 f 和 g 在 $\mathbb{F}_p[x]$ 中的像. 注意到 $\overline{g}(x^p) = \overline{g}(x)^p$, 所以 $\overline{f}(x) \mid \overline{g}(x)^p$. 那么 $\overline{f}(x)$ 在 $\overline{\mathbb{F}}_p$ 中的任意根都是 $\overline{g}(x)$ 的根. 由此我们得到 $x^n - 1$ 在 $\overline{\mathbb{F}}_p$ 中有重根. 但另一方面, 因为 $(x^n - 1)' = nx^{n-1}$, 并且 $p \nmid n$, 所以 $x^n - 1$ 在 $\overline{\mathbb{F}}_p$ 中无重根, 矛盾. □

推论 1.4.1 记 $\Phi_n(x)$ 为 ζ_n 的极小多项式, 则有 $\Phi_n(x) = \prod_{a \in (\mathbb{Z}/n\mathbb{Z})^\times} (x - \zeta_n^a)$.

引理 1.4.1 设 $F = \mathbb{Q}(\zeta_n)$, 则 $\Delta(1, \zeta_n, \cdots, \zeta_n^{\phi(n)-1}) \mid n^{\phi(n)}$, 所以 $\Delta_F \mid n^{\phi(n)}$.

证明 首先注意有 $\Delta_F \mid \Delta(1, \zeta_n, \cdots, \zeta_n^{\phi(n)-1})$, 且 $\Delta(1, \zeta_n, \cdots, \zeta_n^{\phi(n)-1}) = \pm \mathrm{N}(\Phi_n'(\zeta_n))$. 所以只需要证明

$$\mathrm{N}(\Phi_n'(\zeta_n)) \mid n^{\phi(n)}.$$

分解 $x^n - 1 = \Phi_n(x) \cdot g(x)$, 两边求导得到

$$nx^{n-1} = \Phi_n'(x)g(x) + \Phi_n(x)g'(x).$$

将 $x = \zeta_n$ 代入上式. 因为 $g \in \mathbb{Z}[x]$, 所以 $g(\zeta_n) \in \mathcal{O}_F$. 又因为 $x^n - 1$ 无重根, 所以 $g(\zeta_n) \neq 0$. 因此 $\mathrm{N}(g(\zeta_n)) \in \mathbb{Z}$ 且非零. 注意 $\zeta_n \in \mathcal{O}_F^\times$, 所以由推论 1.2.2可知 $\mathrm{N}(\zeta_n) \in \mathbb{Z}^\times = \{\pm 1\}$. 综上可得

$$\mathrm{N}(\Phi_n'(\zeta_n)) \mid \mathrm{N}(n\zeta_n^{n-1}) = \pm n^{\phi(n)}.$$

结论成立. □

推论 1.4.2 设 $F = \mathbb{Q}(\zeta_{p^n})$, 则 $\mathcal{O}_F = \mathbb{Z}[\zeta_{p^n}]$.

证明 简记 $\zeta = \zeta_{p^n}$. 注意此时 $\phi(p^n) = p^n - p^{n-1}$, 且有

$$\Phi_{p^n}(x) = \frac{x^{p^n} - 1}{x^{p^{n-1}} - 1} = \sum_{i=0}^{p-1} x^{ip^{n-1}}.$$

由引理 1.4.1 知 $\Delta(1, \zeta, \cdots, \zeta^{\phi(p^n)-1})$ 的素因子只可能是 p. 如果 $p^2 \nmid \Delta(1, \zeta, \cdots, \zeta^{\phi(p^n)-1})$, 由推论 1.3.1 知 $\mathcal{O}_F = \mathbb{Z}[\zeta]$. 如果 $p^2 \mid \Delta(1, \zeta, \cdots, \zeta^{\phi(p^n)-1})$, 注意到 $\Phi_{p^n}(x+1)$ 是一个关于 p 的 Eisenstein 多项式, 所以由命题 1.3.1 知 $\mathcal{O}_F = \mathbb{Z}[\zeta]$. $\square$

1.4.2 线性不相交

借助合成域的整数环与子域的整数环之间的关系, 可以将推论 1.4.2 推广至一般的分圆域.

我们首先回忆下相关概念. 现在设 F 和 K 是数域, 记 FK 为二者在 $\mathbb{C}$ 中的合成域. 如果 $[FK : \mathbb{Q}] = [F : \mathbb{Q}] \cdot [L : \mathbb{Q}]$, 就称 F 和 K(在 $\mathbb{Q}$ 上) **线性不相交**. 注意 F 和 K 线性不相交等价于 $F \otimes_{\mathbb{Q}} K$ 是一个域, 此时自然映射

$$F \otimes_{\mathbb{Q}} K \longrightarrow FK,$$

$$x \otimes y \longmapsto xy$$

是同构. 记

$$\mathcal{O}_F \cdot \mathcal{O}_K := \left\{ \text{有限和} \sum_i x_i y_i \,\middle|\, x_i \in \mathcal{O}_F, y_i \in \mathcal{O}_K \right\},$$

则 $\mathcal{O}_F \cdot \mathcal{O}_K \subset \mathcal{O}_{FK}$, 并且二者一般不相等.

引理 1.4.2 设 F 和 K 是线性不相交的数域, $d = \gcd(\Delta_F, \Delta_K)$, 则

$$\mathcal{O}_{FK} \subset \frac{1}{d} \mathcal{O}_F \cdot \mathcal{O}_K.$$

特别地, 若 $\gcd(\Delta_F, \Delta_K) = 1$, 则 $\mathcal{O}_{FK} = \mathcal{O}_F \cdot \mathcal{O}_K$.

证明 设 $\alpha_1, \cdots, \alpha_n$ 和 $\beta_1, \cdots, \beta_m$ 分别是 F 和 K 的整基. 因为 F 和 K 线性不相交, 所以

$$\{\alpha_i \beta_j \mid 1 \leqslant i \leqslant n, 1 \leqslant j \leqslant m\}$$

构成 FK 的一组基. 因此任意 $x \in \mathcal{O}_{FK}$ 都可写成

$$x = \sum_{1 \leqslant i \leqslant n, 1 \leqslant j \leqslant m} \frac{c_{ij}}{c} \alpha_i \beta_j$$

的形式, 其中 $c_{ij}, c \in \mathbb{Z}$, 且这些 c_{ij} 与 c 之间的最大公因子是 1. 所以只需证明

- $c \mid d$, 即 $c \mid \Delta_F$ 且 $c \mid \Delta_K$.

我们以证明 $c \mid \Delta_F$ 为例. 令 $\alpha_1^\vee, \cdots, \alpha_n^\vee \in F$ 为 $\alpha_1, \cdots, \alpha_n$ 在二次型 $q_{F/\mathbb{Q}}$ 下的对偶基. 那么对于任意 i 有

$$\begin{aligned}
\mathrm{Tr}_{FK/K}(x\alpha_i^\vee) &= \sum_{1 \leqslant k \leqslant n, 1 \leqslant l \leqslant m} \frac{c_{kl}}{c} \cdot \mathrm{Tr}_{FK/K}(\alpha_k \beta_l \alpha_i^\vee) \\
&= \sum_{1 \leqslant k \leqslant n, 1 \leqslant l \leqslant m} \frac{c_{kl}}{c} \cdot \mathrm{Tr}_{F \otimes_\mathbb{Q} K/K}(\alpha_k \beta_l \alpha_i^\vee) \quad (FK \cong F \otimes_\mathbb{Q} K) \\
&= \sum_{1 \leqslant k \leqslant n, 1 \leqslant l \leqslant m} \frac{c_{kl}}{c} \beta_l \cdot \mathrm{Tr}_{F/\mathbb{Q}}(\alpha_k \alpha_i^\vee) \quad \text{(引理 1.2.3)} \\
&= \sum_{1 \leqslant l \leqslant m} \frac{c_{il}}{c} \beta_l.
\end{aligned}$$

而另一方面, 有 $\alpha_i^\vee \in \frac{1}{\Delta_F} \mathcal{O}_F$ (见 (1.3-3)), 所以 $x\alpha_i^\vee \in \frac{1}{\Delta_F} \mathcal{O}_{FK}$, 从而

$$\mathrm{Tr}_{FK/K}(x\alpha_i^\vee) \in \frac{1}{\Delta_F} \mathrm{Tr}_{FK/K}(\mathcal{O}_{FK}) \subset \frac{1}{\Delta_F} \mathcal{O}_K,$$

即 $\Delta_F \cdot \mathrm{Tr}_{FK/K}(x\alpha_i^\vee) \in \mathcal{O}_K$. 由于这些 β_l 是 $\mathcal{O}_K$ 的一组整基, 所以对于任意 i 和 l 都要有 $\Delta_F \cdot \frac{c_{il}}{c} \in \mathbb{Z}$. 从而看出 $c \mid \Delta_F$. □

引理 1.4.3 若 $(n,m) = 1$, 则 $\mathbb{Q}(\zeta_n)$ 和 $\mathbb{Q}(\zeta_m)$ 线性不相交.

证明 不难看出此时 $\mathbb{Q}(\zeta_{mn})$ 等于 $\mathbb{Q}(\zeta_m)$ 与 $\mathbb{Q}(\zeta_n)$ 在 $\mathbb{C}$ 中的合成域, 留作练习. 而 ϕ 是乘性数论函数, 所以由命题 1.4.1 知

$$[\mathbb{Q}(\zeta_{mn}) : \mathbb{Q}] = \phi(mn) = \phi(m)\phi(n) = [\mathbb{Q}(\zeta_m) : \mathbb{Q}] \cdot [\mathbb{Q}(\zeta_n) : \mathbb{Q}].$$

因此结论成立. □

定理 1.4.1 设 $F = \mathbb{Q}(\zeta_n)$, 则 $\mathcal{O}_F = \mathbb{Z}[\zeta_n]$.

证明 若素数 p_1 和 p_2 不同, 由引理 1.4.3 和引理 1.4.1, $F_1 = \mathbb{Q}(\zeta_{p_1^{n_1}})$ 和 $F_2 = \mathbb{Q}(\zeta_{p_2^{n_2}})$ 线性不相交并且它们的判别式互素. 所以由引理 1.4.2 和推论 1.4.2 知 $F_1 F_2 = \mathbb{Q}(\zeta_{p_1^{n_1} p_2^{n_2}})$ 的整数环为

$$\mathcal{O}_{F_1 F_2} = \mathcal{O}_{F_1} \cdot \mathcal{O}_{F_2} = \mathbb{Z}[\zeta_{p_1^{n_1}}] \cdot \mathbb{Z}[\zeta_{p_2^{n_2}}] = \mathbb{Z}[\zeta_{p_1^{n_1} p_2^{n_2}}].$$

以此类推, 可对一般的 $n = \prod_{i=1}^k p_i^{n_i}$ 得到结论. □

例 1.4.1 我们还可以应用引理 1.4.2 计算其他数域的整数环. 例如, 设 $F = \mathbb{Q}(\sqrt{5})$, $K = \mathbb{Q}(\sqrt{7})$, 则 $FK = \mathbb{Q}(\sqrt{5}, \sqrt{7})$. 所以 F 和 K 线性不相交. 由例 1.3.2 知 $\Delta_F = 5$, $\Delta_K = 28$, 所以

$$\mathcal{O}_{FK} = \mathcal{O}_F \cdot \mathcal{O}_K = \mathbb{Z}\left[\frac{1+\sqrt{5}}{2}\right] \cdot \mathbb{Z}[\sqrt{7}] = \mathbb{Z}\left[\frac{1+\sqrt{5}}{2}, \sqrt{7}\right].$$

习题

1. 证明 $\mathbb{Q}^{\text{alg}}$ 是可数的.

2. 证明引理 1.1.1.

3. 证明 Liouville 定理: 设 $\alpha \in \mathbb{R} \cap \mathbb{Q}^{\text{alg}}$, 且 $n = [\mathbb{Q}(\alpha) : \mathbb{Q}] > 1$, 则存在常数 $c(\alpha)$ 使得对任意有理数 $\dfrac{a}{b}$ ($(a,b) = 1$ 且 $b > 0$), 以下不等式成立:
$$\left|\alpha - \frac{a}{b}\right| > \frac{c(\alpha)}{b^n}.$$

4. 证明 $\sum_{n=0}^{\infty} \dfrac{1}{10^{n!}}$ 是超越数.

5. 证明引理 1.1.4.

6. 证明引理 1.1.5.

7. 验证 $\mathbb{Z}[\sqrt{5}]$ 不是正规的.

8. 设 $F = \mathbb{Q}(\zeta_5)$. 对于以下 α, 计算 $\text{Tr}_{F/\mathbb{Q}}(\alpha)$ 和 $\text{N}_{F/\mathbb{Q}}(\alpha)$:

(a) $\alpha = \zeta_5^3$.

(b) $\alpha = \zeta_5 + \zeta_5^2$.

(c) $\alpha = 1 + \zeta_5 + \zeta_5^2 + \zeta_5^3 + \zeta_5^4$.

9. 证明推论 1.2.2 中的结论 (2).

10. 设 $F = \mathbb{Q}(\alpha)$ 是次数为 n 的数域, 证明对任意 $i \in \mathbb{Z}$ 有
$$\Delta(1, \alpha, \cdots, \alpha^{n-1}) = \Delta(1, \alpha + i, \cdots, (\alpha + i)^{n-1}).$$

11. 证明 Stickelberger 定理: 设 F 是数域, 则 $\Delta_F \equiv 0, 1 \pmod{4}$.

12. 验证例 1.3.1.

13. 设 $F = \mathbb{Q}(\alpha)$, α 的极小多项式为 $x^n + ax + b$, 证明
$$\Delta(1, \alpha, \cdots, \alpha^{n-1}) = (-1)^{\frac{n(n-1)}{2}} \left[n^n b^{n-1} + a^n (1-n)^{n-1} \right].$$

14. 验证 (1.3-4).

15. 设 $F = \mathbb{Q}(\sqrt{7}, \sqrt{10})$. 此练习意在说明对任意 $\alpha \in \mathcal{O}_F$ 都有 $\mathcal{O}_F \neq \mathbb{Z}[\alpha]$, 即 F 没有幂元基. 设 $\alpha \in \mathcal{O}_F$, $f \in \mathbb{Z}[x]$ 是 α 的极小多项式. 对任意 $g \in \mathbb{Z}[x]$, 记 $\bar{g}$ 为它在 $\mathbb{F}_3[x]$ 中的像.

(a) 证明: 在 $\mathbb{Z}[\alpha]$ 中, $3 \mid g(\alpha) \Leftrightarrow$ 在 $\mathbb{F}_3[x]$ 中 $\overline{f} \mid \overline{g}$.

(b) 令
$$\alpha_1 = (1 + \sqrt{7})(1 + \sqrt{10}), \quad \alpha_2 = (1 + \sqrt{7})(1 - \sqrt{10}),$$
$$\alpha_3 = (1 - \sqrt{7})(1 + \sqrt{10}), \quad \alpha_4 = (1 - \sqrt{7})(1 - \sqrt{10}),$$

证明: 在 $\mathcal{O}_F$ 中, 对任意 $i \neq j$ 都有 $3 \mid \alpha_i \alpha_j$, 并且对任意 i 和 $n \in \mathbb{N}$ 都有 $3 \nmid \alpha_i^n$.

(c) 从现在起, 假设 $\mathcal{O}_F = \mathbb{Z}[\alpha]$. 对于 $i = 1, 2, 3, 4$, 设 $f_i \in \mathbb{Z}[x]$ 为满足 $f_i(\alpha) = \alpha_i$ 的多项式. 证明: 在 $\mathbb{F}_3[x]$ 中, 对任意 $i \neq j$ 都有 $\overline{f} \mid \overline{f}_i \overline{f}_j$, 并且对任意 i 和 $n \in \mathbb{N}$ 都有 $\overline{f} \nmid \overline{f}_i^n$. 由此说明对任意 i, $\overline{f}$ 有一个不可约因子 $\overline{g}_i$ 使其满足在 $\mathbb{F}_3[x]$ 中 $\overline{g}_i \nmid \overline{f}_i$ 但对任意 $j \neq i$ 有 $\overline{g}_i \mid \overline{f}_j$.

(d) 条件同上. 说明 $\overline{f}$ 在 $\mathbb{F}_3$ 中至少有 4 个不同的不可约因子, 从而得到矛盾.

16. 设 $F = \mathbb{Q}(\alpha)$, 其中 α 满足 $\alpha^3 - \alpha - 2 = 0$, 求 F 的判别式 Δ_F 和整基.

17. 设 $F = \mathbb{Q}(\alpha)$, 其中 α 满足 $\alpha^3 - m = 0$, 这里 $m = ab^2$, 并且 a 和 b 是互素的无平方因子整数.

(a) 证明: 如果 $3 \mid ab$, 那么 $\Delta_F = -27a^2b^2$; 如果 $3 \nmid ab$, 那么 $\Delta_F = -3^k a^2 b^2$, 其中 $k = 1$ 或 3.

(b) 证明:

(i) 如果 $m \not\equiv 1, 8 \pmod 9$, 则 $1, \alpha, \dfrac{\alpha^2}{b}$ 是 F 的一组整基, 并且此时 $\Delta_F = -27a^2b^2$.

(ii) 如果 $m \equiv 1 \pmod 9$, 则 $1, \dfrac{\alpha^2}{b}, \dfrac{1 + \alpha + \alpha^2}{3}$ 是 F 的一组整基, 并且此时 $\Delta_F = -3a^2b^2$.

(iii) 如果 $m \equiv 8 \pmod 9$, 则 $1, \dfrac{\alpha^2}{b}, \dfrac{1 - \alpha + \alpha^2}{3}$ 是 F 的一组整基, 并且此时 $\Delta_F = -3a^2b^2$.

18. 设 $(m, n) = 1$, 证明 $\mathbb{Q}(\zeta_{mn}) = \mathbb{Q}(\zeta_m, \zeta_n)$, 即 $\mathbb{Q}(\zeta_{mn})$ 等于 $\mathbb{Q}(\zeta_m)$ 与 $\mathbb{Q}(\zeta_n)$ 在 $\mathbb{C}$ 中的合成域.

19. 设 $F = \mathbb{Q}(\zeta_n + \zeta_n^{-1})$, 证明 $\mathcal{O}_F = \mathbb{Z}[\zeta_n + \zeta_n^{-1}]$.

20. 设 $F = \mathbb{Q}(\sqrt{5}, \sqrt{-1})$, 求 F 的判别式 Δ_F 和整基.

第二章

Dedekind 整环

数域的整数环一般不是唯一分解整环, 我们无法在其上谈论代数整数的分解. 但它们是 Dedekind 整环, 它们的理想能够分解成素理想的乘积, 这一特性是非常重要的. 本章将介绍一般的 Dedekind 整环的各种性质.

2.1 Dedekind 整环

本节中, 设 A 是一个整环, F 是它的分式域.

定义 2.1.1　如果 A 是 1 维的 Noether 正规整环, 就称它为 **Dedekind 整环**.

先简要回忆下定义 2.1.1中出现的一些概念. 我们已经介绍过正规性 (见定义 1.1.3).

注记 2.1.1　如果 A-模 M 满足以下等价的条件, 就称它是 **Noether** 的:
- M 的任意子模升链都稳定, 即若

$$M_1 \subset M_2 \subset \cdots \subset M_n \subset \cdots$$

是 M 的子模的升链, 则存在 n 使得对任意 $m \geqslant n$ 都有 $M_m = M_n$.
- 任意由 M 的子模构成的非空集合都含有极大元 (在包含关系下).
- M 的任意子模都是有限生成的.

注记 2.1.2　若环 A 作为 A-模是 Noether 的, 则称它为 **Noether 环**. 注意 A 的子模等价于 A 的理想. 不难看出有以下事实, 证明留给读者:
- 若 A-模 M 是 Noether 的, 则它的子模和商模也是 Noether 的.
- 若 A 是 Noether 环, M 是有限生成 A-模, 则 M 是 Noether 的.
- 若 A 是 Noether 环, B 是 A-代数并且是有限生成 A-模, 则 B 是 Noether 环.

注记 2.1.3　A 的**维数**定义如下:

$$\dim(A) := \sup\{n \in \mathbb{N} \mid \exists \text{素理想链 } \mathfrak{p}_0 \subsetneq \mathfrak{p}_1 \subsetneq \cdots \subsetneq \mathfrak{p}_n\}.$$

所以对于整环, $\dim(A) = 1 \Leftrightarrow A$ 不是域且它的非零素理想都是极大理想.

例 2.1.1　若 A 是主理想整环且不是域, 则它是 Dedekind 整环. 例如 $\mathbb{Z}, \mathbb{F}_p[x], \mathbb{C}[x]$ 等.

例 2.1.2　在下述命题 2.1.1中, 取 $A = \mathbb{Z}$. 数域扩张 $F/\mathbb{Q}$ 都是有限可分扩张, 所以 F 的整数环 $\mathcal{O}_F$ 是 Dedekind 整环.

命题 2.1.1　设 A 是 Dedekind 整环, L/F 是有限可分扩张, B 是 A 在 L 中的整闭包. 则 B 是有限生成 A-模, 并且是 Dedekind 整环.

证明 我们对 B 逐条验证 Dedekind 整环的条件.

- 正规性. 与注记 1.1.3的相同推导可知 B 是正规整环, 它的分式域是 L.
- 维数. 在交换代数中有更一般性的结论 (对 A 没有条件限制): 若 B 在 A 上整, 则 $\dim(B) = \dim(A)$. 所以此时 $\dim(B) = 1$.
- Noether 性. 因为 A 是 Noether 环, 如果 B 是有限生成 A-模, 那么由注记 2.1.2可知 B 是 Noether 环.

最后, 我们证明 B 是有限生成 A-模, 本质上与定理 1.3.1的证明相同. 由于 L/F 是有限可分扩张, 所以 $\mathrm{Tr}_{L/F}$ 定义了 L 上的非退化双线性型 $q_{L/F}$ (见命题 1.2.1). 设 $\alpha_1, \cdots, \alpha_n$ 是 L 的一组 F-基. 通过乘 A 中适当的元素, 我们可以假设所有 α_i 均属于 B. 令 $\alpha_1^\vee, \cdots, \alpha_n^\vee \in L$ 是 $\alpha_1, \cdots, \alpha_n$ 关于 $q_{L/F}$ 的对偶基. 令 $M = \sum_{i=1}^n A\alpha_i$, $M^\vee = \sum_{i=1}^n A\alpha_i^\vee$, 则 $M^\vee$ 有如下刻画:

$$M^\vee = \{\alpha \in L \mid \mathrm{Tr}_{L/F}(\alpha\beta) \in A, \forall \beta \in M\}.$$

与推论 1.2.2 同理, $\mathrm{Tr}_{L/F}(B) \subset A$, 由此得到 $M \subset B \subset M^\vee$. 因为 A 是 Noether 环, 所以 $M^\vee$ 是 Noether A-模, 从而它的子模 B 也是有限生成 A-模. □

注记 2.1.4 由以上证明可知: 若 A 是主理想整环, 则 B 是自由 A-模, 秩为 $[L:F]$.

注记 2.1.5 事实上, 由交换代数中的 Krull-Akizuki 定理可知对于一般的有限扩张 L/F, B 仍是 Dedekind 整环.

为了完备, 我们给出在命题 2.1.1条件下 $\dim(B) = 1$ 的直接证明.

引理 2.1.1 (1) 设 $A \subset B$ 是整环的扩张, B 在 A 上整, 则 A 是域 $\Leftrightarrow$ B 是域.

(2) 设 $A \subset B$ 是交换环的扩张, B 在 A 上整. 令 $\mathfrak{q}$ 是 B 的素理想, $\mathfrak{p} = \mathfrak{q} \cap A$ 是 A 的素理想, 则 $\mathfrak{p}$ 是极大理想 $\Leftrightarrow$ $\mathfrak{q}$ 是极大理想.

证明 (1) 首先设 A 是域. 若 $b \in B$ 且 $b \neq 0$, 令 $f(x) = x^n + a_{n-1}x^{n-1} + \cdots + a_0 \in A[x]$ 为满足 $f(b) = 0$ 的次数最低的首一多项式, 则显然 $a_0 \neq 0$. 由此得到

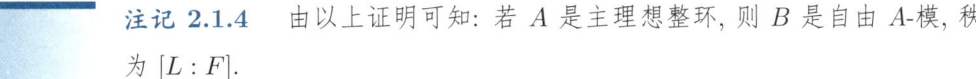

即存在 $b^{-1} \in B$. 所以 B 是域. 现在设 B 是域. 若 $a \in A$ 且 $a \neq 0$, 则存在 $a^{-1} \in B$. 所以存在 $a_0, \cdots, a_{n-1} \in A$ 使得

$$(a^{-1})^n + a_{n-1}(a^{-1})^{n-1} + \cdots + a_0 = 0.$$

同乘 a^{n-1} 可见 $a^{-1} \in A$. 所以 A 是域.

(2) 交换环扩张 $A \subset B$ 诱导了整环扩张 $A/\mathfrak{p} \subset B/\mathfrak{q}$. 因为 B 在 A 上整, 不难看出 $B/\mathfrak{q}$ 在 $A/\mathfrak{p}$ 上整. 所以由结论 (1) 立得结论 (2). □

引理 2.1.2 设 $A \subset B$ 是整环的扩张，B 在 A 上整. 若 $\mathfrak{q}$ 是 B 的非零素理想，则 $\mathfrak{q} \cap A$ 是 A 的非零素理想.

证明 只需证明非零性. 任取 $b \in \mathfrak{q}$ 且 $b \neq 0$. 令 $f(x) = x^n + a_{n-1} x^{n-1} + \cdots + a_0 \in A[x]$ 为满足 $f(b) = 0$ 的次数最低的首一多项式，则显然 $a_0 \neq 0$. 而

$$a_0 = -(b^n + a_{n-1} b^{n-1} + \cdots + a_1 b) \in \mathfrak{q},$$

所以 $\mathfrak{q} \cap A$ 非零. □

推论 2.1.1 设 $A \subset B$ 是整环的扩张，B 在 A 上整. 若 $\dim(A) = 1$，则 $\dim(B) = 1$.

证明 因为 $\dim(A) = 1$，所以 A 不是域. 由引理 2.1.1，B 也不是域. 设 $\mathfrak{q}$ 是 B 的任意非零素理想. 由引理 2.1.2，$\mathfrak{p} = \mathfrak{q} \cap A$ 是 A 的非零素理想，所以 $\mathfrak{p}$ 是 A 的极大理想. 从而由引理 2.1.1 知 $\mathfrak{q}$ 是 B 的极大理想. □

最后，我们介绍分式理想的概念.

定义 2.1.2 设 A 是整环，F 是 A 的分式域. 对于 F 的非零 A-子模 $\mathfrak{a}$，若存在非零元 $d \in A$ 使得 $d\mathfrak{a} \subset A$（即存在 A 的非零理想 $\mathfrak{b}$ 使得 $\mathfrak{a} = d^{-1}\mathfrak{b}$），则称 $\mathfrak{a}$ 是 F 或 A 的**分式理想**. 若存在非零元 $x \in F$ 使得分式理想 $\mathfrak{a}$ 等于 $(x) := xA$，则称 $\mathfrak{a}$ 是**主分式理想**.

2.2 素理想分解定理

2.2.1 基本结果

以下是 Dedekind 整环中理想的素理想分解定理，是本章的主要结果.

定理 2.2.1（素理想分解定理） 设 A 是 Dedekind 整环，则 A 的任意非零真理想 $\mathfrak{a}$ 都可（不计次序）唯一地表示成 $\mathfrak{a} = \prod_{i=1}^{k} \mathfrak{p}_i^{a_i}$，其中这些 $\mathfrak{p}_i$ 是互不相同的素理想，$a_i \in \mathbb{N}$ 是自然数.

为了证明此定理，我们需要以下两个引理.

引理 2.2.1 设 A 是 Noether 环，$\mathfrak{a}$ 是 A 的非零理想，则存在非零素理想 $\mathfrak{p}_1, \cdots, \mathfrak{p}_n$ 使得

$$\mathfrak{a} \supset \prod_{i=1}^{n} \mathfrak{p}_i.$$

证明 考虑集合

$$S = \{\text{非零理想 } \mathfrak{a} \mid \mathfrak{a} \text{ 不满足引理结论}\}.$$

假设 S 非空, 即引理的结论不成立, 则由 Noether 条件推出 S 中存在一个极大元, 记为 $\mathfrak{a}$, 那么 $\mathfrak{a}$ 本身不是一个素理想. 因此存在 $x, y \in A$ 使得 x 和 y 均不属于 $\mathfrak{a}$ 但 $xy \in \mathfrak{a}$. 令 $\mathfrak{b} = \mathfrak{a} + (x), \mathfrak{c} = \mathfrak{a} + (y)$, 那么 $\mathfrak{a} \subsetneq \mathfrak{b}, \mathfrak{a} \subsetneq \mathfrak{c}$. 由 $\mathfrak{a}$ 在 S 中的极大性可知 $\mathfrak{b}$ 和 $\mathfrak{c}$ 均不属于 S, 所以 $\mathfrak{b} \supset \prod_{i=1}^{n} \mathfrak{p}_i, \mathfrak{c} \supset \prod_{j=1}^{m} \mathfrak{q}_j$, 其中 $\mathfrak{p}_i$ 和 $\mathfrak{q}_j$ 均是非零素理想. 注意到

$$\mathfrak{b}\mathfrak{c} \subset (xy) + \mathfrak{a} \subset \mathfrak{a},$$

所以 $(\prod_{i=1}^{n} \mathfrak{p}_i)(\prod_{j=1}^{m} \mathfrak{q}_j) \subset \mathfrak{a}$, 这与 $\mathfrak{a} \in S$ 矛盾. □

引理 2.2.2 设 A 是 Dedekind 整环, $\mathfrak{p}$ 是 A 的非零素理想. 记

$$\mathfrak{p}^{-1} := \{x \in F \mid x\mathfrak{p} \subset A\},$$

则有

(1) $\mathfrak{p}^{-1}$ 是 F 的分式理想.

(2) $\mathfrak{p}^{-1}\mathfrak{p} = A$.

(3) $\mathfrak{p}^{-1} \supsetneq A$.

证明 (1) 显然, $\mathfrak{p}^{-1}$ 是 F 的 A-子模. 任取非零元 $d \in \mathfrak{p}$, 则 $d\mathfrak{p}^{-1} \subset A$. 所以 $\mathfrak{p}^{-1}$ 是分式理想.

(2) 由定义可知

$$A \subset \mathfrak{p}^{-1}, \quad \mathfrak{p} \subset \mathfrak{p}^{-1}\mathfrak{p} \subset A.$$

因为 A 是 Dedekind 整环, 所以 $\mathfrak{p}$ 是极大理想, 那么 $\mathfrak{p}^{-1}\mathfrak{p}$ 只能是 $\mathfrak{p}$ 或 A. 假设结论 (2) 不成立, 即 $\mathfrak{p}^{-1}\mathfrak{p} = \mathfrak{p}$. 则对任意 $x \in \mathfrak{p}^{-1}$ 均有 $x\mathfrak{p} \subset \mathfrak{p}$. 因为 $\mathfrak{p}$ 是有限生成的, 那么由关系 $x\mathfrak{p} \subset \mathfrak{p}$ 可知 x 在 A 上整 (见命题 1.1.1). 又因为 A 是正规的, 所以 $x \in A$. 综上知 $\mathfrak{p}^{-1} = A$, 这与结论 (3) 矛盾. 所以我们仅需证明结论 (3) 成立.

(3) 需要构造一个元素 $x \in \mathfrak{p}^{-1}$ 使得 $x \notin A$. 任取非零元 $b \in \mathfrak{p}$. 由引理 2.2.1, 存在非零素理想 $\mathfrak{p}_1, \cdots, \mathfrak{p}_k$ 使得

$$\mathfrak{p} \supset (b) \supset \prod_{i=1}^{k} \mathfrak{p}_i.$$

令 k 为满足上述关系最小的自然数. 关系 $\mathfrak{p} \supset \prod_{i=1}^{k} \mathfrak{p}_i$ 表明 $\mathfrak{p}$ 包含其中某个 $\mathfrak{p}_i$, 不妨设其为 $\mathfrak{p}_1$. 而它们都是极大理想, 所以 $\mathfrak{p}_1 = \mathfrak{p}$. 另一方面, k 的极小性说明 $\prod_{i=2}^{k} \mathfrak{p}_i \not\subset (b)$. 所以存在 $a \in \prod_{i=2}^{k} \mathfrak{p}_i$ 但 $a \notin (b)$. 令 $x = \dfrac{a}{b}$, 则 $x \notin A$, 并且

$$x\mathfrak{p} = \frac{a}{b}\mathfrak{p} \subset \frac{1}{b}\prod_{i=1}^{k} \mathfrak{p}_i \subset A,$$

即 $x \in \mathfrak{p}^{-1}$. 所以结论 (3) 得证. □

定理 2.2.1 的证明　首先证明分解的存在性. 考虑集合

$$S = \{\text{非零真理想 } \mathfrak{a} \mid \mathfrak{a} \text{ 不能写成素理想乘积的形式}\}.$$

若 S 非空, 则 S 中存在一个极大元 $\mathfrak{a}$. 那么 $\mathfrak{a}$ 本身不是一个素理想. 所以存在非零素理想 $\mathfrak{p}$ 使得 $\mathfrak{a} \subsetneq \mathfrak{p}$. 由引理 2.2.2, 有 $A = \mathfrak{p}^{-1}\mathfrak{p} \supset \mathfrak{p}^{-1}\mathfrak{a} \supset \mathfrak{a}$. 事实上, 有

$$\mathfrak{p}^{-1}\mathfrak{p} \supsetneq \mathfrak{p}^{-1}\mathfrak{a} \supsetneq \mathfrak{a}. \tag{2.2-1}$$

原因如下. 若 $\mathfrak{p}^{-1}\mathfrak{p} = \mathfrak{p}^{-1}\mathfrak{a}$, 则同乘 $\mathfrak{p}$ 得到 $\mathfrak{p} = \mathfrak{a}$, 矛盾. 若 $\mathfrak{p}^{-1}\mathfrak{a} = \mathfrak{a}$, 则对任意 $x \in \mathfrak{p}^{-1}$ 均有 $x\mathfrak{a} \subset \mathfrak{a}$. 那么由 $\mathfrak{a}$ 的有限生成性可知 x 在 A 上整, 所以 $x \in A$, 即 $\mathfrak{p}^{-1} \subset A$, 矛盾. 所以 (2.2-1) 成立. 因此由 $\mathfrak{a}$ 的极大性知 $\mathfrak{p}^{-1}\mathfrak{a}$ 能写成素理想乘积的形式, 即存在素理想 $\mathfrak{p}_1, \cdots, \mathfrak{p}_n$ (可能相同) 使得 $\mathfrak{p}^{-1}\mathfrak{a} = \mathfrak{p}_1 \cdots \mathfrak{p}_n$. 同乘 $\mathfrak{p}$ 便得到 $\mathfrak{a} = \mathfrak{p}\mathfrak{p}_1 \cdots \mathfrak{p}_n$, 这与 $\mathfrak{a} \in S$ 矛盾.

接下来证明分解的唯一性. 若 $\prod_{i=1}^n \mathfrak{p}_i = \prod_{j=1}^m \mathfrak{q}_j$, 其中 $\mathfrak{p}_i, \mathfrak{q}_j$ 都是非零素理想, 则 $\mathfrak{p}_1 \supset \prod_{j=1}^n \mathfrak{q}_j$, 从而 $\mathfrak{p}_1$ 与某个 $\mathfrak{q}_j$ 相等. 不妨设 $\mathfrak{p}_1 = \mathfrak{q}_1$. 同乘 $\mathfrak{p}_1^{-1}$ 便得到 $\prod_{i=2}^m \mathfrak{p}_i = \prod_{j=2}^m \mathfrak{q}_j$. 以此类推可见 $\prod_{i=1}^n \mathfrak{p}_i$ 与 $\prod_{j=1}^m \mathfrak{q}_j$ 是相同的分解. □

推论 2.2.1　设 A 是 Dedekind 整环. 则 A 是唯一分解整环 $\Leftrightarrow$ A 是主理想整环.

证明　只需证明 "$\Rightarrow$" 关系. 由定理 2.2.1, 只需证明每个非零素理想 $\mathfrak{p}$ 都是主理想. 任取非零元 $x \in \mathfrak{p}$. 令 $x = \prod_{i=1}^k p_i$ 为元素 x 的素分解, 其中 p_i 是素元. 则 (p_i) 均为素理想, 且有 $\mathfrak{p} \supset (x) = \prod_{i=1}^k (p_i)$. 所以 $\mathfrak{p}$ 等于某个 (p_i). □

我们可以把定理 2.2.1 推广至一般的分式理想, 见推论 2.2.2. 设 A 是 Dedekind 整环. 对于 F 的分式理想 $\mathfrak{a}$, 记

$$\mathfrak{a}^{-1} := \{x \in F \mid x\mathfrak{a} \subset A\}.$$

与引理 2.2.2 类似, 有如下结论, 证明留作练习.

引理 2.2.3　(1) $\mathfrak{a}^{-1}$ 是分式理想.

(2) 对于非零素理想 $\mathfrak{p}$, 记 $\mathfrak{p}^{-n} = (\mathfrak{p}^{-1})^n$, 则 $\mathfrak{p}^{-n} = (\mathfrak{p}^n)^{-1}$.

(3) 若 $\mathfrak{a}$ 是非零理想, $\mathfrak{a} = \prod_{i=1}^k \mathfrak{p}_i^{a_i}$ 是它的素理想分解, 则 $\mathfrak{a}^{-1} = \prod_{i=1}^k \mathfrak{p}_i^{-a_i}$ 且 $\mathfrak{a}^{-1}\mathfrak{a} = A$.

推论 2.2.2　对于 F 的分式理想 $\mathfrak{a}$, 它可 (不计次序) 唯一地表示成 $\mathfrak{a} = \prod_{i=1}^k \mathfrak{p}_i^{a_i}$ 的形式, 其中这些 $\mathfrak{p}_i$ 是互不相同的素理想, $a_i \in \mathbb{Z}$ 是整数.

证明　取非零元 $d \in A$ 使得 $d\mathfrak{a} \subset A$ 是一个非零理想. 考虑素理想分解 $d\mathfrak{a} = \prod_{i=1}^k \mathfrak{p}_i^{b_i}$ 和 $(d) = \prod_{i=1}^k \mathfrak{p}_i^{c_i}$, 此处我们允许 b_i, c_i 可能为零. 从而得到 $\mathfrak{a} = \prod_{i=1}^k \mathfrak{p}_i^{b_i - c_i}$, 这就证明了分解的存在性. 分解的唯一性与之前的证明类似, 在此忽略. □

定义 2.2.1　(1) 记

$$\mathcal{I}_F := \{F \text{ 的分式理想}\},$$

其上有乘法运算 $\mathfrak{a} \cdot \mathfrak{b} := \mathfrak{a}\mathfrak{b}$, 恒元是 $(1) = A$. 由素理想分解定理知 $\mathcal{I}_F$ 是一个自由 Abel 群, 所有非零素理想构成一组基. 称 $\mathcal{I}_F$ 为 F 或 A 的**理想群**.

(2) 记
$$\mathcal{P}_F := \{F \text{ 的主分式理想}\},$$
则 $\mathcal{P}_F$ 是 $\mathcal{I}_F$ 的子群.

(3) 记
$$\mathrm{Cl}_F := \mathcal{I}_F / \mathcal{P}_F,$$
称其为 F 或 A 的**理想类群**或**类群**.

我们今后会证明, 当 F 是数域, $A = \mathcal{O}_F$ 时, Cl_F 是有限 Abel 群.

2.2.2 其他结论

引理 2.2.4 设 A 是 Dedekind 整环. 对于非零理想的素理想分解 $\mathfrak{a} = \prod_{i=1}^{k} \mathfrak{p}_i^{a_i}$, 有
$$a_i = \max\{a \in \mathbb{N} \mid \mathfrak{a} \subset \mathfrak{p}_i^a\}, \quad \forall 1 \leqslant i \leqslant k.$$

证明 只需证明 $\mathfrak{a} \not\subseteq \mathfrak{p}_i^{a_i+1}$. 若 $\mathfrak{a} = \prod_{i=1}^{k} \mathfrak{p}_i^{a_i} \subset \mathfrak{p}_i^{a_i+1}$, 则左、右两边同乘 $\mathfrak{p}_i^{-a_i}$, 得到 $\prod_{j \neq i} \mathfrak{p}_j^{a_j} \subset \mathfrak{p}_i$. 那么必有某个 $\mathfrak{p}_j$ 等于 $\mathfrak{p}_i$, 矛盾. $\square$

定义 2.2.2 设 A 是整环, $\mathfrak{a}$ 和 $\mathfrak{b}$ 是 A 的非零理想, 元素 $x \in A$.

(1) 若 $\mathfrak{b} \subset \mathfrak{a}$ 则记 $\mathfrak{a} \mid \mathfrak{b}$; 若 $(x) \subset \mathfrak{a}$, 则记 $\mathfrak{a} \mid x$.

(2) 若理想 $\mathfrak{c}$ 满足 $\mathfrak{c} \mid \mathfrak{a}, \mathfrak{c} \mid \mathfrak{b}$, 且对任意满足此关系的理想 $\mathfrak{d}$ 均有 $\mathfrak{d} \mid \mathfrak{c}$, 则称 $\mathfrak{c}$ 是 $\mathfrak{a}$ 和 $\mathfrak{b}$ 的**最大公因子**, 简记为 $\gcd(\mathfrak{a},\mathfrak{b})$. 易见 $\gcd(\mathfrak{a},\mathfrak{b}) = \mathfrak{a} + \mathfrak{b}$, 即包含 $\mathfrak{a}$ 和 $\mathfrak{b}$ 的最小理想. 若 $\gcd(\mathfrak{a},\mathfrak{b}) = A$, 称 $\mathfrak{a}$ 和 $\mathfrak{b}$ **互素**, 有时也记为 $\gcd(\mathfrak{a},\mathfrak{b}) = 1$.

(3) 若理想 $\mathfrak{c}$ 满足 $\mathfrak{a} \mid \mathfrak{c}, \mathfrak{b} \mid \mathfrak{c}$, 且对任意满足此关系的理想 $\mathfrak{d}$ 均有 $\mathfrak{c} \mid \mathfrak{d}$, 则称 $\mathfrak{c}$ 是 $\mathfrak{a}$ 和 $\mathfrak{b}$ 的**最小公倍**, 简记为 $\mathrm{lcm}(\mathfrak{a},\mathfrak{b})$. 易见 $\mathrm{lcm}(\mathfrak{a},\mathfrak{b}) = \mathfrak{a} \cap \mathfrak{b}$, 即包含在 $\mathfrak{a}$ 和 $\mathfrak{b}$ 中的最大理想.

引理 2.2.5 设 A 是 Dedekind 整环, $\mathfrak{a}$ 和 $\mathfrak{b}$ 是 A 的非零理想. 设 $\mathfrak{a} = \prod_{i=1}^{k} \mathfrak{p}_i^{a_i}$, $\mathfrak{b} = \prod_{i=1}^{k} \mathfrak{p}_i^{b_i}$, 此处为了统一形式我们仅要求 $a_i, b_i \in \mathbb{Z}_{\geqslant 0}$.

(1) 若 $\mathfrak{a} \mid \mathfrak{b}$, 则
$$a_i \leqslant b_i, \quad \forall 1 \leqslant i \leqslant k.$$
此时存在理想 $\mathfrak{c}$ 使得 $\mathfrak{b} = \mathfrak{a}\mathfrak{c}$, 其中
$$\mathfrak{c} = \prod_{i=1}^{k} \mathfrak{p}_i^{b_i - a_i}.$$

(2) $\gcd(\mathfrak{a},\mathfrak{b}) = \mathfrak{a} + \mathfrak{b} = \prod_{i=1}^{k} \mathfrak{p}_i^{\min\{a_i,b_i\}}$.

(3) $\mathrm{lcm}(\mathfrak{a}, \mathfrak{b}) = \mathfrak{a} \cap \mathfrak{b} = \prod_{i=1}^{k} \mathfrak{p}_i^{\max\{a_i, b_i\}}$.

证明留作练习.

下面是经典的中国剩余定理, 其证明参考 [1, Proposition 1.10], 在此略.

定理 2.2.2 (中国剩余定理) 设 A 是交换环, $\mathfrak{a}_1, \cdots, \mathfrak{a}_n$ 是两两互素的非零理想, 则自然同态

$$A \longrightarrow \prod_{i=1}^{n} A/\mathfrak{a}_i,$$

$$x \longmapsto (x \ (\mathrm{mod} \ \mathfrak{a}_1), \cdots, x \ (\mathrm{mod} \ \mathfrak{a}_n))$$

是满射, 并且 $\mathrm{Ker}(\varphi) = \prod_{i=1}^{n} \mathfrak{a}_i$, 所以有同构

$$A / \prod_{i=1}^{n} \mathfrak{a}_i \xrightarrow{\simeq} \prod_{i=1}^{n} A/\mathfrak{a}_i.$$

推论 2.2.3 设 A 是 Dedekind 整环, $\mathfrak{a}$ 和 $\mathfrak{b}$ 是 A 的非零理想, 则存在 A 的理想 $\mathfrak{c}$ 和 $x \in \mathfrak{a}$ 使得

$$\gcd(\mathfrak{a}, \mathfrak{c}) = \gcd(\mathfrak{b}, \mathfrak{c}) = \gcd(\mathfrak{a}\mathfrak{b}, \mathfrak{c}) = 1, \ \text{且} \ \mathfrak{a}\mathfrak{c} = (x).$$

证明 设 $\mathfrak{a} = \prod_{i=1}^{k} \mathfrak{p}_i^{a_i}$, $\mathfrak{b} = \prod_{i=1}^{k} \mathfrak{p}_i^{b_i}$, $a_i, b_i \in \mathbb{Z}_{\geqslant 0}$. 对任意 i, 取 $x_i \in \mathfrak{p}_i^{a_i} \setminus \mathfrak{p}_i^{a_i+1}$. 由中国剩余定理, 存在 $x \in A$ 使得

$$x \equiv x_i \ (\mathrm{mod} \ \mathfrak{p}_i^{a_i+1}), \ \forall 1 \leqslant i \leqslant k.$$

由构造条件知, 对任意 i 有 $x \in \mathfrak{p}_i^{a_i}$ 但 $x \notin \mathfrak{p}_i^{a_i+1}$. 由引理 2.2.4, 主理想 (x) 的素理想分解为

$$(x) = \prod_{i=1}^{k} \mathfrak{p}_i^{a_i} \prod_{j=1}^{h} \mathfrak{q}_j^{c_j},$$

其中 $\mathfrak{p}_i, \mathfrak{q}_j$ 互不相同. 令 $\mathfrak{c} = \prod_{j=1}^{h} \mathfrak{q}_j^{c_j}$, 则由引理 2.2.5可知它满足条件. □

推论 2.2.4 设 A 是 Dedekind 整环, $\mathfrak{a}$ 和 $\mathfrak{b}$ 是 A 的非零理想, 则有 A-模之间的同构

$$A/\mathfrak{b} \cong \mathfrak{a}/\mathfrak{a}\mathfrak{b}.$$

证明 根据推论 2.2.3, 选取 $x \in \mathfrak{a}$ 和理想 $\mathfrak{c}$ 使得 $\gcd(\mathfrak{b}, \mathfrak{c}) = \mathfrak{b} + \mathfrak{c} = A$ 以及 $\mathfrak{a}\mathfrak{c} = (x)$. 考虑 A-模同态

$$\varphi : A \longrightarrow \mathfrak{a}/\mathfrak{a}\mathfrak{b},$$

$$a \longmapsto \overline{ax}.$$

因为

$$(x) + \mathfrak{a}\mathfrak{b} = \mathfrak{a}\mathfrak{c} + \mathfrak{a}\mathfrak{b} = \mathfrak{a}(\mathfrak{b} + \mathfrak{c}) = \mathfrak{a},$$

所以 φ 是满射. 下面分析 $\mathrm{Ker}(\varphi)$, 按定义,

$$\mathrm{Ker}(\varphi) = \{a \in A \mid ax \in \mathfrak{ab}\}.$$

显然 $\mathfrak{b} \subset \mathrm{Ker}(\varphi)$. 若 $a \in \mathrm{Ker}(\varphi)$, 则 $ax \in \mathfrak{ab}$, 进而 $ax\mathfrak{c} \subset \mathfrak{abc} = x\mathfrak{b}$, 从而 $a\mathfrak{c} \subset \mathfrak{b}$. 所以有

$$a \in (a) = a(\mathfrak{b} + \mathfrak{c}) = a\mathfrak{b} + a\mathfrak{c} \subset \mathfrak{b},$$

即 $\mathrm{Ker}(\varphi) \subset \mathfrak{b}$. 综上可见 $\mathrm{Ker}(\varphi) = \mathfrak{b}$, 所以 φ 诱导了同构 $A/\mathfrak{b} \cong \mathfrak{a}/\mathfrak{ab}$. □

推论 2.2.5 设 A 是 Dedekind 整环, $\mathfrak{a}$ 是分式理想, $\mathfrak{b}$ 是非零理想, 则有 A-模之间的同构

$$A/\mathfrak{b} \cong \mathfrak{a}/\mathfrak{ab}.$$

证明 因为 $\mathfrak{a}$ 是分式理想, 所以存在非零元 $d \in A$ 使得 $\mathfrak{c} = d\mathfrak{a}$ 是 A 的非零理想. 则有自然同构

$$\mathfrak{a}/\mathfrak{ab} \xrightarrow{\sim} \mathfrak{c}/\mathfrak{cb},$$

$$\overline{a} \longmapsto \overline{ad}.$$

由推论 2.2.4, 又有 $A/\mathfrak{b} \cong \mathfrak{c}/\mathfrak{cb}$. 所以结论成立. □

推论 2.2.6 设 A 是 Dedekind 整环, $\mathfrak{a}$ 是分式理想. 又设 $\mathfrak{p}$ 是 A 的非零素理想, 记 $k_\mathfrak{p} = A/\mathfrak{p}$, 则 $\mathfrak{a}/\mathfrak{pa}$ 是 1 维 $k_\mathfrak{p}$-向量空间.

证明 由推论 2.2.5立知. □

推论 2.2.7 设 A 是 Dedekind 整环, $\mathfrak{a}$ 是 A 的非零理想, 则对任意非零元 $y \in \mathfrak{a}$, 存在 $x \in \mathfrak{a}$ 使得 $\mathfrak{a} = (x, y)$.

证明 令 $\mathfrak{b} = (y)$. 根据推论 2.2.3, 可选取 $x \in \mathfrak{a}$ 和理想 $\mathfrak{c}$ 使得 $\mathfrak{b} + \mathfrak{c} = A$ 以及 $\mathfrak{ac} = (x)$. 所以有

$$\mathfrak{a} = \mathfrak{ab} + \mathfrak{ac} = \mathfrak{ab} + (x) \subset (y) + (x) \subset \mathfrak{a},$$

即 $\mathfrak{a} = (x, y)$. □

定义 2.2.3 (1) 对于分式理想 $\mathfrak{a}$ 和非零素理想 $\mathfrak{p}$, 定义 $v_\mathfrak{p}(\mathfrak{a}) \in \mathbb{Z}$ 为 $\mathfrak{p}$ 在 $\mathfrak{a}$ 的素理想分解中的指数.

(2) 对于 $x \in F$, 定义 $v_\mathfrak{p}(x) = \begin{cases} v_\mathfrak{p}((x)), & \text{若 } x \neq 0, \\ \infty, & \text{若 } x = 0. \end{cases}$

引理 2.2.6 映射 $v_\mathfrak{p}$ 具有以下性质:

(1) $v_\mathfrak{p}(\mathfrak{ab}) = v_\mathfrak{p}(\mathfrak{a}) + v_\mathfrak{p}(\mathfrak{b})$.

(2) $\mathfrak{a} \mid \mathfrak{b} \Leftrightarrow v_\mathfrak{p}(\mathfrak{a}) \leqslant v_\mathfrak{p}(\mathfrak{b}), \forall$ 非零素理想 $\mathfrak{p}$.

(3) $\mathfrak{a} = \{x \in F \mid v_\mathfrak{p}(x) \geqslant v_\mathfrak{p}(\mathfrak{a}), \forall$ 非零素理想 $\mathfrak{p}\}$.

(4) $v_{\mathfrak{p}}(\mathfrak{a}+\mathfrak{b}) = \min\{v_{\mathfrak{p}}(\mathfrak{a}), v_{\mathfrak{p}}(\mathfrak{b})\}$.

(5) $v_{\mathfrak{p}}(\mathfrak{a}\cap\mathfrak{b}) = \max\{v_{\mathfrak{p}}(\mathfrak{a}), v_{\mathfrak{p}}(\mathfrak{b})\}$.

(6) $v_{\mathfrak{p}}(x+y) \geqslant \min\{v_{\mathfrak{p}}(x), v_{\mathfrak{p}}(y)\}$.

(7) 若 $v_{\mathfrak{p}}(x) \neq v_{\mathfrak{p}}(y)$，则 $v_{\mathfrak{p}}(x+y) = \min\{v_{\mathfrak{p}}(x), v_{\mathfrak{p}}(y)\}$.

证明留作练习.

引理 2.2.6 中的性质 (6) 被称作强三角不等式. 引理 2.2.6 说明 $v_{\mathfrak{p}}$ 是 F 上的离散赋值，关于这一概念的探讨，详见后续局部域的章节.

2.3 局部化

在本节，我们首先回忆交换代数中局部化的概念和基本性质，然后研究关于 Dedekind 整环局部化的特殊性质. 现在仍假设 A 是整环，F 是它的分式域. 对于一般交换环的局部化，可参考交换代数的教科书，例如参考文献 [1].

定义 2.3.1 若子集 $S \subset A$ 满足: 对任意 $s, t \in S$ 均有 $st \in S$, 且 $1 \in S$, 则称 S 是**可乘集**.

定义 2.3.2 设 S 是可乘集.

(1) 环 A 关于 S 的**局部化**是

$$S^{-1}A := \left\{ \frac{a}{s} \,\Big|\, a \in A, s \in S \right\}.$$

(2) 设 $\mathfrak{a}$ 是 A 的理想或分式理想，则 $\mathfrak{a}$ 关于 S 的**局部化**是

$$S^{-1}\mathfrak{a} := \left\{ \frac{a}{s} \,\Big|\, a \in \mathfrak{a}, s \in S \right\}.$$

不难验证 $S^{-1}A$ 是 F 的子环，$S^{-1}A$ 的分式域仍为 F, $S^{-1}\mathfrak{a}$ 是 $S^{-1}A$ 的理想或分式理想. 注意 A 是 $S^{-1}A$ 的子环. 当 $S = A \setminus \{0\}$ 时, $S^{-1}A = F$.

设 $\mathfrak{p}$ 是 A 的素理想，则 $S = A \setminus \mathfrak{p}$ 是一个可乘集. 此时记

$$A_{(\mathfrak{p})} = S^{-1}A,$$

称其为 A 在 $\mathfrak{p}$ 处的局部化. 例如

$$\mathbb{Z}_{(p)} = \left\{ \frac{m}{n} \in \mathbb{Q} \,\Big|\, p \nmid n \right\}.$$

关于局部化，我们有以下事实: 命题 2.3.1 和命题 2.3.2. 它们的证明可参考 [1, Proposition 3.11, Proposition 7.3, Proposition 5.12].

命题 2.3.1 (1) $S^{-1}A$ 的理想 $\mathfrak{b}$ 均为 $S^{-1}\mathfrak{a}$ 的形式, 其中 $\mathfrak{a}$ 可取为 $\mathfrak{b} \cap A$.

(2) 对于 $S^{-1}A$ 的素理想, 有更强的结果. 我们有一一对应

$$\{A\text{的素理想 } \mathfrak{p} \mid \mathfrak{p} \cap S = \varnothing\} \longleftrightarrow \{S^{-1}A\text{的素理想 } \mathfrak{q}\}.$$

$$\mathfrak{p} \longmapsto S^{-1}\mathfrak{p},$$

$$\mathfrak{q} \cap A \longleftarrow \mathfrak{q}.$$

(3) 更特别地, 若 $\mathfrak{p}$ 是 A 的素理想, 则 $\mathfrak{p}A_{(\mathfrak{p})} = S^{-1}\mathfrak{p}$ 是 $A_{(\mathfrak{p})}$ 唯一的极大理想. 所以 $A_{(\mathfrak{p})}$ 是一个局部环, 并且此时有

$$A_{(\mathfrak{p})}/\mathfrak{p}A_{(\mathfrak{p})} = \mathrm{Frac}(A/\mathfrak{p}),$$

称其为 A 在 $\mathfrak{p}$ 处的**剩余类域**.

命题 2.3.2 (1) 若 A 是 Noether 环, 则 $S^{-1}A$ 也是 Noether 环.

(2) 设 L 是 F 的域扩张, B 是 A 在 L 中的整闭包, 则 $S^{-1}B$ 是 $S^{-1}A$ 在 L 中的整闭包.

(3) 若 A 是正规的, 则 $S^{-1}A$ 也是正规的.

推论 2.3.1 设 A 是 Dedekind 整环. 如果 $S^{-1}A \neq F$, 那么 $S^{-1}A$ 也是 Dedekind 整环.

证明 由命题 2.3.2 的结论 (1) 和 (3), $S^{-1}A$ 是 Noether 和正规的. 对于 $S^{-1}A$ 的非零素理想 $S^{-1}\mathfrak{p}$, 有

$$S^{-1}A/S^{-1}\mathfrak{p} = \overline{S}^{-1}(A/\mathfrak{p}) = A/\mathfrak{p}, \tag{2.3-1}$$

其中 $\overline{S}$ 是 S 在 $A/\mathfrak{p}$ 中的像. 所以 $S^{-1}\mathfrak{p}$ 是极大理想, 从而 $\dim S^{-1}A = 1$. 综上可知结论成立. □

命题 2.3.3 设 A 是 Dedekind 整环.

(1) 设 A 的分式理想 $\mathfrak{a}$ 的素理想分解为 $\prod_{i=1}^{k} \mathfrak{p}_i^{a_i}$, 则 $S^{-1}\mathfrak{a}$ 也是 $S^{-1}A$ 的分式理想, 并且它的素理想分解为 $\prod_{i=1}^{k}(S^{-1}\mathfrak{p}_i)^{a_i}$. 其中, 若 $\mathfrak{p}_i \cap S \neq \varnothing$, 则 $S^{-1}\mathfrak{p}_i = S^{-1}A$.

(2) 设 $\mathfrak{a}$ 是 A 的非零真理想, $\mathfrak{a} = \prod_{i=1}^{k} \mathfrak{p}_i^{a_i}$ 是它的素理想分解, 并且对任意 i 均有 $\mathfrak{p}_i \cap S = \varnothing$, 则自然映射

$$A/\mathfrak{a} \longrightarrow S^{-1}A/S^{-1}\mathfrak{a},$$

$$\overline{a} \longmapsto \overline{a}$$

是同构.

(3) 对于在非零素理想 $\mathfrak{p}$ 处的局部环 $A_{(\mathfrak{p})}$, 记它的极大理想 $\mathfrak{p}A_{(\mathfrak{p})}$ 为 $\mathfrak{m}$, 则 $A_{(\mathfrak{p})}$ 是主理想整环, 它所有的非零真理想均为 $\mathfrak{m}^n$ 的形式, 其中 $n \in \mathbb{N}$ 是自然数. 事实上, 任取 $\pi \in \mathfrak{p} \setminus \mathfrak{p}^2$, 则 $\mathfrak{m}$ 可由 π 生成.

证明 (1) 对于分式理想 $\mathfrak{a}$ 和 $\mathfrak{b}$, 不难验证有

$$(S^{-1}\mathfrak{a})^{-1} = S^{-1}(\mathfrak{a}^{-1}), \quad S^{-1}(\mathfrak{a} \cdot \mathfrak{b}) = (S^{-1}\mathfrak{a}) \cdot (S^{-1}\mathfrak{b}). \tag{2.3-2}$$

由此可知结论 (1) 成立.

(2) 对 $\ell(\mathfrak{a}) := \sum_{i=1}^{k} a_i \geqslant 1$ 进行归纳证明. 若 $\ell(\mathfrak{a}) = 1$, 则 $\mathfrak{a} = \mathfrak{p}$ 是与 S 不相交的素理想. 由 (2.3-1), 此时

$$A/\mathfrak{p} \cong S^{-1}A/S^{-1}\mathfrak{p},$$

所以结论成立. 现在假设结论对所有满足 $\ell(\mathfrak{b}) \leqslant n-1$ 的理想 $\mathfrak{b}$ 成立. 若 $\ell(\mathfrak{a}) = n$, 令 $\mathfrak{b} = \mathfrak{p}_1^{a_1-1} \prod_{i=2}^{k} \mathfrak{p}_i^{a_i}$, 则 $\ell(\mathfrak{b}) = n-1$. 根据局部化的正合性, 有短正合列的交换图表

$$\begin{array}{ccccccccc}
0 & \longrightarrow & \mathfrak{b}/\mathfrak{a} & \longrightarrow & A/\mathfrak{a} & \longrightarrow & A/\mathfrak{b} & \longrightarrow & 0 \\
& & \downarrow & & \downarrow & & \downarrow & & \\
0 & \longrightarrow & S^{-1}\mathfrak{b}/S^{-1}\mathfrak{a} & \longrightarrow & S^{-1}A/S^{-1}\mathfrak{a} & \longrightarrow & S^{-1}A/S^{-1}\mathfrak{b} & \longrightarrow & 0
\end{array}$$

因为 $\ell(\mathfrak{b}) = n-1$, 由归纳假设知 $A/\mathfrak{b} \cong S^{-1}A/S^{-1}\mathfrak{b}$. 为了证明 $A/\mathfrak{a} \cong S^{-1}A/S^{-1}\mathfrak{a}$, 只需说明 $\mathfrak{b}/\mathfrak{a} \cong S^{-1}\mathfrak{b}/S^{-1}\mathfrak{a}$. 根据推论 2.2.4 的证明, 存在 $x \in \mathfrak{b}$ 使以下映射是同构:

$$A/\mathfrak{p}_1 \xrightarrow{\simeq} \mathfrak{b}/\mathfrak{a},$$

$$\bar{a} \longmapsto \overline{ax}.$$

同理, 根据推论 2.2.4 的证明中 x 的条件, 以下映射也是同构:

$$S^{-1}A/S^{-1}\mathfrak{p}_1 \xrightarrow{\simeq} S^{-1}\mathfrak{b}/S^{-1}\mathfrak{a},$$

$$\bar{a} \longmapsto \overline{ax}.$$

由此得到交换图表

$$\begin{array}{ccc}
A/\mathfrak{p}_1 & \xrightarrow{\simeq} & \mathfrak{b}/\mathfrak{a} \\
\simeq \downarrow & & \downarrow \\
S^{-1}A/S^{-1}\mathfrak{p}_1 & \xrightarrow{\simeq} & S^{-1}\mathfrak{b}/S^{-1}\mathfrak{a}
\end{array}$$

所以 $\mathfrak{b}/\mathfrak{a} \cong S^{-1}\mathfrak{b}/S^{-1}\mathfrak{a}$, 从而结论 (2) 成立.

(3) 记 $S = A \setminus \mathfrak{p}$. 因为 $A_{(\mathfrak{p})}$ 是 Dedekind 整环并且是局部环, 所以 $\mathfrak{m}$ 是唯一的非零素理想. 由素理想分解定理可知 $A_{(\mathfrak{p})}$ 的非零理想均为 $\mathfrak{m}^n$ 的形式. 任取 $\pi \in \mathfrak{p} \setminus \mathfrak{p}^2$, 则 πA 的素理想分解为

$$\pi A = \mathfrak{p} \prod_{i=1}^{k} \mathfrak{p}_i^{a_i},$$

其中 $\mathfrak{p}_i$ 是与 $\mathfrak{p}$ 不同的素理想. 显然 $S^{-1}(\pi A) = \pi A_{(\mathfrak{p})}$. 又因为

$$S \cap \mathfrak{p}_i \neq \varnothing, \quad \forall 1 \leqslant i \leqslant k,$$

由结论 (1) 知
$$\pi A_{(\mathfrak{p})} = S^{-1}\mathfrak{p} = \mathfrak{m}.$$
所以结论 (3) 成立. □

习题

1. 设 A 是整环.

(a) 证明: 若 A 是 Noether 环, 则 $\mathfrak{a}$ 是分式理想 $\Leftrightarrow$ $\mathfrak{a}$ 是有限生成 A-模.

(b) 证明: 若 $\mathfrak{a}$ 和 $\mathfrak{b}$ 是分式理想, 则 $\mathfrak{a}+\mathfrak{b}$ 与 $\mathfrak{ab}$ 都是分式理想.

2. 设 $\mathfrak{a}$ 和 $\mathfrak{b}$ 是交换环 A 的理想, 证明: 如果 $\mathfrak{a}+\mathfrak{b}=A$, 那么对任意 $m,n \in \mathbb{N}$ 都有 $\mathfrak{a}^m + \mathfrak{b}^n = A$.

3. 证明引理 2.2.3.

4. 证明引理 2.2.5.

5. 设 L/F 是数域的扩张.

(a) 设 $\mathfrak{a}$ 和 $\mathfrak{b}$ 是 $\mathcal{O}_F$ 的理想, 证明: 如果 $\mathfrak{a}\mathcal{O}_L \mid \mathfrak{b}\mathcal{O}_L$, 那么 $\mathfrak{a} \mid \mathfrak{b}$.

(b) 设 $\mathfrak{a}$ 是 $\mathcal{O}_F$ 的理想, 证明: $\mathfrak{a} = (\mathfrak{a}\mathcal{O}_L) \cap \mathcal{O}_F$.

6. 设 A 是 Dedekind 整环, $\mathfrak{a}$ 是 A 的非零理想, 证明 $A/\mathfrak{a}$ 的理想都是主理想.

7. 设 A 是 Dedekind 整环. 如果 A 只有有限多个素理想, 证明 A 是主理想整环.

8. 证明引理 2.2.6.

9. 验证 (2.3-2) 式.

第三章

数域中的素理想分解

在本章，设 F 是一个数域，$\mathcal{O}_F$ 是它的整数环. 由命题 2.1.1，$\mathcal{O}_F$ 是 Dedekind 整环. 设 L/F 是数域的扩张. 我们关心的问题是: 给定 $\mathcal{O}_F$ 的非零理想 $\mathfrak{a}$，那么理想 $\mathfrak{a}\mathcal{O}_L$ 的素理想分解有何特性. 由素理想分解定理，只需考虑 $\mathfrak{a} = \mathfrak{p}$ 为非零素理想的情形. 这看似是一个纯粹的交换代数问题，数论意味薄弱. 但我们将不断体会到它的重要价值，看到它在很多数论问题中发挥的作用.

3.1 理想的范

在本节，设 $[F:\mathbb{Q}] = n$. 为了方便，在无歧义时我们简记 $\mathrm{Tr} = \mathrm{Tr}_{F/\mathbb{Q}}$, $\mathrm{N} = \mathrm{N}_{F/\mathbb{Q}}$.

引理 3.1.1 设 $\mathfrak{a}$ 是 $\mathcal{O}_F$ 的非零理想，则 $\mathfrak{a}$ 是秩为 n 的自由 Abel 群.

证明 任取非零元 $\alpha \in \mathfrak{a}$，则有 $\alpha\mathcal{O}_F \subset \mathfrak{a} \subset \mathcal{O}_F$. 由于 $\mathcal{O}_F$ 和 $\alpha\mathcal{O}_F$ 都是秩为 n 的自由 Abel 群，所以 $\mathfrak{a}$ 也是秩为 n 的自由 Abel 群. $\square$

定义 3.1.1 设 $\mathfrak{a}$ 是 $\mathcal{O}_F$ 的非零理想，则 $\mathfrak{a}$ 的**范**定义为 $[\mathcal{O}_F : \mathfrak{a}]$，记作 $\mathrm{N}(\mathfrak{a})$.

由引理 3.1.1 可知 $\mathrm{N}(\mathfrak{a}) < \infty$. 理想的范有时也称作**绝对范**，这是为了与定义 3.4.1 中的相对范加以区别.

首先看一下元素的范与理想的范之间的关系. 之后我们会见到此关系在一些实际计算中非常有用.

引理 3.1.2 若 $\mathfrak{a} = (\alpha)$，其中 $\alpha \in \mathcal{O}_F$ 是非零元，则 $\mathrm{N}(\mathfrak{a}) = |\mathrm{N}(\alpha)|$.

证明 选取 $\mathcal{O}_F$ 的一组整基 $\alpha_1, \cdots, \alpha_n$，即 $\mathcal{O}_F = \sum_{i=1}^n \mathbb{Z}\alpha_i$，则

$$\mathfrak{a} = \alpha\mathcal{O}_F = \sum_{i=1}^n \mathbb{Z}\alpha\alpha_i.$$

所以存在矩阵 $g \in \mathrm{M}_n(\mathbb{Z})$ 使得 $(\alpha\alpha_1, \cdots, \alpha\alpha_n) = (\alpha_1, \cdots, \alpha_n)g$. 从而

$$\mathrm{N}(\mathfrak{a}) = [\mathcal{O}_F : \mathfrak{a}] = |\det(g)|.$$

而另一方面，$\alpha_1, \cdots, \alpha_n$ 是 F 的一组基，所以数乘变换 ϕ_α 在这组基下对应的矩阵也为 g. 因此

$$\mathrm{N}(\alpha) = \det(\phi_\alpha) = \det(g).$$

结论得证. $\square$

命题 3.1.1 设 $\mathfrak{a}$ 和 $\mathfrak{b}$ 是 $\mathcal{O}_F$ 的非零理想，则 $\mathrm{N}(\mathfrak{a}\mathfrak{b}) = \mathrm{N}(\mathfrak{a}) \cdot \mathrm{N}(\mathfrak{b})$.

证明 根据推论 2.2.4，有同构 $\mathcal{O}_F/\mathfrak{b} \cong \mathfrak{a}/\mathfrak{a}\mathfrak{b}$. 所以

$$\mathrm{N}(\mathfrak{b}) = [\mathcal{O}_F : \mathfrak{b}] = [\mathfrak{a} : \mathfrak{a}\mathfrak{b}] = \frac{[\mathcal{O}_F : \mathfrak{a}\mathfrak{b}]}{[\mathcal{O}_F : \mathfrak{a}]} = \frac{\mathrm{N}(\mathfrak{a}\mathfrak{b})}{\mathrm{N}(\mathfrak{a})}.$$

结论得证. □

注记 3.1.1 设 $\mathfrak{a}$ 是 $\mathcal{O}_F$ 的非零理想, $\mathfrak{a} = \prod_{i=1}^k \mathfrak{p}_i^{a_i}$ 是它的素理想分解. 由引理 2.1.2, $\mathfrak{p}_i \cap \mathbb{Z}$ 是 $\mathbb{Z}$ 的非零素理想. 所以 $\mathfrak{p}_i \cap \mathbb{Z} = (p_i)$, 其中 p_i 是某个素数. 记 $k_{\mathfrak{p}_i} = \mathcal{O}_F/\mathfrak{p}_i$, 则 $k_{\mathfrak{p}_i}$ 是有限域 $\mathbb{F}_{p_i}$ 的扩张. 又因为 $\mathcal{O}_F$ 是有限生成 $\mathbb{Z}$-模, 所以 $k_{\mathfrak{p}_i}$ 是 $\mathbb{F}_{p_i}$ 的有限扩张. 记 $f_i = [k_{\mathfrak{p}_i} : \mathbb{F}_{p_i}]$, 则有

$$N(\mathfrak{p}_i) = |k_{\mathfrak{p}_i}| = p_i^{f_i}.$$

进而由命题 3.1.1 知

$$N(\mathfrak{a}) = \prod_{i=1}^k p_i^{a_i f_i}. \tag{3.1-1}$$

注记 3.1.2 设 $\mathfrak{p}$ 是 $\mathcal{O}_F$ 的非零素理想, p 是一个素数. 从注记 3.1.1 中不难看出以下结论等价:

(1) $\mathfrak{p} \cap \mathbb{Z} = (p)$.

(2) $p \in \mathfrak{p}$.

(3) $N(\mathfrak{p})$ 是 p 的方幂.

注记 3.1.3 现在我们说明引理 3.1.2 的用途之一. 在具体例子中, 我们需要知道 $\alpha\mathcal{O}_F$ 的素理想分解, 其中 $\alpha \in \mathcal{O}_F$ 是一个特别选取的非零元. 计算 $N(\alpha)$ 是相对容易的, 譬如利用 α 的极小多项式. 如果 $\alpha\mathcal{O}_F = \prod_{i=1}^k \mathfrak{p}_i^{a_i}$, 那么 $|N(\alpha)| = \prod_{i=1}^k N(\mathfrak{p}_i)^{a_i}$. 所以可以通过数值 $N(\alpha)$ 得到 $\mathfrak{p}_i$ 和 a_i 的一些信息, 往往这些信息将会对我们帮助巨大.

推论 3.1.1 对于任意 $m \in \mathbb{N}$, 至多存在有限多个理想 $\mathfrak{a}$ 使得 $N(\mathfrak{a}) = m$. 因此, 对于任意正实数 r, 至多存在有限多个理想 $\mathfrak{a}$ 使得 $N(\mathfrak{a}) \leqslant r$.

证明 首先断言: 若 $N(\mathfrak{a}) = m$, 则 $m\mathcal{O}_F \subset \mathfrak{a} \subset \mathcal{O}_F$. 此断言意味着给定范为 m 的理想 $\mathfrak{a}$, 便对应了 $\mathcal{O}_F/m\mathcal{O}_F$ 的 $\mathcal{O}_F$-子模 $\mathfrak{a}/m\mathcal{O}_F$. 因为 $\mathcal{O}_F/m\mathcal{O}_F$ 是有限的, 所以它的子模只有有限多个, 从而 $\mathfrak{a}$ 至多有有限种可能.

最后证明断言成立. 我们沿用注记 3.1.1 中的符号. 设 $\mathfrak{a} = \prod_{i=1}^k \mathfrak{p}_i^{a_i}$ 是 $\mathfrak{a}$ 的素理想分解. 由 (3.1-1) 知 $m = N(\mathfrak{a}) = \prod_{i=1}^k p_i^{a_i f_i}$. 因为 $p_i \in \mathfrak{p}_i$, 所以 $p_i^{a_i f_i} \in \mathfrak{p}_i^{a_i}$, 从而 $m \in \mathfrak{a}$, 断言成立. □

引理 3.1.3 设 $\mathfrak{a}$ 是 $\mathcal{O}_F$ 的非零理想, 则

$$[\mathfrak{a}^{-1} : \mathcal{O}_F] = [\mathcal{O}_F : \mathfrak{a}] = N(\mathfrak{a}).$$

证明留作练习.

定义 3.1.2 设 $\mathfrak{a}$ 是 F 的分式理想, 则存在 $\mathcal{O}_F$ 的非零理想 $\mathfrak{b}$ 和 $\mathfrak{c}$ 使得 $\mathfrak{a} = \mathfrak{b}\mathfrak{c}^{-1}$. 定义 $\mathfrak{a}$ 的范为 $N(\mathfrak{a}) := N(\mathfrak{b})/N(\mathfrak{c})$.

下述引理说明分式理想的范是定义合理的，并且给出它的基本性质.

引理 3.1.4 设 $\mathfrak{a}$ 是 F 的分式理想.

(1) $\mathrm{N}(\mathfrak{a})$ 不依赖于 $\mathfrak{a} = \mathfrak{b}\mathfrak{c}^{-1}$ 的分解方式.

(2) 设 $\mathfrak{b}$ 也是 F 的分式理想，则 $\mathrm{N}(\mathfrak{a}\mathfrak{b}) = \mathrm{N}(\mathfrak{a}) \cdot \mathrm{N}(\mathfrak{b})$. 特别地，有 $\mathrm{N}(\mathfrak{a}) \cdot \mathrm{N}(\mathfrak{a}^{-1}) = 1$.

证明留作练习.

定义 3.1.3 令
$$\delta_F^{-1} := \{x \in F \mid \mathrm{Tr}(xy) \in \mathbb{Z}, \forall y \in \mathcal{O}_F\},$$
则 F 的 (绝对) **差分**定义为
$$\delta_F := (\delta_F^{-1})^{-1}.$$

沿用定理 1.3.1 的证明或注记 1.3.2 中的记号，δ_F^{-1} 就是 $\mathcal{O}_F^{\vee}$. 易见 δ_F^{-1} 是 F 的分式理想. 因为 $\mathcal{O}_F \subset \delta_F^{-1}$，所以 $\delta_F \subset \mathcal{O}_F$，即差分是 $\mathcal{O}_F$ 的非零理想.

下面是判别式 Δ_F 与差分 δ_F 之间的关系.

引理 3.1.5 $\mathrm{N}(\delta_F) = |\Delta_F|$.

证明 结合引理 3.1.3 和注记 1.3.2 知
$$\mathrm{N}(\delta_F) = [\mathcal{O}_F : \delta_F] = [\delta_F^{-1} : \mathcal{O}_F] = [\mathcal{O}_F^{\vee} : \mathcal{O}_F] = |\Delta_F|. \qquad \square$$

3.2 数域扩张下的素理想分解

现在设 L/F 是数域的扩张，$[L:F] = n$，$\mathfrak{p}$ 是 $\mathcal{O}_F$ 的非零素理想. 在本节，我们研究 $\mathfrak{p}\mathcal{O}_L$ 的素理想分解. 与注记 3.1.2 的道理相同，对于 $\mathcal{O}_L$ 的素理想 $\mathfrak{P}$，以下结论等价:

(1) $\mathfrak{P}$ 出现在 $\mathfrak{p}\mathcal{O}_L$ 的素理想分解中.

(2) $\mathfrak{p}\mathcal{O}_L \subset \mathfrak{P}$.

(3) $\mathfrak{P} \cap \mathcal{O}_F = \mathfrak{p}$.

此时称 $\mathfrak{P}$ 在 $\mathfrak{p}$ 之上，简记为 $\mathfrak{P} \mid \mathfrak{p}$. 设
$$\mathfrak{p}\mathcal{O}_L = \prod_{i=1}^{k} \mathfrak{P}_i^{e_i}$$
为 $\mathfrak{p}\mathcal{O}_L$ 的素理想分解. 记 $k_{\mathfrak{P}_i} = \mathcal{O}_L/\mathfrak{P}_i$，$k_{\mathfrak{p}} = \mathcal{O}_F/\mathfrak{p}$，$(p) = \mathfrak{p} \cap \mathbb{Z}$.

3.2.1 分歧指数与剩余次数

定义 3.2.1 (1) 记 $e(\mathfrak{P}_i|\mathfrak{p}) := e_i$，称作 $\mathfrak{P}_i$(关于 $\mathfrak{p}$) 的**分歧指数**.

(2) 记 $f(\mathfrak{P}_i|\mathfrak{p}) = f_i := [k_{\mathfrak{P}_i} : k_{\mathfrak{p}}]$, 称作 $\mathfrak{P}_i$(关于 $\mathfrak{p}$) 的**剩余次数**.

命题 3.2.1　$\sum_{i=1}^{k} e_i f_i = n$.

证明　设 $|k_{\mathfrak{p}}| = q$. 则 $\mathrm{N}(\mathfrak{P}_i) = |k_{\mathfrak{P}_i}| = q^{f_i}$, 进而

$$[\mathcal{O}_L : \mathfrak{p}\mathcal{O}_L] = \mathrm{N}(\mathfrak{p}\mathcal{O}_L) = \prod_{i=1}^{k} \mathrm{N}(\mathfrak{P}_i)^{e_i} = q^{\sum_{i=1}^{k} e_i f_i}.$$

因为 $\mathcal{O}_L/\mathfrak{p}\mathcal{O}_L$ 是 $k_{\mathfrak{p}}$-向量空间, 所以

$$\dim_{k_{\mathfrak{p}}}(\mathcal{O}_L/\mathfrak{p}\mathcal{O}_L) = \sum_{i=1}^{k} e_i f_i.$$

因此只需证明 $\dim_{k_{\mathfrak{p}}}(\mathcal{O}_L/\mathfrak{p}\mathcal{O}_L) = n$.

若 $\mathcal{O}_L$ 是自由 $\mathcal{O}_F$-模 (例如当 $\mathcal{O}_F$ 是主理想整环时), 则 $\mathrm{rank}_{\mathcal{O}_F}(\mathcal{O}_L) = n$ (见注记 1.3.3). 因为 $\mathcal{O}_L/\mathfrak{p}\mathcal{O}_L \cong \mathcal{O}_L \otimes_{\mathcal{O}_F} k_{\mathfrak{p}}$, 所以此时 $\dim_{k_{\mathfrak{p}}}(\mathcal{O}_L/\mathfrak{p}\mathcal{O}_L) = n$.

一般而言, $\mathcal{O}_L$ 不是自由 $\mathcal{O}_F$-模. 但是通过局部化的技巧, 可以化归至自由模时的情形, 论证如下. 令 $S = \mathcal{O} \setminus \mathfrak{p}$. 记 $\mathcal{O}_{F,(\mathfrak{p})} = S^{-1}\mathcal{O}_F$, $\mathcal{O}_{L,(\mathfrak{p})} = S^{-1}\mathcal{O}_L$. 由命题 2.3.3, $\mathcal{O}_{F,(\mathfrak{p})}$ 是主理想整环. 根据命题 2.3.2, $\mathcal{O}_{L,(\mathfrak{p})}$ 是 $\mathcal{O}_{F,(\mathfrak{p})}$ 在 L 中的整闭包. 因此 $\mathcal{O}_{L,(\mathfrak{p})}$ 是秩为 n 的自由 $\mathcal{O}_{F,(\mathfrak{p})}$-模 (见注记 2.1.4). 注意 $\mathcal{O}_{F,(\mathfrak{p})}/\mathfrak{p}\mathcal{O}_{F,(\mathfrak{p})} \cong k_{\mathfrak{p}}$, 以及

$$S \cap \mathfrak{P}_i = S \cap A \cap \mathfrak{P}_i = S \cap \mathfrak{p} = \varnothing, \ \forall 1 \leqslant i \leqslant k.$$

由命题 2.3.3 可知

$$\mathcal{O}_L/\mathfrak{p}\mathcal{O}_L \cong \mathcal{O}_{L,(\mathfrak{p})}/\mathfrak{p}\mathcal{O}_{L,(\mathfrak{p})} \cong \mathcal{O}_{L,(\mathfrak{p})} \otimes_{\mathcal{O}_{F,(\mathfrak{p})}} k_{\mathfrak{p}}.$$

所以 $\dim_{k_{\mathfrak{p}}}(\mathcal{O}_L/\mathfrak{p}\mathcal{O}_L) = n$.　□

定义 3.2.2　对于数域扩张 L/F, 称 $\mathfrak{p}$

(1) **非分歧**, 若 $e_i = 1, \forall 1 \leqslant i \leqslant k$;

(2) **分歧**, 若对某个 i 有 $e_i > 1$;

(3) **完全分歧**, 若 $k = 1, e_1 = n$;

(4) **分裂**, 若 $k > 1$;

(5) **完全分裂**, 若 $k = n$;

(6) **惯性**, 若 $k = 1, f_1 = n$.

注记 3.2.1　由命题 3.2.1知

(1) 当 $\mathfrak{p}$ 完全分歧时, 剩余次数是 1.

(2) 当 $\mathfrak{p}$ 惯性时, 分歧指数是 1, 所以此时 $\mathfrak{p}$ 非分歧.

(3) 当 $\mathfrak{p}$ 完全分裂时, 所有的剩余次数和分歧指数都为 1, 所以此时 $\mathfrak{p}$ 也非分歧.

注记 3.2.2 对于素数 p, 我们称其在数域 F 中非分歧、分歧、完全分歧、分裂、完全分裂、惯性指的是: 对于数域扩张 $F/\mathbb{Q}$, 素理想 (p) 在 F 中满足相应的性质.

引理 3.2.1 设 K/L 是数域的扩张. 又设 $\mathfrak{P}_K$ 是 $\mathcal{O}_K$ 的非零素理想, 且 $\mathfrak{P}_K \mid \mathfrak{p}$. 令 $\mathfrak{P}_L = \mathfrak{P}_K \cap \mathcal{O}_L$, 则有

$$f(\mathfrak{P}_K|\mathfrak{p}) = f(\mathfrak{P}_K|\mathfrak{P}_L) \cdot f(\mathfrak{P}_L|\mathfrak{p}), \quad e(\mathfrak{P}_K|\mathfrak{p}) = e(\mathfrak{P}_K|\mathfrak{P}_L) \cdot e(\mathfrak{P}_L|\mathfrak{p}).$$

证明 显然有 $\mathfrak{P}_K \mid \mathfrak{P}_L, \mathfrak{P}_L \mid \mathfrak{p}$. 因为

$$[k_{\mathfrak{P}_K} : k_{\mathfrak{p}}] = [k_{\mathfrak{P}_K} : k_{\mathfrak{P}_L}] \cdot [k_{\mathfrak{P}_L} : k_{\mathfrak{p}}],$$

所以第一个等式成立. 对于第二个等式, 比较

$$\mathfrak{p}\mathcal{O}_K = (\mathfrak{p}\mathcal{O}_L) \cdot \mathcal{O}_K = \left(\prod_{\mathfrak{P}_L|\mathfrak{p}} \mathfrak{P}_L^{e(\mathfrak{P}_L|\mathfrak{p})}\right) \cdot \mathcal{O}_K = \prod_{\mathfrak{P}_L|\mathfrak{p}} \prod_{\mathfrak{P}_K|\mathfrak{P}_L} \left(\mathfrak{P}_K^{e(\mathfrak{P}_K|\mathfrak{P}_L)}\right)^{e(\mathfrak{P}_L|\mathfrak{p})}$$

和

$$\mathfrak{p}\mathcal{O}_K = \prod_{\mathfrak{P}_K|\mathfrak{p}} \mathfrak{P}_K^{e(\mathfrak{P}_K|\mathfrak{p})}$$

即可得到. $\square$

推论 3.2.1 对于数域扩张 L/F,

(1) 若 $\mathfrak{p}$ 在 L 中非分歧, 则它在任意中间域中都非分歧;

(2) 若 $\mathfrak{p}$ 在 L 中完全分歧, 则它在任意中间域中都完全分歧;

(3) 若 $\mathfrak{p}$ 在 L 中完全分裂, 则它在任意中间域中都完全分裂;

(4) 若 $\mathfrak{p}$ 在 L 中惯性, 则它在任意中间域中都惯性.

证明 由引理 3.2.1 可知. 细节留作练习. $\square$

3.2.2 Dedekind 准则

下述定理常被称作 Dedekind 准则 (又称 Dedekind-Kummer 定理), 它建立了素理想分解与多项式分解之间的关系, 是计算具体例子最有效的工具之一.

定理 3.2.1 (Dedekind 准则) 设 $\alpha \in \mathcal{O}_L$ 使得 $L = F(\alpha)$. 令 $f \in \mathcal{O}_F[x]$ 是 α 的极小多项式. 设模 $\mathfrak{p}$ 后, 在 $k_{\mathfrak{p}}[x]$ 中有

$$\overline{f} = \prod_{i=1}^{k} \overline{g}_i^{a_i},$$

其中这些 $g_i \in \mathcal{O}_F[x]$ 是首一多项式且使得 $\overline{g}_i$ 是 $\overline{f}$ 的互不相同的不可约因子. 若

$$p \nmid [\mathcal{O}_L : \mathcal{O}_F[\alpha]],$$

则 $\mathfrak{P}_i = \mathfrak{p}\mathcal{O}_L + g_i(\alpha)\mathcal{O}_L$ 是 $\mathcal{O}_L$ 中互不相同的非零素理想, 并且

$$\mathfrak{p}\mathcal{O}_L = \prod_{i=1}^{k} \mathfrak{P}_i^{a_i}$$

是 $\mathfrak{p}\mathcal{O}_L$ 的素理想分解, 且 $f(\mathfrak{P}_i|\mathfrak{p}) = \deg(g_i)$.

证明 首先, $\mathcal{O}_F[\alpha]$ 是秩为 n 的自由 $\mathcal{O}_F$-模, 所以是秩为 $[L:\mathbb{Q}]$ 的自由 Abel 群. 而 $\mathcal{O}_L$ 也是秩为 $[L:\mathbb{Q}]$ 的自由 Abel 群, 所以 $[\mathcal{O}_L : \mathcal{O}_F[\alpha]] < \infty$, 从而条件 $p \nmid [\mathcal{O}_L : \mathcal{O}_F[\alpha]]$ 有意义.

其次, 有

$$[\mathcal{O}_L : \mathcal{O}_F[\alpha] + \mathfrak{p}\mathcal{O}_L] \mid [\mathcal{O}_L : \mathfrak{p}\mathcal{O}_L],$$

后者是 p 的方幂; 而又有

$$[\mathcal{O}_L : \mathcal{O}_F[\alpha] + \mathfrak{p}\mathcal{O}_L] \mid [\mathcal{O}_L : \mathcal{O}_F[\alpha]],$$

后者不被 p 整除. 所以有

$$\mathcal{O}_L = \mathcal{O}_F[\alpha] + \mathfrak{p}\mathcal{O}_L.$$

因此自然嵌入 $\mathcal{O}_F[\alpha] \hookrightarrow \mathcal{O}_L$ 诱导了同构

$$\mathcal{O}_F[\alpha]/\mathfrak{p}\mathcal{O}_L \cap \mathcal{O}_F[\alpha] \xrightarrow{\sim} \mathcal{O}_L/\mathfrak{p}\mathcal{O}_L.$$

因为 $\mathfrak{p}\mathcal{O}_F[\alpha] \subset \mathfrak{p}\mathcal{O}_L \cap \mathcal{O}_F[\alpha]$, 所以有自然满射

$$\mathcal{O}_F[\alpha]/\mathfrak{p}\mathcal{O}_F[\alpha] \twoheadrightarrow \mathcal{O}_L/\mathfrak{p}\mathcal{O}_L.$$

上式两边都是 n 维 $k_\mathfrak{p}$-向量空间, 所以 $\mathfrak{p}\mathcal{O}_F[\alpha] = \mathfrak{p}\mathcal{O}_L \cap \mathcal{O}_F[\alpha]$, 并且有同构

$$\begin{aligned} \mathcal{O}_F[\alpha]/\mathfrak{p}\mathcal{O}_F[\alpha] &\xrightarrow{\sim} \mathcal{O}_L/\mathfrak{p}\mathcal{O}_L, \\ \beta + \mathfrak{p}\mathcal{O}_F[\alpha] &\longmapsto \beta + \mathfrak{p}\mathcal{O}_L. \end{aligned} \tag{3.2-1}$$

另一方面, 有自然同构 $\mathcal{O}_F[x]/(f) \cong \mathcal{O}_F[\alpha]$, 具体映射为 $\overline{h} \mapsto h(\alpha)$. 从而诱导了同构

$$\begin{aligned} k_\mathfrak{p}[x]/(\overline{f}) &\xrightarrow{\sim} \mathcal{O}_F[x]/(f,\mathfrak{p}) \xrightarrow{\sim} \mathcal{O}_F[\alpha]/\mathfrak{p}\mathcal{O}_F[\alpha], \\ \overline{h} &\longmapsto h(\alpha) + \mathfrak{p}\mathcal{O}_F[\alpha]. \end{aligned} \tag{3.2-2}$$

结合同构 (3.2-1) 和同构 (3.2-2), 便得到同构

$$k_{\mathfrak{p}}[x]/(\overline{f}) \xrightarrow{\sim} \mathcal{O}_L/\mathfrak{p}\mathcal{O}_L,$$
$$\overline{h} \longmapsto h(\alpha) + \mathfrak{p}\mathcal{O}_L.$$

(3.2-3)

因此有如下一一对应关系:

$$\{k_{\mathfrak{p}}[x]/(\overline{f}) \text{ 的极大理想}\} \longleftrightarrow \{\mathcal{O}_L/\mathfrak{p}\mathcal{O}_L \text{ 的极大理想}\}$$
$$\updownarrow \qquad\qquad\qquad\qquad\qquad \updownarrow$$
$$\{\overline{f}(x) \text{ 的不可约因子}\} \longleftrightarrow \{\mathcal{O}_L \text{ 的极大理想 } \mathfrak{P} \text{ 使得 } \mathfrak{P} \mid \mathfrak{p}\}$$

$$\overline{g}_i \longmapsto \mathfrak{P}_i = g_i(\alpha)\mathcal{O}_L + \mathfrak{p}\mathcal{O}_L.$$

依照此对应关系, 得到

$$\mathcal{O}_L/\mathfrak{P}_i \cong k_{\mathfrak{p}}[x]/(\overline{g}_i), \quad f(\mathfrak{P}_i|\mathfrak{p}) = [\mathcal{O}_L/\mathfrak{P}_i : k_{\mathfrak{p}}] = \deg(g_i).$$

现在我们考察分歧指数. 注意有如下关系:

$$\mathfrak{P}_i^{a_i} = (\mathfrak{p}\mathcal{O}_L + g_i(\alpha)\mathcal{O}_L)^{a_i} \subset \mathfrak{p}\mathcal{O}_L + g_i(\alpha)^{a_i}\mathcal{O}_L,$$

$$\mathcal{O}_L/(\mathfrak{p}\mathcal{O}_L + g_i(\alpha)^{a_i}\mathcal{O}_L) \cong k_{\mathfrak{p}}[x]/(\overline{g}_i^{a_i}).$$

另一方面, 又有关系

$$\dim_{k_{\mathfrak{p}}}\left(\mathcal{O}_L/\mathfrak{P}_i^{a_i}\right) = a_i f_i = \dim_{k_{\mathfrak{p}}}\left(k_{\mathfrak{p}}[x]/(g_i^{a_i})\right).$$

所以 $\mathfrak{P}_i^{a_i} = \mathfrak{p}\mathcal{O}_L + g_i(\alpha)^{a_i}\mathcal{O}_L$. 特别地, 有 $\mathfrak{p}\mathcal{O}_L \subset \mathfrak{P}_i^{a_i}$. 因此, 若 $\mathfrak{p}\mathcal{O}_L$ 的素理想分解是 $\prod_{i=1}^{k}\mathfrak{P}_i^{e_i}$, 则 $a_i \leqslant e_i$. 而另一方面, 继续考察维数, 有

$$\dim_{k_{\mathfrak{p}}}(\mathcal{O}_L/\mathfrak{p}\mathcal{O}_L) = \sum_{i=1}^{k} e_i f_i = n = \deg(f) = \dim_{k_{\mathfrak{p}}} k_{\mathfrak{p}}[x]/(\overline{f}) = \sum_{i=1}^{k} a_i f_i.$$

故 $a_i = e_i$. □

注记 3.2.3 设 $F = \mathbb{Q}(\alpha), \alpha \in \mathcal{O}_F, f \in \mathbb{Z}[x]$ 是 α 的极小多项式, $\deg(f) = n$. 对于扩张 $F/\mathbb{Q}$, 下面是使得定理 3.2.1 条件成立的一些特殊情形, 有助于今后进行具体的计算.

(1) 若 $\mathcal{O}_F = \mathbb{Z}[\alpha]$, 显然 $p \nmid [\mathcal{O}_F : \mathbb{Z}[\alpha]]$ 成立.

(2) 由推论 1.3.2 和引理 1.3.2 知

$$[\mathcal{O}_F : \mathbb{Z}[\alpha]]^2 \cdot \Delta_F = \Delta(1, \alpha, \cdots, \alpha^{n-1}) = (-1)^{\frac{n(n-1)}{2}} \mathrm{N}(f'(\alpha)).$$

所以, 如果 $p \nmid \mathrm{N}(f'(\alpha))$ 或 $p \parallel \mathrm{N}(f'(\alpha))$, 那么 $p \nmid [\mathcal{O}_F : \mathbb{Z}[\alpha]]$ 成立.

例 3.2.1 设 $F = \mathbb{Q}(\alpha)$, $\alpha^3 = 10$.

(1) 首先 $\mathcal{O}_F \neq \mathbb{Z}[\alpha]$, 原因如下. 考虑元素 $\beta = \frac{1}{3}(1 + \alpha + \alpha^2) \notin \mathbb{Z}[\alpha]$, 则 $\beta^3 - \beta^2 - 3\beta - 3 = 0$, 所以 $\beta \in \mathcal{O}_F$.

(2) 由于 $f'(\alpha) = 3\alpha^2$, 所以

$$N(f'(\alpha)) = N(3\alpha^2) = N(3)N(\alpha)^2 = 27 \cdot 10^2 = 2^2 \cdot 3^3 \cdot 5^2.$$

(3) 对于不整除 $N(f'(\alpha))$ 的素数 p, 我们可以应用定理 3.2.1 来计算 $p\mathcal{O}_F$ 的素理想分解. 下面看几个例子.

(a) $p = 7$. 因为 $x^3 - 10$ 在 $\mathbb{F}_7$ 上不可约, 所以 $7\mathcal{O}_F$ 是素理想, 即 7 在 F 中惯性.

(b) $p = 11$. 在 $\mathbb{F}_{11}$ 上, $x^3 - 10 = x^3 + 1 = (x+1)(x^2 - x + 1)$, 且 $x^2 - x + 1$ 在 $\mathbb{F}_{11}$ 上不可约. 所以

$$11\mathcal{O}_F = (11, \alpha + 1)(11, \alpha^2 - \alpha + 1),$$

其中 $(11, \alpha + 1)$ 的剩余次数是 1, $(11, \alpha^2 - \alpha + 1)$ 的剩余次数是 2.

(c) $p = 37$. 在 $\mathbb{F}_{37}$ 上, $x^3 - 10 = (x+3)(x+4)(x-7)$. 所以

$$37\mathcal{O}_F = (37, \alpha + 3)(37, \alpha + 4)(37, \alpha - 7),$$

即 37 在 F 中完全分裂.

(4) 最后我们考察一下 $p = 3$. 虽然 $3^3 \mid N(f'(\alpha))$, 貌似此时不能使用定理 3.2.1. 但是若考虑 β, 则通过计算发现 $3 \parallel \Delta(1, \beta, \beta^2)$, 所以仍可使用定理 3.2.1. 在 $\mathbb{F}_3$ 上, β 的极小多项式 $x^3 - x^2 - 3x - 3$ 分解为 $x^2(x-1)$, 所以

$$3\mathcal{O}_F = (3, \beta)^2 (3, \beta - 1),$$

即 3 在 F 中分歧.

(5) 对于 $p = 2$ 和 $p = 5$ 的讨论可参见后续例 3.2.4.

例 3.2.2 我们继续探讨例 1.3.4, 即 $F = \mathbb{Q}(\alpha)$, α 的极小多项式是 $x^3 - x^2 - 2x - 8$. 我们曾证明: 对任意 $\gamma \in \mathcal{O}_F \setminus \mathbb{Z}$, 都有 $2 \mid [\mathcal{O}_F : \mathbb{Z}[\gamma]]$. 现在换一种思路证明此结论, 这依赖于下面的重要观察.

引理 3.2.2 设 $[F : \mathbb{Q}] = n$. 假设存在素数 $p < n$ 使得 p 在 F 中完全分裂, 则对任意满足 $F = \mathbb{Q}(\gamma)$ 的 $\gamma \in \mathcal{O}_F$, 都有 $p \mid [\mathcal{O}_F : \mathbb{Z}[\gamma]]$.

证明 如果 $p \nmid [\mathcal{O}_F : \mathbb{Z}[\gamma]]$, 那么由定理 3.2.1, γ 的极小多项式将在 $\mathbb{F}_p$ 上分解成 n 个不同的一次式, 即它在 $\mathbb{F}_p$ 上有 n 个不同的根. 这与 $p < n$ 矛盾. □

现在回到例 3.2.2. 此时 $n = 3$, 我们想要说明 $p = 2$ 在 F 中完全分裂. 但注意不能使用定理 3.2.1. 我们已经知道 $\Delta_F = -503$, 所以 2 在 F 中非分歧 (见定理 3.2.3). 因为 $N(\alpha) = 8$, 所以 $\alpha\mathcal{O}_F$ 的分解中只出现 2 之上的素理想. 考虑 $\alpha - 1$, 它的极小多项

式是 $f(x+1) = x^3 + 2x^2 - x - 10$, 所以 $N(\alpha-1) = 10$. 那么 $(\alpha-1)\mathcal{O}_F = \mathfrak{p}_2\mathfrak{p}_5$, 其中 $\mathfrak{p}_2 \mid 2$, $\mathfrak{p}_5 \mid 5$, 并且 $N(\mathfrak{p}_2) = 2$. 因为 2 在 F 中非分歧, 所以 $2\mathcal{O}_F$ 的分解有两种情形: $2\mathcal{O}_F = \mathfrak{p}_2\mathfrak{p}_2'$, 其中 $N(\mathfrak{p}_2') = 4$; 或者 $2\mathcal{O}_F = \mathfrak{p}_2\mathfrak{p}_2'\mathfrak{p}_2''$, 其中 $N(\mathfrak{p}_2') = N(\mathfrak{p}_2'') = 2$. 假设是第一种情形, 则 $\alpha\mathcal{O}_F = \mathfrak{p}_2^a\mathfrak{p}_2'^b$. 又因为 $(\alpha-1)\mathcal{O}_F = \mathfrak{p}_2\mathfrak{p}_5$, 所以 $\alpha - 1 \in \mathfrak{p}_2$, 从而 $\alpha \notin \mathfrak{p}_2$, 故 $\alpha\mathcal{O}_F = \mathfrak{p}_2'^b$. 那么取理想的范得到 $8 = 4^b$, 这不可能. 所以只能是第二种情形, 即 2 在 F 中完全分裂.

最后我们介绍一下 Dedekind 指标定理, 它给出了 $p \nmid [\mathcal{O}_F : \mathbb{Z}[\alpha]]$ 的充要条件. 我们只给出 "$\Rightarrow$" 方向的证明, 并辅以一些例子进行说明. 完整的证明可参考 [13, Theorem 1.4].

定理 3.2.2 (Dedekind 指标定理) 设 $F = \mathbb{Q}(\alpha)$, $\alpha \in \mathcal{O}_F$, $f \in \mathbb{Z}[x]$ 是 α 的极小多项式. 又设在 $\mathbb{F}_p$ 上, $\overline{f} = \prod_{i=1}^{k} \overline{g}_i^{e_i}$, 其中 $g_i \in \mathbb{Z}[x]$ 是首一多项式且使得 $\overline{g}_i$ 是 $\overline{f}$ 的互不相同的不可约因子. 令 $h \in \mathbb{Z}[x]$, 由如下条件所定义:

$$f(x) = ph(x) + \prod_{i=1}^{k} g_i(x)^{e_i}, \tag{3.2-4}$$

那么 $p \nmid [\mathcal{O}_F : \mathbb{Z}[\alpha]] \Leftrightarrow$ 若 $e_i \geq 2$, 则 $\overline{g}_i \nmid \overline{h}$.

证明 ($\Rightarrow$) 因为 $p \nmid [\mathcal{O}_F : \mathbb{Z}[\alpha]]$, 所以 $p\mathcal{O}_F = \prod_{i=1}^{k} \mathfrak{p}_i^{e_i}$, 其中 $\mathfrak{p}_i = (p, g_i(\alpha))$. 若 $\overline{g}_i \mid \overline{h}$, 则存在 $a, b \in \mathbb{Z}[x]$ 使得

$$h(x) = a(x)g_i(x) + pb(x).$$

代入 $x = \alpha$ 得

$$h(\alpha) \in (p, g_i(\alpha)) = \mathfrak{p}_i,$$

所以 $\mathfrak{p}_i \mid h(\alpha)$. 那么现在只需证明: 若 $e_i \geq 2$, 则 $\mathfrak{p}_i \nmid h(\alpha)$. 在 (3.2-4) 中代入 $x = \alpha$, 得到理想之间的等式

$$\prod_{i=1}^{k}(g_i(\alpha))^{e_i} = (p) \cdot (h(\alpha)). \tag{3.2-5}$$

我们将通过分析 (3.2-5) 的左、右两边关于被 $\mathfrak{p}_i$ 整除的最高方幂来得到结论. 首先, 对于右边, 有

$$\mathfrak{p}_i^{e_i} \| (p).$$

接下来分析左边. 因为 $\mathfrak{p}_i = (p, g_i(\alpha))$, 并且 $\mathfrak{p}_i^{e_i} \mid (p)$, 以及 $e_i \geq 2$, 所以 $\mathfrak{p}_i \| (g_i(\alpha))$. 显然对于 $j \neq i$, 有 $\mathfrak{p}_i \nmid (g_j(\alpha))$, 所以

$$\mathfrak{p}_i^{e_i} \| \prod_{i=1}^{k}(g_i(\alpha))^{e_i}.$$

那么必须是 $\mathfrak{p}_i \nmid h(\alpha)$. □

例 3.2.3 设 $F = \mathbb{Q}(\alpha)$, $\alpha^3 = 12$. 此时 $f(x) = x^3 - 12$, $N(f'(\alpha)) = 2^4 \cdot 3^5$. 所以只有 $p = 2, 3$ 可能整除 $[\mathcal{O}_F : \mathbb{Z}[\alpha]]$.

(1) $p = 2$. 此时 $f(x) \equiv x^3 \pmod{2}$, 所以 $g(x) = x$, $e = 3$, $h(x) = -6$. 那么在 $\mathbb{F}_2$ 上, $x \mid h(x) = 0$, 所以 $2 \mid [\mathcal{O}_F : \mathbb{Z}[\alpha]]$.

(2) $p = 3$. 此时 $f(x) \equiv x^3 \pmod{3}$, 所以 $g(x) = x$, $e = 3$, $h(x) = -4$. 那么在 $\mathbb{F}_3$ 上, $x \nmid h(x)$, 所以 $3 \nmid [\mathcal{O}_F : \mathbb{Z}[\alpha]]$, 从而可知 3 完全分歧.

例 3.2.4 我们继续考察例 3.2.1, 即 $F = \mathbb{Q}(\alpha)$, $\alpha^3 = 10$. 我们已经知道 $N(f'(\alpha)) = 2^2 \cdot 3^3 \cdot 5^2$, 所以只有 $p = 2, 3, 5$ 可能整除 $[\mathcal{O}_F : \mathbb{Z}[\alpha]]$.

(1) $p = 2$. 此时 $f(x) \equiv x^3 \pmod{2}$, 所以 $g(x) = x$, $e = 3$, $h(x) = -5$. 那么在 $\mathbb{F}_2$ 上, $x \nmid h(x)$, 所以 $2 \nmid [\mathcal{O}_F : \mathbb{Z}[\alpha]]$. 从而可知 2 完全分歧.

(2) $p = 5$. 此时 $f(x) \equiv x^3 \pmod{5}$, 所以 $g(x) = x$, $e = 3$, $h(x) = -2$. 那么在 $\mathbb{F}_5$ 上, $x \nmid h(x)$, 所以 $5 \nmid [\mathcal{O}_F : \mathbb{Z}[\alpha]]$. 从而可知 5 完全分歧.

(3) $p = 3$. 此时 $f(x) \equiv x^3 - 1 \equiv (x-1)^3 \pmod{3}$, 所以 $g(x) = x - 1$, $e = 3$, $h(x) = x^2 - x - 3$. 那么在 $\mathbb{F}_3$ 上, $x - 1 \mid h(x)$, 所以 $3 \mid [\mathcal{O}_F : \mathbb{Z}[\alpha]]$.

例 3.2.5 设 $F = \mathbb{Q}(\alpha)$, $f(x) = x^n + a_{n-1}x^{n-1} + \cdots + a_1 x + a_0$, $n \geq 2$, 并且假设 $\forall i$, $p \mid a_i$. 此时 $f(x) \equiv x^n \pmod{p}$, 所以 $g(x) = x$, $e = n$, $h(x) = \frac{a_{n-1}}{p}x^{n-1} + \cdots + \frac{a_1}{p}x + \frac{a_0}{p}$. 因此
$$p \mid [\mathcal{O}_F : \mathbb{Z}[\alpha]] \iff \overline{x} \mid \overline{h}(x) \iff p^2 \mid a_0.$$
换言之, $p \nmid [\mathcal{O}_F : \mathbb{Z}[\alpha]] \Leftrightarrow f(x)$ 是关于 p 的 Eisenstein 多项式.

3.2.3 非分歧准则

定理 3.2.3 对于素数 p, 以下结论等价:

(1) p 在 F 中非分歧.

(2) $\mathcal{O}_F / p\mathcal{O}_F$ 是约化环.

(3) $\mathbb{F}_p$-双线性映射
$$\mathcal{O}_F / p\mathcal{O}_F \times \mathcal{O}_F / p\mathcal{O}_F \longrightarrow \mathbb{F}_p$$
$$(\overline{x}, \overline{y}) \longmapsto \overline{\mathrm{Tr}(xy)}$$
是非退化的.

(4) $p \nmid \Delta_F$.

证明 $((1) \Leftrightarrow (2))$ 回忆: 若交换环中没有非平凡幂零元, 则称其是约化的. 设 $p\mathcal{O}_F = \prod_{i=1}^{k} \mathfrak{p}_i^{e_i}$ 是素理想分解. 由中国剩余定理知 $\mathcal{O}_F / p\mathcal{O}_F \cong \prod_{i=1}^{k} \mathcal{O}_F / \mathfrak{p}_i^{e_i}$. 首先, 注意 $\mathcal{O}_F / \mathfrak{p}_i^{e_i}$ 是约化的 $\Leftrightarrow e_i = 1$. 这是因为若 $e_i > 1$, 则对任意 $x \in \mathfrak{p}_i \setminus \mathfrak{p}_i^2$, 在 $\mathcal{O}_F / \mathfrak{p}_i^{e_i}$ 中都有 $\overline{x}^{e_i} = 0$ 但 $\overline{x} \neq 0$. 其次, 易见 $\prod_{i=1}^{k} \mathcal{O}_F / \mathfrak{p}_i^{e_i}$ 是约化的 $\Leftrightarrow \forall i$, $\mathcal{O}_F / \mathfrak{p}_i^{e_i}$ 是约化的.

((2) ⇔ (3)) 简记 $V = \mathcal{O}_F/p\mathcal{O}_F$, 则 V 是 $\mathbb{F}_p$-代数, 并且是有限维 $\mathbb{F}_p$-向量空间. 记 (3) 中的双线性映射为 q_V. 不难看出

$$q_V(\overline{x}, \overline{y}) = \mathrm{Tr}_{V/\mathbb{F}_p}(\overline{xy}),$$

其中 $\mathrm{Tr}_{V/\mathbb{F}_p}$ 是我们之前对一般交换环所定义的 $\mathrm{Tr}_{B/A}$. 若 $\overline{x} \in \mathcal{O}_F/p\mathcal{O}_F$ 是幂零元, 则对任意 $\overline{y} \in \mathcal{O}_F/p\mathcal{O}_F$, $\overline{xy}$ 都是幂零的, 从而 V 上的数乘 $\overline{xy}$ 映射是幂零线性变换, 所以 $q_V(\overline{x}, \overline{y}) = \mathrm{Tr}_{V/\mathbb{F}_p}(\overline{xy}) = 0$. 那么由 q_V 非退化知 $\overline{x} = 0$. 以上证明了 (3) ⇒ (2).

反之, 若 $\mathcal{O}_F/p\mathcal{O}_F$ 是约化环, 则由 (1) 知 $\mathcal{O}_F/p\mathcal{O}_F = \bigoplus_{i=1}^k k_{\mathfrak{p}_i}$. 那么有正交分解 $q_V = \bigoplus_{i=1}^k q_{k_{\mathfrak{p}_i}/\mathbb{F}_p}$, 其中 $q_{k_{\mathfrak{p}_i}/\mathbb{F}_p}$ 是之前介绍过的由 $\mathrm{Tr}_{k_{\mathfrak{p}_i}/\mathbb{F}_p}$ 所定义的 $k_{\mathfrak{p}_i}$ 上的 $\mathbb{F}_p$-双线性映射. 由于 $k_{\mathfrak{p}_i}/\mathbb{F}_p$ 是可分扩张, 所以 $q_{k_{\mathfrak{p}_i}/\mathbb{F}_p}$ 都是非退化的, 从而 q_V 是非退化的.

((3) ⇔ (4)) 设 $\alpha_1, \cdots, \alpha_n$ 是 $\mathcal{O}_F$ 的一组整基, $\overline{\alpha}_1, \cdots, \overline{\alpha}_n$ 是它们在 $V = \mathcal{O}_F/p\mathcal{O}_F$ 中的像. 则双线性映射 q_V 诱导了 $\mathbb{F}_p$-向量空间的自然映射

$$\phi: V \longrightarrow V^\vee,$$

$$x \longmapsto f_x, \; f_x(y) := q_V(x, y),$$

其中 $V^\vee = \mathrm{Hom}_{\mathbb{F}_p}(V, \mathbb{F}_p)$ 是 V 的对偶空间. 令 $\overline{\alpha}_1^\vee, \cdots, \overline{\alpha}_n^\vee$ 是 $\overline{\alpha}_1, \cdots, \overline{\alpha}_n$ 在 $V^\vee$ 中的对偶基, 则 ϕ 在基 $\{\overline{\alpha}_i\}$ 和基 $\{\overline{\alpha}_i^\vee\}$ 下的对应矩阵就是

$$(q_V(\overline{\alpha}_i, \overline{\alpha}_j)) = \left(\mathrm{Tr}_{V/\mathbb{F}_p}(\overline{\alpha}_i \overline{\alpha}_j)\right) = \left(\overline{\mathrm{Tr}(\alpha_i \alpha_j)}\right).$$

因此有

$$q_V \text{ 非退化} \iff \phi \text{ 是同构}$$
$$\iff \det\left(\overline{\mathrm{Tr}(\alpha_i \alpha_j)}\right) \neq 0$$
$$\iff p \nmid \det(\mathrm{Tr}(\alpha_i \alpha_j)) = \Delta_F.$$

所以结论成立. □

3.3 一些例子

3.3.1 二次域

定理 3.3.1 设 $F = \mathbb{Q}(\sqrt{d})$ 是二次域, 其中 d 是无平方因子的整数. 设 p 是一个素数.

(1) p 在 F 中分歧 $\Leftrightarrow p \mid \Delta_F$. 特别地, 2 在 F 中分歧 $\Leftrightarrow d \equiv 2, 3 \pmod{4}$.

(2) 设 p 是奇素数且在 F 中非分歧, 则 p 在 F 中完全分裂 $\Leftrightarrow$ Legendre 符号 $\left(\dfrac{d}{p}\right) = 1$.

(3) 若 $d \equiv 1 \pmod{4}$, 则 2 在 F 中完全分裂 $\Leftrightarrow d \equiv 1 \pmod{8}$.

注记 3.3.1 由于 $[F : \mathbb{Q}] = 2$, 只有以下情形发生:

(1) 若 p 是分歧的, 则 $p\mathcal{O}_F = \mathfrak{p}^2$, 此时 p 完全分歧.

(2) 若 p 是非分歧的, 则只能是 $p\mathcal{O}_F = \mathfrak{p}$, 此时 p 惯性; 或 $p\mathcal{O}_F = \mathfrak{p}_1 \mathfrak{p}_2$, 此时 p 完全分裂.

证明 我们曾证明 $\mathcal{O}_F = \mathbb{Z}[\alpha]$ (因此可以使用定理 3.2.1), 其中

$$\alpha = \begin{cases} \sqrt{d}, & \text{若 } d \equiv 2, 3 \pmod{4}, \\ \dfrac{1 + \sqrt{d}}{2}, & \text{若 } d \equiv 1 \pmod{4}; \end{cases}$$

α 的极小多项式是

$$f(x) = \begin{cases} x^2 - d, & \text{若 } d \equiv 2, 3 \pmod{4}, \\ x^2 - x + \dfrac{1 - d}{4}, & \text{若 } d \equiv 1 \pmod{4}; \end{cases}$$

以及

$$\Delta_F = \begin{cases} 4d, & \text{若 } d \equiv 2, 3 \pmod{4}, \\ d, & \text{若 } d \equiv 1 \pmod{4}. \end{cases}$$

注意到 Δ_F 与 $f(x)$ 的判别式相同.

(1) 见定理 3.2.3.

(2) 若 p 是奇素数且非分歧, 则 $p \nmid \Delta_F$. 由定理 3.2.1知

$$p \text{ 完全分裂} \Leftrightarrow \overline{f}(x) \text{ 在 } \mathbb{F}_p \text{ 中有两个不同的根}.$$

若 $\overline{f}(x) = (x - a)(x - b)$, 其中 $a, b \in \mathbb{F}_p$ 且 $a \neq b$, 则 $\Delta_F \equiv (a - b)^2 \pmod{p}$, 所以 $\left(\dfrac{d}{p}\right) = 1$. 反之, 若 $\left(\dfrac{d}{p}\right) = 1$, 则存在 c 使得 $d \equiv c^2 \pmod{p}$ 且 $p \nmid c$. 那么当 $d \equiv 1 \pmod{4}$ (或 $d \equiv 2, 3 \pmod{4}$) 时, $\dfrac{1 \pm c}{2}$ (或 $\pm c$) 是 $\overline{f}(x)$ 在 $\mathbb{F}_p$ 中的两个不同的根.

(3) 若 $d \equiv 1 \pmod{8}$, 则 $\overline{f}(x) = x^2 - x$ 在 $\mathbb{F}_2$ 中有两个不同的根. 若 $d \equiv 5 \pmod{8}$, 则 $\overline{f}(x) = x^2 - x + 1$ 是 $\mathbb{F}_2[x]$ 中的不可约多项式. 从而由定理 3.2.1得到结论. $\square$

例 3.3.1 现在我们用定理 3.3.1 去构造一个数域 F, 使得没有素数 p 在其中惯性. 令 $F = \mathbb{Q}(\sqrt{2}, \sqrt{3})$. 假设 p 在 F 中惯性, 那么 p 在 F 的所有子域中都惯性. 考虑 F 的

三个子域 $\mathbb{Q}(\sqrt{2})$, $\mathbb{Q}(\sqrt{3})$ 和 $\mathbb{Q}(\sqrt{6})$. 则由 p 在 $\mathbb{Q}(\sqrt{2})$ 中惯性推出 $\left(\dfrac{2}{p}\right) = -1$, 由 p 在 $\mathbb{Q}(\sqrt{3})$ 中惯性推出 $\left(\dfrac{3}{p}\right) = -1$. 所以 $\left(\dfrac{6}{p}\right) = \left(\dfrac{2}{p}\right)\left(\dfrac{3}{p}\right) = 1$, 从而 p 在 $\mathbb{Q}(\sqrt{6})$ 中分裂, 矛盾.

3.3.2 Eisenstein 多项式与素理想分解

在本小节首先假设 $F = \mathbb{Q}(\alpha)$, 其中 $\alpha \in \mathcal{O}_F$, 并且 α 的极小多项式 $f \in \mathbb{Z}[x]$ 是关于素数 p 的 Eisenstein 多项式.

推论 3.3.1 设 $\mathfrak{p} = p\mathcal{O}_F + \alpha\mathcal{O}_F$, 则 $p\mathcal{O}_F = \mathfrak{p}^n$, 即 p 在 F 中完全分歧.

证明 由引理 1.3.6 知 $p \nmid [\mathcal{O}_F : \mathbb{Z}[\alpha]]$, 应用定理 3.2.1 立得结论. □

推论 3.3.2 设 $\mathfrak{p} = p\mathcal{O}_F + \alpha\mathcal{O}_F$, 则 $v_\mathfrak{p}(\alpha) = 1$, 即 $\alpha \in \mathfrak{p} \setminus \mathfrak{p}^2$.

证明 因为 $\mathfrak{p} = \gcd(p\mathcal{O}_F, \alpha\mathcal{O}_F)$, 而 $p\mathcal{O}_F = \mathfrak{p}^n$, 所以必须 $\mathfrak{p} \| \alpha\mathcal{O}_F$, 即 $v_\mathfrak{p}(\alpha) = 1$. □

最后我们看一下反方向的结论. 现在不再维持之前对 F 的假设.

定理 3.3.2 设 F 是一个数域, 并且素数 p 在 F 中完全分歧, 则存在 $\alpha \in \mathcal{O}_F$ 使得 α 的极小多项式是关于 p 的 Eisenstein 多项式并且 $F = \mathbb{Q}(\alpha)$.

证明 设 $[F : \mathbb{Q}] = n$, $p\mathcal{O}_F = \mathfrak{p}^n$. 任取 $\alpha \in \mathfrak{p} \setminus \mathfrak{p}^2$. 记 $F' = \mathbb{Q}(\alpha) \subset F$, $\mathfrak{p}' = \mathfrak{p} \cap \mathcal{O}_{F'}$. 设 $[F : F'] = k$. 由于 p 在 F 中完全分歧, 所以 $\mathfrak{p}'$ 也在 F 中完全分歧, 即 $\mathfrak{p}'\mathcal{O}_F = \mathfrak{p}^k$. 因为 $\alpha \in \mathfrak{p} \cap \mathcal{O}_{F'}$, 所以 $\alpha \in \mathfrak{p}'$, 从而 $\alpha \in \mathfrak{p}^k$. 而另一方面, $\alpha \notin \mathfrak{p}^2$, 所以只能是 $k = 1$, 即 $F = \mathbb{Q}(\alpha)$.

设 $f(x) = x^n + a_{n-1}x^{n-1} + \cdots + a_1 x + a_0$ 是 α 的极小多项式. 由于 $p\mathcal{O}_F = \mathfrak{p}^n$, 所以剩余次数 $f(\mathfrak{p}|p) = 1$, 得到 $N(\mathfrak{p}) = p$. 条件 $\alpha \in \mathfrak{p} \setminus \mathfrak{p}^2$ 说明 $(\alpha) = \mathfrak{p} \cdot \mathfrak{a}$ 且 $\mathfrak{p} \nmid \mathfrak{a}$. 所以

$$|a_0| = |N(\alpha)| = N((\alpha)) = N(\mathfrak{p}) \cdot N(\mathfrak{a}) = pN(\mathfrak{a}), \text{ 且 } p \nmid N(\mathfrak{a}),$$

即 $p \| a_0$.

我们接下来证明 $p \mid a_i, \forall 1 \leqslant i \leqslant n-1$, 采用的方法是赋值的强三角不等式 (见引理 2.2.6 中的性质 (6) 和 (7)). 首先,

$$v_\mathfrak{p}(a_i \alpha^i) = v_\mathfrak{p}(a_i) + i \geqslant i.$$

若 $p \nmid a_1$, 则

$$v_\mathfrak{p}(a_1 \alpha) = 1 < \min\{v_\mathfrak{p}(a_i \alpha^i) \mid 2 \leqslant i \leqslant n-1\}.$$

所以有

$$n \leqslant v_\mathfrak{p}(\alpha^n + a_0) = v_\mathfrak{p}\left(\sum_{1 \leqslant i \leqslant n-1} a_i \alpha^i\right) = v_\mathfrak{p}(a_1 \alpha) = 1,$$

矛盾. 因此 $p \mid a_1$. 同样的原因, 比较等式

$$v_{\mathfrak{p}}(\alpha^n + a_0 + a_1\alpha) = v_{\mathfrak{p}}\left(\sum_{2 \leqslant i \leqslant n-1} a_i \alpha^i\right)$$

可推得 $p \mid a_2$. 以此类推, 可证明 $p \mid a_i, \forall 1 \leqslant i \leqslant n-1$. □

3.4 相对差分和判别式

在本节, 我们学习一般可分扩张的差分和判别式. 先固定如下记号: 设 $\mathcal{O}_F$ 是一个 Dedekind 整环, F 是其分式域. 设 L/F 是一个有限可分扩张, $\mathcal{O}_L$ 是 $\mathcal{O}_F$ 在 L 中的整闭包. 由命题 2.1.1, $\mathcal{O}_L$ 是 Dedekind 整环. 设 $\mathfrak{p} \subset \mathcal{O}_F$ 是一个素理想, $\mathfrak{P} \subset \mathcal{O}_L$ 也是素理想且 $\mathfrak{P} \mid \mathfrak{p}$, 我们假设对应的剩余类域扩张都是可分的. 特别地, 可取 L, F 是数域, $\mathcal{O}_L, \mathcal{O}_F$ 是对应的代数整数环.

定义 3.4.1 对于 $\mathcal{O}_L$ 的非零素理想 $\mathfrak{P}$, 记

$$\mathrm{N}_{L/F}(\mathfrak{P}) := \mathfrak{p}^{f(\mathfrak{P}\mid\mathfrak{p})},$$

其中 $\mathfrak{p} = \mathfrak{P} \cap \mathcal{O}_F$, $f(\mathfrak{P}\mid\mathfrak{p})$ 是剩余次数. 对 L 的任意的分式理想 $\mathfrak{a} = \prod_{i=1}^{k} \mathfrak{P}_i^{a_i}$, 记

$$\mathrm{N}_{L/F}(\mathfrak{a}) := \prod_{i=1}^{k} \mathrm{N}_{L/F}(\mathfrak{P}_i)^{a_i},$$

称其为 $\mathfrak{a}$ 相对于L/F 的范, 简称**相对范**.

引理 3.4.1 (1) 对于 L 的分式理想 $\mathfrak{a}$ 和 $\mathfrak{b}$, 有 $\mathrm{N}_{L/F}(\mathfrak{ab}) = \mathrm{N}_{L/F}(\mathfrak{a}) \cdot \mathrm{N}_{L/F}(\mathfrak{b})$.
(2) 当 $F = \mathbb{Q}$ 时, $\mathrm{N}_{L/\mathbb{Q}}(\mathfrak{a}) = (\mathrm{N}(\mathfrak{a}))$, 其中 $\mathrm{N}(\mathfrak{a}) \in \mathbb{Q}^{\times}$ 是 $\mathfrak{a}$ 的绝对范.
(3) 若 $\mathfrak{a} = \mathfrak{b}\mathcal{O}_L$, 其中 $\mathfrak{b}$ 是 $\mathcal{O}_F$ 的理想, 则 $\mathrm{N}_{L/F}(\mathfrak{a}) = \mathfrak{b}^{[L:F]}$.
(4) 给定域扩张 $K \supset L \supset F$, 则对 K 的任意分式理想 $\mathfrak{a}$, 有 $\mathrm{N}_{K/F}(\mathfrak{a}) = \mathrm{N}_{L/F}(\mathrm{N}_{K/L}(\mathfrak{a}))$.

证明留作练习.

迹映射在 F-线性空间 L 上诱导了一个双线性型

$$T : L \times L \longrightarrow F,$$

$$(x, y) \longmapsto \mathrm{Tr}_{L/F}(xy).$$

不难看出, T 是对称的、非退化的. 对 L 的任意的分式理想 $\mathfrak{b}$, 定义其**对偶**为

$$\mathfrak{b}^* := \{x \in L \mid \text{对所有} b \in \mathfrak{b}, \mathrm{Tr}_{L/F}(xb) \in \mathcal{O}_F\}.$$

引理 3.4.2 分式理想 $\mathfrak{b}$ 的对偶 $\mathfrak{b}^*$ 也是一个分式理想.

证明 设 $e_1, \cdots, e_n \in \mathcal{O}_L$ 是 L/F 的一组基, $d = \det(\mathrm{Tr}_{L/F}(e_i e_j))$. 任取 $a \in \mathfrak{b} \cap \mathcal{O}_F$, 若 $x = x_1 e_1 + \cdots + x_n e_n \in \mathfrak{b}^*$ $(x_i \in F)$, 则 ax_i 满足线性方程组

$$\sum_{i=1}^{n} ax_i \mathrm{Tr}_{L/F}(e_i e_j) = \mathrm{Tr}_{L/F}(xae_j) \in \mathcal{O}_F, \ j = 1, \cdots, n.$$

从而 $dax_i \in \mathcal{O}_F$, $da\mathfrak{b}^* \subset \mathcal{O}_L$. 由此易知引理成立. □

注记 3.4.1 设 $f : \mathfrak{b} \to \mathcal{O}_F$ 是一个 $\mathcal{O}_F$-线性映射. 由于 $\mathfrak{b}F = L$, f 可以延拓为 F-线性映射 $f : L \to F$. 从这个对应出发, 可以视 $\mathrm{Hom}_{\mathcal{O}_F}(\mathfrak{b}, \mathcal{O}_F)$ 为 $\mathrm{Hom}_F(L, F)$ 的子模. 非退化双线性型 T 诱导了同构

$$\mathfrak{b}^* \xrightarrow{\sim} \mathrm{Hom}_{\mathcal{O}_F}(\mathfrak{b}, \mathcal{O}_F),$$
$$x \longmapsto (y \longmapsto T(x, y)).$$

定义 3.4.2 (1) 记 $\delta^{-1}_{\mathcal{O}_L/\mathcal{O}_F} := \{x \in L \mid \mathrm{Tr}_{L/F}(x\mathcal{O}_L) \subset \mathcal{O}_F\}$, 称作扩张 $\mathcal{O}_L/\mathcal{O}_F$ 的**相对余差分**. 它是 L 的分式理想, 且包含 $\mathcal{O}_L$.

(2) 记 $\delta_{\mathcal{O}_L/\mathcal{O}_F} := \left(\delta^{-1}_{\mathcal{O}_L/\mathcal{O}_F}\right)^{-1}$, 称作扩张 $\mathcal{O}_L/\mathcal{O}_F$ 的**相对差分**, 它是 $\mathcal{O}_L$ 的理想.

(3) 记 $\Delta_{\mathcal{O}_L/\mathcal{O}_F} := \mathrm{N}_{L/F}(\delta_{\mathcal{O}_L/\mathcal{O}_F})$, 称作扩张 $\mathcal{O}_L/\mathcal{O}_F$ 的**相对判别式**, 它是 $\mathcal{O}_F$ 的理想.

注记 3.4.2 在不引起歧义的情况下, 我们也把 $\delta^{-1}_{\mathcal{O}_L/\mathcal{O}_F}, \delta_{\mathcal{O}_L/\mathcal{O}_F}, \Delta_{\mathcal{O}_L/\mathcal{O}_F}$ 记为 $\delta^{-1}_{L/K}, \delta_{L/K}, \Delta_{L/K}$. 易见当 F 是一个数域时, $\delta_{F/\mathbb{Q}} = \delta_F, \Delta_{F/\mathbb{Q}} = (\Delta_F)$.

引理 3.4.3 设 $\mathfrak{a}$ 是 L 的分式理想, $\mathfrak{b}$ 是 F 的分式理想. 则 $\mathrm{Tr}_{L/F}(\mathfrak{a})$ 是 F 的分式理想, 并且

$$\mathrm{Tr}_{L/F}(\mathfrak{a}) \subset \mathfrak{b} \iff \mathfrak{a} \subset \mathfrak{b}\mathcal{O}_L \cdot \delta^{-1}_{L/F}.$$

证明 易见 $\mathrm{Tr}_{L/F}(\mathfrak{a})$ 是 F 的分式理想, 留作练习. 对第二个结论, 有

$$\begin{aligned}
\mathrm{Tr}_{L/F}(\mathfrak{a}) \subset \mathfrak{b} &\iff \mathfrak{b}^{-1}\mathrm{Tr}_{L/F}(\mathfrak{a}) \subset \mathcal{O}_F \\
&\iff \mathrm{Tr}_{L/F}(\mathfrak{b}^{-1}\mathfrak{a}) \subset \mathcal{O}_F \\
&\iff \mathrm{Tr}_{L/F}(\mathfrak{b}^{-1}\mathfrak{a}\mathcal{O}_L) \subset \mathcal{O}_F \\
&\iff \mathfrak{b}^{-1}\mathfrak{a} \subset \delta^{-1}_{L/F} \\
&\iff \mathfrak{a} \subset \mathfrak{b}\mathcal{O}_L \cdot \delta^{-1}_{L/F}.
\end{aligned}$$

所以结论成立. □

注记 3.4.3 在引理 3.4.3 中取 $\mathfrak{b} = \mathcal{O}_F$, 可知 $\delta^{-1}_{L/F}$ 是满足 $\mathrm{Tr}_{L/F}(\mathfrak{a}) \subset \mathcal{O}_F$ 的最大分式理想.

推论 3.4.1 对于有限可分扩张 $K \supset L \supset F$, 有 $\delta_{K/F} = \delta_{L/F}\mathcal{O}_K \cdot \delta_{K/L}$.

证明 不断使用引理 3.4.3, 有

$$x \in \delta_{K/F}^{-1} \iff \mathrm{Tr}_{L/F}\left(\mathrm{Tr}_{K/L}(x\mathcal{O}_K)\right) \subset \mathcal{O}_F$$
$$\iff \mathrm{Tr}_{K/L}(x\mathcal{O}_K) \subset \delta_{L/F}^{-1}$$
$$\iff x\mathcal{O}_K \subset \delta_{L/F}^{-1}\mathcal{O}_K \cdot \delta_{K/L}^{-1}.$$

以上证明了 $\delta_{K/F}^{-1} = \delta_{L/F}^{-1}\mathcal{O}_K \cdot \delta_{K/L}^{-1}$, 即结论所求. □

推论 3.4.2 对于有限可分扩张 $K \supset L \supset F$, 有 $\Delta_{K/F} = \mathrm{N}_{L/F}(\Delta_{K/L}) \cdot \Delta_{L/F}^{[K:L]}$.

证明 对推论 3.4.1的结论取相对范得到

$$\Delta_{K/F} = \mathrm{N}_{K/F}\left(\delta_{L/F}\mathcal{O}_K\right) \cdot \mathrm{N}_{K/F}(\delta_{K/L})$$
$$= \mathrm{N}_{L/F}\left(\mathrm{N}_{K/L}\left(\delta_{L/F}\mathcal{O}_K\right)\right) \cdot \mathrm{N}_{L/F}\left(\mathrm{N}_{K/L}(\delta_{K/L})\right)$$
$$= \mathrm{N}_{L/F}\left(\delta_{L/F}^{[K:L]}\right) \cdot \mathrm{N}_{L/F}(\Delta_{K/L})$$
$$= \mathrm{N}_{L/F}(\Delta_{K/L}) \cdot \Delta_{L/F}^{[K:L]}.$$

所以结论成立. □

推论 3.4.3 设 $S \subset \mathcal{O}_F$ 是一个可乘集, 则

$$\delta_{S^{-1}\mathcal{O}_L/S^{-1}\mathcal{O}_F} = S^{-1}\delta_{\mathcal{O}_L/\mathcal{O}_F}, \quad \Delta_{S^{-1}\mathcal{O}_L/S^{-1}\mathcal{O}_F} = S^{-1}\Delta_{\mathcal{O}_L/\mathcal{O}_F}.$$

证明 由定义和 $\mathrm{Tr}_{L/F}$ 的 F-线性性即得. □

命题 3.4.1 设 L_1 和 L_2 是线性不相交的数域, $K = L_1 L_2$ 是它们在 $\mathbb{C}$ 中的合成域. 则有

(1) $\delta_{L_2}\mathcal{O}_K \subset \delta_{K/L_1}$.
(2) $\Delta_K \mid \Delta_{L_1}^{[L_2:\mathbb{Q}]} \cdot \Delta_{L_2}^{[L_1:\mathbb{Q}]}$.
(3) 若 $\gcd(\Delta_{L_1}, \Delta_{L_2}) = 1$, 则 $|\Delta_K| = |\Delta_{L_1}|^{[L_2:\mathbb{Q}]} \cdot |\Delta_{L_2}|^{[L_1:\mathbb{Q}]}$.

证明 (1) 结论等价于 $\delta_{L_2}^{-1}\mathcal{O}_K \supset \delta_{K/L_1}^{-1}$. 设 $\alpha_1, \cdots, \alpha_n$ 是 L_2 的一组整基, $\alpha_1^\vee, \cdots, \alpha_n^\vee$ 是它们相对于 $\mathrm{Tr}_{L_2/\mathbb{Q}}$ 定义的非退化二次型的对偶基. 由于 L_1 和 L_2 线性不相交, 所以 $\alpha_1^\vee, \cdots, \alpha_n^\vee$ 也是 K 在 L_1 上的一组基. 那么 K 中元素 x 可表达为 $\sum_{i=1}^n x_i \alpha_i^\vee$ 的形式, 其中 $x_i \in L_1$. 设 $x \in \delta_{K/L_1}^{-1}$, 则 $\mathrm{Tr}_{K/L_1}(x\alpha_i) \in \mathcal{O}_{L_1}$. 而另一方面, 有

$$\mathrm{Tr}_{K/L_1}(x\alpha_i) = \sum_{j=1}^n \mathrm{Tr}_{K/L_1}(x_j \alpha_j^\vee \alpha_i)$$
$$= \sum_{j=1}^n x_j \mathrm{Tr}_{(L_2 \otimes_\mathbb{Q} L_1)/L_1}(\alpha_j^\vee \alpha_i)$$

$$= \sum_{j=1}^n x_j \mathrm{Tr}_{L_2/\mathbb{Q}}(\alpha_j^\vee \alpha_i)$$
$$= x_i.$$

所以 $x_i \in \mathcal{O}_{L_1} \subset \mathcal{O}_K$. 注意

$$\delta_{L_2}^{-1} = \mathcal{O}_{L_2}^\vee = \sum_{i=1}^n \mathbb{Z}\alpha_i^\vee,$$

特别地, $\alpha_i^\vee \in \delta_{L_2}^{-1}$. 综上可见 $x \in \delta_{L_2}^{-1}\mathcal{O}_K$, 即 $\delta_{K/L_1}^{-1} \subset \delta_{L_2}^{-1}\mathcal{O}_K$.

(2) 对结论 (1) 取 N_{K/L_1} 可得 $\Delta_{K/L_1} \mid \mathrm{N}_{K/L_1}(\delta_{L_2}\mathcal{O}_K)$. 由推论 3.4.2 知

$$\Delta_{K/\mathbb{Q}} = \mathrm{N}_{L_1/\mathbb{Q}}(\Delta_{K/L_1}) \cdot \Delta_{L_1/\mathbb{Q}}^{[K:L_1]=[L_2:\mathbb{Q}]}.$$

所以

$$\Delta_{K/\mathbb{Q}} \mid \mathrm{N}_{L_1/\mathbb{Q}}(\mathrm{N}_{K/L_1}(\delta_{L_2}\mathcal{O}_K)) \cdot \Delta_{L_1/\mathbb{Q}}^{[L_2:\mathbb{Q}]}.$$

那么由以下计算便可得到结论 (2),

$$\mathrm{N}_{L_1/\mathbb{Q}}(\mathrm{N}_{K/L_1}(\delta_{L_2}\mathcal{O}_K)) = \mathrm{N}_{L_2/\mathbb{Q}}(\delta_{L_2})^{[L_1:\mathbb{Q}]} = \Delta_{L_2/\mathbb{Q}}^{[L_1:\mathbb{Q}]}.$$

(3) 我们曾证明过 (见引理 1.4.2): 若 L_1 和 L_2 线性不相交, 且 $\gcd(\Delta_{L_1}, \Delta_{L_2}) = 1$, 则 $\mathcal{O}_K = \mathcal{O}_{L_1} \cdot \mathcal{O}_{L_2}$. 我们断言可由此得到 $\delta_{L_2}\mathcal{O}_K = \delta_{K/L_1}$. 若断言成立, 则结论 (2) 的证明中出现的整除关系均为相等关系, 从而得到结论 (3). 现在开始证明此断言. 由结论 (1) 知只需证明 $\delta_{L_2}^{-1}\mathcal{O}_K \subset \delta_{K/L_1}^{-1}$. 由于 $\mathcal{O}_K = \mathcal{O}_{L_1} \cdot \mathcal{O}_{L_2}$, 对于 $x \in \delta_{L_2}^{-1}\mathcal{O}_K$ 以及任意 $y \in \mathcal{O}_K$, 我们可将 xy 写成有限和 $\sum_i x_i y_i$ 的形式, 其中 $x_i \in \delta_{L_2}^{-1}, y_i \in \mathcal{O}_{L_1}$. 所以有

$$\mathrm{Tr}_{K/L_1}(xy) = \sum_i y_i \mathrm{Tr}_{K/L_1}(x_i) = \sum_i y_i \mathrm{Tr}_{L_2/\mathbb{Q}}(x_i) \in \mathcal{O}_{L_1},$$

即 $x \in \delta_{K/L_1}^{-1}$. □

推论 3.4.4 设 L_1 和 L_2 是线性不相交的数域, $K = L_1 L_2$ 是它们的合成域, 则素数 p 在 K 中非分歧 $\Leftrightarrow p$ 在 L_1 和 L_2 中均非分歧.

证明 若 p 在 K 中非分歧, 则 p 在任意中间域中非分歧. 反之, 若 p 在 L_1 和 L_2 中非分歧, 则 $(p, \Delta_{L_1}\Delta_{L_2}) = 1$. 由命题 3.4.1 得 $(p, \Delta_K) = 1$, 所以 p 在 K 中非分歧. □

3.5 Galois 扩张下的素理想分解

在本节, 设 L/F 是数域的 Galois 扩张, 次数是 n, 记 $G = \mathrm{Gal}(L/F)$ 是对应的 Galois 群. 设 $\mathfrak{p}$ 是 $\mathcal{O}_F$ 的非零素理想, $\mathfrak{p}\mathcal{O}_L = \prod_{i=1}^k \mathfrak{P}_i^{e_i}$ 是它的素理想分解. 简记 $f_i = f(\mathfrak{P}_i|\mathfrak{p})$.

3.5.1 Galois 群作用

若 $\alpha \in \mathcal{O}_L$, 则对任意 $\sigma \in G$, $\sigma(\alpha)$ 都在 $\mathcal{O}_F$ 上整, 所以 $\sigma(\alpha) \in \mathcal{O}_L$, 那么 $\sigma(\mathcal{O}_L) = \mathcal{O}_L$.

引理 3.5.1 设 $\sigma \in G$.

(1) 若 $\mathfrak{a}$ 是 $\mathcal{O}_L$ 的理想, 则 $\sigma(\mathfrak{a})$ 也是 $\mathcal{O}_L$ 的理想.

(2) 若 $\mathfrak{a}$ 是 L 的分式理想, 则 $\sigma(\mathfrak{a})$ 也是 L 的理想.

(3) 若 $\mathfrak{P}$ 是 $\mathcal{O}_L$ 的素理想, 则 $\sigma(\mathfrak{P})$ 也是 $\mathcal{O}_L$ 的素理想.

证明留作练习.

定义 3.5.1 由引理 3.5.1, Galois 群 G 在 L 的分式理想组成的集合上有自然的作用

$$\sigma \cdot \mathfrak{a} := \sigma(\mathfrak{a}).$$

对于 L 的两个分式理想 $\mathfrak{a}$ 和 $\mathfrak{b}$, 若存在 $\sigma \in G$ 使得 $\sigma(\mathfrak{a}) = \mathfrak{b}$, 则称 $\mathfrak{a}$ 和 $\mathfrak{b}$ 是 G-**共轭的** (简称**共轭**).

命题 3.5.1 集合 $\{\mathfrak{P}_1, \cdots, \mathfrak{P}_k\}$ 在 G 的作用下稳定, 并且任意 $\mathfrak{P}_i$ 和 $\mathfrak{P}_j$ 都是 G-共轭的, 且有

$$e_i = e, \ f_i = f, \ \forall 1 \leqslant i \leqslant k,$$

所以

$$efk = n.$$

证明 对于 $\sigma \in G$, 有

$$\prod_{i=1}^{k} \sigma(\mathfrak{P}_i)^{e_i} = \sigma(\mathfrak{p}\mathcal{O}_L) = \sigma(\mathfrak{p})\mathcal{O}_L = \mathfrak{p}\mathcal{O}_L = \prod_{i=1}^{k} \mathfrak{P}_i^{e_i}.$$

由素理想分解的唯一性, 对任意 $1 \leqslant i \leqslant k$, 存在 $1 \leqslant j \leqslant k$ 使得 $\sigma(\mathfrak{P}_i) = \mathfrak{P}_j$. 此时 $e_i = e_j$, 而且 σ 诱导了同构 $\mathcal{O}_L/\mathfrak{P}_i \cong \mathcal{O}_L/\mathfrak{P}_j$, 所以 $f_i = f_j$. 因此只需证明所有 $\mathfrak{P}_i$ 之间都是 G-共轭的, 即 G 在 $\{\mathfrak{P}_1, \cdots, \mathfrak{P}_k\}$ 上的作用是传递的, 便可得到命题中所有结论.

现在采用反证法, 假设某个 $\mathfrak{P}' = \mathfrak{P}_j$ 不 G-共轭于 $\mathfrak{P} = \mathfrak{P}_1$, 即 $\sigma(\mathfrak{P}) \neq \mathfrak{P}', \forall \sigma \in G$. 接下来使用交换代数中的素避定理:

- 设 $\mathfrak{p}_1, \cdots, \mathfrak{p}_k$ 是交换环 A 的素理想, $\mathfrak{a}$ 是 A 的理想, 满足 $\mathfrak{a} \not\subseteq \mathfrak{p}_i, \forall 1 \leqslant i \leqslant k$, 则

$$存在 \ x \in \mathfrak{a} \ 使得 \ x \notin \mathfrak{p}_i, \forall 1 \leqslant i \leqslant k.$$

应用此定理, 可知存在 $x \in \mathfrak{P}'$ 使得 $x \notin \sigma(\mathfrak{P}), \forall \sigma \in G$, 即 $\sigma(x) \notin \mathfrak{P}, \forall \sigma \in G$. 所以

$$\mathrm{N}_{L/F}(x) = \prod_{\sigma \in G} \sigma(x) \notin \mathfrak{P} \cap \mathcal{O}_F = \mathfrak{p}.$$

而另一方面, 由于 $x \in \mathfrak{P}'$, 所以 $\mathrm{N}_{L/F}(x) \in \mathfrak{P}' \cap \mathcal{O}_F = \mathfrak{p}$. 矛盾. □

3.5.2 分解群与惯性群

以下设 $\mathfrak{P} \in \{\mathfrak{P}_1, \cdots, \mathfrak{P}_k\}$.

定义 3.5.2 记 $D_\mathfrak{P}$ 或 $D(\mathfrak{P}|\mathfrak{p})$ 为稳定化子 $\mathrm{Stab}_G(\mathfrak{P})$, 即

$$D_\mathfrak{P} := \{\sigma \in G \mid \sigma(\mathfrak{P}) = \mathfrak{P}\},$$

称作 $\mathfrak{P}$(相对于 $\mathfrak{p}$) 的**分解群**. 称 $D_\mathfrak{P}$ 的固定域 $L^{D_\mathfrak{P}}$ 为 $\mathfrak{P}$ 的**分解域**.

对于 $\sigma \in D_\mathfrak{P}$, 它诱导了自同构

$$\overline{\sigma} : k_\mathfrak{P} = \mathcal{O}_L/\mathfrak{P} \xrightarrow{\sim} \mathcal{O}_L/\sigma(\mathfrak{P}) = k_\mathfrak{P},$$

$$\overline{x} \longmapsto \overline{\sigma(x)},$$

而且保持子域 $k_\mathfrak{p} = \mathcal{O}_F/\mathfrak{p}$ 不动, 即 $\overline{\sigma} \in \mathrm{Gal}(k_\mathfrak{P}/k_\mathfrak{p})$. 易见映射

$$\varphi_\mathfrak{P} : D_\mathfrak{P} \longrightarrow \mathrm{Gal}(k_\mathfrak{P}/k_\mathfrak{p}),$$

$$\sigma \longmapsto \overline{\sigma}$$

是群同态.

定义 3.5.3 记 $I_\mathfrak{P}$ 或 $I(\mathfrak{P}|\mathfrak{p})$ 为 $\mathrm{Ker}(\varphi_\mathfrak{P})$, 即

$$I_\mathfrak{P} := \{\sigma \in D_\mathfrak{P} \mid \sigma(x) \equiv x \pmod{\mathfrak{P}}, \forall x \in \mathcal{O}_L\},$$

称作 $\mathfrak{P}$(相对于 $\mathfrak{p}$) 的**惯性群**. 称 $I_\mathfrak{P}$ 的固定域 $L^{I_\mathfrak{P}}$ 为 $\mathfrak{P}$ 的**惯性域**.

注记 3.5.1 (1) 易验证: 对任意 $\tau \in G$, 有

$$D_{\tau(\mathfrak{P})} = \tau D_\mathfrak{P} \tau^{-1}, \quad I_{\tau(\mathfrak{P})} = \tau I_\mathfrak{P} \tau^{-1}.$$

细节留作练习.

(2) 由于 G 传递作用在 $\{\mathfrak{P}_1, \cdots, \mathfrak{P}_k\}$ 上, 有

$$|D_\mathfrak{P}| = |\mathrm{Stab}_G(\mathfrak{P})| = \frac{|G|}{k} = \frac{n}{k} = ef.$$

(3) 由定义知 $I_\mathfrak{P}$ 是 $D_\mathfrak{P}$ 的正规子群.

(4) 简记 $M = L^{D_\mathfrak{P}}, N = L^{I_\mathfrak{P}}$. 由 Galois 理论知

(a) L/M 是 Galois 扩张, $\mathrm{Gal}(L/M) \cong D_\mathfrak{P}$;

(b) L/N 是 Galois 扩张, $\mathrm{Gal}(L/N) \cong I_\mathfrak{P}$;

(c) N/M 是 Galois 扩张, $\mathrm{Gal}(N/M) \cong D_\mathfrak{P}/I_\mathfrak{P}$.

总结如下:

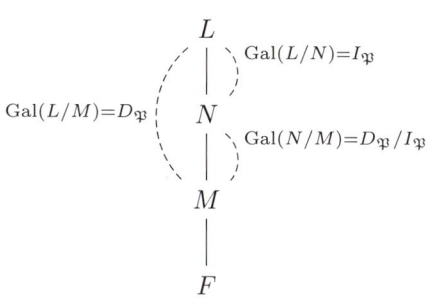

定理 3.5.1 同态 $\varphi_{\mathfrak{P}}$ 是满射, 即有正合列

$$1 \longrightarrow I_{\mathfrak{P}} \longrightarrow D_{\mathfrak{P}} \longrightarrow \mathrm{Gal}(k_{\mathfrak{P}}/k_{\mathfrak{p}}) \longrightarrow 1.$$

所以

$$|I_{\mathfrak{P}}| = \frac{|D_{\mathfrak{P}}|}{|\mathrm{Gal}(k_{\mathfrak{P}}/k_{\mathfrak{p}})|} = \frac{ef}{f} = e.$$

特别地, $\mathfrak{p}$ 在 L 中非分歧当且仅当 $I_{\mathfrak{P}}$ 是平凡的.

证明 为了简便, 记

$$D = D_{\mathfrak{P}},\ I = I_{\mathfrak{P}},\ e = e(\mathfrak{P}|\mathfrak{p}),\ f = f(\mathfrak{P}|\mathfrak{p}),\ M = L^D,\ N = L^I.$$

令

$$\mathfrak{P}_M = \mathfrak{P} \cap \mathcal{O}_M,\ \mathfrak{P}_N = \mathfrak{P} \cap \mathcal{O}_N.$$

首先, 对任意 $\sigma \in \mathrm{Gal}(L/M) = D$, 均有 $\sigma(\mathfrak{P}) = \mathfrak{P}$. 所以由命题 3.5.1知 $\mathfrak{P}$ 是 L 中 $\mathfrak{P}_M$ 之上的唯一素理想, 简记

$$e_1 = e(\mathfrak{P}|\mathfrak{P}_M),\ f_1 = f(\mathfrak{P}|\mathfrak{P}_M).$$

则有

$$e_1 f_1 = |D| = ef.$$

由引理 3.2.1有 $e_1 \mid e$ 和 $f_1 \mid f$. 所以

$$e_1 = e,\ f_1 = f,\ e(\mathfrak{P}_M|\mathfrak{p}) = f(\mathfrak{P}_M|\mathfrak{p}) = 1.$$

从而知剩余类域 $k_{\mathfrak{P}_M} = \mathcal{O}_M/\mathfrak{P}_M$ 等于 $k_{\mathfrak{p}}$, 简记

$$e_2 = e(\mathfrak{P}|\mathfrak{P}_N),\ f_2 = f(\mathfrak{P}|\mathfrak{P}_N),$$

则 $e_2 f_2 = |I|$, $e_2 \mid e_1 = e$.

我们断言 $f_2 = 1$, 即剩余类域 $k_{\mathfrak{P}_N} = \mathcal{O}_N/\mathfrak{P}_N$ 等于 $k_{\mathfrak{P}}$. 选取 $\alpha \in \mathcal{O}_L$ 使得 $\overline{\alpha} \in k_{\mathfrak{P}}$ 满足 $k_{\mathfrak{P}} = k_{\mathfrak{P}_N}(\overline{\alpha})$. 令 $g \in \mathcal{O}_N[x]$ 为 α 在 N 上的极小多项式, $N(\alpha) \subset L$ 为 α 生成的子域, 则

$$g(x) = \prod_{\tau \in \mathrm{Hom}_N(N(\alpha), \mathbb{C})} (x - \tau(\alpha)).$$

又因为 L/N 是 Galois 扩张, 所以由 Galois 理论知 $\mathrm{Hom}_N(N(\alpha), \mathbb{C}) = \mathrm{Hom}_N(N(\alpha), L)$, 并且有满射

$$I = \mathrm{Gal}(L/N) \longrightarrow \mathrm{Hom}_N(N(\alpha), L),$$

$$\sigma \longmapsto \sigma|_{N(\alpha)}.$$

那么对于任意 $\tau = \sigma|_{N(\alpha)} \in \mathrm{Hom}_N(N(\alpha), L)$, 由惯性群 I 的定义知

$$\tau(\alpha) = \sigma(\alpha) \equiv \alpha \pmod{\mathfrak{P}},$$

即 $\overline{\tau(\alpha)} = \overline{\alpha} \in k_{\mathfrak{P}}$. 所以 $\overline{g}(x) = (x - \overline{\alpha})^{[N(\alpha):N]} \in k_{\mathfrak{P}_N}[x]$. 而 $\overline{\alpha}$ 在 $k_{\mathfrak{P}_N}$ 上的极小多项式 h 是可分多项式且整除 $\overline{g}$, 所以 $h(x) = x - \overline{\alpha}$, 即 $\overline{\alpha} \in k_{\mathfrak{P}_N}$, $f_2 = 1$.

因为 $f_2 = 1$, 所以 $|I| = e_2 f_2 = e_2 \leqslant e$. 而 $\varphi_{\mathfrak{P}}$ 诱导了单射

$$D/I \longrightarrow \mathrm{Gal}(k_{\mathfrak{P}}/k_{\mathfrak{p}}),$$

所以应有

$$|D/I| = \frac{|D|}{|I|} = \frac{ef}{e_2} \leqslant |\mathrm{Gal}(k_{\mathfrak{P}}/k_{\mathfrak{p}})| = f,$$

从而知 $e \leqslant e_2$. 综上得应有 $|I| = e_2 = e$, 即 $\varphi_{\mathfrak{P}}$ 是满射. $\square$

注记 3.5.2 我们用下图总结证明过程中得到的一些结果, 特别是

- $\mathfrak{P}_M$ 在 N 中惯性;
- $\mathfrak{P}_N$ 在 L 中完全分歧;
- $e(\mathfrak{P}_M|\mathfrak{p}) = f(\mathfrak{P}_M|\mathfrak{p}) = 1$.

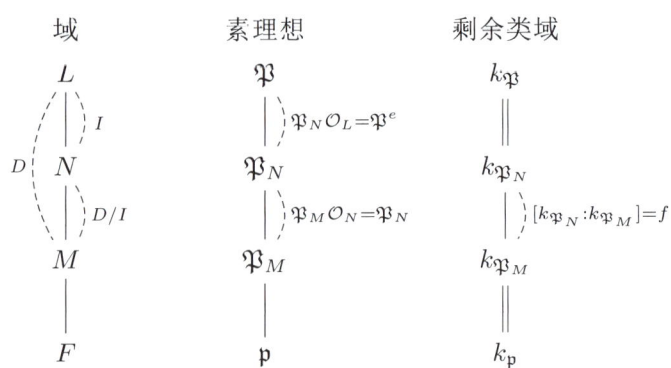

推论 3.5.1 若分解群 $D_\mathfrak{P}$ 是 G 的正规子群, 则 $\mathfrak{p}$ 在分解域 $M = L^{D_\mathfrak{P}}$ 中完全分裂.

证明 此时 M 是 F 的 Galois 扩张, 并且 $e(\mathfrak{P}_M|\mathfrak{p}) = f(\mathfrak{P}_M|\mathfrak{p}) = 1$, 所以由命题 3.5.1知 $\mathfrak{p}$ 在 M 中完全分裂. $\square$

命题 3.5.2 设 H 是 G 的子群, $K = L^H$ 是 H 的固定域. 令 $\mathfrak{p}' = \mathfrak{P} \cap \mathcal{O}_K$, 则
$$D(\mathfrak{P}|\mathfrak{p}') = D(\mathfrak{P}|\mathfrak{p}) \cap H, \quad I(\mathfrak{P}|\mathfrak{p}') = I(\mathfrak{P}|\mathfrak{p}) \cap H.$$

如果 K/F 也是 Galois 扩张, 那么有正合列的交换图 (图 3–1) 其中 π_I, π_D, π_k 是 Galois 理论中的自然限制映射.

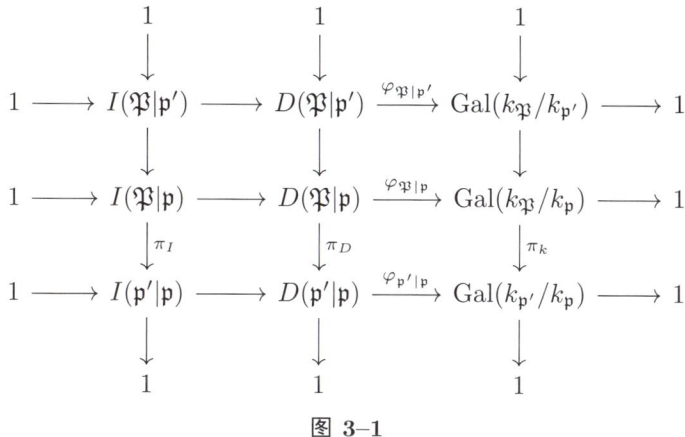

图 3–1

证明 由定义, $D(\mathfrak{P}|\mathfrak{p})$ 是 $\mathfrak{P}$ 在 G 中的稳定化子, $D(\mathfrak{P}|\mathfrak{p}')$ 是 $\mathfrak{P}$ 在 H 中的稳定化子, 所以
$$D(\mathfrak{P}|\mathfrak{p}') = D(\mathfrak{P}|\mathfrak{p}) \cap H.$$

另一方面, 有交换图

$$\begin{array}{ccc} D(\mathfrak{P}|\mathfrak{p}') & \xrightarrow{\varphi_{\mathfrak{P}|\mathfrak{p}'}} & \mathrm{Gal}(k_\mathfrak{P}/k_{\mathfrak{p}'}) \\ \downarrow & & \downarrow \\ D(\mathfrak{P}|\mathfrak{p}) & \xrightarrow{\varphi_{\mathfrak{P}|\mathfrak{p}}} & \mathrm{Gal}(k_\mathfrak{P}/k_\mathfrak{p}) \end{array}$$

所以
$$I(\mathfrak{P}|\mathfrak{p}') = \mathrm{Ker}(\varphi_{\mathfrak{P}|\mathfrak{p}'}) = \mathrm{Ker}(\varphi_{\mathfrak{P}|\mathfrak{p}}) \cap D(\mathfrak{P}|\mathfrak{p}')$$
$$= I(\mathfrak{P}|\mathfrak{p}) \cap D(\mathfrak{P}|\mathfrak{p}) \cap H = I(\mathfrak{P}|\mathfrak{p}) \cap H.$$

由此我们也证明了图 3–1 中的前两行构成正合列的交换图表.

现在假设 K/F 是 Galois 扩张. 按照定义不难验证图 3–1 是交换图. 我们已经知道图 3–1 中的三行都是正合列, 并且第三列是正合列. 所以只需证明前两列是正合列.

先看第二列. 设 $\tau \in D(\mathfrak{p}'|\mathfrak{p})$, 则存在 $\sigma \in G$ 使得 $\sigma|_K = \tau$. 那么有

$$\mathfrak{p}' = \tau(\mathfrak{p}') = \sigma(\mathfrak{P} \cap \mathcal{O}_K) = \sigma(\mathfrak{P}) \cap \mathcal{O}_K.$$

所以 $\sigma(\mathfrak{P})$ 和 $\mathfrak{P}$ 都是 $\mathfrak{p}'$ 上的素理想, 从而存在 $\sigma' \in H$ 使得 $\sigma(\mathfrak{P}) = \sigma'(\mathfrak{P})$, 即

$$\sigma'^{-1}\sigma \in D(\mathfrak{P}|\mathfrak{p}).$$

因此
$$\pi_D(\sigma'^{-1}\sigma) = (\sigma'^{-1}\sigma)|_K = \sigma'^{-1}|_K \cdot \sigma|_K = \tau.$$

所以 π_D 是满射. 而 $\mathrm{Ker}(\pi_D) = D(\mathfrak{P}|\mathfrak{p}) \cap H = D(\mathfrak{P}|\mathfrak{p}')$, 所以第二列是正合列.

再看第一列. 设 $\tau \in I(\mathfrak{p}'|\mathfrak{p})$, 则存在 $\sigma \in D(\mathfrak{P}|\mathfrak{p})$ 使得 $\tau = \pi_D(\sigma) = \sigma|_K$. 由图的交换性知
$$\overline{\sigma}|_{k_{\mathfrak{p}'}} = \pi_k(\varphi_{\mathfrak{P}|\mathfrak{p}}(\sigma)) = \varphi_{\mathfrak{p}'|\mathfrak{p}}(\pi_D(\sigma)) = \overline{\tau} = 1,$$

即 $\overline{\sigma} \in \mathrm{Gal}(k_\mathfrak{P}/k_{\mathfrak{p}'})$. 因此, 存在 $\sigma' \in D(\mathfrak{P}|\mathfrak{p}')$ 使得 $\overline{\sigma'} = \overline{\sigma}$. 那么 $\sigma'^{-1}\sigma \in D(\mathfrak{P}|\mathfrak{p})$, 并且 $\overline{\sigma'^{-1}\sigma} = 1$, 所以 $\sigma'^{-1}\sigma \in I(\mathfrak{P}|\mathfrak{p})$. 而

$$\pi_I(\sigma'^{-1}\sigma) = (\sigma'^{-1}\sigma)|_K = \sigma'^{-1}|_K \cdot \sigma|_K = \tau,$$

所以 π_I 是满射. 而 $\mathrm{Ker}(\pi_I) = I(\mathfrak{P}|\mathfrak{p}) \cap H = I(\mathfrak{P}|\mathfrak{p}')$, 所以第二列是正合列. □

我们将命题 3.5.2 中的第一个结论总结为图 3–2, 其中简记 $D = D(\mathfrak{P}|\mathfrak{p})$, $I = I(\mathfrak{P}|\mathfrak{p})$, $D' = D(\mathfrak{P}|\mathfrak{p}')$, $I' = I(\mathfrak{P}|\mathfrak{p}')$, $e' = e(\mathfrak{P}|\mathfrak{p}')$, $f' = f(\mathfrak{P}|\mathfrak{p}')$, $k' = |D'|$. 因为 $I' = I \cap H$, 所以 $L^{I'} = L^I K$. 同理 $L^{D'} = L^D K$.

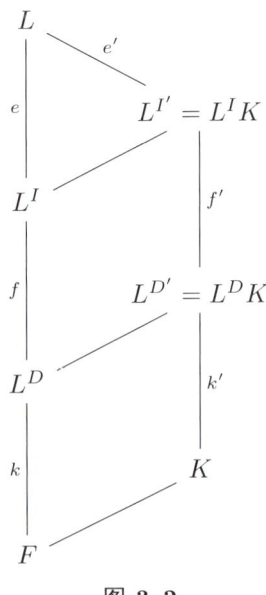

图 3–2

推论 3.5.2 设 H 是 G 的子群, $K = L^H$ 是 H 的固定域. 令 $\mathfrak{p}' = \mathfrak{P} \cap \mathcal{O}_K$. 仍记 $D = D(\mathfrak{P}|\mathfrak{p})$, $I = I(\mathfrak{P}|\mathfrak{p})$.

(1) $e(\mathfrak{p}'|\mathfrak{p}) = f(\mathfrak{p}'|\mathfrak{p}) = 1 \Leftrightarrow K \subset L^D$, 所以 L^D 是满足 $e(\mathfrak{p}'|\mathfrak{p}) = f(\mathfrak{p}'|\mathfrak{p}) = 1$ 的最大中间域.

(2) $\mathfrak{P}$ 是 $\mathfrak{p}'$ 之上唯一的素理想 $\Leftrightarrow K \supset L^D$, 所以 L^D 是满足 $\mathfrak{P}$ 是 $\mathfrak{p}'$ 之上唯一素理想的最小中间域.

(3) $e(\mathfrak{p}'|\mathfrak{p}) = 1 \Leftrightarrow K \subset L^I$, 所以 L^I 是满足 $e(\mathfrak{p}'|\mathfrak{p}) = 1$ 的最大中间域.

(4) $\mathfrak{p}'$ 在 L 中完全分歧 $\Leftrightarrow K \supset L^I$, 所以 L^I 是满足 $\mathfrak{p}'$ 在 L 中完全分歧的最小中间域.

证明 (1) $e(\mathfrak{p}'|\mathfrak{p}) = f(\mathfrak{p}'|\mathfrak{p}) = 1 \Leftrightarrow e = e'$ 且 $f = f' \Leftrightarrow ef = e'f' \Leftrightarrow L^D = L^{D'} = L^D K \Leftrightarrow K \subset L^D$.

(2) $\mathfrak{P}$ 是 $\mathfrak{p}'$ 之上唯一的素理想 $\Leftrightarrow k' = 1 \Leftrightarrow K = L^{D'} = L^D K \Leftrightarrow K \supset L^D$.

(3) $e(\mathfrak{p}'|\mathfrak{p}) = 1 \Leftrightarrow e = e' \Leftrightarrow L^I = L^{I'} = L^I K \Leftrightarrow K \subset L^I$.

(4) $\mathfrak{p}'$ 在 L 中完全分歧 $\Leftrightarrow [L:K] = e' \Leftrightarrow K = L^{I'} = L^I K \Leftrightarrow K \supset L^I$. □

推论 3.5.3 若 D 是 G 的正规子群, 则 $\mathfrak{p}$ 在 K 中完全分裂 $\Leftrightarrow K \subset L^D$.

证明 由推论 3.5.1, 此时 $\mathfrak{p}$ 在 L^D 中完全分裂. 若 $K \subset L^D$, 则由推论 3.2.1知 $\mathfrak{p}$ 在 K 中完全分裂. 反之, 如果 $\mathfrak{p}$ 在 K 中完全分裂, 那么 $e(\mathfrak{p}'|\mathfrak{p}) = f(\mathfrak{p}'|\mathfrak{p}) = 1$, 由推论 3.5.2知 $K \subset L^D$. □

推论 3.5.4 设 K_1/F 和 K_2/F 是数域的扩张, $K_1 K_2$ 是 K_1 与 K_2 在 $\mathbb{C}$ 中的合成域. 则有

(1) $\mathfrak{p}$ 在 $K_1 K_2$ 中非分歧 $\Leftrightarrow \mathfrak{p}$ 在 K_1 和 K_2 中都非分歧.

(2) $\mathfrak{p}$ 在 $K_1 K_2$ 中完全分裂 $\Leftrightarrow \mathfrak{p}$ 在 K_1 和 K_2 中都完全分裂.

证明 选取 F 的一个 Galois 扩张 L 使得 $L \supset K_1 K_2$. 令 H_1 和 H_2 为 $\mathrm{Gal}(L/F)$ 的子群使得 $K_1 = L^{H_1}$ 以及 $K_2 = L^{H_2}$, 则 $K_1 K_2 = L^{H_1 \cap H_2}$.

(1) 先看 "$\Rightarrow$" 方向. 由推论 3.2.1, $\mathfrak{p}$ 在 K_1 和 K_2 中都非分歧. 再看 "$\Leftarrow$" 方向. 设 $\mathfrak{p}'$ 是 $\mathcal{O}_{K_1 K_2}$ 中的素理想且 $\mathfrak{p}' | \mathfrak{p}$, $\mathfrak{P}$ 是 $\mathcal{O}_L$ 中的素理想且 $\mathfrak{P} | \mathfrak{p}'$, 记 $D = D(\mathfrak{P}|\mathfrak{p})$, $I = I(\mathfrak{P}|\mathfrak{p})$. 令 $\mathfrak{p}_1 = \mathfrak{P} \cap \mathcal{O}_{K_1}$, $\mathfrak{p}_2 = \mathfrak{P} \cap \mathcal{O}_{K_2}$. 因为 $\mathfrak{p}$ 在 K_1 和 K_2 中非分歧, 所以 $e(\mathfrak{p}_1|\mathfrak{p}) = e(\mathfrak{p}_2|\mathfrak{p}) = 1$. 由推论 3.5.2可知 $I \subset H_1$ 以及 $I \subset H_2$, 即 $I \subset H_1 \cap H_2$. 再由推论 3.5.2知 $e(\mathfrak{p}'|\mathfrak{p}) = 1$. 所以 $\mathfrak{p}$ 在 $K_1 K_2$ 中非分歧.

结论 (2) 的证明相同, 仍是使用推论 3.2.1和推论 3.5.2, 以及 $\mathfrak{p}$ 在 $K_1 K_2$ 中完全分裂 $\Leftrightarrow e(\mathfrak{p}'|\mathfrak{p}) = f(\mathfrak{p}'|\mathfrak{p}) = 1$ 对任意 $\mathcal{O}_{K_1 K_2}$ 中 $\mathfrak{p}$ 之上的素理想 $\mathfrak{p}'$ 都成立. □

3.5.3 Frobenius 自同构

继续假设 L/F 是 Galois 扩张, $\mathfrak{P}$ 是 L 中 $\mathfrak{p}$ 之上的一个素理想. 记 $q = |k_\mathfrak{p}| = \mathrm{N}(\mathfrak{p})$. 在本小节, 我们假设

$$\mathfrak{p} \text{ 在 } L \text{ 中非分歧}.$$

此时惯性群 $I_\mathfrak{P}$ 平凡, $\varphi_\mathfrak{P}: D_\mathfrak{P} \to \mathrm{Gal}(k_\mathfrak{P}/k_\mathfrak{p})$ 是同构映射. 我们熟知 $\mathrm{Gal}(k_\mathfrak{P}/k_\mathfrak{p})$ 是循环群, 同构于 $\mathbb{Z}/f\mathbb{Z}$, 并且有一个典范的生成元

$$\mathrm{Frob}_q : x \longmapsto x^q, \ \forall x \in k_\mathfrak{P},$$

即有限域上的 Frobenius 自同构.

定义 3.5.4 记 $\varphi_\mathfrak{P}^{-1}(\mathrm{Frob}_q) \in D_\mathfrak{P}$ 为 $\mathrm{Frob}_{\mathfrak{P}|\mathfrak{p}}$, 称作 **Frobenius 自同构**.

引理 3.5.2 Frobenius 自同构 $\mathrm{Frob}_{\mathfrak{P}|\mathfrak{p}}$ 是 G 中满足关系

$$\sigma(x) \equiv x^q \pmod{\mathfrak{P}}, \ \forall x \in \mathcal{O}_L \tag{3.5-1}$$

的唯一元素.

证明 显然 $\mathrm{Frob}_{\mathfrak{P}|\mathfrak{p}}$ 满足此关系, 下面考察唯一性. 假设 $\sigma \in G$ 满足 (3.5-1). 若 $x \in \mathfrak{P}$, 则 $\sigma(x) \equiv x^q \equiv 0 \pmod{\mathfrak{P}}$, 即 $\sigma(x) \in \mathfrak{P}$. 所以 $\sigma(\mathfrak{P}) = \mathfrak{P}$, 从而 $\sigma \in D_\mathfrak{P}$. 关系 (3.5-1) 说明 $\varphi_\mathfrak{P}(\sigma) = \mathrm{Frob}_q$, 所以 $\sigma = \mathrm{Frob}_{\mathfrak{P}|\mathfrak{p}}$. □

引理 3.5.3 对任意 $\tau \in G$, 有

$$\mathrm{Frob}_{\tau(\mathfrak{P})|\mathfrak{p}} = \tau \cdot \mathrm{Frob}_{\mathfrak{P}|\mathfrak{p}} \cdot \tau^{-1}.$$

证明 简记 $\sigma = \mathrm{Frob}_{\mathfrak{P}|\mathfrak{p}}$ 和 $\sigma' = \mathrm{Frob}_{\tau(\mathfrak{P})|\mathfrak{p}}$, 则对任意 $x \in \mathcal{O}_L$ 有

$$\sigma(x) \equiv x^q \pmod{\mathfrak{P}}$$
$$\Longrightarrow \tau(\sigma(x)) = \tau(x^q) \pmod{\tau(\mathfrak{P})}$$
$$\Longrightarrow (\tau\sigma)(x) \equiv \tau(x)^q \pmod{\tau(\mathfrak{P})}$$
$$\Longrightarrow (\tau\sigma)(\tau^{-1}(x)) \equiv \tau\left(\tau^{-1}(x)\right)^q \pmod{\tau(\mathfrak{P})}$$
$$\Longrightarrow (\tau\sigma\tau^{-1})(x) \equiv x^q \pmod{\tau(\mathfrak{P})}.$$

由引理 3.5.2 可知 $\tau\sigma\tau^{-1} = \sigma'$. □

注记 3.5.3 有时也用记号 $\left(\dfrac{L/F}{\mathfrak{P}}\right)$ 表示 $\mathrm{Frob}_{\mathfrak{P}|\mathfrak{p}}$. 根据引理 3.5.3, $\mathfrak{p}$ 之上所有素理想对应的 Frobenius 自同构在 G 中构成了一个共轭类, 可用记号 $\mathrm{Frob}_\mathfrak{p}$ 或者 $\left(\dfrac{L/F}{\mathfrak{p}}\right)$ 表示. 如果 G 是 Abel 群, 那么此共轭类只有一个元素, 此时也可用 $\mathrm{Frob}_\mathfrak{p}$ 或者 $\left(\dfrac{L/F}{\mathfrak{p}}\right)$ 表示这些相同的 Frobenius 自同构.

引理 3.5.4 $\mathfrak{p}$ 在 L 中完全分裂当且仅当 $\mathrm{Frob}_{\mathfrak{P}|\mathfrak{p}} = 1$.

证明 $\mathfrak{p}$ 在 L 中完全分裂 $\Leftrightarrow D_\mathfrak{P} = \{1\}$. 而 $D_\mathfrak{P}$ 由 $\mathrm{Frob}_{\mathfrak{P}|\mathfrak{p}}$ 生成, 所以结论成立. □

引理 3.5.5 设 K 是扩张 L/F 的中间域, $\mathfrak{p}' = \mathfrak{P} \cap \mathcal{O}_K$, 则

$$\mathrm{Frob}_{\mathfrak{P}|\mathfrak{p}'} = \mathrm{Frob}_{\mathfrak{P}|\mathfrak{p}}^{f(\mathfrak{p}'|\mathfrak{p})}.$$

若 K/F 也是 Galois 扩张, 则

$$\mathrm{Frob}_{\mathfrak{p}'|\mathfrak{p}} = \mathrm{Frob}_{\mathfrak{P}|\mathfrak{p}}|_K.$$

证明 因为 $\mathrm{N}(\mathfrak{p}') = \mathrm{N}(\mathfrak{p})^{f(\mathfrak{p}'|\mathfrak{p})}$, 结合引理 3.5.2可得第一个结论. 如果 K/F 是 Galois 扩张, 那么对任意 $x \in \mathcal{O}_K$, 有

$$\mathrm{Frob}_{\mathfrak{P}|\mathfrak{p}}(x) \equiv x^q \pmod{\mathfrak{P}}$$

$$\xrightarrow{\mathfrak{P} \cap \mathcal{O}_K = \mathfrak{p}'} \mathrm{Frob}_{\mathfrak{P}|\mathfrak{p}}(x) \equiv x^q \pmod{\mathfrak{p}'}.$$

因此由引理 3.5.2可得第二个结论. $\square$

3.6 分圆域中的素理想分解

在本节, 我们考虑素数 p 在分圆域 $F = \mathbb{Q}(\zeta_n)$ 中的分解情况. 如果 $n \equiv 2 \pmod{4}$, 那么 $\mathbb{Q}(\zeta_n) = \mathbb{Q}(\zeta_{n/2})$, 所以我们假设

- $n \not\equiv 2 \pmod{4}$.

首先, 回忆下已证明过的结果.
- 有同构 $\mathrm{Gal}(F/\mathbb{Q}) \xrightarrow{\sim} (\mathbb{Z}/n\mathbb{Z})^\times$, 具体映射为 $\sigma \mapsto \dot{a}$, 其中 u 满足 $\sigma(\zeta_n) = \zeta_n^a$.
- ζ_n 的极小多项式为 $\Phi_n(x) = \prod\limits_{a \in (\mathbb{Z}/n\mathbb{Z})^\times} (x - \zeta_n^a)$.
- $\Delta_F \mid n^{\phi(n)}$, 其中 $\phi(n) = |(\mathbb{Z}/n\mathbb{Z})^\times|$.
- $\mathcal{O}_F = \mathbb{Z}[\zeta_n]$.
- 若 $(n, m) = 1$, 则 $\mathbb{Q}(\zeta_n)$ 与 $\mathbb{Q}(\zeta_m)$ 线性不相交.

3.6.1 分歧情形

引理 3.6.1 若 $n = p^e$, 则 $|\Delta_F| = p^{p^{e-1}(pe-e-1)}$. 特别地, 只有素数 p 在 F 中分歧. 更进一步, 此时 p 在 F 中完全分歧, 并且它的素理想分解为

$$p\mathcal{O}_F = (1 - \zeta_{p^e})^{\phi(p^e)}.$$

证明 简记 $\zeta = \zeta_{p^e}$, 它的极小多项式是

$$\Phi_{p^e}(x) = \frac{x^{p^e} - 1}{x^{p^{e-1}} - 1} = \sum_{i=0}^{p-1} x^{ip^{e-1}}.$$

代入 $x = 1$ 得到

$$p = \prod_{g \in (\mathbb{Z}/p^e\mathbb{Z})^\times} (1 - \zeta^g).$$

对于 $g \in (\mathbb{Z}/p^e\mathbb{Z})^\times$, 有

$$\frac{1 - \zeta^g}{1 - \zeta} = 1 + \zeta + \cdots + \zeta^{g-1} \in \mathcal{O}_F,$$

$$\frac{1 - \zeta}{1 - \zeta^g} = \frac{1 - \zeta^{gg'}}{1 - \zeta^g} = 1 + \zeta^g + \cdots + \zeta^{g(g'-1)} \in \mathcal{O}_F,$$

其中 g' 满足 $gg' \equiv 1 \pmod{p^e}$. 因此, 存在 $a_g \in \mathcal{O}_F^\times$ 使得

$$1 - \zeta^g = a_g(1 - \zeta),$$

从而

$$p = \left(\prod_{g \in (\mathbb{Z}/p^e\mathbb{Z})^\times} a_g\right) (1 - \zeta)^{\phi(p^e)}.$$

那么有理想之间的等式

$$p\mathcal{O}_F = (1 - \zeta)^{\phi(p^e)}.$$

由于 $\phi(p^e) = [F : \mathbb{Q}]$, 所以唯一的可能性只能是 $(1 - \zeta)$ 是 $\mathcal{O}_F$ 的素理想, 并且 p 在 F 中完全分歧. 特别地, 当 $e = 1$ 时, 有

$$p\mathcal{O}_F = (1 - \zeta_p)^{p-1}, \quad |\mathrm{N}_{\mathbb{Q}(\zeta_p)/\mathbb{Q}}(1 - \zeta_p)| = p.$$

下面考察判别式 Δ_F. 因为 $(x^{p^{e-1}} - 1)\Phi_{p^e}(x) = x^{p^e} - 1$, 两边同时求导, 并代入 $x = \zeta$, 得到

$$(\zeta_p - 1)\Phi'_{p^e}(\zeta) = p^e \zeta^{-1}.$$

因为 $|\mathrm{N}_{\mathbb{Q}(\zeta_p)/\mathbb{Q}}(\zeta_p - 1)| = p$, 所以

$$|\mathrm{N}_{F/\mathbb{Q}}(\zeta_p - 1)| = |\mathrm{N}_{\mathbb{Q}(\zeta_p)/\mathbb{Q}}(\zeta_p - 1)|^{p^{e-1}} = p^{p^{e-1}}.$$

而另一方面, 由 $\zeta \in \mathcal{O}_F^\times$ 知 $|\mathrm{N}_{F/\mathbb{Q}}(\zeta)| = 1$. 所以根据引理 1.3.2 得到

$$|\Delta_F| = |\mathrm{N}_{F/\mathbb{Q}}(\Phi'_{p^e}(\zeta))| = p^{ep^{e-1}(p-1) - p^{e-1}} = p^{p^{e-1}(pe-e-1)}. \qquad \square$$

命题 3.6.1 素数 p 在 $F = \mathbb{Q}(\zeta_n)$ 中分歧当且仅当 $p \mid n$.

证明 设 $n = \prod_{i=1}^{k} p_i^{e_i}$. 根据引理 3.6.1, $\Delta_{\mathbb{Q}(\zeta_{p_i^{e_i}})} = p_i^{a_i}$, 其中 $a_i = p_i^{e_i-1}(p_i e_i - e_i - 1) > 1$. 结合命题 3.4.1, 不难看出 Δ_F 的素因子只有 $\{p_i \mid 1 \leqslant i \leqslant k\}$. 所以结论成立. □

3.6.2 非分歧情形

现在假设 p 在 $F = \mathbb{Q}(\zeta_n)$ 中非分歧, 即 $(p, n) = 1$. 设 $p\mathcal{O}_F = \prod_{i=1}^{k} \mathfrak{p}_i$. 因为 $\mathrm{Gal}(F/\mathbb{Q})$ 是 Abel 群, 而分解群 $D(\mathfrak{p}_i|p)$ 之间相互共轭, 所以它们全部相同, 简记为 D_p. 同理, 这些分解群中的 Frobenius 自同构也相同, 简记为 Frob_p. 此时 Frob_p 由条件

$$\mathrm{Frob}_p(x) \equiv x^p \pmod{\mathfrak{p}}, \ \forall x \in \mathcal{O}_F$$

所刻画, 其中 $\mathfrak{p}$ 是任意某个 $\mathfrak{p}_i$.

引理 3.6.2 若 $i \not\equiv j \pmod{n}$, 则 $\zeta_n^i \not\equiv \zeta_n^j \pmod{\mathfrak{p}}$.

证明 令 $f(x) = x^n - 1$. 因为 $(p, n) = 1$, 所以 $f(x)$ 在 $\overline{\mathbb{F}}_p$ 中无重根. 那么若 $\zeta_n^i \neq \zeta_n^j$, 即 $i \not\equiv j \pmod{n}$, 则 $\zeta_n^i \not\equiv \zeta_n^j \pmod{\mathfrak{p}}$. □

命题 3.6.2 (1) Frob_p 由作用 $\mathrm{Frob}_p(\zeta_n) = \zeta_n^p$ 给出, 即 $\mathrm{Frob}_p \in \mathrm{Gal}(F/\mathbb{Q})$ 在同构下对应于 $p \in (\mathbb{Z}/n\mathbb{Z})^\times$.

(2) 分解群 D_p 对应于 $(\mathbb{Z}/n\mathbb{Z})^\times$ 中由 p 生成的子群.

(3) 剩余次数 $f = f(\mathfrak{p}_i|p)$ 等于 p 在 $(\mathbb{Z}/n\mathbb{Z})^\times$ 中的阶. 特别地, p 在 F 中完全分裂当且仅当 $p \equiv 1 \pmod{n}$.

证明 只需证明结论 (1), 其余都是直接推论. 设 Frob_p 由 $\mathrm{Frob}_p(\zeta_n) = \zeta_n^\ell$ 给出, 其中 $(\ell, n) = 1$. 而另一方面, Frob_p 满足 $\mathrm{Frob}_p(\zeta_n) \equiv \zeta_n^p \pmod{\mathfrak{p}}$. 由引理 3.6.2, 必须有 $\ell \equiv p \pmod{n}$, 即 $\mathrm{Frob}_p(\zeta_n) = \zeta_n^p$. □

例 3.6.1 我们可以用分圆域来构造一个数域 K, 使得对任意 $\alpha \in \mathcal{O}_K$ 都有 $\mathcal{O}_K \neq \mathbb{Z}[\alpha]$. 设 $F = \mathbb{Q}(\zeta_{31})$, $p = 2$. 因为 2 在 $(\mathbb{Z}/31\mathbb{Z})^\times$ 中的阶是 5, 所以 $|D_2| = 5$, 并且 2 在 F 中分裂出 $\frac{30}{5} = 6$ 个素理想. 令 $K = F^{D_2}$ 是分解域. 由推论 3.5.1知 2 在 F 中完全分裂为 6 个素理想. 因为 $p = 2 < 6$, 所以由引理 3.2.2知 K 满足要求.

3.6.3 一般情形

最后, 结合引理 3.6.1和命题 3.6.2, 我们可以给出一般情形下 p 在 $F = \mathbb{Q}(\zeta_n)$ 中的分解情况.

命题 3.6.3 设 $n = p^r m$, $(p, m) = 1$, f 为 p 在 $(\mathbb{Z}/m\mathbb{Z})^\times$ 中的阶, $k = \phi(m)/f$,

则

$$pO_F = \prod_{i=1}^{k} \mathfrak{p}_i^{\phi(p^r)},$$

剩余次数 $f(\mathfrak{p}_i|p)$ 均为 f.

证明 设 $pO_F = \prod_{i=1}^{k'} \mathfrak{p}_i^{e'}$, $f' = f(\mathfrak{p}_i|p)$. 考虑 p 在 F 的两个子域 $\mathbb{Q}(\zeta_{p^r})$ 和 $\mathbb{Q}(\zeta_m)$ 中的分解. 由引理 3.6.1, p 在 $\mathbb{Q}(\zeta_{p^r})$ 中完全分歧, 分歧指数为 $\phi(p^r)$, 所以 $e' \geqslant \phi(p^r)$. 由命题 3.6.2, p 在 $\mathbb{Q}(\zeta_m)$ 中分裂为 k 个素理想, 并且剩余次数为 f, 所以 $f' \geqslant f$, $k' \geqslant k$. 从而得到

$$\phi(n) = e'f'k' \geqslant \phi(p^r) \cdot f \cdot \frac{\phi(m)}{f} = \phi(p^r)\phi(m) = \phi(n).$$

所以只能是

$$e' = \phi(p^r),\ f' = f,\ k' = \phi(m)/f. \qquad \square$$

3.6.4 二次互反律

命题 3.6.2 可视作分圆域中的互反律, 下面我们利用它给出二次互反律的一个证明. 首先需要以下引理.

引理 3.6.3 设 p 是奇素数, 则分圆域 $F = \mathbb{Q}(\zeta_p)$ 包含唯一的二次域 $\mathbb{Q}(\sqrt{p^*})$, 其中

$$p^* = \begin{cases} p, & \text{若 } p \equiv 1 \pmod 4, \\ -p, & \text{若 } p \equiv 3 \pmod 4. \end{cases}$$

证明 此时 $G = \mathrm{Gal}(F/\mathbb{Q}) \cong \mathbb{F}_p^\times$ 是 $p-1$ 阶循环群, 它包含唯一一个指标为 2 的子群 H. 在同构对应下, 设 $g \in \mathbb{F}_p^\times$ 是 G 的一个生成元, 则

$$H = \left\{ g^{2i} \ \middle|\ 1 \leqslant i \leqslant \frac{p-1}{2} \right\} = \{\mathbb{F}_p^\times \text{中的二次剩余}\}.$$

所以由 Galois 理论知 F 包含唯一的二次域 $K = F^H$.

下面我们求出精确的 K. 设 $K = \mathbb{Q}(\sqrt{d})$, d 是无平方因子的整数. 因为只有素数 p 在 F 中分歧并且完全分歧, 所以只有 p 在 K 中分歧. 对于二次域 $K = \mathbb{Q}(\sqrt{d})$, 我们已知

$$\Delta_K = \begin{cases} d, & \text{若 } d \equiv 1 \pmod 4, \\ 4d, & \text{若 } d \equiv 2,3 \pmod 4, \end{cases}$$

因此只能是 $|d| = p$ 且 $d \equiv 1 \pmod 4$. 所以, 若 $p \equiv 1 \pmod 4$, 则 $d = p$; 若 $p \equiv 3 \pmod 4$, 则 $d = -p$. $\qquad \square$

定理 3.6.1 (二次互反律)　设 $p \neq q$ 是两个奇素数. 则

$$\left(\frac{p}{q}\right)\left(\frac{q}{p}\right) = (-1)^{\frac{p-1}{2} \cdot \frac{q-1}{2}}. \tag{3.6-1}$$

证明　不难验证 (3.6-1) 等价于 $\left(\frac{p^*}{q}\right) = \left(\frac{q}{p}\right)$. 我们有

$$\left(\frac{p^*}{q}\right) = 1 \iff q \text{ 在 } \mathbb{Q}(\sqrt{p^*}) \text{ 中分裂} \quad \text{(定理 3.3.1)}$$

$$\iff \left(\frac{\mathbb{Q}(\sqrt{p^*})/\mathbb{Q}}{q}\right) = 1 \quad \text{(引理 3.5.4)}$$

$$\iff \left(\frac{\mathbb{Q}(\zeta_p)/\mathbb{Q}}{q}\right)\Big|_{\mathbb{Q}(\sqrt{p^*})} = 1 \quad \text{(引理 3.5.5)}$$

$$\iff \left(\frac{\mathbb{Q}(\zeta_p)/\mathbb{Q}}{q}\right) \in H = \{\mathbb{F}_p^\times \text{ 中的二次剩余}\} \quad \text{(引理 3.6.3 的证明)}$$

$$\iff q \text{ 是 } \mathbb{F}_p^\times \text{ 中的二次剩余} \quad \text{(命题 3.6.2)}$$

$$\iff \left(\frac{q}{p}\right) = 1. \qquad \square$$

3.7　Fermat 大定理

本节的目的是用分圆域的结果证明 Fermat 大定理的一个特殊情形. 设 p 是一个奇素数. 用 Cl_p 表示分圆域 $F = \mathbb{Q}(\zeta_p)$ 的类群, 用 h_p 表示 Cl_p 的大小. 我们还将使用下章的一些结果, 例如 h_p 是有限的.

定理 3.7.1 (Kummer)　若 $p \nmid h_p$, 则不存在 $x,y,z \in \mathbb{Z}$ 使得 $p \nmid xyz$ 和 $x^p + y^p = z^p$ 同时成立.

> **注记 3.7.1**　这是 Kummer 的著名定理, 且无需条件 "$p \nmid xyz$" 也成立. 条件 "$p \nmid xyz$" 被称作第一种情形, 证明较容易. 条件 "$p \mid xyz$" 被称作第二种情形, 证明更为复杂, 在此不做讨论.

引理 3.7.1　设 $x, y \in \mathbb{Z}$ 且 $(x, y) = 1$. 假设 $p \nmid x + y$, 则 $\{x + \zeta_p^i y \mid 0 \leqslant i \leqslant p-1\}$ 中的元素两两互素.

证明　采用反证法. 假设存在 $0 \leqslant i < j \leqslant p-1$ 使得 $x + \zeta_p^i y$ 与 $x + \zeta_p^j y$ 非互素, 即存在 $\mathcal{O}_F$ 的非零素理想 $\mathfrak{q}$ 使得

$$\mathfrak{q} \mid x + \zeta_p^i y, \quad \mathfrak{q} \mid x + \zeta_p^j y.$$

因此, $\mathfrak{q} \mid (\zeta_p^i - \zeta_p^j)y, \mathfrak{q} \mid (\zeta_p^j - \zeta_p^i)x$. 若 $\mathfrak{q}$ 不在 p 之上, 则

$$\mathfrak{q} \neq (1 - \zeta_p) = (\zeta_p^i - \zeta_p^j) = (\zeta_p^j - \zeta_p^i).$$

所以此时 $\mathfrak{q} \mid x, \mathfrak{q} \mid y$, 与 $(x,y)=1$ 互素矛盾. 那么 $\mathfrak{q}$ 只能在 p 之上, 即 $\mathfrak{q} = (1-\zeta_p)$. 而另一方面, 因为 $x + \zeta_p^i y - x - y = (\zeta_p^i - 1)y$, 所以

$$0 \equiv x + \zeta_p^i y \equiv x + y \pmod{(1-\zeta_p)}.$$

又因为 $x+y \in \mathbb{Z}$, 从而得到 $x+y \equiv 0 \pmod{p}$, 与 $p \nmid x+y$ 矛盾. □

定义 3.7.1 对于 $n \geqslant 3$, 我们称 $\mathrm{Gal}(\mathbb{Q}(\zeta_n)/\mathbb{Q})$ 中在同构下与 $-1 \in (\mathbb{Z}/n\mathbb{Z})^\times$ 对应的元素为**复共轭**, 它的作用记为 $\alpha \mapsto \overline{\alpha}$. 容易看出此复共轭等于

$$(\mathbb{C} \text{上的复共轭})|_{\mathbb{Q}(\zeta_n)}.$$

引理 3.7.2 设 $\varepsilon \in \mathcal{O}_F^\times$, 则存在 $j \in \mathbb{Z}$ 使得 $\varepsilon \zeta_p^j$ 被复共轭固定.

证明 在下一章命题 4.2.4 的证明中, 我们将看到 $\overline{\varepsilon}/\varepsilon$ 是单位根. 此外, 我们将下述事实留作练习: $\mathbb{Q}(\zeta_p)$ 中的单位根均为 $\pm \zeta_p^j$ 的形式. 因此 $\overline{\varepsilon}/\varepsilon$ 是 $2p$ 次单位根. 假设引理的结论不成立, 即

$$1 \neq \frac{\overline{\varepsilon}\zeta_p^{-j}}{\varepsilon\zeta_p^j} = \zeta_p^{-2j}\frac{\overline{\varepsilon}}{\varepsilon}, \forall j \in \mathbb{Z}.$$

由于 $p \neq 2$, 上式表明 $\overline{\varepsilon}\varepsilon^{-1}$ 不是一个 p 次单位根. 因此 $\overline{\varepsilon}\varepsilon^{-1} = -\zeta_p^i$, i 是某个整数. 因为 $\mathcal{O}_F = \mathbb{Z}[\zeta_p] = \mathbb{Z}[1-\zeta_p]$, 所以可将 ε 写成

$$\varepsilon = a + \beta(1-\zeta_p)$$

的形式, 其中 $a \in \mathbb{Z}, \beta \in \mathcal{O}_F$. 由此得到

$$\varepsilon \equiv a \pmod{(1-\zeta_p)}.$$

同时取复共轭得到

$$\overline{\varepsilon} \equiv a \pmod{(1-\zeta_p)}.$$

而另一方面, 我们有

$$\overline{\varepsilon} = -\zeta_p^i \varepsilon \equiv -\varepsilon \equiv -a \pmod{(1-\zeta_p)}.$$

所以 $a \equiv 0 \pmod{(1-\zeta_p)}$, 从而

$$\varepsilon \equiv 0 \pmod{(1-\zeta_p)},$$

与 $\varepsilon \in \mathcal{O}_F^\times$ 矛盾. □

引理 3.7.3 集合 $\{1, \zeta_p, \cdots, \zeta_p^{p-1}\}$ 中任意 $p-1$ 个元素在 $\mathcal{O}_F/(p)$ 中的像都是 $\mathbb{F}_p$-线性无关的.

证明 由 $\mathcal{O}_F = \mathbb{Z}[\zeta_p]$ 和关系 $1 + \zeta_p + \cdots + \zeta_p^{p-1} = 0$ 易得. □

定理 3.7.1 的证明 采用反证法. 假设存在 $x, y, z \in \mathbb{Z}$ 满足 $x^p + y^p = z^p$ 和 $p \nmid xyz$. 我们可假设 $(x, y) = 1$.

(第 1 步) 对于 $p = 3$, 易见

$$\{a^3 \pmod 9 \mid a \in \mathbb{Z}, 3 \nmid a\} = \{\pm 1 \pmod 9\}.$$

但 $\{\pm 1 \pmod 9\}$ 中任意两元素的和不属于 $\{\pm 1 \pmod 9\}$, 所以此时反证法中的假设不成立.

从现在开始, 假设

$$p \geqslant 5.$$

(第 2 步) 在此步, 我们将说明可以假设 $p \nmid x - y$. 若 $p \mid x - y$, 我们断言 $p \nmid x + z$. 如果断言成立, 令 $x_0 = x, y_0 = -z, z_0 = -y$, 那么 $x_0^p + y_0^p = z_0^p$, 且此时 $p \nmid x_0 - y_0$. 所以进行如此替换后, 假设成立. 现在证明断言. 若 $p \mid x + z$, 配合条件 $p \mid x - y$, 可知 $x \equiv y \equiv -z \pmod p$, 从而 $2x^p \equiv -x^p \pmod p$, 因此 $p \mid 3x^p$, 所以 $p \mid x$. 而 $p \nmid xyz$, 矛盾.

从现在开始, 假设

$$p \nmid x - y.$$

(第 3 步) 在 $\mathcal{O}_F$ 中, 有分解

$$\prod_{i=0}^{p-1}(x + \zeta_p^i y) = z^p.$$

因为 $z \equiv x + y \pmod p$, 所以由 $p \nmid xyz$ 知 $p \nmid x + y$. 根据引理 3.7.1, 我们知道 $(x + \zeta_p^i y)$ 这些理想两两互素. 若想使它们的乘积是理想 (z) 的 p 次幂, 则每一个理想 $(x + \zeta_p^i y)$ 本身就必须是某个理想的 p 次幂. 特别地,

$$(x + \zeta_p y) = \mathfrak{a}^p,$$

其中 $\mathfrak{a}$ 是 $\mathcal{O}_F$ 的某个理想. 因此在理想类群 Cl_p 中有关系

$$[\mathfrak{a}]^p = [\mathfrak{a}^p] = [(x + \zeta_p y)] = 1,$$

即 $[\mathfrak{a}]$ 的阶整除 p, 其中用 $[\mathfrak{a}]$ 表示 $\mathfrak{a}$ 在 Cl_p 中的代表类. 然而 $p \nmid h_p$, 所以 $[\mathfrak{a}]$ 的阶只能是 1, 即 $\mathfrak{a}$ 是一个主理想. 现在设 $\mathfrak{a} = (\alpha)$, 其中 $\alpha \in \mathcal{O}_F$, 则有

$$x + \zeta_p y = \varepsilon \alpha^p,$$

其中 $\varepsilon \in \mathcal{O}_F^\times$.

(第 4 步) 将 $\alpha \in \mathcal{O}_F = \mathbb{Z}[\zeta_p] = \mathbb{Z}[1-\zeta_p]$ 写成

$$\alpha = a + \beta(1-\zeta_p)$$

的形式, 其中 $a \in \mathbb{Z}, \beta \in \mathcal{O}_F$, 则有

$$\alpha^p \equiv a^p + \beta^p(1-\zeta_p)^p \equiv a \pmod{p}.$$

由引理 3.7.2, 存在 $j \in \mathbb{Z}$ 使得 $\varepsilon' = \zeta_p^j \varepsilon$ 被复共轭固定. 因此有

$$x + \zeta_p y = \varepsilon \alpha^p \equiv \zeta_p^{-j} \varepsilon' a \pmod{p},$$
$$x + \zeta_p^{-1} y = \overline{x + \zeta_p y} \equiv \zeta_p^j \varepsilon' a \pmod{p}.$$

从而得到 $\zeta_p^{2j}(x+\zeta_p y) \equiv x + \zeta_p^{-1} y \pmod{p}$, 即

$$x\zeta_p^{2j} + y\zeta_p^{2j+1} \equiv x + y\zeta_p^{-1} \pmod{p}. \tag{3.7-1}$$

(第 5 步) 最终我们将应用引理 3.7.3中的 $\mathbb{F}_p$-线性无关性以及条件 $p \nmid x - y$ 去说明 (3.7-1) 不可能成立, 从而得到矛盾. 若 $\zeta_p^{2j}, \zeta_p^{2j+1}, 1, \zeta_p^{-1}$ 是互不相同的 p 次单位根 ($p \geq 5$), 则它们模 p 线性无关, 此时 $x \equiv y \equiv 0 \pmod{p}$, 矛盾. 若 $\zeta_p^{2j}, \zeta_p^{2j+1}, 1, \zeta_p^{-1}$ 并不互不相同, 由于 $\zeta_p^{2j} \neq \zeta_p^{2j+1}$ 以及 $1 \neq \zeta_p^{-1}$, 一种情形可能是

$$1 = \zeta_p^{2j} \text{ 或 } \zeta_p^{2j+1},$$

另一种情形可能是

$$\zeta_p^{-1} = \zeta_p^{2j} \text{ 或 } \zeta_p^{2j+1}.$$

所以有三种情形: $1 = \zeta_p^{2j}, \zeta_p^{2j+1}$ 或 ζ_p^{2j+2}.

- 若 $1 = \zeta_p^{2j}$, 则 $x + y\zeta_p \equiv x + y\zeta_p^{-1} \pmod{p}$, 所以 $p \mid y$, 矛盾.
- 若 $1 = \zeta_p^{2j+1}$, 则 $x\zeta_p^{-1} + y \equiv x + y\zeta_p^{-1} \pmod{p}$, 所以 $p \mid x - y$, 矛盾.
- 若 $1 = \zeta_p^{2j+2}$, 则 $x\zeta_p^{-2} + y\zeta_p^{-1} \equiv x + y\zeta_p^{-1} \pmod{p}$, 所以 $p \mid x$, 矛盾. □

习题

1. 设 $\mathfrak{a} \subsetneq \mathfrak{b}$ 是 $\mathcal{O}_F$ 的非零理想, 证明 $\mathrm{N}(\mathfrak{a}) > \mathrm{N}(\mathfrak{b})$.
2. 证明引理 3.1.4.
3. 证明引理 3.1.3.

4. 证明推论 3.2.1.

5. 设 F 和 K 是二次域, $L = FK$ 是它们的合成域, 对下述各个情形, 构造出满足条件的素数 p, 以及 F 和 K:

(a) p 在 F 和 K 中完全分歧, 但在 FK 中不完全分歧.

(b) p 在 F 和 K 中不分裂, 但在 FK 中分裂.

(c) p 在 F 和 K 中惯性, 但在 FK 中不惯性.

(d) p 在 F 和 K 中的剩余次数为 1, 但在 FK 中的剩余次数不是 1.

6. 计算 $p = 2, 3, 7$ 在 $F = \mathbb{Q}(\sqrt[3]{2})$ 中的分解情况.

7. 证明引理 3.4.1.

8. 证明引理 3.4.3中的第一个结论.

9. 设 L/F 和 K/F 是数域的扩张, $\mathfrak{p}$ 是 $\mathcal{O}_F$ 的非零素理想. 如果 $\mathfrak{p}$ 在 L 中完全分歧, 且在 K 中非分歧, 证明 $L \cap K = F$.

10. 设 $f(x) = x^n + a_{n-1}x^{n-1} + \cdots + a_0 \in \mathbb{Z}[x]$ 是不可约多项式. 假设素数 p 和 $k \in \mathbb{N}$ 满足对任意 i 都有 $p^k \mid a_i$ 且 $p^k \| a_0$. 又设 α 是 f 的一个复根, $F = \mathbb{Q}(\alpha)$.

(a) 证明 $p^k \mathcal{O}_F$ 是 $\mathcal{O}_F$ 中某个理想的 n 次幂.

(b) 如果 $(k, n) = 1$, 证明 p 在 F 中完全分歧.

11. 设 p 是一个素数, a 是与 p 互素且无平方因子的整数. 又设 $F = \mathbb{Q}(\alpha)$, 其中 α 满足 $\alpha^p - a = 0$, 证明: $\mathcal{O}_F = \mathbb{Z}[\alpha] \Leftrightarrow a^{p-1} \not\equiv 1 \pmod{p^2}$.

12. 证明引理 3.5.1.

13. 证明注记 3.5.1中的第一个结论.

14. 设 K/F 是数域的扩张, L/F 是它的 Galois 闭包, 即 L/F 是包含 K/F 的最小 Galois 扩张. 设 $\mathfrak{p}$ 是 $\mathcal{O}_F$ 的非零素理想. 证明: $\mathfrak{p}$ 在 K 中非分歧 $\Leftrightarrow$ $\mathfrak{p}$ 在 L 中非分歧.

15. 证明 $\mathbb{Q}(\sqrt{2}, \sqrt{5})$ 是 $\mathbb{Q}(\sqrt{10})$ 的非分歧扩张.

16. (a) 设 $f \in \mathbb{Z}[x]$ 且不是常数多项式. 证明存在无穷多个素数 p 使得 $f \pmod{p}$ 在 $\mathbb{F}_p$ 上有根.

(b) 给定数域 F, 证明 $\mathcal{O}_F$ 中存在无穷多个非零素理想 $\mathfrak{p}$ 使得 $f(\mathfrak{p}|p) = 1$, 其中 $(p) = \mathfrak{p} \cap \mathbb{Z}$.

(c) 对于给定的 $m \in \mathbb{N}$, 证明存在无穷多个素数 p 使得 $p \equiv 1 \pmod{m}$.

(d) 对于数域的扩张 L/F, 证明 $\mathcal{O}_F$ 中存在无穷多个非零素理想 $\mathfrak{p}$ 使得 $\mathfrak{p}$ 在 L 中完全分裂.

17. 设 $L = \mathbb{Q}(\zeta_{60})$, $F = \mathbb{Q}(\zeta_5)$; $\mathfrak{P}$ 是 $\mathcal{O}_L$ 的素理想, 满足 $\mathfrak{P} \mid 3$. 令 $\mathfrak{p} = \mathfrak{P} \cap \mathcal{O}_F$, 计算 $e(\mathfrak{P}|\mathfrak{p})$ 和 $f(\mathfrak{P}|\mathfrak{p})$.

18. 设 $L = \mathbb{Q}(\zeta_{23})$, $F = \mathbb{Q}(\sqrt{-23})$; $\mathfrak{P}$ 是 $\mathcal{O}_L$ 的素理想, 满足 $\mathfrak{P} \mid 2$. 令 $\mathfrak{p} = \mathfrak{P} \cap \mathcal{O}_F$, 计算 $e(\mathfrak{P}|\mathfrak{p})$ 和 $f(\mathfrak{P}|\mathfrak{p})$.

19. 设 ℓ 和 p 是奇素数, 并且 $\ell \equiv 1 \pmod{3}$. 令 $F = \mathbb{Q}(\zeta_\ell)$.

(a) 证明 F 中存在唯一的子域 K 使得 $[K:\mathbb{Q}] = 3$.

(b) 证明: p 在 K 中完全分裂 $\Leftrightarrow \ell$ 在 $\mathbb{Q}(\sqrt[3]{p})$ 中完全分裂.

20. 设 ℓ 是奇素数, $F = \mathbb{Q}(\zeta_\ell)$; $\mathfrak{p}$ 是 $\mathcal{O}_F$ 的非零素理想, 且 $\ell \notin \mathfrak{p}$. 记 $q = \mathrm{N}(\mathfrak{p})$.

(a) 证明 $\ell \mid (q-1)$.

(b) 设 $\alpha \in \mathcal{O}_F$, 且 $\alpha \notin \mathfrak{p}$. 证明: 存在唯一的 ℓ 次单位根, 被记作 $\left(\dfrac{\alpha}{\mathfrak{p}}\right)_\ell$, 使得

$$\alpha^{(q-1)/\ell} \equiv \left(\frac{\alpha}{\mathfrak{p}}\right)_\ell \pmod{\mathfrak{p}}.$$

(c) 设 $\alpha, \beta \in \mathcal{O}_F$, 且 $\alpha, \beta \notin \mathfrak{p}$, 证明

$$\left(\frac{\alpha}{\mathfrak{p}}\right)_\ell \left(\frac{\beta}{\mathfrak{p}}\right)_\ell = \left(\frac{\alpha\beta}{\mathfrak{p}}\right)_\ell.$$

(d) 设 $\alpha \in \mathcal{O}_F$, 且 $\alpha \notin \mathfrak{p}$, 证明: $\left(\dfrac{\alpha}{\mathfrak{p}}\right)_\ell = 1 \Leftrightarrow$ 存在 $\beta \in \mathcal{O}_F$ 使得 $\alpha \equiv \beta^\ell \pmod{\mathfrak{p}}$.

21. 设 p 是素数, 证明 $\mathbb{Q}(\zeta_p)$ 中的单位根均为 $\{\pm \zeta_p^j \mid j \in \mathbb{Z}\}$ 的形式.

第四章

类群和单位群

在本章, 依旧设 F 是一个数域. 我们将介绍代数数论早期的两个核心结果, 即
- F 的类群 Cl_F 是有限 Abel 群 (称作类数有限定理)
- 单位群 $\mathcal{O}_F^\times$ 是有限生成 Abel 群 (称作 Dirichlet 单位定理).

证明的主要工具是数的几何.

4.1 类群的有限性

设 $[F:\mathbb{Q}]=n$, F 的实嵌入个数为 r, 复嵌入个数为 $2s$. 对于 F 的分式理想 $\mathfrak{a}$, 记 $[\mathfrak{a}]$ 为它在类群 Cl_F 中的代表类.

4.1.1 主要结果

以下是本节的主定理, 它有很多重要推论和应用. 我们将在本节末端完成它的证明.

定理 4.1.1 对于类群 Cl_F, 它存在完全代表系 $\mathcal{C}$ 使得其中元素均为 $\mathcal{O}_F$ 的理想, 并且对任意 $\mathfrak{a}\in\mathcal{C}$ 都有

$$\mathrm{N}(\mathfrak{a}) \leqslant \frac{n!}{n^n}\left(\frac{4}{\pi}\right)^s |\Delta_F|^{1/2}.$$

定义 4.1.1 我们称 $b_F := \dfrac{n!}{n^n}\left(\dfrac{4}{\pi}\right)^s |\Delta_F|^{1/2}$ 为 **Minkowski 界**, 称 $c_F := \dfrac{n!}{n^n}\left(\dfrac{4}{\pi}\right)^s$ 为 **Minkowski 常数**.

定理 4.1.1的直接推论便是类数有限性这一基本结果.

推论 4.1.1 (类数有限定理) 类群 Cl_F 是有限 Abel 群.

证明 我们已经知道 Cl_F 是 Abel 群. 由推论 3.1.1, $\mathcal{O}_F$ 中只有有限多个理想满足 $\mathrm{N}(\mathfrak{a}) \leqslant b_F$, 所以 $\mathcal{C}$ 是有限集, 从而 Cl_F 是有限群. □

特别地, 若 $b_F < 2$, 则只有 $\mathfrak{a} = \mathcal{O}_F$ 满足 $\mathrm{N}(\mathfrak{a}) \leqslant b_F$. 此时类群 Cl_F 平凡, 即 $\mathcal{O}_F$ 是主理想整环.

定义 4.1.2 记 $h_F := |\mathrm{Cl}_F|$, 称作 F 的**类数**.

若 F 中的素理想在扩域 L 中都非分歧, 则称 L 是 F 的非分歧扩张. 从定理 4.1.1中还能得到如下重要结论.

推论 4.1.2 有理数域 $\mathbb{Q}$ 不存在非平凡的非分歧扩张.

证明 由定理 3.2.3, 此推论等价于 $|\Delta_F| > 1, \forall n \geqslant 2$. 因为对于任意非零理想 $\mathfrak{a}$ 都有 $\mathrm{N}(\mathfrak{a}) \geqslant 1$, 由定理 4.1.1可知

$$|\Delta_F|^{\frac{1}{2}} \geqslant \frac{n^n}{n!}\left(\frac{\pi}{4}\right)^{n/2}.$$

而 $\frac{n^n}{n!} \geqslant 2^{n-1}$, 所以 $|\Delta_F|^{\frac{1}{2}} \geqslant \frac{1}{2}\pi^{n/2}$. 由此可知

$$|\Delta_F| > 1, \ \forall n \geqslant 2, \tag{4.1-1}$$

并且

$$\lim_{n \to \infty} |\Delta_F| = \infty. \tag{4.1-2}$$

结论得证. □

> **注记 4.1.1** (1) 若 $F \neq \mathbb{Q}$, 则 F 可能会有非平凡的非分歧扩张. 事实上, 由整体类域论可知: 若 H 是 F 的极大 Abel 非分歧扩张, 则 $\mathrm{Gal}(H/F) \cong \mathrm{Cl}_F$, H 被称作 F 的 Hilbert 类域.
>
> (2) 例如, $\mathbb{Q}(\sqrt{-1}, \sqrt{-5})$ 是 $\mathbb{Q}(\sqrt{-5})$ 的 Hilbert 类域, 见本章习题第 1 题.

4.1.2 一些例子

我们可以利用定理 4.1.1 去计算类群 Cl_F 的结构. 要点之一是下述推论.

推论 4.1.3 类群 Cl_F 可由满足 $\mathrm{N}(\mathfrak{p}) \leqslant b_F$ 的素理想 $\mathfrak{p}$ 生成.

证明 由定理 4.1.1 和素理想分解定理立得. □

在实际计算时, 我们可以按照如下步骤进行:

- 计算 b_F 的大概范围, 找出满足 $p \leqslant b_F$ 的所有素数 p.
- 计算 $p\mathcal{O}_F$ 的素理想分解, 并从中筛选出满足 $\mathrm{N}(\mathfrak{p}) \leqslant b_F$ 的所有素理想.
- 研究这些素理想在 Cl_F 中的关系, 进而得到 Cl_F 的群结构.

例 4.1.1 考虑二次域 $F = \mathbb{Q}(\sqrt{d})$, 其中 d 是无平方因子的整数.

(1) 如果 $d > 0$, 那么 $n = 2, r = 2, s = 0$. 此时

$$b_F = \begin{cases} \dfrac{\sqrt{d}}{2}, & 若 \ d \equiv 1 \pmod 4, \\ \sqrt{d}, & 若 \ d \equiv 2, 3 \pmod 4. \end{cases}$$

(2) 如果 $d < 0$, 那么 $n = 2, r = 0, s = 1$. 此时

$$b_F = \begin{cases} \dfrac{2\sqrt{|d|}}{\pi}, & 若 \ d \equiv 1 \pmod 4, \\ \dfrac{4\sqrt{|d|}}{\pi}, & 若 \ d \equiv 2, 3 \pmod 4. \end{cases}$$

通过简单计算可知 $b_F < 2$ (此时 $h_F = 1$) 当且仅当

$$d = 2, 3, 5, 13, -1, -2, -3, -7.$$

需要注意的是当 $b_F \geqslant 2$ 时也可能会有 $h_F = 1$, 例如当 $d = 17, 19, 21, 29, 33, -11$ 时.

> **注记 4.1.2** 在 1801 年, Gauss 在他的名著 [16] 中提出了以下猜想:
> (1) $\lim\limits_{d \to -\infty} h_{\mathbb{Q}(\sqrt{d})} = +\infty$.
> (2) 只有 9 个虚二次域的类数是 1, 它们是: $\mathbb{Q}(\sqrt{-1})$, $\mathbb{Q}(\sqrt{-2})$, $\mathbb{Q}(\sqrt{-3})$, $\mathbb{Q}(\sqrt{-7})$, $\mathbb{Q}(\sqrt{-11})$, $\mathbb{Q}(\sqrt{-19})$, $\mathbb{Q}(\sqrt{-43})$, $\mathbb{Q}(\sqrt{-67})$ 以及 $\mathbb{Q}(\sqrt{-163})$.
> (3) 存在无穷多个类数是 1 的实二次域.
>
> - 第一个猜想由 Heilbronn([20]) 证明.
> - 第二个猜想由 Heegner([21]), Stark([32]) 和 Baker([3]) 证明.
> - 更一般地, 有所谓的 Gauss 类数问题: 给定类数 h, 是否存在有效算法找到所有类数为 h 的虚二次域.
> - Goldfeld([18]) 将 Gauss 类数问题约化至: 是否存在一条满足特定性质的椭圆曲线. 最终, Gross 和 Zagier([19]) 证明的 Gross-Zagier 公式确保了存在这样的椭圆曲线, 从而肯定了 Gauss 类数问题. 推荐阅读 Goldfeld 的综述文章 [17].
> - 第三个猜想仍是公开问题. 实二次域的类数比虚二次域要困难很多, 基本原因是实二次域的单位群比虚二次域的要大很多, 前者是无限群, 后者是有限群. 而类数与单位群的关系十分紧密, 这就是著名的 Dirichlet 类数公式.

当 $b_F \geqslant 2$ 时, 在一些实际计算中, 关键是如何找到不大于 b_F 的所有素数 p 之上的素理想 $\mathfrak{p}$ 在 Cl_F 中的关系. 我们用下面的例子作为说明.

例 4.1.2 设 $F = \mathbb{Q}(\sqrt{10})$, 则
$$3 < b_F = \sqrt{10} < 4.$$
所以只需考察 $p = 2, 3$ 的素理想分解.

显然 2 在 F 中分歧, 即 $2\mathcal{O}_F = \mathfrak{p}_2^2$. 所以 $[\mathfrak{p}_2]^2 = [(2)] = 1$, 且 $N(\mathfrak{p}_2) = 2$. 那么 $[\mathfrak{p}_2]$ 在 Cl_F 中的阶是 1 或者 2. 若 $[\mathfrak{p}_2] = 1$, 即 $\mathfrak{p}_2 = (\alpha)$, 其中 $\alpha = a + b\sqrt{10} \in \mathcal{O}_F$. 此时 $2 = N(\mathfrak{p}_2) = |N(\alpha)| = |a^2 - 10b^2|$, 从而 $a^2 \equiv \pm 2 \pmod{5}$. 这与 Legendre 符号 $\left(\dfrac{\pm 2}{5}\right) = -1$ 矛盾. 所以 $[\mathfrak{p}_2]$ 的阶只能是 2.

现在考虑当 $p = 3$ 时的情况. 因为 $\left(\dfrac{10}{3}\right) = 1$, 所以 3 在 F 中完全分裂, 即 $3\mathcal{O}_F = \mathfrak{p}_3 \mathfrak{p}_3'$. 此时有 $N(\mathfrak{p}_3) = N(\mathfrak{p}_3') = 3$, $[\mathfrak{p}_3] \cdot [\mathfrak{p}_3'] = [(3)] = 1$, 即 $[\mathfrak{p}_3]^{-1} = [\mathfrak{p}_3']$.

那么 $[\mathfrak{p}_2]$ 与 $[\mathfrak{p}_3]$ 有什么关系? 我们使用"范技巧". 考虑 $\alpha = 2 + \sqrt{10}$, 则 $N(\alpha\mathcal{O}_F) = |N(2+\sqrt{10})| = 6$. 所以 $\alpha\mathcal{O}_F$ 的素理想分解只能是 $\alpha\mathcal{O}_F = \mathfrak{q}_1 \mathfrak{q}_2$, 其中 $N(\mathfrak{q}_1) = 2, N(\mathfrak{q}_2) = 3$. 所以 $\mathfrak{q}_1 = \mathfrak{p}_2$, $\mathfrak{q}_2 = \mathfrak{p}_3$ 或者 $\mathfrak{p}_3'$. 综上得到 $[\mathfrak{p}_2] \cdot [\mathfrak{p}_3] = 1$ 或者 $[\mathfrak{p}_2] \cdot [\mathfrak{p}_3'] = 1$. 所以 Cl_F

由 $[\mathfrak{p}_2]$ 生成, $h_F = 2$.

例 4.1.3 设 $F = \mathbb{Q}(\sqrt{-6})$, 则

$$3 < b_F = \frac{4\sqrt{6}}{\pi} < 4.$$

只需考虑 $p = 2, 3$ 的素理想分解. 对于 $p = 2$, 有 $2\mathcal{O}_F = \mathfrak{p}_2^2$, 所以 $[\mathfrak{p}_2]^2 = 1$, 且 $\mathrm{N}(\mathfrak{p}_2) = 2$. 对于 $p = 3$, 有 $3\mathcal{O}_F = \mathfrak{p}_3^2$, 所以 $[\mathfrak{p}_3]^2 = 1$, 且 $\mathrm{N}(\mathfrak{p}_3) = 3$. 容易验证不存在 $\alpha \in \mathcal{O}_F$ 使得 $|\mathrm{N}(\alpha)| = 2$ 或 3, 所以 $[\mathfrak{p}_2]$ 和 $[\mathfrak{p}_3]$ 的阶是 2. 而 $\mathrm{N}(\sqrt{-6}) = 6$, 所以 $\sqrt{-6}\mathcal{O}_F = \mathfrak{p}_2\mathfrak{p}_3$, 从而 $[\mathfrak{p}_2] \cdot [\mathfrak{p}_3] = 1$. 综上, Cl_F 可由 $[\mathfrak{p}_2]$ 生成, $h_F = 2$.

再看 $K = \mathbb{Q}(\sqrt{2}, \sqrt{-3})$, 它是 $F = \mathbb{Q}(\sqrt{-6})$ 的二次扩域, 并且有 4 个复嵌入. K 还有两个二次域子域: $L_1 = \mathbb{Q}(\sqrt{2})$ 和 $L_2 = \mathbb{Q}(\sqrt{-3})$, 它们线性不相交, 并且 $K = L_1 \cdot L_2$. 因为

$$\gcd(\Delta_{L_1}, \Delta_{L_2}) = \gcd(8, -3) = 1,$$

由命题 3.4.1 知 $|\Delta_K| = 8^2 \cdot 3^2$, 所以

$$3 < b_K = \frac{4!}{4^4}\left(\frac{4}{\pi}\right)^2 24 < 4.$$

只需考虑 $p = 2, 3$ 的素理想分解. 显然 2 和 3 在 K 中分歧. 由定理 3.3.1, 有 $2\mathcal{O}_{L_2} = \mathfrak{p}_2$ 和 $3\mathcal{O}_{L_1} = \mathfrak{p}_3$. 所以根据引理 3.2.1, 只能是 $2\mathcal{O}_K = \mathfrak{P}_2^2$ 和 $3\mathcal{O}_K = \mathfrak{P}_3^2$, 并且 $\mathrm{N}(\mathfrak{P}_2) = 2^2 > b_K$, 以及 $\mathrm{N}(\mathfrak{P}_3) = 3^2 > b_K$. 那么 $\mathcal{O}_K$ 中没有素理想 $\mathfrak{P}$ 满足 $\mathrm{N}(\mathfrak{P}) \leqslant b_K$, 所以 Cl_K 是平凡的, $h_K = 1$.

对于数域扩张 K/F, 有群同态

$$\phi_{K/F} : \mathrm{Cl}_K \longrightarrow \mathrm{Cl}_F,$$

$$[\mathfrak{a}] \longmapsto [\mathrm{N}_{K/F}(\mathfrak{a})].$$

从例 4.1.3 中可看出, $\phi_{K/F}$ 一般而言不是满射.

例 4.1.4 设 $F = \mathbb{Q}(\sqrt[3]{2})$, 则 $\mathcal{O}_F = \mathbb{Z}[\sqrt[3]{2}]$, $\Delta_F = -27 \cdot 2^2$, $s = 1$, 所以

$$2 < b_F = \frac{6}{27}\frac{4}{\pi}\sqrt{108} < 3.$$

只需考虑 $p = 2$ 的素理想分解. 由定理 3.2.1 可得 $2\mathcal{O}_F = \mathfrak{p}_2^3$, 其中 $\mathfrak{p}_2 = \sqrt[3]{2}\mathcal{O}_F$, 所以 $[\mathfrak{p}_2] = 1$. 从而 Cl_F 是平凡的, $h_F = 1$.

例 4.1.5 设 $F = \mathbb{Q}(\sqrt[3]{3})$, 则 $\mathcal{O}_F = \mathbb{Z}[\sqrt[3]{3}]$, $\Delta_F = -27 \cdot 3^2$, $s = 1$,

$$4 < b_F = \frac{6}{27}\frac{4}{\pi}\sqrt{243} < 5.$$

只需考虑 $p = 2, 3$ 的素理想分解. 由定理 3.2.1 可得 $2\mathcal{O}_F = \mathfrak{p}_2\mathfrak{p}_2'$, $\mathrm{N}(\mathfrak{p}_2) = 2$, $\mathrm{N}(\mathfrak{p}_2') = 4$, $3\mathcal{O}_F = \mathfrak{p}_3^3$, $\mathfrak{p}_3 = \sqrt[3]{3}\mathcal{O}_F$. 特别地, $[\mathfrak{p}_3] = 1$. 注意到元素 $-1 + \sqrt[3]{3}$ 的极小多项式为

$(x+1)^3 - 3 = x^3 + 3x^2 + 3x - 2$, 所以 $\mathrm{N}(-1+\sqrt[3]{3}) = \pm 2$. 从而 $\mathfrak{p}_2 = (-1+\sqrt[3]{3})\mathcal{O}_F$ 是主理想. 而 $\mathfrak{p}_2\mathfrak{p}_2' = 2\mathcal{O}_F$, 所以 $[\mathfrak{p}_2'] = [\mathfrak{p}_2] = 1$. 综上可得 Cl_F 是平凡的, $h_F = 1$.

我们再看看如何运用类数的信息去解决一些具体的 Diophantus 问题.

引理 4.1.1 设 $F = \mathbb{Q}(\sqrt{-5})$, 则 $2\mathcal{O}_F = \mathfrak{p}_2^2$, 并且 Cl_F 由 $[\mathfrak{p}_2]$ 生成, $h_F = 2$.

证明 与之前二次域的例子类似, 留作练习. □

命题 4.1.1 素数 p 或者 $2p$ 能写成 $x^2 + 5y^2$ 的形式, 其中 $x, y \in \mathbb{Z}$, 当且仅当 -5 是模 p 的二次剩余 (包含 $p=2$ 和 5 的情形). 此时 p 和 $2p$ 不能同时写成 $x^2 + 5y^2$ 的形式.

证明 设 $F = \mathbb{Q}(\sqrt{-5})$, 则 -5 是模 p 的二次剩余当且仅当 $p\mathcal{O}_F = \mathfrak{p}\mathfrak{p}'$, 其中 $\mathfrak{p}$ 和 $\mathfrak{p}'$ 是 $\mathcal{O}_F$ 的素理想 (有可能相等). 命题的结论是以下两个断言的结合:

(1) p 能写成 $x^2 + 5y^2$ 的形式当且仅当 $p\mathcal{O}_F = \mathfrak{p}\mathfrak{p}'$, 并且 $\mathfrak{p}$ 和 $\mathfrak{p}'$ 是主理想;

(2) $2p$ 能写成 $x^2 + 5y^2$ 的形式当且仅当 $p\mathcal{O}_F = \mathfrak{p}\mathfrak{p}'$, 并且 $\mathfrak{p}$ 和 $\mathfrak{p}'$ 不是主理想.

首先注意到在 2 阶群 Cl_F 中, $[\mathfrak{p}][\mathfrak{p}'] = 1$, 所以 $\mathfrak{p}$ 和 $\mathfrak{p}'$ 同时为主理想或者同时为非主理想. 再者注意 $\mathrm{N}(x+y\sqrt{-5}) = \mathrm{N}(x-y\sqrt{-5}) = x^2 + 5y^2$.

先看断言 (1). 如果 $p = x^2 + 5y^2$, 那么作为理想有 $p\mathcal{O}_F = (x+y\sqrt{-5}) \cdot (x-y\sqrt{-5})$, 所以只能是 $\mathfrak{p} = (x+y\sqrt{-5}), \mathfrak{p}' = (x-y\sqrt{-5})$. 反之, 若 $p\mathcal{O}_F = \mathfrak{p}\mathfrak{p}' = (\alpha) \cdot (\beta)$, 其中 $\alpha = x+y\sqrt{-5}$, 则 $p = \mathrm{N}((\alpha)) = x^2 + 5y^2$.

再看断言 (2). 如果 $2p = x^2 + 5y^2$, 那么作为理想有 $(2p) = (x+y\sqrt{-5}) \cdot (x-y\sqrt{-5})$. 取理想的范数便得到 $\mathrm{N}(x+y\sqrt{-5}) = \mathrm{N}(x-y\sqrt{-5}) = 2p$. 所以只能是 $(x+y\sqrt{-5}) = \mathfrak{p}_2\mathfrak{p}, (x-y\sqrt{-5}) = \mathfrak{p}_2\mathfrak{p}'$, 其中 $\mathfrak{p}$ 和 $\mathfrak{p}'$ 是范数为 p 的素理想. 那么有 $[\mathfrak{p}_2][\mathfrak{p}] = [\mathfrak{p}_2][\mathfrak{p}'] = 1$, 而 $[\mathfrak{p}_2] \neq 1$, 所以 $\mathfrak{p}$ 和 $\mathfrak{p}'$ 不是主理想. 由 $(2p) = \mathfrak{p}_2\mathfrak{p}\mathfrak{p}_2\mathfrak{p}'$ 可知 $(p) = \mathfrak{p}\mathfrak{p}'$. 反之, 设 $(p) = \mathfrak{p}\mathfrak{p}'$, 并且 $\mathfrak{p}$ 和 $\mathfrak{p}'$ 都不是主理想. 则在 2 阶群中, $[\mathfrak{p}_2][\mathfrak{p}] = 1$, 所以 $\mathfrak{p}_2\mathfrak{p} = (x+y\sqrt{-5})$ 是主理想. 取其范数则得到 $2p = x^2 + 5y^2$. □

注记 4.1.3 简单的计算可以看出 $2p$ 能写成 $x^2 + 5y^2$ 的形式当且仅当 p 能写成 $2x^2 + 2xy + 3y^2$ 的形式, 其中 $x, y \in \mathbb{Z}$.

命题 4.1.2 方程 $y^2 = x^3 - 5$ 没有整数解.

证明 采用反证法, 假设整数 $x, y \in \mathbb{Z}$ 满足 $y^2 = x^3 - 5$. 仍然设 $F = \mathbb{Q}(\sqrt{-5})$.

(第 1 步) 若素数 $p \mid \gcd(x, y)$, 则 $p = 5$, 从而 $25 \mid x^3 - 5$, 矛盾. 所以 x 和 y 互素. 考虑 $y^2 = x^3 - 5 \pmod{8}$, 可以看出 x 必须是奇数.

(第 2 步) 这一步证明理想 $(y+\sqrt{-5})$ 和 $(y-\sqrt{-5})$ 在 $\mathcal{O}_F$ 中互素. 若有 $\mathcal{O}_F$ 的非零素理想 $\mathfrak{p}$ 满足 $\mathfrak{p} \mid (y+\sqrt{-5})$ 和 $\mathfrak{p} \mid (y-\sqrt{-5})$, 则 $2y \in \mathfrak{p}$, 并且 $x^3 = y^2 + 5 \in \mathfrak{p}$, 从而 $x \in \mathfrak{p}$. 因为 x 与 y 互素, 所以 $y \notin \mathfrak{p}$, 那么只能 $2 \in \mathfrak{p}$, 从而 $x \in \mathfrak{p} \cap \mathbb{Z} = 2\mathbb{Z}$, 与 x 是奇数矛盾.

(第 3 步) 因为 $(y+\sqrt{-5})$ 和 $(y-\sqrt{-5})$ 在 $\mathcal{O}_F$ 中互素, 由素理想分解定理知存在 $\mathcal{O}_F$ 的理想 $\mathfrak{a}$ 和 $\mathfrak{b}$ 使得 $(y+\sqrt{-5}) = \mathfrak{a}^3, (y-\sqrt{-5}) = \mathfrak{b}^3$. 所以在 Cl_F 中, $[\mathfrak{a}]^3 = [\mathfrak{b}]^3 = 1$.

而 $h_F = 2$, 因此 $[\mathfrak{a}] = [\mathfrak{b}] = 1$, 即 $\mathfrak{a} = (a + b\sqrt{-5})$ 是主理想, 其中 $a, b \in \mathbb{Z}$. 所以有理想之间的等式 $(y + \sqrt{-5}) = (a + b\sqrt{-5})^3$.

(第 4 步) 从等式 $(y + \sqrt{-5}) = (a + b\sqrt{-5})^3$ 知, 存在 $u \in \mathcal{O}_F^\times$ 使得元素之间的等式 $y + \sqrt{-5} = u(a + b\sqrt{-5})^3$ 成立. 我们之后会看到 $\mathcal{O}_F^\times = \{\pm 1\}$, 见 (4.2-1). 而 ± 1 在 $\mathcal{O}_F$ 中都有 3 次根 (仍为 ± 1), 所以 $y + \sqrt{-5} = (c + d\sqrt{-5})^3$, 其中 $c = a$ 或 $-a$, $d = b$ 或 $-b$.

(第 5 步) 将等式 $y + \sqrt{-5} = (c + d\sqrt{-5})^3$ 展开, 可得

$$y = c^3 - 15cd^2,$$

$$1 = 3c^2d - 5d^3 = d(3c^2 - 5d^2).$$

不难看出第二个等式不存在整数解, 得到矛盾. 命题结论得证. □

最后我们介绍一些有关类群和类数的问题.

(1) 对于素数 p, 若 $p \nmid h_{\mathbb{Q}(\zeta_p)}$, 则称 p 是正则素数, 否则称其为非正则素数. Jensen([23]) 证明了存在无穷多个形如 $4n + 3$ 的非正则素数. Carlitz([6]) 用更为简单的方式证明了存在无穷多个非正则素数. 人们猜想存在无穷多个正则素数, 并且 Siegel 猜想它们出现的概率是 $\mathrm{e}^{-1/2}$ (接近 61%). 这些猜想目前都没有得到证明. 在分圆域方面还有一个著名猜想: Vandiver 猜想. 它的陈述为: 对任意素数 p, 都有 $p \nmid h_{\mathbb{Q}(\zeta_p + \zeta_p^{-1})}$. 人们对此猜想是否会成立也存在着不同的倾向.

(2) 公开问题: 是否存在无穷多个类数为 1 的数域. 事实上, 我们现在还不知道: 是否存在无穷多个数域使得它们的类数是有界的.

(3) 对于类群 Cl_F, 我们记 Cl_F^* 为它的奇数部分, 即所有奇数阶元素组成的子群. Cohen 和 Lenstra([10]) 对虚二次域和实二次域猜测了具有特定性质的 Cl_F^* 的概率, 这些性质包括: 是循环群, 阶数被某一素数 p 整除, 具有给定结构的 p-Sylow 子群等. 这些猜测及其背后的机理被称作 Cohen-Lenstra 探索法. Cohen 和 Martinet([11]) 将上述猜测推广至更高次数的数域. Bhargava 在 [4] 中首次证明了 Cohen-Martinet 猜测中的一个特殊情形.

(4) Claborn([9]) 证明了: 对于任意 Abel 群 G, 都存在 Dedekind 整环 A 使得它的类群同构于 G. 那么一个自然的问题是: 对于任意有限 Abel 群 G, 是否存在数域 F 使得 $\mathrm{Cl}_F \cong G$. 人们猜想此问题的答案是肯定的, 但目前仍未证明. 若将此问题限制在虚二次域上, 则答案是否定的. 例如, 不存在虚二次域满足 $\mathrm{Cl}_F \cong (\mathbb{Z}/3\mathbb{Z})^3, (\mathbb{Z}/5\mathbb{Z})^2, (\mathbb{Z}/7\mathbb{Z})^2$. Chowla([8]) 证明了: 当 k 充分大时, 不存在虚二次域满足 $\mathrm{Cl}_F \cong (\mathbb{Z}/2\mathbb{Z})^k$. 对于实二次域, Cohen-Lenstra 探索法预测了: 对任意有限奇数阶 Abel 群 G, 存在无穷多个实二次域 F 使得 Cl_F^* 的奇数部分同构于 G.

(5) Yahagi([34]) 证明了: 对任意有限 Abel p-群 G, 存在数域 F 使得 $\mathrm{Cl}_F(p) \cong G$, 其中 $\mathrm{Cl}_F(p)$ 是 Cl_F 的 p-Sylow 子群. Ozaki([29]) 证明了更一般的结论: 对任意有限 p-群 G, 存在数域 F 使得 $\mathrm{Gal}(L_p(F)/F) \cong G$, 其中 $L_p(F)$ 是 F 的极大非分歧 p-扩张.

4.1.3 格

在本节,设 V 是一个 n 维实向量空间,其上赋予通常的欧式空间拓扑.

定义 4.1.3 V 中的**格**是形如

$$\Lambda = \sum_{i=1}^{m} \mathbb{Z} e_i$$

的加法群,并且要求 $e_1, \cdots, e_m \in V$ 在 $\mathbb{R}$ 上线性无关. 若 $m = n$, 则称 Λ 是**满格**.

例 4.1.6 注意 $\mathbb{Z} + \mathbb{Z}\sqrt{2}$ 是 $\mathbb{R}$ 中秩为 2 的自由 Abel 群,但它不是 $\mathbb{R}$ 中的格,因为 1 和 $\sqrt{2}$ 在 $\mathbb{R}$ 上线性相关.

引理 4.1.2 设 Λ 是 V 的子群. 则 Λ 是 V 中的格当且仅当 Λ 在 V 中是离散的.

证明 首先设 $\Lambda = \sum_{i=1}^{m} \mathbb{Z} e_i$ 是一个格. 将 $e_1, \cdots, e_m$ 扩充为 V 的一组基 $e_1, \cdots, e_n$. 则在这组基下, $V \cong \mathbb{R}^n$, $\Lambda \cong \mathbb{Z}^m \subset \mathbb{R}^n$. 所以 Λ 是离散的.

现在假设 Λ 是离散的. 选取 Λ 中一组极大 $\mathbb{R}$-线性无关元 $e_1, \cdots, e_m$, 令 $V' = \bigoplus_{i=1}^{m} \mathbb{R} e_i$. 在这组基下,将 V' 等同于 $\mathbb{R}^m$, 将 $\sum_{i=1}^{m} \mathbb{Z} e_i$ 等同于 $\mathbb{Z}^m$. 则 $\mathbb{R}^m \supset \Lambda \supset \mathbb{Z}^m$. 只需证明 Λ 是 $\mathbb{R}^m$ 中的满格. 首先断言 $[\Lambda : \mathbb{Z}^m] < \infty$. 若断言不成立,则单位立方体 $U = [0,1]^m$ 含有 Λ 中无穷多个元素. 而 U 是紧的, Λ 是离散的,所以 $\Lambda \cap U$ 是有限的,矛盾. 因为 $[\Lambda : \mathbb{Z}^m] < \infty$, 所以 Λ 是秩为 m 的自由 Abel 群, 并且它的基是 $\mathbb{R}$-线性无关的,即 Λ 是 $\mathbb{R}^m$ 的满格. □

从现在开始, 假设 Λ 是 V 的一个满格. 在 V 上配备一个内积, 则可以据此定义长度、体积、测度等. 这个测度具有如下性质: 对任意可测集 $S \subset V$, 有

- $\mathrm{vol}(S + v) = \mathrm{vol}(S)$, $\forall v \in V$;
- $\mathrm{vol}(a \cdot S) = |a|^n \cdot \mathrm{vol}(S)$, $\forall a \in \mathbb{R}$.

如果 $V = \mathbb{R}^n$, 我们一直选取它的标准内积,由此得到的测度就是通常的 Lebesgue 测度.

定义 4.1.4 满格 Λ 的一个**基本区域** D 是使得

$$V = \bigsqcup_{\lambda \in \Lambda} (D + \lambda)$$

成立的 V 中可测集, 即 D 是 V/Λ 的一个可测完全代表系.

例 4.1.7 基本区域有很多种选择. $\Lambda = \mathbb{Z} e_1 + \cdots + \mathbb{Z} e_n$ 的一个"标准"基本区域是 $D = \{\sum_{i=1}^{n} a_i e_i \mid 0 \leqslant a_i < 1\}$.

引理 4.1.3 若 D_1 和 D_2 是 Λ 的两个基本区域, 则 $\mathrm{vol}(D_1) = \mathrm{vol}(D_2)$.

证明 考虑以下分解:

$$D_2 = \left(\bigsqcup_{\lambda \in \Lambda} (D_1 + \lambda) \right) \cap D_2 = \bigsqcup_{\lambda \in \Lambda} ((D_1 + \lambda) \cap D_2),$$

同理有 $D_1 = \bigsqcup_{\lambda \in \Lambda}((D_2 - \lambda) \cap D_1)$. 注意到有关系

$$((D_1 + \lambda) \cap D_2) - \lambda = D_1 \cap (D_2 - \lambda),$$

所以

$$\mathrm{vol}((D_1 + \lambda) \cap D_2) = \mathrm{vol}((D_2 - \lambda) \cap D_1), \quad \forall \lambda \in \Lambda.$$

因此 $\mathrm{vol}(D_1) = \mathrm{vol}(D_2)$. □

定义 4.1.5 满格 Λ 的**余体积** $\mathrm{covol}(\Lambda)$ 定义为 $\mathrm{vol}(D)$, 其中 D 是 Λ 的一个基本区域.

鉴于引理 4.1.3, 此定义是合理的.

引理 4.1.4 设 Λ' 是 V 的另一满格, 且满足 $\Lambda' \subset \Lambda$, 则

$$\mathrm{covol}(\Lambda') = [\Lambda : \Lambda'] \cdot \mathrm{covol}(\Lambda).$$

证明 若 D 是 Λ 的基本区域, 则 $\bigsqcup_{\lambda \in \Lambda/\Lambda'}(D + \lambda)$ 是 Λ' 的基本区域. 由此可得结论. □

引理 4.1.5 设 $S \subset \mathbb{R}^n$ 是一个可测集. 如果 $\mathrm{vol}(S) > 1$, 那么 S 中存在两个不同的元素 s 和 s' 使得 $s - s' \in \mathbb{Z}^n$.

证明 反证法, 假设结论不成立, 这等价于

$$\forall \lambda_1 \neq \lambda_2 \in \mathbb{Z}^n, \ (S + \lambda_1) \cap (S + \lambda_2) = \varnothing.$$

令 D 是 $\mathbb{Z}^n$ 的一个基本区域, 则有

$$1 = \mathrm{vol}(D) \geqslant \mathrm{vol}\left(\left[\bigsqcup_{\lambda \in \mathbb{Z}^n}(S+\lambda)\right] \cap D\right)$$

$$= \sum_{\lambda \in \mathbb{Z}^n} \mathrm{vol}\left((S+\lambda) \cap D\right)$$

$$= \sum_{\lambda \in \mathbb{Z}^n} \mathrm{vol}\left(S \cap (D-\lambda)\right)$$

$$= \mathrm{vol}\left(S \cap \bigsqcup_{\lambda \in \mathbb{Z}^n}(D-\lambda)\right)$$

$$= \mathrm{vol}(S) > 1.$$

矛盾. □

定理 4.1.2 (Minkowski 定理: 特殊形式) 设 $S \subset \mathbb{R}^n$ 是一个可测对称凸集, 即满足

- 对称性: $x \in S \Rightarrow -x \in S$;

- 凸性: $x, y \in S \Rightarrow$ 线段 $[x, y] \subset S$.

如果 $\mathrm{vol}(S) > 2^n$, 那么 S 包含一个非零格点 $\alpha \in \mathbb{Z}^n$.

证明 结论中要求非零格点, 是因为由对称性和凸性可以马上得到 $0 \in S$. 因为 $\mathrm{vol}\left(\dfrac{1}{2}S\right) > 1$, 由引理 4.1.5, 存在 $\dfrac{1}{2}s \neq \dfrac{1}{2}s' \in \dfrac{1}{2}S$ 使得

$$0 \neq \alpha := \frac{1}{2}s - \frac{1}{2}s' \in \mathbb{Z}^n.$$

注意到 $\alpha = \dfrac{s + (-s')}{2} \in [-s', s]$, 所以由凸性知 $\alpha \in S$. $\square$

定理 4.1.3 (Minkowski 定理) 设 $S \subset V$ 是一个可测对称凸集. 如果 $\mathrm{vol}(S) > 2^n \cdot \mathrm{covol}(\Lambda)$, 那么 S 包含一个非零格点 $\alpha \in \Lambda$. 更进一步, 若 S 是可测紧对称凸集, 且 $\mathrm{vol}(S) \geqslant 2^n \cdot \mathrm{covol}(\Lambda)$, 则 S 包含一个非零格点 $\alpha \in \Lambda$.

证明 设 $\Lambda = \sum_{i=1}^{n} \mathbb{Z}e_i$. 在基 $e_1, \cdots, e_n$ 下, 有线性同构 $V \cong \mathbb{R}^n$, 且此同构将 Λ 映为 $\mathbb{Z}^n \subset \mathbb{R}^n$. 令 $S' \subset \mathbb{R}^n$ 为 S 的像, 则 S' 也是可测对称凸集, 且 $\mathrm{vol}(S') > 2^n$. 由定理 4.1.2, 第一个结论成立.

现在进一步设 S 是紧的, 且满足 $\mathrm{vol}(S) \geqslant 2^n \cdot \mathrm{covol}(\Lambda)$. 对于给定的 $m \in \mathbb{N}$, 令 $\lambda_m = 1 + \dfrac{1}{m}$, $S_m = \lambda_m S$. 则 $S \subset S_m \subset 2S$, 且 $\mathrm{vol}(S_m) > 2^n \cdot \mathrm{covol}(\Lambda)$. 所以 S_m 中包含一个非零格点 $\alpha_m \in \Lambda$. 由于 $S_m \subset 2S$, 所以 $\{\alpha_m \mid m \in \mathbb{N}\} \subset 2S \cap \Lambda$. 而 $2S$ 也是紧的, 所以交集 $2S \cap \Lambda$ 是有限集. 因此 $\{\alpha_m \mid m \in \mathbb{N}\}$ 中存在一个无穷子列 $\{\alpha_{m_k} \mid k \in \mathbb{N}\}$ 使得这些 α_{m_k} 是同一个元素, 设其为 α. 则 $\alpha \in \bigcap_{k \in \mathbb{N}} S_{m_k} = S$. $\square$

4.1.4 数的几何

现在回到数域的设定: F 是次数为 n 的数域, $\{\sigma_1, \cdots, \sigma_r\}$ 是 F 的实嵌入, $\{\tau_1, \overline{\tau}_1, \cdots, \tau_s, \overline{\tau}_s\}$ 是 F 的复嵌入. 下面我们将数域的一些信息与实向量空间中的格联系起来. 首先有嵌入

$$\eta : F \longrightarrow V := \mathbb{R}^r \times \mathbb{C}^s,$$

$$\alpha \longmapsto (\sigma_i(\alpha), \tau_j(\alpha))_{1 \leqslant i \leqslant r, 1 \leqslant j \leqslant s}.$$

取 $\mathbb{C}$ 的一组 $\mathbb{R}$-基 $\{1, \mathrm{i}\}$, 在此基下视 $\mathbb{C}$ 为 $\mathbb{R}^2$, 则上述嵌入为

$$\begin{aligned}\eta : F &\longrightarrow V = \mathbb{R}^r \times \mathbb{R}^{2s} = \mathbb{R}^n, \\ \alpha &\longmapsto (\sigma_i(\alpha), \mathrm{Re}\,\tau_j(\alpha), \mathrm{Im}\,\tau_j(\alpha))_{1 \leqslant i \leqslant r, 1 \leqslant j \leqslant s}.\end{aligned} \quad (4.1\text{-}3)$$

取 $V = \mathbb{R}^n$ 上的内积为标准内积.

命题 4.1.3 设 $\mathfrak{a}$ 是 $\mathcal{O}_F$ 的非零理想，则 $\eta(\mathfrak{a})$ 是 V 的满格，并且有

$$\mathrm{covol}(\eta(\mathfrak{a})) = 2^{-s} \cdot |\Delta_F|^{\frac{1}{2}} \cdot \mathrm{N}(\mathfrak{a}).$$

证明 我们已经知道 $\mathfrak{a}$ 是秩为 n 的自由 $\mathbb{Z}$-模，设 $\alpha_1, \cdots, \alpha_n$ 是 $\mathfrak{a}$ 的一组 $\mathbb{Z}$-基，则 $\eta(\mathfrak{a})$ 是满格当且仅当 $\eta(\alpha_1), \cdots, \eta(\alpha_n)$ 是 $\mathbb{R}$-线性无关的，后者等价于 $\det(A) \neq 0$，其中

$$A = \begin{pmatrix} \eta(\alpha_1) \\ \vdots \\ \eta(\alpha_n) \end{pmatrix} \in \mathrm{M}_n(\mathbb{R}).$$

另一方面，令 $B = (\gamma_i(\alpha_j))_{1 \leqslant i \leqslant n, 1 \leqslant j \leqslant n} \in \mathrm{M}_n(\mathbb{C})$，其中 $\gamma_1, \cdots, \gamma_n \in \mathrm{Hom}(F, \mathbb{C})$. 根据引理 1.3.1，有 $\det(B)^2 = \Delta(\alpha_1, \cdots, \alpha_n) \neq 0$. 不难看出 $\det(B) = (-2\mathrm{i})^s \det(A)$，所以 $\det(A) \neq 0$，从而 $\eta(\mathfrak{a})$ 是满格. 更进一步地，由线性代数知识知 $\mathrm{covol}(\eta(\mathfrak{a})) = |\det(A)|$，从而由引理 1.3.2可得

$$\mathrm{covol}(\eta(\mathfrak{a})) = |\det(A)| = 2^{-s} |\Delta(\alpha_1, \cdots, \alpha_n)|^{\frac{1}{2}} = 2^{-s} \cdot |\Delta_F|^{\frac{1}{2}} \cdot \mathrm{N}(\mathfrak{a}).$$

所以结论成立. □

命题 4.1.4 设 $\mathfrak{a}$ 是 $\mathcal{O}_F$ 的非零理想. 则 $\mathfrak{a}$ 中包含一个非零元 α 满足

$$|\mathrm{N}(\alpha)| \leqslant b_F \cdot \mathrm{N}(\mathfrak{a}) = \frac{n!}{n^n} \left(\frac{4}{\pi}\right)^s |\Delta_F|^{\frac{1}{2}} \cdot \mathrm{N}(\mathfrak{a}).$$

证明 证明的策略是对满格 $\eta(\mathfrak{a})$ 和一个恰当选取的可测紧对称凸集 S 应用定理 4.1.3. 集合 S 首先当然需满足 $\mathrm{vol}(S) \geqslant 2^n \cdot \mathrm{covol}(\eta(\mathfrak{a}))$. 其次它的"形状"应有所控制，这样才能使得它包含的非零格点满足结论的要求. 我们需要两个引理，它们都是分析学的结论，证明从略. □

引理 4.1.6 对于 $x = (x_1, \cdots, x_r, z_1, \cdots, z_s) \in V = \mathbb{R}^r \times \mathbb{C}^s$，记

$$\|x\| := \sum_{i=1}^r |x_i| + 2 \sum_{j=1}^s |z_j|.$$

对于给定的正实数 t，令 $X(t) := \{x \in V \mid \|x\| \leqslant t\}$，则 $X(t)$ 是 V 中的可测紧对称凸集，并且

$$\mathrm{vol}(X(t)) = 2^r \left(\frac{\pi}{2}\right)^s \frac{t^n}{n!}.$$

引理 4.1.7 对于 $\alpha_1, \cdots, \alpha_n \in \mathbb{R}_{>0}$，有

$$\prod_{i=1}^n a_i \leqslant \left(\frac{\sum_{i=1}^n a_i}{n}\right)^n.$$

现在开始证明命题 4.1.4. 若 t 足够大使得 $\mathrm{vol}(X(t)) \geqslant 2^n \cdot \mathrm{covol}(\eta(\mathfrak{a}))$, 则由定理 4.1.3知 $X(t)$ 包含一个非零格点 $\eta(\alpha)$. 由引理 4.1.7,

$$\begin{aligned}|\mathrm{N}(\alpha)| &= \left(\prod_{i=1}^{r}|\sigma_i(\alpha)|\right) \cdot \left(\prod_{j=1}^{s}|\tau_j(\alpha)|^2\right) \\ &\leqslant \frac{\left(\sum_{i=1}^{r}|\sigma_i(\alpha)| + 2\sum_{j=1}^{s}|\tau_j(\alpha)|\right)^n}{n^n} \\ &\leqslant \frac{t^n}{n^n}.\end{aligned}$$

为了使得 $\mathrm{vol}(X(t)) \geqslant 2^n \cdot \mathrm{covol}(\eta(\mathfrak{a}))$, 由引理 4.1.6知需

$$2^r \left(\frac{\pi}{2}\right)^s \frac{t^n}{n!} \geqslant 2^n \cdot 2^{-s} \cdot |\Delta_F|^{\frac{1}{2}} \cdot \mathrm{N}(\mathfrak{a}),$$

即

$$t^n \geqslant n! \cdot \left(\frac{4}{\pi}\right)^s \cdot |\Delta_F|^{\frac{1}{2}} \cdot \mathrm{N}(\mathfrak{a}).$$

那么我们就令 $t^n = n! \cdot \left(\frac{4}{\pi}\right)^s \cdot |\Delta_F|^{\frac{1}{2}} \cdot \mathrm{N}(\mathfrak{a})$, 则得到

$$|\mathrm{N}(\alpha)| \leqslant \frac{n!}{n^n} \left(\frac{4}{\pi}\right)^s |\Delta_F|^{\frac{1}{2}} \cdot \mathrm{N}(\mathfrak{a}).$$

所以结论成立. □

定理 4.1.1 的证明 令 $\mathfrak{b}$ 是 F 的任意分式理想. 我们需要证明: 存在 $\mathcal{O}_F$ 的理想 $\mathfrak{a}$ 使得 $[\mathfrak{a}] = [\mathfrak{b}]$, 且 $\mathrm{N}(\mathfrak{a}) \leqslant b_F$. 选取 $d \in F^\times$ 使得 $\mathfrak{c} := d\mathfrak{b}^{-1} \subset \mathcal{O}_F$. 由命题 4.1.4, 存在非零元 $\alpha \in \mathfrak{c}$ 使得 $|\mathrm{N}(\alpha)| \leqslant b_F \cdot \mathrm{N}(\mathfrak{c})$. 由于 $\alpha\mathcal{O}_F \subset \mathfrak{c}$, 存在 $\mathcal{O}_F$ 的理想 $\mathfrak{a}$ 使得 $\alpha\mathcal{O}_F = \mathfrak{a} \cdot \mathfrak{c}$. 所以在 Cl_F 中有如下关系:

$$[\mathfrak{a}] = [\mathfrak{c}]^{-1} = [\mathfrak{b}],$$

并且

$$\mathrm{N}(\mathfrak{a}) \cdot \mathrm{N}(\mathfrak{c}) = |\mathrm{N}(\alpha)| \leqslant b_F \cdot \mathrm{N}(\mathfrak{c}),$$

即 $\mathrm{N}(\mathfrak{a}) \leqslant b_F$. 结论成立. □

我们还可以应用数的几何证明著名的 Hermite-Minkowski 定理.

定理 4.1.4 (Hermite-Minkowski 定理) 判别式相同的数域只有有限多个.

证明 根据 (4.1-2), 只需要证明对于给定的正整数 n 和 d,

$$\#\left\{\text{数域 } F \mid [F:\mathbb{Q}] = n, |\Delta_F| = d\right\} < \infty.$$

假设数域 F 满足如上要求. 仍然考虑嵌入 $\eta: F \to \mathbb{R}^n$, 见 (4.1-3). 如果 $r > 0$, 令

$$X = \left\{ (x_1, \cdots, x_r, y_1, z_1, \cdots, y_s, z_s) \in \mathbb{R}^n \;\middle|\; \begin{array}{l} |x_1| < \sqrt{d+1}, \\ |x_i| < 1, \forall 2 \leqslant i \leqslant r, \\ y_j^2 + z_j^2 < 1, \forall 1 \leqslant j \leqslant s \end{array} \right\},$$

此时 $\operatorname{vol}(X) = 2^r \pi^s \sqrt{d+1}$. 如果 $r = 0$, 令

$$X = \left\{ (y_1, z_1, \cdots, y_s, z_s) \in \mathbb{R}^n \;\middle|\; \begin{array}{l} |y_1| < \sqrt{d+1}, \\ |z_1| < 1/2, \\ y_j^2 + z_j^2 < 1, \forall 2 \leqslant j \leqslant s \end{array} \right\},$$

此时 $\operatorname{vol}(X) = 2\pi^{s-1}\sqrt{d+1}$. 无论哪种情形, X 都是可测对称凸集, 并且

$$\operatorname{vol}(X) > 2^n \operatorname{covol}(\eta(\mathcal{O}_F)) = 2^{r+s}\sqrt{d}.$$

由定理 4.1.3, X 包含一个非零格点 $\eta(\alpha) \in \eta(\mathcal{O}_F)$.

记 $(\gamma_1, \cdots, \gamma_n) = (\sigma_1, \cdots, \sigma_r, \tau_1, \overline{\tau}_1, \cdots, \tau_s, \overline{\tau}_s)$. 由 X 的构造可知

$$|\gamma_i(\alpha)| < 1, \ \forall 2 \leqslant i \leqslant n.$$

而又有

$$1 \leqslant |\mathrm{N}(\alpha)| = \prod_{i=1}^n |\gamma_i(\alpha)|,$$

所以 $|\gamma_1(\alpha)| > 1$. 特别地, $\gamma_1(\alpha) \neq \gamma_i(\alpha), \forall 2 \leqslant i \leqslant n$. 因为

$$\prod_{i=1}^n (x - \gamma_i(\alpha)) = f_\alpha(x)^m,$$

其中 f_α 是 α 的极小多项式, $m = [F : \mathbb{Q}(\alpha)]$, 所以只能是 $m = 1$, 即 $F = \mathbb{Q}(\alpha)$.

最后, 因为 $|\gamma_i(\alpha)|$ 都是有界的, 且这个界仅依赖于 d, 所以 f_α 的系数是有界的, 并且这个界仅依赖于 d 和 n. 这样的首一整系数多项式 f_α 只有有限多个, 所以只有有限多个 F 满足要求. $\square$

4.2 Dirichlet 单位定理

我们继续沿用上节的符号和设定, 即 $[F : \mathbb{Q}] = n$, F 的实嵌入个数为 r, 复嵌入个数为 $2s$. 本节的目标是研究单位群 $\mathcal{O}_F^\times$ 的结构.

4.2.1 主要结果

定理 4.2.1 (Dirichlet 单位定理) 单位群 $\mathcal{O}_F^\times$ 是有限生成 Abel 群，它的自由部分秩为 $r+s-1$.

$\mathcal{O}_F^\times$ 的挠子群 $\mathcal{O}_{F,\text{tor}}^\times$ 相对容易研究. 按照定义,

$$\mathcal{O}_{F,\text{tor}}^\times = \{\alpha \in \mathcal{O}_F^\times \mid \exists k \in \mathbb{N} \text{ 使得 } \alpha^k = 1\}.$$

所以 $\mathcal{O}_{F,\text{tor}}^\times$ 等于 F 的单位根群 μ_F, 即 F 中所有的单位根组成的乘法群. 单位群的性质是相对容易研究的.

命题 4.2.1 单位根群 μ_F 是有限循环群. 更进一步, 对于给定的 $\alpha \in \mathcal{O}_F$, 以下条件等价:

(1) $\alpha \in \mu_F$;

(2) $|\sigma(\alpha)| = 1, \forall \sigma \in \text{Hom}(F, \mathbb{C})$.

证明 显然条件 (1) 蕴含条件 (2).

现在设 $\alpha \in \mathcal{O}_F$, 且满足条件 (2). 令

$$f(x) = \sum_{i=0}^n a_i x^i = \prod_{\sigma \in \text{Hom}(F,\mathbb{C})} (x - \sigma(\alpha)).$$

由条件 (2) 可知 $|a_i| \leqslant \binom{n}{i}, \forall 0 \leqslant i \leqslant n$. 考虑集合

$$S = \left\{ \text{首一多项式 } g(x) = \sum_{i=0}^n b_i x^i \in \mathbb{Z}[x] \;\Big|\; |b_i| \leqslant \binom{n}{i}, \forall 0 \leqslant i \leqslant n \right\},$$

则 $f \in S$, 并且 S 是一个有限集. 所以

$$R := \{g \text{ 的所有复根} \mid g \in S\}$$

也是有限集. 特别地, $\alpha \in R$. 而对任意 $k \in \mathbb{Z}$, α^k 也满足条件 (2), 从而 $\alpha^k \in R$. 因此存在 $k_1 > k_2 \in \mathbb{Z}$ 使得 $\alpha^{k_1} = \alpha^{k_2}$, 即 $\alpha \in \mu_F$.

由以上的讨论知 μ_F 是有限群. 特别地, 它是单位圆 $\mathbb{C}^1$ 的有限子群, 所以是循环群. □

注记 4.2.1 通过同样的证明可以得到: 对于任意正实数 r, 集合

$$R = \{\alpha \in \mathcal{O}_F \mid |\sigma(\alpha)| \leqslant r, \forall \sigma \in \text{Hom}(F, \mathbb{C})\}$$

是有限集.

在证明定理 4.2.1 之前, 先看几个例子.

例 4.2.1 设 $F=\mathbb{Q}$, 此时 $\mathcal{O}_F^\times = \mathbb{Z}^\times = \{\pm 1\}$.

例 4.2.2 设 $F=\mathbb{Q}(\sqrt{d})$ 是虚二次域, $d<0$ 是无平方因子的整数. 此时 $r=0$, $s=1$, $r+s-1=0$, $\mathcal{O}_F^\times = \mu_F$. 事实上, 若将 $\mathcal{O}_F$ 写成 $\mathbb{Z}[\varpi]$, 其中 $\varpi = \sqrt{d}$ 或 $\dfrac{1+\sqrt{d}}{2}$, 将 $\alpha \in \mathcal{O}_F$ 写成 $\alpha = a + b\varpi$, 其中 $a, b \in \mathbb{Z}$, 则通过解方程 $\mathrm{N}_{F/\mathbb{Q}}(\alpha) = \pm 1$ 可以计算出

$$\mathcal{O}_F^\times = \begin{cases} \{\pm 1\}, & d \neq -1, -3, \\ \{\pm 1, \pm \mathrm{i}\}, & d = -1, \\ \left\{\pm 1, \dfrac{\pm 1 \pm \sqrt{-3}}{2}\right\}, & d = -3. \end{cases} \quad (4.2\text{-}1)$$

例 4.2.3 设 $F = \mathbb{Q}(\sqrt{d})$ 是实二次域, $d>0$ 是无平方因子的整数. 此时 $r=2$, $s=0$, $r+s-1=1$, $\mathcal{O}_F^\times \cong \mu_F \times \mathbb{Z}$. 由于 $F \subset \mathbb{R}$, 而实单位根只有 ± 1, 故 $\mu_F = \{\pm 1\}$. 由同构 $\mathcal{O}_F^\times \cong \mu_F \times \mathbb{Z}$ 知存在 $\varepsilon \in \mathcal{O}_F^\times$ 使得 $\mathcal{O}_F^\times = \{\pm \varepsilon^n \mid n \in \mathbb{Z}\}$. 我们总可以取到 $\varepsilon > 1$, 并且此条件唯一确定了 ε. 这是因为 $\pm \varepsilon, \pm \varepsilon^{-1}$ 中存在唯一一个大于 1 的元素. 我们称这样的 ε 为 F 的**基本单位** (有时也将 $\pm \varepsilon^{\pm 1}$ 称作基本单位).

Dirichlet 单位定理同样适用于 $\mathcal{O}_F$ 的序子环, 这里**序子环**指的是 $\mathcal{O}_F$ 的子环 R 且需满足 $[\mathcal{O}_F : R] < \infty$. 例如, 若 $\alpha \in \mathcal{O}_F$ 且满足 $F = \mathbb{Q}(\alpha)$, 则 $R = \mathbb{Z}[\alpha]$ 是一个序子环.

推论 4.2.1 对于 $\mathcal{O}_F$ 的序子环 R, 有 $R^\times \cong \mu_R \times \mathbb{Z}^{r+s-1}$, 其中 μ_R 是 R 中的单位根子群.

证明 显然 $R^\times$ 的挠子群是 μ_R. 设 $[\mathcal{O}_F : R] = m$, 则 $m\mathcal{O}_F \subset R \subset \mathcal{O}_F$. 考虑自然映射

$$\phi : \mathcal{O}_F^\times \longrightarrow (\mathcal{O}_F/m\mathcal{O}_F)^\times,$$

$$\alpha \longmapsto \overline{\alpha}.$$

若 $\alpha \in \mathrm{Ker}(\phi)$, 即 $\alpha \in \mathcal{O}_F^\times$ 且 $\alpha - 1 \in m\mathcal{O}_F$, 则

$$\alpha^{-1} - 1 = \alpha^{-1}(1 - \alpha) \in m\mathcal{O}_F.$$

因为 R 是子环, 所以其中包含 1, 进而得到 $\alpha, \alpha^{-1} \in R$, 即 $\alpha \in R^\times$. 以上讨论说明 $\mathrm{Ker}(\phi) \subset R^\times$. 因此

$$|\mathcal{O}_F^\times : R^\times| \leqslant |\mathcal{O}_F^\times : \mathrm{Ker}(\phi)| \leqslant |(\mathcal{O}_F/m\mathcal{O}_F)^\times| < \infty.$$

所以 $R^\times$ 的秩与 $\mathcal{O}_F^\times$ 的秩相同, 即为 $r+s-1$. □

4.2.2 定理 4.2.1 的证明

现在准备证明 Dirichlet 单位定理. 上一节中我们考虑了嵌入

$$\eta : F \longrightarrow V = \mathbb{R}^r \times \mathbb{C}^s,$$

$$\alpha \longmapsto (\sigma_i(\alpha), \tau_j(\alpha))_{1 \leqslant i \leqslant r, 1 \leqslant j \leqslant s}.$$

嵌入 η 是保持加法的, 而当研究 $\mathcal{O}_F^\times$ 时, 需要一个能将乘法变成加法的映射, "log" 映射就具备了这样的特性. 记

$$V^\times = \mathbb{R}^{\times,r} \times \mathbb{C}^{\times,s},$$

则 $\eta(F^\times) \subset V^\times$. 我们规定 $V^\times$ 中元素相乘为各坐标分量相乘. 定义映射

$$\log : V^\times \longrightarrow \mathbb{R}^{r+s},$$

$$(x_1, \cdots, x_r, z_1, \cdots, z_s) \longmapsto (\log |x_1|, \cdots, \log |x_r|, 2\log|z_1|, \cdots, 2\log|z_s|),$$

以及

$$\ell : F^\times \longrightarrow \mathbb{R}^{r+s}, \quad \ell := \log \circ \eta.$$

如果 $\alpha \in \mathcal{O}_F^\times$, 那么

$$|\mathrm{N}_{F/\mathbb{Q}}(\alpha)| = \prod_{i=1}^r |\sigma_i(\alpha)| \prod_{j=1}^s |\tau_j(\alpha)|^2 = 1.$$

所以 $\ell(\mathcal{O}_F^\times)$ 落在 $\mathbb{R}^{r+s}$ 中的超平面 H 上, 其中

$$H := \left\{ (x_i) \in \mathbb{R}^{r+s} \,\middle|\, \sum_{i=1}^{r+s} x_i = 0 \right\}.$$

注意 $H \cong \mathbb{R}^{r+s-1}$. 我们也需要考虑 H 在 $V^\times$ 中的原相. 定义映射

$$\mathrm{N} : V^\times \longrightarrow \mathbb{R}^\times,$$

$$(x_1, \cdots, x_r, z_1, \cdots, z_s) \longmapsto \prod_{i=1}^r |x_i| \prod_{j=1}^s |z_j|^2.$$

注意 $|\mathrm{N}_{F/\mathbb{Q}}| = \mathrm{N} \circ \eta$. 令

$$S := \{ y \in V^\times \mid \mathrm{N}(y) = 1 \},$$

那么 $\log^{-1}(H) = S$, $\eta(\mathcal{O}_F^\times) \subset S$. 下面的交换图表总结了刚刚定义的这些对象与映射之间的关系:

$$\begin{CD}
\mathcal{O}_F^\times @>\eta>> S @>\log>> H \\
@VVV @VVV @VVV \\
F^\times @>\eta>> V^\times @>\log>> \mathbb{R}^{r+s} \\
@V|N_{F/\mathbb{Q}}|VV @VVNV @VV\sum_{i=1}^{r+s} x_i V \\
\mathbb{Q}_{>0}^\times @>>> \mathbb{R}_{>0}^\times @>\log>> \mathbb{R}
\end{CD}$$

with ℓ being the composition across the top.

命题 4.2.2 $\ell(\mathcal{O}_F^\times)$ 是 H 中的格，并且 $\mathrm{Ker}(\ell|_{\mathcal{O}_F^\times}) = \mu_F$.

证明 由命题 4.2.1立得 $\mathrm{Ker}(\ell|_{\mathcal{O}_F^\times}) = \mu_F$. 为了证明 $\ell(\mathcal{O}_F^\times)$ 是格，由引理 4.1.2，只需证明 $\ell(\mathcal{O}_F^\times)$ 在 H 中离散. 对于 $c > 0$，考虑 0 的邻域

$$C = \{x \in H \mid |x_i| \leqslant c, \forall 1 \leqslant i \leqslant r+s\}.$$

若 $\ell(\alpha) \in C$，则 $|\sigma(\alpha)| \leqslant \mathrm{e}^c$, $\forall \sigma \in \mathrm{Hom}(F, \mathbb{C})$. 所以由注记 4.2.1知 $\ell(\mathcal{O}_F^\times) \cap C$ 是有限集，从而可知 $\ell(\mathcal{O}_F^\times)$ 在 H 中离散. $\square$

推论 4.2.2 $\mathrm{rank}_\mathbb{Z}(\mathcal{O}_F^\times) = \mathrm{rank}_\mathbb{Z}(\ell(\mathcal{O}_F^\times)) \leqslant \dim_\mathbb{R} H = r + s - 1$.

证明 命题 4.2.2的直接推论. $\square$

命题 4.2.3 $\ell(\mathcal{O}_F^\times)$ 是 H 中的满格，所以 $\mathrm{rank}_\mathbb{Z}(\mathcal{O}_F^\times) = r + s - 1$.

证明 为了证明 $\ell(\mathcal{O}_F^\times)$ 是 H 的满格，只需证明存在有界集 $B \subset H$ 使得

$$H = \bigcup_{\lambda \in \ell(\mathcal{O}_F^\times)} (B + \lambda). \tag{4.2-2}$$

这是因为若存在这样的 B，则对于 H 中任意一个元素，存在 $\ell(\mathcal{O}_F^\times)$ 中的一个元素，使得两者之间的距离小于一个固定的界 (依赖于 B)，那么这就迫使 $\ell(\mathcal{O}_F^\times)$ 在 H 中生成的子空间必须是 H，从而 $\ell(\mathcal{O}_F^\times)$ 是满格.

由于 $\log(S) = H$，为了找到这样的 B，我们希望找到一个有界集 $B_S \subset S$ 使得 $S = \bigcup_{\varepsilon \in \mathcal{O}_F^\times} \eta(\varepsilon) \cdot B_S$，然后令 $B = \log(B_S)$. 设 $y \in S$，则 $y \cdot \eta(\mathcal{O}_F)$ 仍是 V 中的满格，且

$$\mathrm{covol}(y \cdot \eta(\mathcal{O}_F)) = \mathrm{covol}(\eta(\mathcal{O}_F)), \tag{4.2-3}$$

这是因为 $\mathrm{N}(y) = 1$，细节留作练习. 选取足够大的 $c > 0$ 使得 V 中的对称凸集

$$X_c = \{(x_1, \cdots, x_r, z_1, \cdots, z_s) \in V \mid |x_i| < c, |z_j| < c, \forall 1 \leqslant i \leqslant r, 1 \leqslant j \leqslant s\}$$

满足

$$\mathrm{vol}(X_c) > 2^n \mathrm{covol}(y \cdot \eta(\mathcal{O}_F)) = \mathrm{covol}(\eta(\mathcal{O}_F)).$$

那么存在非零元 $\alpha \in \mathcal{O}_F$ 使得 $x := y \cdot \eta(\alpha) \in X_c$. 注意

$$\mathrm{N}(x) = \mathrm{N}(y) \cdot \mathrm{N}(\eta(\alpha)) = |\mathrm{N}_{F/\mathbb{Q}}(\alpha)|.$$

由于 $x \in X_c$, 所以 $\mathrm{N}(\alpha\mathcal{O}_F) = |\mathrm{N}_{F/\mathbb{Q}}(\alpha)| < c^n$. 因为只存在有限多个范数小于 c^n 的主理想, 记它们为 $\alpha_1\mathcal{O}_F, \cdots, \alpha_k\mathcal{O}_F$, 所以 $\alpha\mathcal{O}_F$ 等于某个 $\alpha_i\mathcal{O}_F$, 即 $\alpha \in \alpha_i\mathcal{O}_F^\times$. 因此

$$y = x \cdot \eta(\alpha^{-1}) \in x \cdot \eta(\alpha_i^{-1}) \cdot \eta(\mathcal{O}_F^\times).$$

所以我们证明了: 若令

$$B_S = \bigcup_{i=1}^{k} \left(S \cap \eta(\alpha_i^{-1}) \cdot X_c \right),$$

则 $S = \bigcup_{\varepsilon \in \mathcal{O}_F^\times} \eta(\varepsilon) \cdot B_S$. 最后只需注意: 对于 $y \in B_S$, 其各分量的绝对值是上有界的, 而它们的乘积又恒为 1, 所以它们也都是下有界的. 由此知道 $B = \log(B_S)$ 是 H 中的有界集, 且满足 (4.2-2). □

最后我们介绍数域 F 的另一个不变量: 调控子.

定义 4.2.1 (1) 若 $\epsilon_1, \cdots, \epsilon_{r+s-1}$ 是 $\mathcal{O}_F^\times$ 自由部分的一组基, 则称它们是**基本单位系**.

(2) 设 $\epsilon_1, \cdots, \epsilon_{r+s-1}$ 是基本单位系, 则 F 的**调控子**定义为 $(r+s-1) \times (r+s)$ 矩阵

$$R(\epsilon_1, \cdots, \epsilon_{r+s-1}) := \begin{pmatrix} \ell(\epsilon_1) \\ \vdots \\ \ell(\epsilon_{r+s-1}) \end{pmatrix}$$

的任意 $r+s-1$ 阶主子式的行列式的绝对值, 记作 R_F.

因为 $\ell(\epsilon_1), \cdots, \ell(\epsilon_{r+s-1})$ 线性无关, 且它们都属于 H, 所以 $R(\epsilon_1, \cdots, \epsilon_{r+s-1})$ 中任意 $r+s-1$ 阶子式的行列式的绝对值都相等, 且不为零. 另外, 若 $\delta_1, \cdots, \delta_{r+s-1}$ 是另一组基本单位系, 则存在 $g \in \mathrm{GL}_{r+s-1}(\mathbb{Z})$ 使得

$$R(\delta_1, \cdots, \delta_{r+s-1}) = gR(\epsilon_1, \cdots, \epsilon_{r+s-1}),$$

从而可见 R_F 不依赖于基本单位系的选取. 综上, R_F 的定义是合理的.

正如判别式 Δ_F 与 $\eta(\mathcal{O}_F)$ 的余体积相关 (命题 4.1.3), 调控子 R_F 与 $\ell(\mathcal{O}_F^\times)$ 的余体积也密切相关. 令 $\pi_i : \mathbb{R}^{r+s} \to \mathbb{R}^{r+s-1}$ 为挖去第 i 个分量的坐标投影, 则它限制在 H 上得到了同构 $\pi_i : H \to \mathbb{R}^{r+s-1}$. 所以 $\pi_i(\ell(\mathcal{O}_F^\times))$ 是 $\mathbb{R}^{r+s-1}$ 的满格. 我们仍然规定 $\mathbb{R}^{r+s-1}$ 上的测度为 Lebesgue 测度, 则

$$\mathrm{covol}(\pi_i(\ell(\mathcal{O}_F^\times))) = |\det R(\epsilon_1, \cdots, \epsilon_{r+s-1})_i| = R_F,$$

其中 $R(\epsilon_1, \cdots, \epsilon_{r+s-1})_i$ 为 $R(\epsilon_1, \cdots, \epsilon_{r+s-1})$ 挖去第 i 列得到的子式. 若取 H 上的测度为由同构 π_i 诱导的测度, 则得到

$$R_F = \mathrm{covol}(H/\ell(\mathcal{O}_F^\times)). \tag{4.2-4}$$

例 4.2.4　设 F 是实二次域，$\epsilon > 1$ 是基本单位. 则 $R(\epsilon) = (\log \epsilon, -\log \epsilon)$, 所以
$$R_F = \log \epsilon.$$

4.2.3　CM 域

在本小节, 我们介绍一种特殊的数域.

定义 4.2.2　对于数域 F,
- 若 $r = n$, 则称它是**全实域**.
- 若 $r = 0$, 则称它是**全虚域**.
- 若 F 是一个全虚域并且是一个全实域的二次扩张, 则称它是 **CM 域**.

例 4.2.5　设 $F = \mathbb{Q}(\zeta_n)$ 是 n 次分圆域, $n \geqslant 3$, 则 F 是 CM 域, $F^+ = \mathbb{Q}(\zeta_n + \zeta_n^{-1})$ 是它的全实子域, 并且 $[F : F^+] = 2$.

现在设 F^+ 是一个次数为 n 的全实域, F 是 F^+ 的二次扩张并且是 CM 域. 记 ι_F 为 $\mathrm{Gal}(F/F^+)$ 中的非平凡自同构, 也记 $\iota_F(\alpha) = \overline{\alpha}$. 记 $\iota : \mathbb{C} \to \mathbb{C}$ 为复共轭, 同样也采用通常的记号 $\iota(x) = \overline{x}$.

引理 4.2.1　(1) 对任意 $\sigma \in \mathrm{Hom}(F, \mathbb{C})$, 有 $\sigma \circ \iota_F = \iota \circ \sigma$.

(2) 若 $\zeta \in \mu_F$, 则 $\zeta \cdot \iota_F(\zeta) = 1$.

证明　(1) 设 $\sigma \in \mathrm{Hom}(F, \mathbb{C})$. 首先 $\sigma \circ \iota_F$ 和 $\iota \circ \sigma$ 都属于 $\mathrm{Hom}(F, \mathbb{C})$. 因为 $\sigma(F^+) \subset \mathbb{R}$, 所以
$$(\sigma \circ \iota_F)|_{F^+} = (\iota \circ \sigma)|_{F^+} = \sigma|_{F^+}.$$
又因为 $\sigma(F) \not\subset \mathbb{R}$, 所以
$$\sigma \circ \iota_F \neq \sigma, \ \iota \circ \sigma \neq \sigma.$$
因此只能是 $\sigma \circ \iota_F = \iota \circ \sigma$.

(2) 设 $\sigma \in \mathrm{Hom}(F, \mathbb{C})$, 则 $\sigma(\zeta) \in \mathbb{C}^1$. 由结论 (1),
$$\sigma(\zeta \cdot \iota_F(\zeta)) = \sigma(\zeta)\sigma(\iota_F(\zeta)) = \sigma(\zeta)\overline{\sigma(\zeta)} = 1.$$
所以结论 (2) 成立. □

由 Dirichlet 单位定理知
$$\mathrm{rank}_{\mathbb{Z}}(\mathcal{O}_F^\times) = \mathrm{rank}_{\mathbb{Z}}(\mathcal{O}_{F^+}^\times) = n - 1,$$
所以 $[\mathcal{O}_F^\times : \mathcal{O}_{F^+}^\times] < \infty$. 下述命题衡量了 $\mathcal{O}_F^\times$ 和 $\mathcal{O}_{F^+}^\times$ 之间的差距.

命题 4.2.4　$[\mathcal{O}_F^\times : \mu_F \cdot \mathcal{O}_{F^+}^\times] = 1$ 或 2.

证明 设 $\alpha \in \mathcal{O}_F^\times$, 则 $\alpha/\overline{\alpha} \in \mathcal{O}_F$, 并且对任意 $\sigma \in \mathrm{Hom}(F, \mathbb{C})$ 有

$$\sigma(\alpha/\overline{\alpha})\overline{\sigma(\alpha/\overline{\alpha})} = \sigma(\alpha/\overline{\alpha})\sigma(\overline{\alpha}/\alpha) = 1,$$

即 $|\sigma(\alpha/\overline{\alpha})| = 1$. 所以由命题 4.2.1知 $\alpha/\overline{\alpha} \in \mu_F$. 考虑群同态

$$\phi : \mathcal{O}_F^\times \longrightarrow \mu_F/\mu_F^2,$$

$$\alpha \longmapsto \alpha/\overline{\alpha}.$$

显然 $\mathcal{O}_{F^+}^\times \subset \mathrm{Ker}(\phi)$. 设 $\alpha \in \mathrm{Ker}(\phi)$. 由定义知存在 $\zeta \in \mu_F$ 使得 $\alpha/\overline{\alpha} = \zeta^2$. 由引理 4.2.1结论 (2) 知 $\dfrac{\alpha\overline{\zeta}}{\overline{\alpha}\zeta} = 1$, 所以 $\beta := \alpha\overline{\zeta} \in \mathcal{O}_{F^+}^\times$, 从而 $\alpha = \zeta\beta \in \mu_F \cdot \mathcal{O}_{F^+}^\times$. 反之, 若 $\alpha = \zeta\beta \in \mu_F \cdot \mathcal{O}_{F^+}^\times$, 则 $\alpha/\overline{\alpha} = \zeta^2 \in \mathrm{Ker}(\phi)$. 综上, 我们证明了 $\mathrm{Ker}(\phi) = \mu_F \cdot \mathcal{O}_{F^+}^\times$. 由命题 4.2.1, μ_F 是有限循环群, 所以 μ_F/μ_F^2 的阶是 1 或者 2, 结论得证. □

习题

1. 证明引理 4.1.1, 并且说明 $\mathbb{Q}(\sqrt{-1}, \sqrt{-5})$ 是 $\mathbb{Q}(\sqrt{-5})$ 的非分歧扩张.

2. 计算 $\mathbb{Q}(\sqrt{-23})$ 的类群.

3. 计算 $\mathbb{Q}(\sqrt{-14})$ 的类群.

4. 设 $F = \mathbb{Q}(\alpha)$, 其中 α 满足 $\alpha^5 - \alpha + 1 = 0$, 计算 Cl_F.

5. 设 $k > 1$ 是自然数, $n > 1$ 是奇数. 如果 $d = n^k - 1$ 无平方因子, 证明 $\mathrm{Cl}_{\mathbb{Q}(\sqrt{-d})}$ 中存在 k 阶元.

6. 设 d 是无平方因子的自然数. 假设 $d \equiv 1, 2 \pmod{4}$, 并且 d 不能写成 $3a^2 + 1$ 的形式, 其中 a 是整数. 如果 $3 \nmid h_{\mathbb{Q}(\sqrt{-d})}$, 证明 $x^2 + d = y^3$ 没有整数解.

7. 证明 Λ 是 V 中的格当且仅当 Λ 是自由 $\mathbb{Z}$-模并且使得自然映射

$$\Lambda \otimes_{\mathbb{Z}} \mathbb{R} \longrightarrow V,$$

$$v \otimes r \longmapsto rv$$

是单射. 特别地, 当 Λ 是满格时, 上述映射是同构.

8. 验证 (4.2-3).

9. 如果存在实嵌入 $F \to \mathbb{R}$, 证明 $\mu_F = \{\pm 1\}$.

10. 证明: $\mathcal{O}_F^\times$ 是有限群 $\Leftrightarrow$ $F = \mathbb{Q}$ 或者是虚二次域.

11. 设数域 F 的次数为 3, 并且它的实嵌入个数是 1.

(a) 证明存在 $\varepsilon > 1$ 使得 $\mathcal{O}_F^\times = \{\pm \varepsilon^k \mid k \in \mathbb{Z}\}$.

(b) 设 ε 的极小多项式的复根为 $\varepsilon, \rho e^{i\theta}, \rho e^{-i\theta}$, 其中 $\rho \in \mathbb{R}_{>0}$, 证明

$$\varepsilon = \rho^{-2}, \quad \Delta(1, \varepsilon, \varepsilon^2) = -4\sin^2\theta(\rho^3 + \rho^{-3} - 2\cos\theta)^2.$$

(c) 证明 $|\Delta(1, \varepsilon, \varepsilon^2)| < 4(\varepsilon^3 + \varepsilon^{-3} + 6)$.

(d) 证明
$$\varepsilon^3 > \frac{|\Delta_F|}{4} - 6 - \varepsilon^{-3} > \frac{|\Delta_F|}{4} - 7.$$

12. 设 $F = \mathbb{Q}(\alpha), \alpha = \sqrt[3]{2}$.

(a) 设 $\varepsilon > 1$ 是 F 的基本单位, 证明 $\varepsilon^3 > 20$.

(b) 设 $\beta = \dfrac{1}{\alpha - 1}$, 证明 $\beta \in \mathcal{O}_F^\times$.

(c) 证明 $1 < \beta < \varepsilon^2$, 从而说明 $\beta = \varepsilon$.

第五章

p-进数

类比于函数论中幂级数展开, 德国数学家 Kurt Hensel 于 20 世纪初在数论研究中引进了 p-进数, 这一方法及其推广在后来数论的发展过程中发挥了重要作用. 在此之前, 关于代数数的研究主要采用算术和代数的方法, 而 Hensel 开创性地从几何的角度来研究数论, 将数看作拓扑空间上的函数. 在本章中, 我们将从历史角度介绍 p-进数的几种构造方式并学习其基本性质.

5.1 p-进数与形式幂级数

为了将数与函数联系起来, 我们先考虑复系数多项式 $f(x) \in \mathbb{C}[x]$, 并将其视为定义在复平面 $\mathbb{C}$ 上的函数. 令 $a \in \mathbb{C}$ 是复平面上一点, 则所有在 a 处取值为 0 的多项式组成 $\mathbb{C}[x]$ 的一个极大理想 $\mathfrak{p} = (x - a)$. 这样我们便给出了复平面 $\mathbb{C}$ 上的点与 $\mathbb{C}[x]$ 的极大理想间的一一对应. 记 $M = \text{Max}(\mathbb{C}[x])$, 多项式环 $\mathbb{C}[x]$ 的所有极大理想组成的集合. 我们将 M 视为一个拓扑空间, 它的闭集是如下形式的集合:

$$V(f) = \{\mathfrak{p} \in M \mid f(\mathfrak{p}) = 0\} = \{\mathfrak{p} \in M \mid (f(x)) \subset \mathfrak{p}\}.$$

这里 $f \in \mathbb{C}[x]$ 视为定义在 M 上的函数,

$$f : M \longrightarrow \mathbb{C},$$
$$\mathfrak{p} \longmapsto f \pmod{\mathfrak{p}} \subset \mathbb{C}[x]/\mathfrak{p} \cong \mathbb{C}.$$

若 $\mathfrak{p} = (x - a)$, 则同构 $\mathbb{C}[x]/\mathfrak{p} \cong \mathbb{C}$ 将 $f(x)$ 映射到 $f(a)$.

上面的描述方式可以推广到一般交换环上. 令 $\mathcal{O}$ 是一个交换环, 它的**谱** $X = \text{Spec}(\mathcal{O})$ 是由 $\mathcal{O}$ 的所有素理想组成的集合. 令 $\mathfrak{a} \subset \mathcal{O}$ 为理想, 定义形如

$$V(\mathfrak{a}) = \{\mathfrak{p} \in X \mid \mathfrak{a} \subset \mathfrak{p}\}$$

的子集为闭集, 这样使得 X 成为一个拓扑空间, 这个拓扑称为 **Zariski 拓扑**. 类似地, 每一个 $f \in \mathcal{O}$ 都可以看成是定义在 X 上的函数, 其在 $\mathfrak{p} \in X$ 处的取值为 $f(\mathfrak{p}) := f \pmod{\mathfrak{p}} \in \mathcal{O}/\mathfrak{p}$. 注意到这时这些函数的值域是 $\prod_{\mathfrak{p} \in X} \mathcal{O}/\mathfrak{p}$. 特别地, 我们将每一个整数 $f \in \mathbb{Z}$ 视为定义在 $X = \text{Spec}(\mathbb{Z})$ 上的函数, 对每一个 $p \in X$, $f(p) = f \pmod{p} \in \mathbb{Z}/p\mathbb{Z}$.

一个自然的问题出现了: 对于定义在 $X = \text{Spec}(\mathbb{Z})$ 上的函数 $f \in \mathbb{Z}$, 是否能定义其导数? 或者说, 这类函数有什么分析意义?

回到多项式情形, 令 $f(x) \in \mathbb{C}[x]$ 为 n 次多项式, $f(x)$ 在 $x = a$ 处的高阶导数由如下表达式给出:

$$f(x) = a_0 + a_1(x - a) + \cdots + \frac{f^{(n)}(a)}{n!}(x - a)^n = \sum_{i=0}^{n} \frac{f^{(i)}(a)}{i!}(x - a)^i.$$

对一般的有理函数 $f(x) = \dfrac{g(x)}{h(x)} \in \mathbb{C}(x)$ $(g(x), h(x) \in \mathbb{C}[x])$，对任意 $a \in \mathbb{C}$ 且 $h(a) \neq 0$，Taylor 展式

$$f(x) = \sum_{i=0}^{\infty} \frac{f^{(i)}(a)}{i!} (x-a)^i$$

的系数给出了 $f(x)$ 在 $x = a$ 处的各阶导数。仿照这个做法，固定素数 p，定义 $\mathbb{Q}$ 的一个子环

$$\mathbb{Z}_{(p)} := \left\{ \frac{g}{h} \,\Big|\, g, h \in \mathbb{Z},\ p \nmid h \right\}.$$

对每个 $f \in \mathbb{Z}_{(p)}$，我们可以写出与 Taylor 展式类似的级数。具体做法如下。

记 $S_p := \{0, 1, \cdots, p-1\}$ 为 $\mathbb{Z}/p\mathbb{Z}$ 的一组代表元。每一个正整数 $f \in \mathbb{N}$ 有一个 p-进表示，

$$f = a_0 + a_1 p + \cdots + a_n p^n,$$

其中 $a_i \in S_p$。这个表达式是唯一的，并且系数 a_i 由如下方式确定：

$$\begin{aligned}
a_0 &\equiv f \pmod{p}, \\
a_1 &\equiv \frac{1}{p}(f - a_0) \pmod{p}, \\
&\cdots \\
a_{n-1} &\equiv \frac{1}{p^{n-1}}\left(f - \sum_{i=0}^{n-2} a_i p^i\right) \pmod{p}, \\
a_n &\equiv \frac{1}{p^n}\left(f - \sum_{i=0}^{n-1} a_i p^i\right) \pmod{p}.
\end{aligned} \tag{5.1-1}$$

方便起见，我们将 f 记为 $(a_0 a_1 \cdots a_n)_p$。如

$$\begin{aligned}
123 &= 1 + 1 \times 2 + 0 \times 2^2 + 1 \times 2^3 + 1 \times 2^4 + 1 \times 2^5 + 1 \times 2^6 \\
&= 0 + 2 \times 3 + 1 \times 3^2 + 1 \times 3^3 + 1 \times 3^4 \\
&= 3 + 4 \times 5 + 4 \times 5^2 \\
&= 4 + 3 \times 7 + 2 \times 7^2,
\end{aligned}$$

我们便有

$$123 = (1101111)_2 = (02111)_3 = (344)_5 = (432)_7.$$

当考虑 f 是负整数或者有理数时，我们不得不处理无穷级数。当 $(m, p) = 1$ 时，存在唯一 $a \in S_p$ 使得 $ma \equiv 1 \pmod{p}$，我们将其表示为 $\dfrac{1}{m} \equiv a \pmod{p}$。若取 $f = -1$，

如上构造我们得到无穷级数

$$(p-1) + (p-1)p + (p-1)p^2 + \cdots;$$

若取 $f = \dfrac{1}{1-p}$, 我们得到无穷级数

$$1 + p + p^2 + p^3 + \cdots.$$

我们给出如下定义.

定义 5.1.1 固定素数 p, 一个 p-**进整数**是指一个形式级数

$$a_0 + a_1 p + a_2 p^2 + \cdots,$$

这里 $a_i \in \{0, 1, \cdots, p-1\}$. 我们用 $\mathbb{Z}_p$ 表示所有 p-进整数组成的集合.

对每一个 $f \in \mathbb{Z}_{(p)}$, 仿照方程(5.1-1)的方法, 我们归纳构造 $a_i \in S_p$:

$$a_0 \equiv f \pmod{p},$$
$$a_1 \equiv \frac{1}{p}(f - a_0) \pmod{p},$$
$$\cdots$$
$$a_n \equiv \frac{1}{p^n}\left(f - \sum_{i=0}^{n-1} a_i p^i\right) \pmod{p},$$
$$\cdots$$

这样我们得到级数

$$\sum_{i=0}^{\infty} a_i p^i \in \mathbb{Z}_p,$$

称之为 f 的 p-**进展开**. 进一步, 类比 Laurent 级数, 我们将 p-进整数扩充到形式幂级数

$$\sum_{i=-m}^{\infty} a_i p^i = a_{-m} p^{-m} + \cdots + a_{-1} p^{-1} + a_0 + a_1 p + \cdots,$$

其中 $m \in \mathbb{Z}$, $a_i \in S_p$. 这样的级数称为 p-**进数**, 用 $\mathbb{Q}_p$ 表示所有 p-进数组成的集合. 对任意 $f \in \mathbb{Q}$, 不妨记 $f = p^{-m} \dfrac{g}{h}$, 这里 $g, h \in \mathbb{Z}$ 且 $(gh, p) = 1$, $\dfrac{g}{h} \in \mathbb{Z}_{(p)}$. 若 $\dfrac{g}{h}$ 的 p-进展开为

$$a_0 + a_1 p + a_2 p^2 + \cdots,$$

则定义 f 的 p-进展开为

$$a_0 p^{-m} + a_1 p^{-m+1} + \cdots + a_m + a_{m+1} p + \cdots \in \mathbb{Q}_p.$$

这样我们构造了一个典范的映射 $\mathbb{Q} \to \mathbb{Q}_p$, 且这个映射将 $\mathbb{Z}$ 映到 $\mathbb{Z}_p$. 注意到若 $a, b \in \mathbb{Z}$ 有相同的 p-进展开, 则对任意 $n \in \mathbb{N}, p^n \mid (a-b)$, 从而 $a=b$. 由此不难看出上面的映射是单射. 我们将 $f \in \mathbb{Q}$ 等同到它在 $\mathbb{Q}_p$ 里的像, 表示为

$$f = \sum_{i=-m}^{\infty} a_i p^i.$$

这个便是函数 Taylor 展式在整数情形的算术类比. 一个自然的问题是: 若 f 是正整数, 等式 $f = a_0 + a_1 p + \cdots + a_n p^n$ 即是 f 的 p-进展开; 一般的等式 $f = \sum_{i=-m}^{\infty} a_i p^i$ 有何意义?

例 5.1.1 (有理数的 p-进展开) 设 $a, b \in \mathbb{Z}$ 且 $b \geqslant 1, a \neq 0$, 我们计算有理数 $\dfrac{a}{b}$ 的 p-进展开. 首先将 p 的幂次提取出来, 不妨设 $p \nmid ab$; 我们已经知道怎样计算一个整数的 p-进展开, 不妨再设 $0 \leqslant \dfrac{a}{b} < 1$.

由于 $b \geqslant 1$ 且与 p 互素, 可知存在正整数 s, 使得 $p^s \equiv 1 \pmod{b}$, 设 $p^s - 1 = bm$, 于是

$$\frac{a}{b} = \frac{am}{p^s - 1} = -\frac{am}{1 - p^s}.$$

一方面, 由于 $0 \leqslant a < b$, 故 $am < p^s - 1$, 所以 am 的 p-进展开为

$$am = a_0 + a_1 p + \cdots + a_{s-1} p^{s-1}.$$

因此

$$\frac{am}{1-p^s} = (a_0 + a_1 p + \cdots + a_{s-1} p^{s-1})(1 + p^s + p^{2s} + \cdots)$$

$$= (\dot{a}_0 a_1 \cdots \dot{a}_{s-1})_p,$$

$$-\frac{am}{1-p^s} = (p-a_0\ p-1-a_1 \cdots p-1-a_{s-1}\ \overline{p-1-a_0}\ p-1-a_1 \cdots \overline{p-1-a_{s-1}})_p,$$

这里记号 $(\dot{x}_1 \cdots \dot{x}_m)$ 表示字节 $(x_1 \cdots x_m)$ 无限循环得到的序列.

5.2 p-进数与反向极限

我们可以在 p-进数上定义加法和乘法, 从而使得 $\mathbb{Z}_p$ 成为一个环, $\mathbb{Q}_p$ 是 $\mathbb{Z}_p$ 的分式域. 在上一节我们将数类比到多项式, 但其运算是进制运算, 与多项式的运算有所区别, 比如

$$(1+2\times 3)(1+2\times 3) = 1 + 4\times 3 + 4\times 9$$
$$= 1 + (1+3)3 + (1+3)3^2$$
$$= 1 + 3 + 2\times 3^2 + 3^3.$$

即 $(1\ 2)_3(1\ 2)_3 = (1\ 1\ 2\ 1)_3$. 为了消除运算的不便之处, 我们从另一角度考虑 p-进整数 $f = \sum_{i=0}^{\infty} a_i p^i$, 从而清晰地了解 $\mathbb{Z}_p$ 和 $\mathbb{Q}_p$ 的代数结构. 我们不再视其为由整数 $s_n = \sum_{i=0}^{n-1} a_i p^i \in \mathbb{Z}$ 给出的序列, 而是将其视为由剩余类

$$\bar{s}_n = s_n \pmod{p^n} \in \mathbb{Z}/p^n\mathbb{Z}$$

给出的序列. 这时序列中的元素属于不同的环 $\mathbb{Z}/p^n\mathbb{Z}$, 但是它们由典范投射联系起来. 具体来说, 用 $\lambda_i : \mathbb{Z}/p^{i+1}\mathbb{Z} \to \mathbb{Z}/p^i\mathbb{Z}$ 表示自然投射, 对所有 n, 有

$$\lambda_n(\bar{s}_{n+1}) = \bar{s}_n.$$

在无穷乘积

$$\prod_{n=1}^{\infty} \mathbb{Z}/p^n\mathbb{Z} = \{(x_n)_{n\in \mathbb{N}} \mid x_n \in \mathbb{Z}/p^n\mathbb{Z}\}$$

中, 考虑对所有 n 都满足

$$\lambda_n(x_{n+1}) = x_n$$

的元素 $(x_n)_{n\in \mathbb{N}}$. 这些元素组成的集合称为环 $\mathbb{Z}/p^n\mathbb{Z}$ 的**反向极限**或**投射极限**, 记作 $\varprojlim_n \mathbb{Z}/p^n\mathbb{Z}$. 换言之,

$$\varprojlim_n \mathbb{Z}/p^n\mathbb{Z} = \left\{ (x_n)_{n\in \mathbb{N}} \in \prod_{n=1}^{\infty} \mathbb{Z}/p^n\mathbb{Z} \;\middle|\; 对所有 n, \lambda_n(x_{n+1}) = x_n \right\}.$$

下面的结论给出了 $\mathbb{Z}_p$ 的另一种表述.

命题 5.2.1 对 p-进整数 $f = \sum_{i=0}^{\infty} a_i p^i$, 定义 $\bar{s}_n = \sum_{i=0}^{n-1} a_i p^i \pmod{p^n} \in \mathbb{Z}/p^n\mathbb{Z}$, 则 $(\bar{s}_n)_{n\in \mathbb{N}} \in \varprojlim_n \mathbb{Z}/p^n\mathbb{Z}$, 且这个映射给出了 $\mathbb{Z}_p$ 到 $\varprojlim_n \mathbb{Z}/p^n\mathbb{Z}$ 的双射.

命题的证明很简单, 由构造可直接推出. 反向极限 $\varprojlim_n \mathbb{Z}/p^n\mathbb{Z}$ 虽然抽象, 但是其环结构明确: 它是无穷乘积 $\prod_{n=1}^{\infty} \mathbb{Z}/p^n\mathbb{Z}$ 的子环, 其加法和乘法即所有分支上加法和乘法的组合. 我们可用 $\varprojlim_n \mathbb{Z}/p^n\mathbb{Z}$ 来描述 $\mathbb{Z}_p$, 并称 $\mathbb{Z}_p$ 为 p-**进整数环**.

由于每个元素 $f \in \mathbb{Q}_p$ 可以表示为 $f = p^{-m}g, g \in \mathbb{Z}_p$. 在 $\mathbb{Z}_p$ 上的加法和乘法可以自然延拓到 $\mathbb{Q}_p$ 上, 这样 $\mathbb{Q}_p$ 便成为 $\mathbb{Z}_p$ 的分式域. 不难看出, $\mathbb{Z}$ 是 $\mathbb{Z}_p$ 的子环, $\mathbb{Q}$ 是 $\mathbb{Q}_p$ 的子域.

注记 5.2.1 对每个正整数 n, $\mathbb{Z}/p^n\mathbb{Z}$ 是个有限集, 对其赋予离散拓扑, 我们便得到一个拓扑空间. 对无穷乘积 $\prod_{n=1}^{\infty} \mathbb{Z}/p^n\mathbb{Z}$ 赋予乘积拓扑, $\varprojlim_n \mathbb{Z}/p^n\mathbb{Z}$ 是 $\prod_{n=1}^{\infty} \mathbb{Z}/p^n\mathbb{Z}$ 的一个闭子集, 从而是紧的、完全不连通的. 通过命题的双

射，我们可以赋予 $\mathbb{Z}_p$ 拓扑环的结构，在这个拓扑下，$\mathbb{Q}_p$ 成为一个局部紧的拓扑域.

本节最后，利用反向极限，我们给出 p-进数与 Diophantus 方程的一个联系，这是研究 p-进数的出发点之一，在后面我们会进一步探讨相关结果. 对整系数多项式 $F \in \mathbb{Z}[x_1, \cdots, x_n]$，考虑方程

$$F(x_1, \cdots, x_n) = 0$$

的整数解. 一般来说，判断方程是否有解以及有解情形下求所有解都是困难的. 退一步，对所有 $m \in \mathbb{Z}$，我们考虑同余方程

$$F(x_1, \cdots, x_n) \equiv 0 \pmod{m}$$

的解. 由中国剩余定理，只需要对所有素数 p 和正整数 i，考虑同余方程

$$F(x_1, \cdots, x_n) \equiv 0 \pmod{p^i}$$

的解. 我们希望通过研究同余方程来研究最初的 Diophantus 方程，而对同余方程的研究又可以归结到 p-进整数方程的研究. 下面的命题给出了这些方程间的一个初步关系.

命题 5.2.2 令 $F(x_1, \cdots, x_n)$ 是一个整系数多项式. 固定素数 p，同余方程

$$F(x_1, \cdots, x_n) \equiv 0 \pmod{p^i}$$

对每个 $i \geqslant 1$ 都有解当且仅当

$$F(x_1, \cdots, x_n) = 0$$

在 $\mathbb{Z}_p$ 上有解.

证明 我们视 $\mathbb{Z}_p$ 为反向极限

$$\mathbb{Z}_p = \varprojlim_i \mathbb{Z}/p^i\mathbb{Z} \subset \prod_{i=1}^{\infty} \mathbb{Z}/p^i\mathbb{Z}.$$

从这个角度来看，方程 $F(x_1, \cdots, x_n) = 0$ 在 $\mathbb{Z}_p$ 上的解在 $\mathbb{Z}/p^i\mathbb{Z}$ 处的分量便给出同余方程 $F(x_1, \cdots, x_n) \equiv 0 \pmod{p^i}$ 的解. 另一方面，设 $(x_1^{(i)}, \cdots, x_n^{(i)}) \in (\mathbb{Z}/p^i\mathbb{Z})^n$ 是同余方程

$$F(x_1, \cdots, x_n) \equiv 0 \pmod{p^i}$$

的一个解. 若对每个 $1 \leqslant k \leqslant n$，元素 $(x_k^{(i)})_{i \in \mathbb{N}} \in \prod_{i=1}^{\infty} \mathbb{Z}/p^i\mathbb{Z}$ 落在子集 $\varprojlim_i \mathbb{Z}/p^i\mathbb{Z}$ 里，我们便得到方程 $F(x_1, \cdots, x_n) = 0$ 在 $\mathbb{Z}_p$ 上的解. 否则，归纳构造 $(y_k^{(j)})_{1 \leqslant k \leqslant n} \in (\mathbb{Z}/p^j\mathbb{Z})^n$ 使得

$$y_k^{(j)} \equiv y_k^{(j-1)} \pmod{p^{j-1}}, \quad F(y_1^{(j)}, \cdots, y_n^{(j)}) \equiv 0 \pmod{p^j},$$

并且存在无穷多 i 使得 $(y_k^{(j)}) \equiv (x_k^{(i)}) \pmod{p^j}$.

注意到当 $j_2 > j_1$ 时, $F \equiv 0 \pmod{p^{j_2}}$ 的解一定是 $F \equiv 0 \pmod{p^{j_1}}$ 的解. 当 $j = 1$ 时, 存在一个 $(y_k^{(1)})_{1 \leqslant k \leqslant n}$ 为方程 $F(x_1, \cdots, x_n) \equiv 0 \pmod{p}$ 的解, 并且存在无穷多 i 满足 $(y_k^{(1)}) \equiv (x_k^{(i)}) \pmod{p}$. 假设我们已经找到 $(y_k^{(1)}), \cdots, (y_k^{(j-1)})$. 类似地, 由于有无穷多 $i \geqslant j$ 满足 $(y_k^{(j-1)}) \equiv (x_k^{(i)}) \pmod{p^{j-1}}$, 我们可以找到 $F(x_1, \cdots, x_n) \equiv 0 \pmod{p^j}$ 的一个解 $(y_k^{(j)})$, 在上面无穷多元素里有一个无穷子集满足 $(y_k^{(j)}) \equiv (x_k^{(i)}) \pmod{p^j}$. 这样便完成了 $(y_k^{(j)})_{1 \leqslant k \leqslant n} \in (\mathbb{Z}/p^j\mathbb{Z})^n$ 的构造.

容易验证对每个 k, $y_k := (y_k^{(j)})_{j \in \mathbb{N}} \in \mathbb{Z}_p$ 且 $(y_1, \cdots, y_n) \in \mathbb{Z}_p^n$ 是 $\mathbb{Z}_p$ 上方程 $F(x_1, \cdots, x_n) = 0$ 的一个解. □

> **注记 5.2.2** 由于 $\mathbb{Z}$ 是 $\mathbb{Z}_p$ 的子环, $F(x_1, \cdots, x_n) = 0$ 在 $\mathbb{Z}$ 上有解的一个必要条件便是对任意素数 p, 其在 $\mathbb{Z}_p$ 上有解. 相对于 $\mathbb{Z}, \mathbb{Z}_p$ 有更好的拓扑性质, 从而有更多的工具研究其上多项式的根.

5.3 p-进绝对值

前面我们通过类比多项式 Taylor 展式, 定义 p-进整数为形式幂级数
$$a_0 + a_1 p + a_2 p^2 + \cdots, \quad 0 \leqslant a_i \leqslant p - 1.$$
这种表述与通常的小数的十进制表达式
$$a_0 + a_1 \left(\frac{1}{10}\right) + a_2 \left(\frac{1}{10}\right)^2 + \cdots, \quad 0 \leqslant a_i \leqslant 9$$
很相似. 但是形式幂级数的表达式在通常意义下并不收敛. 另外, 我们还没有将数与几何真正联系起来. 这一节我们引入 p-进绝对值的概念, 利用完备化方法从有理数 $\mathbb{Q}$ 构造 $\mathbb{Q}_p$, 正如我们通过完备化由有理数 $\mathbb{Q}$ 构造实数 $\mathbb{R}$.

5.3.1 p-进距离和完备化

固定素数 p. 令 $a = \dfrac{b}{c}$ ($b, c \in \mathbb{Z}, c \neq 0$) 是一个有理数. 将 p 的幂次提取出来并记
$$a = p^m \frac{b'}{c'}, \quad (b'c', p) = 1.$$
定义 a 的 p-进绝对值为
$$|a|_p = \frac{1}{p^m}.$$

可以看出, p-进绝对值不能衡量一个自然数通常意义下的大小. 事实上, 若一个自然数被越高的 p 的幂次整除, 这个自然数的 p-进绝对值越小; 正如我们观察到, 如果一个整数被 p 的任意幂次整除, 那么这个数只能是 0. 特别地, 在 p-进整数的形式表达式中, 求和项 $a_n p^n$ 在 p-进绝对值下趋向于 0, 这便部分回答了收敛性问题.

在表达式 $a = p^m \frac{b'}{c'}$ 中, 整数 m 称为 a 的 p-**进指数赋值**, 我们记其为 $v_p(a)$. 为方便起见, 我们记 $v_p(0) = \infty$. 这样我们得到映射

$$v_p : \mathbb{Q} \longrightarrow \mathbb{Z} \cup \{\infty\}.$$

容易验证 v_p 满足如下性质:

(1) $v_p(a) = \infty \Leftrightarrow a = 0$.

(2) $v_p(ab) = v_p(a) + v_p(b)$.

(3) $v_p(a+b) \geqslant \min\{v_p(a),\ v_p(b)\}$.

注意到 $|a|_p = p^{-v_p(a)}$, 上面 v_p 的三条性质转化为 $|\cdot|_p$ 的如下性质:

(1) $|a|_p = 0 \Leftrightarrow a = 0$.

(2) $|ab|_p = |a|_p |b|_p$.

(3) $|a+b|_p \leqslant \max\{|a|_p, |b|_p\} \leqslant |a|_p + |b|_p$.

注记 5.3.1 一个良好定义的绝对值 $|\cdot|$ 应该满足三个基本性质:

(1) $|a| = 0 \Leftrightarrow a = 0$.

(2) $|ab| = |a| \cdot |b|$.

(3) $|a+b| \leqslant |a| + |b|$ (三角不等式).

在 $\mathbb{Q}$ 上通常意义下的绝对值 $|\cdot|_\infty$ 和所有 p-进绝对值 $|\cdot|_p$ 都满足如上三个条件. 后面我们会证明 (定理 7.1.1), $\mathbb{Q}$ 上任意满足如上三个条件的绝对值一定形如 $|\cdot|_\infty^s$ 或 $|\cdot|_p^s$ (对某个 $s > 0$).

为方便起见, 在表述 $|\cdot|_p$ 中, 我们可以取 $p = \infty$, 这时的绝对值便是通常意义的绝对值. 我们用 Ω 表示所有素数和 ∞ 构成的集合. 对 $\mathbb{Q}$ 而言, 所有 p-进绝对值 $|\cdot|_p$ 并不是完全独立的, 我们有如下的**乘积公式**.

命题 5.3.1 对任意有理数 $a \neq 0$, 有

$$\prod_{p \in \Omega} |a|_p = 1.$$

证明 对有理数 $a \neq 0$, 有素数分解

$$a = \pm \prod_{p \neq \infty} p^{v_p(a)},$$

这里除有限个素数 p 外, 指数 $v_p(a)$ 都为 0. 这个素数分解又可写为

$$a = \frac{a}{|a|_\infty} \prod_{p \neq \infty} \frac{1}{|a|_p},$$

从而得到 $\prod_{p\in\Omega}|a|_p = 1$. □

> **注记 5.3.2** 从乘积公式可以看出,对于给定的有理数 a, 我们找不到一个与之不相等的有理数 b, 使得对所有 $p \in \Omega$, $|a-b|_p$ 都很小. 另一方面, 后面我们会看到 (定理 5.3.1) 对任意有限个 p-进绝对值, 可以找到 b 使得 $|a-b|_p$ 都很小.

从 p-进绝对值出发, 我们可以很自然地定义两个有理数 a 和 b 之间的 p-进距离为 $|a-b|_p$. 然后我们可以仿照从有理数构造实数的办法, 用极限的思想构造 p-进数.

定义 5.3.1 固定素数 p. 关于 p-进绝对值 $|\cdot|_p$ 的一个 **Cauchy 序列**是指一个由有理数构成的数列 $\{x_n\}_{n\in\mathbb{N}}$, 使得对任意 $\epsilon > 0$, 存在正整数 n_0 满足

$$\text{对所有} n, m \geqslant n_0, \text{都有} |x_n - x_m|_p < \epsilon.$$

若 Cauchy 序列 $\{x_n\}_{n\in\mathbb{N}}$ 满足 $\lim_{n\to\infty}|x_n|_p = 0$, 我们称之为**零序列**.

例 5.3.1 (1) 固定素数 p, 序列 $x_n = p^n$ ($n \in \mathbb{N}$) 是关于 $|\cdot|_p$ 的一个零序列.

(2) 对任意的形式级数 $\sum_{i=0}^{\infty}a_ip^i$ ($0 \leqslant a_i < p$), 用 s_n 表示其部分和:

$$s_n = \sum_{i=0}^{n}a_ip^i.$$

当 $n > m$ 时,

$$|s_n - s_m|_p = \left|\sum_{i=m+1}^{n}a_ip^i\right|_p = \frac{1}{p^{m+1}}\left|\sum_{i=m+1}^{n}a_ip^{i-m-1}\right|_p \leqslant \frac{1}{p^{m+1}}.$$

所以 $\{s_n\}_{n\in\mathbb{N}}$ 是一个 Cauchy 序列.

所有的 Cauchy 序列构成一个环 R, 其加法和乘法分别为分量加法和乘法的组合. 所有的零序列构成环 R 的一个极大理想 $\mathfrak{m}$. 定义 p-**进数域** $\mathbb{Q}_p$ 为环 R 在极大理想 $\mathfrak{m}$ 处的剩余类域:

$$\mathbb{Q}_p := R/\mathfrak{m}.$$

> **注记 5.3.3** (1) 这里记号 $\mathbb{Q}_p$ 与上一节记号 $\mathbb{Q}_p$ 相同, 但是当前表示的是不同的对象. 我们不引进新的记号, 接下来我们会证明这两个对象是同构的.
>
> (2) 对每个有理数 $a \in \mathbb{Q}$, 构造 Cauchy 序列 $(a, a, a, \cdots)$, 从而我们可以将 $\mathbb{Q}$ 视为 $\mathbb{Q}_p$ 的子域.
>
> (3) 对 $\mathbb{Q}_p$ 的元素 x, 设 $\{x_n\}_{n\in\mathbb{N}} \in R$ 是其一个代表元, 定义
>
> $$|x|_p := \lim_{n\to\infty}|x_n|_p \in \mathbb{R}.$$
>
> 由于 $||x_m|_p - |x_n|_p| \leqslant |x_m - x_n|_p$, $|x_n|_p$ 构成 $\mathbb{R}$ 中的 Cauchy 序列, 上式中的极限是存在的. 由零序列的定义, 上式的值与代表元的选取无关, 这样我们

将 p-进绝对值延拓到了 $\mathbb{Q}_p$ 上.

(4) p-进指数赋值 v_p 也可以从 $\mathbb{Q}$ 延拓到 $\mathbb{Q}_p$ 上. 事实上, 设 $x \in \mathbb{Q}_p$, 记 $\{x_n\}_{n \in \mathbb{N}} \in R$ 是其一个代表元. 于是 $v_p(x_n) = -\log_p |x_n|_p$ 要么发散到 ∞, 要么构成 $\mathbb{Z}$ 上的一个 Cauchy 序列. 由于 $\mathbb{Z}$ 是离散的, $v_p(x_n)$ 在 n 足够大时保持不变. 定义

$$v_p(x) = \lim_{n \to \infty} v_p(x_n) = v_p(x_m),\ m \gg 0.$$

注意到对任意 $x \in \mathbb{Q}_p$, 由定义, 有 $|x|_p = p^{-v_p(x)}$.

(5) 在上面的构造中, 若取 $p = \infty$, 我们便得到 $\mathbb{Q}_\infty = \mathbb{R}$. 当 $p \neq \infty$ 时, 不仅有三角不等式

$$|x + y|_p \leqslant |x|_p + |y|_p,$$

还有更强的不等式

$$|x + y|_p \leqslant \max\{|x|_p,\ |y|_p\}.$$

我们称之为**强三角不等式**或**超距不等式**.

(6) 设 $\{x_n\}_{n \in \mathbb{N}}$ 是非零 Cauchy 序列, 于是存在 N 足够大, 当 $n > N$ 时 $x_n \neq 0$. 构造序列 $\{y_n\}_{n \in \mathbb{N}}$, 当 $n \leqslant N$ 时 $y_n = 1$; 当 $n > N$ 时 $y_n = x_n^{-1}$. 当 m, n 充分大时,

$$|y_m - y_n|_p = |x_m^{-1} - x_n^{-1}|_p = \frac{|x_m - x_n|_p}{|x_m|_p |x_n|_p} \to 0.$$

从而 $\{y_n\}_{n \in \mathbb{N}}$ 也是非零 Cauchy 序列, 且 $\{x_n\}_{n \in \mathbb{N}}$ 和 $\{y_n\}_{n \in \mathbb{N}}$ 在 $\mathbb{Q}_p$ 中的像互为乘法逆元.

由 Cauchy 序列的基本性质, 我们有如下结论.

命题 5.3.2 对任意素数 p, 包括 $p = \infty$, p-进数域 $\mathbb{Q}_p$ 在 p-进绝对值 $|\cdot|_p$ 下是完备的, 即 $\mathbb{Q}_p$ 中的任意 Cauchy 序列都收敛到 $\mathbb{Q}_p$.

从强三角不等式出发, 我们给出 p-进整数新的定义.

命题 5.3.3 定义集合 $\mathbb{Z}_p := \{x \in \mathbb{Q}_p \mid |x|_p \leqslant 1\}$, 下列结论成立:

(1) $\mathbb{Z}_p$ 构成 $\mathbb{Q}_p$ 的子环.

(2) $\mathbb{Z}_p$ 是 $\mathbb{Z}$ 在 $\mathbb{Q}_p$ 里的拓扑闭包, 从而 $\mathbb{Z}_p$ 是 $\mathbb{Q}_p$ 的闭子环.

(3) $\mathbb{Z}_p$ 的乘法单位群是

$$\mathbb{Z}_p^\times = \{x \in \mathbb{Z}_p \mid |x|_p = 1\}.$$

证明 由 $|\cdot|_p$ 的性质,

$$|x+y|_p \leqslant \max\{|x|_p, |y|_p\}, \quad |xy|_p = |x|_p|y|_p,$$

知 $\mathbb{Z}_p$ 对加法和乘法保持封闭, 所以 $\mathbb{Z}_p$ 构成 $\mathbb{Q}_p$ 的一个子环.

设 $\{x_n\}$ 是由整数构成的 Cauchy 序列, 这里我们视 $\mathbb{Z}$ 为 $\mathbb{Q}_p$ 的子集. 令 $x = \lim\limits_{n\to\infty} x_n$. 由于 $|x_n|_p \leqslant 1$, $|x|_p = \lim\limits_{n\to\infty} |x_n|_p \leqslant 1$, 即 $x \in \mathbb{Z}_p$. 另一方面, 设 $x \in \mathbb{Z}_p$ 且 $\{x_n\}_{n\in\mathbb{N}} \in R$ 是其代表元. 由于 $|x_n|_p$ 的取值为 p 的幂次, 由定义, 存在 N 使得当 $n \geqslant N$ 时, $|x_n|_p \leqslant 1$. 记 $x_n = \dfrac{a_n}{b_n}$, $a_n, b_n \in \mathbb{Z}$ 且 $(p, b_n) = 1$. 令 $y_n \in \mathbb{Z}$ 满足 $b_n y_n \equiv a_n \pmod{p^n}$, 于是 $|x_n - y_n|_p \leqslant \dfrac{1}{p^n}$. 从而 $x = \lim\limits_{n\to\infty} y_n$, 即 $\mathbb{Z}_p$ 包含在 $\mathbb{Z}$ 的闭包中. 第二个结论得证.

若 x 是乘法单位, 显然有 $|x|_p = 1$. 若 $|x|_p = 1$, $\{x_n\}_{n\in\mathbb{N}} \in R$ 是其代表元. 由定义, 存在 N 使得当 $n \geqslant N$ 时, $|x_n|_p = 1$. 记 $x_n = \dfrac{a_n}{b_n}$, $a_n, b_n \in \mathbb{Z}$ 且 $(p, a_n b_n) = 1$. 当 $n \leqslant N$ 时令 $y_n = 1$, 当 $n > N$ 时令 $y_n = x_n^{-1}$. 于是 $\{y_n\}_{n\in\mathbb{N}} \in \mathbb{Z}_p$ 是 x 的逆元. □

对 $\mathbb{Q}_p$ 里的每一个非零元 x, 记 $m = v_p(x)$, 于是 $|p^{-m}x|_p = 1$, 即 $p^{-m}x \in \mathbb{Z}_p^\times$. 从而可将 x 表示为

$$x = p^m u, \ m \in \mathbb{Z}, \ u \in \mathbb{Z}_p^\times.$$

易见这样的表示方法是唯一的.

命题 5.3.4 环 $\mathbb{Z}_p$ 是一个主理想整环, 其非零理想为

$$p^n \mathbb{Z}_p = \{x \in \mathbb{Q}_p \mid v_p(x) \geqslant n\}, \ n \geqslant 0,$$

并且 $\mathbb{Z} \hookrightarrow \mathbb{Z}_p$ 诱导了同构

$$\mathbb{Z}/p^n\mathbb{Z} \cong \mathbb{Z}_p/p^n\mathbb{Z}_p.$$

证明 设 $\mathfrak{p}$ 是 $\mathbb{Z}_p$ 的一个非零理想. 由于 $\mathbb{Z}_p$ 中元素的 p-进指数赋值非负, 在 $\mathfrak{p}$ 中可以找到元素 x 使得

$$v_p(x) = \min\{v_p(z) \mid z \in \mathfrak{p}\}.$$

对任意 $y \in \mathfrak{p}$, 必有 $y = p^m u$, $m \geqslant v_p(x)$ 且 $u \in \mathbb{Z}_p^\times$. 从而 $\mathfrak{p} = p^{v_p(x)}\mathbb{Z}_p$.

考虑同态

$$\mathbb{Z} \longrightarrow \mathbb{Z}_p/p^n\mathbb{Z}_p,$$

$$z \longmapsto z \pmod{p^n\mathbb{Z}_p}.$$

容易看出这个同态的核为 $p^n\mathbb{Z}$. 我们只需要证明这个同态是满射即可. 事实上, 对任意 $x \in \mathbb{Z}_p$, 由于 $\mathbb{Z}_p$ 是 $\mathbb{Z}$ 在 $\mathbb{Q}_p$ 中的闭包, 故存在 $y \in \mathbb{Z}$ 满足 $|x-y|_p \leqslant \dfrac{1}{p^n}$, 即 $x \equiv y \pmod{p^n}$, 结论得证. □

最后我们证明如下的**弱逼近定理**.

定理 5.3.1　设 $S \subset \Omega$ 是一个有限集,则 $\mathbb{Q}$ 在 $\prod_{v \in S} \mathbb{Q}_v$ 中的像稠密,这里 $\prod_{v \in S} \mathbb{Q}_v$ 的拓扑为乘积拓扑.

证明　通过添加元素到 S 中,不妨设 $S = \{\infty, p_1, \cdots, p_n\}$,其中 p_i 是互不相同的素数. 我们需要证明 $\mathbb{Q}$ 在 $X = \mathbb{R} \times \mathbb{Q}_{p_1} \times \cdots \times \mathbb{Q}_{p_n}$ 中稠密. 任取 $(x_\infty, x_1, \cdots, x_n) \in X$, 不妨设 $x_i \in \mathbb{Z}_{p_i}$ $(1 \leqslant i \leqslant n)$. 我们说明对任意 $\epsilon > 0$, 正整数 N, 存在 $x \in \mathbb{Q}$ 使得

$$\text{对所有} 1 \leqslant i \leqslant n, \text{都有 } |x - x_\infty|_\infty \leqslant \epsilon, \ v_{p_i}(x - x_i) \geqslant N. \tag{5.3-1}$$

由命题 5.3.4 和中国剩余定理,存在 $x_0 \in \mathbb{Z}$ 满足 $x_0 \equiv x_i \pmod{p_i^N}$, 即 $v_{p_i}(x_0 - x_i) \geqslant N$. 取素数 $q \notin \{p_1, \cdots, p_n\}$, 注意到集合 $\{a/q^m \mid a \in \mathbb{Z}, m \in \mathbb{Z}_{\geqslant 0}\}$ 在 $\mathbb{R}$ 中稠密, 可取 $u = a/q^m$ 使得

$$|x_0 - x_\infty + u(p_1 \cdots p_n)^N|_\infty \leqslant \epsilon.$$

于是 $x = x_0 + u(p_1 \cdots p_n)^N$ 满足 (5.3-1) 中的所有条件, 结论得证. □

5.3.2　超距几何

我们看到 p-进距离满足强三角不等式, 满足强三角不等式的度量空间有特殊的几何结构. 我们学习所谓超距空间的基本拓扑性质.

定义 5.3.2　设 (M, d) 是一个度量空间, 若度量 d 满足对任意 $x, y, z \in M$,

$$d(x, y) \leqslant \max\{d(x, z), d(z, y)\},$$

则称 (M, d) 是一个**超距空间**. 此不等式称为**超距不等式**.

超距空间与欧式空间的几何不同, 我们通过下面几个例子进行说明.

命题 5.3.5　超距空间的三角形都是等腰三角形.

证明　设超距空间中三角形的三个顶点分别是 x, y, z, 三条边的长度分别为 $a = d(z, y)$, $b = d(x, z)$, $c = d(x, y)$. 不失一般性,设 $a \leqslant b \leqslant c$. 由超距不等式, 有

$$c = d(x, y) \leqslant \max\{d(y, z), d(z, x)\} = b.$$

从而必有 $b = c$. 因此三角形为等腰三角形, 且第二边的长度 a 小于等于腰长. □

度量空间 (M, d) 中以 x 为球心, δ 为半径的球是指集合

$$B_\delta(x) := \{y \in M \mid d(x, y) < \delta\}.$$

命题 5.3.6　在超距空间中, 球的每一个内点都是球心.

证明　设 x, y 是超距空间中的两点且 $d(x, y) < \delta$. 于是 $x \in B_\delta(y)$ 且 $y \in B_\delta(x)$. 要证明此命题, 我们只需要证明 $B_\delta(x) = B_\delta(y)$. 设 $z \in B_\delta(x)$, 则

$$d(z, y) \leqslant \max\{d(z, x), d(x, y)\} < \delta,$$

即 $z \in B_\delta(y)$. 故 $B_\delta(x) \subset B_\delta(y)$. 类似地, $B_\delta(y) \subset B_\delta(x)$. 结论得证. □

固定超距空间中的一个球 $B_\delta(x)$. 设 y 是超距空间中不属于这个球的点, 即 $d(x,y) \geqslant \delta$. 考虑球 $B_\delta(y)$, 有 $B_\delta(x) \cap B_\delta(y) = \varnothing$. 否则, 假设存在 $z \in B_\delta(x) \cap B_\delta(y)$, 由上一个命题, 有

$$B_\delta(x) = B_\delta(z) = B_\delta(y).$$

这与 $y \notin B_\delta(x)$ 矛盾. 这说明超距空间的球都没有边界, 超距空间是完全不连通空间.

5.3.3 完备化与反向极限

我们接下来说明上面通过完备化构造的 $\mathbb{Q}_p$ 与上一节利用反向极限构造的 p-进数是同构的. 在定义 5.1.1 中, 我们定义 p-进整数为形式级数

$$\sum_{i=0}^{\infty} a_i p^i,\ a_i \in S_p.$$

令 $s_n = \sum_{i=0}^{n} a_i p^i$ 为其部分和, 定义

$$\overline{s}_n \equiv s_n \pmod{p^n} \in \mathbb{Z}/p^n\mathbb{Z}.$$

于是形式级数对应到 $(\overline{s}_n)_{n\in\mathbb{N}} \in \varprojlim_n \mathbb{Z}/p^n\mathbb{Z}$.

由命题 5.3.4, 对任意 $n \geqslant 1$, 有同构 $\mathbb{Z}_p/p^n\mathbb{Z}_p \cong \mathbb{Z}/p^n\mathbb{Z}$, 从而得到满同态

$$\mathbb{Z}_p \longrightarrow \mathbb{Z}/p^n\mathbb{Z}.$$

这些满同态诱导了同态

$$\mathbb{Z}_p \longrightarrow \varprojlim_n \mathbb{Z}/p^n\mathbb{Z}. \tag{5.3-2}$$

下面我们证明这个同态是拓扑环之间的同构, 从而利用完备化构造的 $\mathbb{Z}_p$ 与上一节的 p-进整数环本质上是一样的. 在后面的内容里, 我们将灵活运用不同的描述方式来学习 $\mathbb{Z}_p$ 和 $\mathbb{Q}_p$.

命题 5.3.7 同态 $\mathbb{Z}_p \to \varprojlim_n \mathbb{Z}/p^n\mathbb{Z}$ 是拓扑环的同构.

证明 设 $x \in \mathbb{Z}_p$ 映到 0, 这表示 $x \equiv 0 \pmod{p^n}$ 对所有 n 都成立, 故 $x = 0$, 即所指同态是单射.

另一方面, 任取 $y \in \varprojlim_n \mathbb{Z}/p^n\mathbb{Z}$, 不妨设这个元素对应到形式级数

$$\sum_{i=0}^{\infty} a_i p^i,\ a_i \in S_p.$$

注意到在 p-进绝对值下, 这个形式级数是收敛的, 记 $x \in \mathbb{Z}_p$ 是其极限. 于是 x 在所指映射下的像即为 y, 满射亦得证.

最后我们说明这个同构也是同胚. 注意到在 $\mathbb{Z}_p$ 中, $p^m\mathbb{Z}_p$ 构成单位元的一组开邻域基, 在映射下 $p^m\mathbb{Z}_p$ 的像 $(\prod_{i>m}\mathbb{Z}/p^i\mathbb{Z}) \cap \varprojlim_n \mathbb{Z}/p^n\mathbb{Z}$ 构成 $\varprojlim_n \mathbb{Z}/p^n\mathbb{Z}$ 中单位元的一组开邻域基, 从而结论成立. □

我们给出 $\mathbb{Z}_p$ 的另一种描述方式. 记 $\mathbb{Z}[[X]]$ 是由形式幂级数 $\sum_{i=0}^{\infty} a_i X^i$ ($a_i \in \mathbb{Z}$) 构成的环, 于是有自然同态

$$\mathbb{Z}[[X]] \longrightarrow \mathbb{Z}_p,$$
$$\sum_{i=0}^{\infty} a_i X^i \longmapsto \sum_{i=0}^{\infty} a_i p^i. \quad (5.3\text{-}3)$$

显然, 这个同态是满射且理想 $(X-p)$ 包含在同态的核里. 我们有如下结果.

命题 5.3.8 上述同态诱导了同构 $\mathbb{Z}[[X]]/(X-p) \cong \mathbb{Z}_p$.

证明 我们需要验证同态的核正好是主理想 $(X-p)$. 设 $f(X) = \sum_{i=0}^{\infty} a_i X^i \in \mathbb{Z}[[X]]$ 使得 $\sum_{i=0}^{\infty} a_i p^i = 0 \in \mathbb{Z}_p$. 于是对任意 $n \in \mathbb{N}$,

$$a_0 + a_1 p + \cdots + a_{n-1} p^{n-1} \equiv 0 \pmod{p^n}.$$

对 $n \geqslant 1$, 定义

$$b_{n-1} = -\frac{1}{p^n}(a_0 + a_1 p + \cdots + a_{n-1} p^{n-1}).$$

直接验证得到

$$\sum_{i=0}^{\infty} a_i X^i = (X-p) \sum_{i=0}^{\infty} b_i X^i.$$

从而 $f(X) \in (X-p)$, 结论得证. □

5.4 $\mathbb{Q}_p$ 的乘法群

在这一节, 我们进一步学习 $\mathbb{Q}_p$ 的乘法群, 一方面为局部—整体原则的学习提供工具, 另一方面为后面抽象对象提供具体实例. 记 $U = \mathbb{Z}_p^{\times}$. 对任意 $n \geqslant 1$, 令 $U_n = 1 + p^n \mathbb{Z}_p$, 我们有自然的短正合列

$$1 \longrightarrow U_n \longrightarrow U \xrightarrow{\varepsilon_n} (\mathbb{Z}/p^n\mathbb{Z})^{\times} \longrightarrow 1,$$

其中 ϵ_n 是自然投射 $\mathbb{Z}_p \to \mathbb{Z}_p/p^n\mathbb{Z}_p \cong \mathbb{Z}/p^n\mathbb{Z}$ 在乘法群上的限制. 特别地, $U/U_1 \cong \mathbb{F}_p^{\times}$ 是一个阶为 $p-1$ 的循环群. 若 $x, y \in \mathbb{Z}_p$, $n \geqslant 1$, 则有

$$(1 + p^n x)(1 + p^n y) \equiv 1 + p^n(x+y) \pmod{p^{n+1}}.$$

从而映射 $U_n \to \mathbb{Z}/p\mathbb{Z}$ $(1+p^n x \mapsto x \pmod{p}))$ 诱导了同构 $U_n/U_{n+1} \cong \mathbb{Z}/p\mathbb{Z}$. 特别地, U_1/U_n 的阶为 p^{n-1}.

引理 5.4.1 设 $0 \to A \to E \to B \to 0$ 是 Abel 群的正合列, a 和 b 分别是 A 和 B 的阶且 $(a,b)=1$. 令 $B' = \{e \in E \mid be = 0\}$, 则 $E = A \oplus B'$, 且 B' 是 E 的同构于 B 的唯一子群.

证明 由于 $(a,b)=1$, 故存在整数 r,s 使得 $ar+bs=1$. 若 $x \in A \cap B'$, 则 $ax = bx = 0$. 从而 $x = (ar+bs)x = rax + sbx = 0$, 故 $A \cap B' = \{0\}$.

任取 $x \in E$, 则 $x = arx + bsx$. 由于 $bB' = 0$, 故 $bE \subset A$, $bsx \in A$. 另一方面, $abE = \{0\}$, 从而 $arx \in B'$. 故 $E \subset A+B'$.

综上可知 $E = A \oplus B'$ 且投射 $E \to B$ 诱导了同构 $B' \cong B$. 若 $B'' \subset E$ 是另一个子群且 $B'' \cong B$, 则 $bB'' = \{0\}$, 从而 $B'' \subset B'$. 故有 $B'' = B'$. 这便完成了引理的证明. $\square$

命题 5.4.1 令 $V = \{x \in U \mid x^{p-1} = 1\} \subset U$, 则 V 是 U 的同构于 $\mathbb{F}_p^\times$ 的子群, 且 $U = V \times U_1$.

证明 我们有 Abel 群的短正合列

$$1 \longrightarrow U_1/U_n \longrightarrow U/U_n \longrightarrow \mathbb{F}_p^\times \longrightarrow 1.$$

由于 $\mathbb{F}_p^\times$ 的阶为 $p-1$, U_1/U_n 的阶为 p^{n-1}, 由引理 5.4.1 可知 U/U_n 包含唯一的一个子群 $V_n \cong \mathbb{F}_p^\times$. 当 $n \geq 2$ 时, U_{n-1}/U_n 的阶为 p, 从而自然满射 $U/U_n \to U/U_{n-1}$ 诱导了同构 $V_n \cong V_{n-1}$. 由 $U = \varprojlim U/U_n$, 极限 $\varprojlim V_n$ 给出了 U 的子群 V, 且 $V \cong \mathbb{F}_p^\times$, $U = U_1 \times V$. 命题得证. $\square$

我们学习 U_1 的结构, 进一步描述乘法群 $\mathbb{Q}_p^\times$.

引理 5.4.2 令 $x \in U_n - U_{n+1}$. 若 $p \neq 2$, 设 $n \geq 1$; 若 $p = 2$, 设 $n \geq 2$. 则 $x^p \in U_{n+1} - U_{n+2}$.

证明 由条件, 不妨设 $x = 1 + cp^n$, $c \in \mathbb{Z}_p$ 且 $c \not\equiv 0 \pmod{p}$. 于是

$$x^p = (1+cp^n)^p = 1 + cp^{n+1} + \cdots + c^p p^{np} \equiv 1 + cp^{n+1} \pmod{p^{n+2}}.$$

结论得证. $\square$

命题 5.4.2 若 $p \neq 2$, 则 U_1 同构于 $\mathbb{Z}_p$; 若 $p = 2$, 则 $U_1 = \{\pm 1\} \times U_2$ 且 U_2 同构于 $\mathbb{Z}_2$.

证明 首先考虑 $p \neq 2$ 的情形. 取 $\alpha \in U_1 - U_2$, 由引理 5.4.2, $\alpha^{p^i} \in U_{i+1} - U_{i+2}$. 令 α_n 是 α 在 U_1/U_n 中的像, 于是 $\alpha_n^{p^{n-2}} \neq 1$ 而 $\alpha_n^{p^{n-1}} = 1$. 由于 U_1/U_n 的阶为 p^{n-1}, 故 U_1/U_n 是循环群且 α_n 是一个生成元. 记 $\theta_{n,\alpha}: \mathbb{Z}/p^{n-1}\mathbb{Z} \to U_1/U_n$ $(z \mapsto \alpha_n^z)$, 我们

有交换图

$$\begin{array}{ccc} \mathbb{Z}/p^n\mathbb{Z} & \xrightarrow{\theta_{n+1,\alpha}} & U_1/U_{n+1} \\ \downarrow & & \downarrow \\ \mathbb{Z}/p^{n-1}\mathbb{Z} & \xrightarrow{\theta_{n,\alpha}} & U_1/U_n \end{array}$$

取反向极限, 我们得到同构

$$\theta = \varprojlim \theta_{n,\alpha} : \mathbb{Z}_p = \varprojlim \mathbb{Z}/p^n\mathbb{Z} \longrightarrow \varprojlim U_1/U_{n+1} = U_1.$$

现设 $p = 2$. 取 $\alpha \in U_2 - U_3$, 即 $\alpha \equiv 5 \pmod 8$. 与上面类似, 定义同构

$$\theta_{n,\alpha} : \mathbb{Z}/2^{n-2}\mathbb{Z} \longrightarrow U_2/U_n.$$

取反向极限, 得到同构 $\theta_\alpha : \mathbb{Z}_2 \to U_2$. 另一方面, 映射 $U_1 \to U_1/U_2 \cong \mathbb{Z}/2\mathbb{Z}$ 诱导了同构 $\{\pm 1\} \cong \mathbb{Z}/2\mathbb{Z}$. 我们有等式

$$U_1 = \{\pm 1\} \times U_2,$$

从而命题得证. □

定理 5.4.1 若 $p \neq 2$, 则 $\mathbb{Q}_p^\times \cong \mathbb{Z} \times \mathbb{Z}_p \times \mathbb{Z}/(p-1)\mathbb{Z}$; 若 $p = 2$, 则 $\mathbb{Q}_2^\times \cong \mathbb{Z} \times \mathbb{Z}_2 \times \mathbb{Z}/2\mathbb{Z}$.

证明 注意到任意 $x \in \mathbb{Q}_p^\times$ 都可唯一表示为 $x = p^n u$, 其中 $n \in \mathbb{Z}, x \in U$. 由命题 5.4.1, $U = V \times U_1$ 且 $V \cong \mathbb{Z}/(p-1)\mathbb{Z}$; 再由命题 5.4.2, 我们得到期望的同构. □

注记 5.4.1 由定理 5.4.1, 我们知道 $x^{p-1} = 1$ 在 $\mathbb{Q}_p^\times$ 中有 $p-1$ 个解, 即 $\mathbb{Q}_p^\times$ 包含所有 $p-1$ 次单位根. 在下一节, 我们将从解方程的角度再次证明这个结论.

在这一小节最后, 我们考虑 $\mathbb{Q}_p^\times$ 中的平方元.

推论 5.4.1 设 $p \neq 2$, $x = p^n u \in \mathbb{Q}_p^\times$, 其中 $n \subset \mathbb{Z}, u \subset U$.

(1) x 是一个平方元当且仅当 n 是偶数且 u 在 $\mathbb{F}_p^\times = U/U_1$ 中是一个平方元.

(2) $\mathbb{Q}_p^\times/(\mathbb{Q}_p^\times)^2 \cong \mathbb{Z}/2\mathbb{Z} \times \mathbb{Z}/2\mathbb{Z}$. 若 $u \in U$ 在 $\mathbb{F}_p^\times = U/U_1$ 中不是一个平方元, 则 $\{1, p, u, up\}$ 构成 $\mathbb{Q}_p^\times/(\mathbb{Q}_p^\times)^2$ 的一组代表元.

证明 记 $u = u'u_1$, 其中 $u' \in V, u_1 \in U_1$. 由定理 5.4.1, x 是一个平方元当且仅当 n 是一个偶数且 u' 和 u_1 都是平方元. 注意到 $U_1 \cong \mathbb{Z}_p$ 且 $2 \in \mathbb{Z}_p$ 是可逆的, U_1 中的任意元素都是平方元. 由于 $V \cong \mathbb{F}_p^\times$, 我们得到 x 是一个平方元当且仅当 n 是偶数且 u 在 $\mathbb{F}_p^\times = U/U_1$ 中是一个平方元. 由同构 $\mathbb{Q}_p^\times \cong \mathbb{Z} \times \mathbb{Z}_p \times \mathbb{Z}/(p-1)\mathbb{Z}$, 第二个论断成立. □

类似地, 当 $p = 2$ 时, 由同构 $\mathbb{Z}_2 \cong U_2$ 易得如下结果.

推论 5.4.2 设 $x = 2^n u \in \mathbb{Q}_2^\times$, 其中 $n \in \mathbb{Z}, u \in U$.

(1) x 是一个平方元当且仅当 n 是偶数且 $u \equiv 1 \pmod 8$.

(2) $\mathbb{Q}_2^\times/(\mathbb{Q}_2^\times)^2 \cong \mathbb{Z}/2\mathbb{Z} \times \mathbb{Z}/2\mathbb{Z} \times \mathbb{Z}/2\mathbb{Z}$, 且 $\{\pm 1, \pm 5, \pm 2, \pm 10\}$ 构成 $\mathbb{Q}_2^\times/(\mathbb{Q}_2^\times)^2$ 的一组代表元.

5.5 p-进方程

作为命题 5.2.2 的延续, 我们介绍所谓的 Newton 逼近法, 从多项式 $f \in \mathbb{Z}_p[x]$ 模 p^n 的解构造其在 $\mathbb{Z}_p$ 上的解.

引理 5.5.1 设 $f \in \mathbb{Z}_p[x]$, f' 是 f 的导数. 令 $x \in \mathbb{Z}_p$, $n, k \in \mathbb{Z}$, 满足 $0 \leqslant 2k < n$, $f(x) \equiv 0 \pmod{p^n}$, $v_p(f'(x)) = k$, 则存在 $y \in \mathbb{Z}_p$ 满足

$$f(y) \equiv 0 \pmod{p^{n+1}}, \quad v_p(f'(y)) = k, \quad y \equiv x \pmod{p^{n-k}}.$$

证明 取 $y = x + p^{n-k} z$, $z \in \mathbb{Z}_p$. 由 Taylor 展式, 有

$$f(y) = f(x) + p^{n-k} z f'(x) + p^{2n-2k} a, \ a \in \mathbb{Z}_p.$$

由假设条件, $f(x) = p^n b$, $f'(x) = p^k c$, $b \in \mathbb{Z}_p$ 且 $c \in \mathbb{Z}_p^\times$. 令 $z \in \mathbb{Z}_p$, 且 z 满足方程

$$b + cz \equiv 0 \pmod{p}.$$

由于 $2n - 2k > n$, 故

$$f(y) = p^n(b + cz) + p^{2n-2k} a \equiv 0 \pmod{p^{n+1}}.$$

再利用 Taylor 展式, 有

$$f'(y) = f'(x) + p^{n-k} d, \ d \in \mathbb{Z}_p.$$

由于 $n - k > k$, 有 $v_p(f'(y)) = v_p(f'(x)) = k$. 引理得证. □

定理 5.5.1 令 $f \in \mathbb{Z}_p[x_1, \cdots, x_m]$, $a = (a_i) \in (\mathbb{Z}_p)^m$. 若存在 $n, k, j \in \mathbb{Z}$, 满足 $1 \leqslant j \leqslant m$, $0 \leqslant 2k < n$, 且

$$f(a) \equiv 0 \pmod{p^n}, \quad v_p\left(\frac{\partial f}{\partial x_j}(a)\right) = k,$$

则存在 f 的一个零点 $b \in (\mathbb{Z}_p)^m$ 满足 $b \equiv a \pmod{p^{n-k}}$.

证明 首先考虑 $m = 1$ 的情形. 由引理 5.5.1, 取 $a^{(0)} = a$, 我们能找到 $a^{(1)} \in \mathbb{Z}_p$, 满足

$$a^{(1)} \equiv a^{(0)} \pmod{p^{n-k}}, \quad f(a^{(1)}) \equiv 0 \pmod{p^{n+1}}, \quad v_p(f'(a^{(1)})) = k.$$

然后将引理 5.5.1 运用到 $a^{(1)}$ 上, 并继续这个操作, 构造出序列 $\{a^{(q)}\}_{q\geqslant 0}$, 满足

$$a^{(q+1)} \equiv a^{(q)} \pmod{p^{n+q-k}}, \quad f(a^{(q)}) \equiv 0 \pmod{p^{n+q}}.$$

这个序列是一个 Cauchy 序列. 令 $b \in \mathbb{Z}_p$ 是这个序列的极限, 于是 $f(b) = 0$ 且 $b \equiv a \pmod{p^{n-k}}$. 这样便完成了 $m = 1$ 情形的证明.

若 $m > 1$, 固定 $j \in \mathbb{Z}, 1 \leqslant j \leqslant m$. 令 $x_i = a_i, i \neq j$, 便得到只有一个变元的多项式 $\tilde{f} \in \mathbb{Z}_p[x_j]$. 利用 $m = 1$ 的结果, 存在 $b_j \in \mathbb{Z}_p$, 满足 $b_j \equiv a_j \pmod{p^{n-k}}$ 且 $\tilde{f}(b_j) = 0$. 当 $i \neq j$ 时, 取 $b_i = a_i, b = (b_i) \in (\mathbb{Z}_p)^m$ 满足所有条件, 定理得证. $\square$

设 $f \in K[x_1, \cdots, x_m]$ 是域 K 上的多项式, $(a_1, \cdots, a_m)$ 是 $f(x) = 0$ 的根. 若偏导数 $\dfrac{\partial f}{\partial x_j}(a)$ 不全为零, 则称其为**单根**. 记 $\overline{f} = f \pmod{p} \in \mathbb{F}_p[x_1, \cdots, x_m]$, 在定理中考虑特殊情形 $n = 1, k = 0$, 我们得到下面的推论.

推论 5.5.1 记号如上, $\overline{f}$ 的每一个属于 $(\mathbb{F}_p)^m$ 的单根都可提升为一个 f 的属于 $(\mathbb{Z}_p)^m$ 的根.

设 R 是一个环, 称点 $(a_1, \cdots, a_m) \in R^m$ 是**本原的**, 如果至少有一个 a_i 是乘法可逆的. 特别地, $(a_1, \cdots, a_m) \in \mathbb{Z}_p^m$ 是本原的当且仅当至少有一个 a_i 不被 p 整除. 若 $x \in \mathbb{Z}_p$, 我们用 $\overline{x}$ 表示 x 在 $\mathbb{F}_p$ 中的像. 在上个推论中, 若 f 是一个齐次二次多项式, 即二次型, 我们便得到如下结果.

推论 5.5.2 设 $p \neq 2$. 令 $f = \sum_{i=1}^m a_{ii} x_i^2 + \sum_{i \neq j} a_{ij} x_i x_j$ 是一个二次型, 满足 $a_{ij} = a_{ji}, a_{ij} \in \mathbb{Z}_p, \det(a_{ij}) \pmod{p} \neq 0$. 令 $a \in \mathbb{Z}_p$. 则方程 $\overline{f}(x) = \overline{a}$ 的每一个属于 $(\mathbb{F}_p)^m$ 的本原解可提升为方程 $f(x) = a$ 的一个属于 $(\mathbb{Z}_p)^m$ 的解.

证明 设 $b = (b_i) \in (\mathbb{F}_p)^m$ 是 $\overline{f}(x) = \overline{a}$ 的一个本原解. 由推论 5.5.1, 我们只需要验证偏导数 $\dfrac{\partial f}{\partial x_i}(b)$ 不全为零. 假设所有偏导数 $\dfrac{\partial f}{\partial x_i}(b)$ 全为零, 注意到 $\dfrac{\partial f}{\partial x_i} = 2 \sum_j a_{ij} x_j$, 且 $\det(a_{ij}) \pmod{p} \neq 0$, 从而 $b = (b_i)$ 为零向量, 与条件矛盾. 故结论成立. $\square$

推论 5.5.3 设 $p = 2$. 令 $f = \sum_{i=1}^m a_{ii} x_i^2 + \sum_{i \neq j} a_{ij} x_i x_j$ 是一个二次型, 满足 $a_{ij} = a_{ji}, a_{ij} \in \mathbb{Z}_p, \det(a_{ij}) \pmod{2} \neq 0$. 又令 $a \in \mathbb{Z}_2$. 设 $\overline{b} \in (\mathbb{Z}/8\mathbb{Z})^m$ 是方程 $f(x) \equiv a \pmod{8}$ 的一个本原解, 则 $\overline{b}$ 可提升为方程 $f(x) = a$ 的一个属于 $(\mathbb{Z}_p)^m$ 的解.

证明 由 $\det(a_{ij}) \pmod{2} \neq 0$ 知偏导数 $\dfrac{\partial f}{\partial x_j}(\overline{b}) \pmod{4}$ 不全为零. 若否, 则由 $\dfrac{\partial f}{\partial x_i} = 2 \sum_j a_{ij} x_j$ 可知 $\overline{b} \pmod{2} = 0$, 与 $\overline{b}$ 的本原性矛盾.

任取 $b \in (\mathbb{Z}_2)^m$ 是 $\overline{b}$ 的提升, 则 b 是本原的. 由条件, 有 $f(b) \equiv 0 \pmod{2^3}$, 且对某个 j, $v_2\left(\dfrac{\partial f}{\partial x_j}(b)\right) = 1$. 由定理 5.5.1, 取 $n = 3, k = 1$, 结论成立. $\square$

最后, 我们给出注记 5.4.1 的另一个证明, 新的证明更便于推广, 参考例 7.4.1.

推论 5.5.4 $\mathbb{Q}_p$ 包含所有 $p - 1$ 次单位根.

证明　在定理 5.5.1 中取 $f(x) = x^{p-1} - 1$. 对任意不被 p 整除的正整数 a, 有 $f(a) \equiv 0 \pmod{p}$, $v_p(f'(a)) = 0$, 故 $x^{p-1} - 1$ 在 $\mathbb{Z}_p$ 上有解, 且其与 $a \pmod{p}$ 相等, 结论得证. □

5.6　$\mathbb{Q}_p$ 上的 Hilbert 符号

在这一节, K 表示 $\mathbb{R}$ 或者 $\mathbb{Q}_p$.

5.6.1　Hilbert 符号的定义和计算

设 $a, b \in K^\times$, 定义

$$(a, b) = \begin{cases} 1, & \text{若 } z^2 - ax^2 - by^2 = 0 \text{ 在 } K^3 \text{ 中有解 } (z, x, y) \neq (0, 0, 0), \\ -1, & \text{其他}. \end{cases}$$

我们称 $(a, b) = \pm 1$ 为 $a, b \in K^\times$ 的 **Hilbert 符号**. 显然, 若 a 或 b 乘一个平方元, 对应的 Hilbert 符号保持不变, 从而其定义了一个映射

$$K^\times / (K^\times)^2 \times K^\times / (K^\times)^2 \longrightarrow \{\pm 1\}.$$

引理 5.6.1　设 $a, b \in K^\times$, 令 $K_b = K(\sqrt{b})$, 则 $(a, b) = 1$ 当且仅当 $a \in \mathrm{N}_{K_b/K} K_b^\times$.

证明　若 $b \in (K^\times)^2$, 不妨设 $b = c^2$, 则 $(c, 0, 1)$ 是 $z^2 - ax^2 - by^2 = 0$ 的非零解, 故 $(a, b) = 1$. 注意到 $K_b = K$, $\mathrm{N}_{K_b/K} K_b^\times = K^\times$, 结论显然成立.

若 $b \notin (K^\times)^2$, 从而 K_b / K 是一个二次扩张. 这时如果存在 $\xi = \alpha + \beta \sqrt{b} \in K_b$, α, $\beta \in K$, 使得 $\mathrm{N}_{K_b/K}(\xi) = a$, 那么 $(\alpha, 1, \beta)$ 是 $z^2 - ax^2 - by^2 = 0$ 的非零解, 故 $(a, b) = 1$. 反之, 若 $(a, b) = 1$, $(z, x, y) \neq (0, 0, 0)$ 满足 $z^2 - ax^2 - by^2 = 0$, 由于 b 不是平方元, 故必有 $x \neq 0$, 从而 $a = \mathrm{N}_{K_b/K} \left(\dfrac{z}{x} + \sqrt{b} \dfrac{y}{x} \right)$. 引理得证. □

命题 5.6.1　设 $a, b, c, d \in K^\times$, Hilbert 符号满足下列性质:
(1) $(a, b) = (b, a)$, $(a, c^2) = 1$, $(d^2, b) = 1$.
(2) $(a, -a) = 1$, $(a, 1-a) = 1$.
(3) $(a, b) = 1 \Rightarrow (aa', b) = (a', b)$.
(4) $(a, b) = (a, -ab) = (a, (1-a)b)$.

证明　性质 (1) 显然. 注意到 $(0, 1, 1)$ 是 $z^2 - ax^2 + ay^2 = 0$ 的非零解, $(1, 1, 1)$ 是 $z^2 - ax^2 - (1-a)y^2 = 0$ 的非零解, 性质 (2) 成立.

若 $a \in \mathrm{N}_{K_b/K} K_b^\times$, 由于范数映射是群同态, 故 $aa' \in \mathrm{N}_{K_b/K} K_b^\times$ 当且仅当 $a' \in \mathrm{N}_{K_b/K} K_b^\times$, 性质 (3) 成立. 性质 (4) 是性质 (2) 和 (3) 的直接推论. □

注记 5.6.1 事实上, 我们将证明 Hilbert 符号是双线性的, 即

$$(aa', b) = (a, b)(a', b), \quad (a, bb') = (a, b)(a, b').$$

上面的性质 (3) 是双线性性质的特殊情形.

我们给出 Hilbert 符号的计算公式. 当 $K = \mathbb{R}$ 时, 我们有如下结果.

命题 5.6.2 设 $K = \mathbb{R}$. 若 $a > 0$ 或者 $b > 0$, 则 $(a, b) = 1$; 若 $a < 0$ 且 $b < 0$, 则 $(a, b) = -1$.

当 $K = \mathbb{Q}_p$ 时, 情形相对复杂. 设 $u \in \mathbb{Z}_p^\times$, 我们用 $\left(\dfrac{u}{p}\right)$ 表示 Legendre 符号 $\left(\dfrac{\overline{u}}{p}\right)$, 其中 $\overline{u} = u \pmod{p} \in \mathbb{F}_p$. 在 $\mathbb{Q}_2$ 上, 定义 $\epsilon, \omega : U \to \mathbb{Z}/2\mathbb{Z}$ 如下:

$$\epsilon(u) \equiv \frac{u-1}{2} \pmod{2} = \begin{cases} 0, & \text{若 } u \equiv 1 \pmod{4}, \\ 1, & \text{若 } u \equiv -1 \pmod{4}; \end{cases}$$

$$\omega(u) \equiv \frac{u^2-1}{8} \pmod{2} = \begin{cases} 0, & \text{若 } u \equiv \pm 1 \pmod{8}, \\ 1, & \text{若 } u \equiv \pm 5 \pmod{8}. \end{cases} \tag{5.6-1}$$

命题 5.6.3 设 $K = \mathbb{Q}_p$. 记 $a = p^\alpha u, b = p^\beta v$, 其中 $u, v \in U$, 则

$$(a, b) = \begin{cases} (-1)^{\alpha\beta\epsilon(p)} \left(\dfrac{u}{p}\right)^\beta \left(\dfrac{v}{p}\right)^\alpha, & \text{若 } p \neq 2, \\ (-1)^{\epsilon(u)\epsilon(v)+\alpha\omega(v)+\beta\omega(u)}, & \text{若 } p = 2. \end{cases} \tag{5.6-2}$$

在证明命题之前, 我们先做一些准备工作.

定理 5.6.1 (Chevalley-Warning) 令 n 为正整数, $f_i \in \mathbb{F}_q[x_1, \cdots, x_n]$ 是有限域 $\mathbb{F}_q = \mathbb{F}_{p^f}$ 上有 n 个变元的多项式, 满足 $\sum_i \deg(f_i) < n$. 设 $V = \{(a_j) \in \mathbb{F}_q^n \mid$ 对所有 $i, f_i(a_j) = 0\}$, 则

$$|V| \equiv 0 \pmod{p}.$$

证明 令 $P = \prod_i (1 - f_i^{q-1})$. 容易验证 P 是集合 V 的特征函数. 对任意多项式 f, 记 $S(f) = \sum_{x \in \mathbb{F}_q^n} f(x)$. 于是

$$|V| \equiv S(P) \pmod{p}.$$

由于 $\sum_i \deg(f_i) < n$, $\deg(P) < n(q-1)$, 故 P 的每一个单项式 $x_1^{u_1} \cdots x_n^{u_n}$ 都满足 $\sum_i u_i < n(q-1)$, 从而至少有一个 u_i 满足 $u_i < q - 1$. 注意到若 $1 \leqslant u \leqslant q - 2$, 有 $\sum_{x \in \mathbb{F}_q} x^u = 0$. 故 $S(x_1^{u_1} \cdots x_n^{u_n}) = 0$, 从而 $S(P) \equiv 0 \pmod{p}$. 定理得证. □

推论 5.6.1 若 $\sum_i \deg(f_i) < n$ 且每一个 f_i 都没有常数项, 则 V 包含非零元. 特别地, $\mathbb{F}_q$ 上至少有三个变元的二次型在 $\mathbb{F}_q$ 上有非平凡零点.

引理 5.6.2 设 $v \in U$ 是一个 p-进单位. 若方程 $z^2 - px^2 - vy^2 = 0$ 在 $\mathbb{Q}_p$ 上有一个非零解, 则方程有一个解 (z, x, y) 满足 $z, y \in U, x \in \mathbb{Z}_p$.

证明 不妨设 (z, x, y) 是方程的解且 x, y, z 至少有一个不被 p 整除, 这时必有 $z, y \in U, x \in \mathbb{Z}_p$. 否则 y 和 z 至少有一个被 p 整除, 从而二者都被 p 整除, 故 $x^2 = p^{-1}(z^2 - vy^2)$ 被 p 整除, $z \equiv y \equiv x \equiv 0 \pmod{p}$, 得到矛盾. $\square$

命题 5.6.3 的证明 首先考虑 $p \neq 2$ 的情形. 由命题 5.6.1, (a, b) 的取值与 α 和 β 的奇偶性相关, 我们只需要验证如下三种情形.

(1) $\alpha = \beta = 0$, 此时我们需要证明 $(u, v) = 1$. 由推论 5.6.1, 方程 $z^2 - ux^2 - vy^2 = 0$ 在 $\mathbb{F}_p$ 上有非零解. 再由推论 5.5.2, 这个非零解可提升为 $\mathbb{Q}_p$ 上的解, 从而 $(u, v) = 1$.

(2) $\alpha = 1, \beta = 0$, 此时我们需要证明 $(pu, v) = \left(\dfrac{v}{p}\right)$. 由于 $(u, v) = 1$, 由命题 5.6.1, 我们只需要证明 $(p, v) = \left(\dfrac{v}{p}\right)$. 若 v 是一个平方元, $(p, v) = \left(\dfrac{v}{p}\right) = 1$. 若 v 不是一个平方元, 由推论 5.4.1 知 $\left(\dfrac{v}{p}\right) = -1$. 假设 $(p, v) = 1$, 由引理 5.6.2 知 $\left(\dfrac{v}{p}\right) = 1$, 矛盾. 故 $(p, v) = \left(\dfrac{v}{p}\right) = -1$.

(3) $\alpha = \beta = 1$, 此时我们需要证明 $(pu, pv) = (-1)^{(p-1)/2} \left(\dfrac{u}{p}\right)\left(\dfrac{v}{p}\right)$. 由命题 5.6.1 和 $(pu, v) = \left(\dfrac{v}{p}\right)$, 直接计算有

$$(pu, pv) = (pu, -p^2 uv) = (pu, -uv) = \left(\dfrac{-uv}{p}\right) = (-1)^{(p-1)/2} \left(\dfrac{u}{p}\right)\left(\dfrac{v}{p}\right).$$

下面考虑 $p = 2$ 的情形. 类似地, 我们也需要考虑如下三种情形.

(1) $\alpha = \beta = 0$, 此时我们需要证明: 若 u 或者 v 模 4 等于 1, 则 $(u, v) = 1$; 若 u 和 v 模 4 均不为 1, 则 $(u, v) = -1$. 首先设 $u \equiv 1 \pmod{4}$. 若 $u \equiv 1 \pmod{8}$, 则由推论 5.4.2, u 是一个平方元, 从而 $(u, v) = 1$; 若 $u \equiv 5 \pmod{8}$, 则 $u + 4v \equiv 1 \pmod{8}$, 从而存在 $w \in U$, 使得 $w^2 = u + 4v$, $(w, 1, 2)$ 是 $z^2 - ux^2 - vy^2 = 0$ 的解, 故 $(u, v) = 1$. 接下来设 $u \equiv v \equiv -1 \pmod{4}$, 假设 (z, x, y) 是 $z^2 - ux^2 - vy^2 = 0$ 的一个本原解, 模 4 得到 $z^2 + x^2 + y^2 \equiv 0 \pmod{4}$, 从而 $x \equiv y \equiv z \equiv 0 \pmod{2}$, 与本原性矛盾, 故 $(u, v) = -1$.

(2) $\alpha = 1, \beta = 0$, 此时我们需要证明: $(2u, v) = (-1)^{\epsilon(u)\epsilon(v) + \omega(v)}$. 为此我们证明 $(2, v) = (-1)^{\omega(v)}$ 且 $(2u, v) = (2, v)(u, v)$.

设 $(2, v) = 1$, 则存在 $x, y, z \in \mathbb{Z}_2$ 使得 $z^2 - 2x^2 - vy^2 = 0$ 且 $y \equiv z \equiv 1 \pmod{2}$, 模 8 得到 $v \equiv \pm 1 \pmod{8}$. 反之, 若 $v \equiv 1 \pmod{8}$, 则 v 是一个平方元, 故 $(2, v) = 1$; 若 $v \equiv -1 \pmod{8}$, $z^2 - 2x^2 - vy^2 = 0$ 在 $\mathbb{Z}/8\mathbb{Z}$ 上有解 $(1, 1, 1)$, 由推论 5.5.3, 这个解可提升为 $z^2 - 2x^2 - vy^2 = 0$ 在 $\mathbb{Z}_2$ 上的解, 故 $(2, v) = 1$. 综上便有 $(2, v) = (-1)^{\omega(v)}$.

我们接下来说明 $(2u,v) = (2,v)(u,v)$. 由命题 5.6.1, 我们只需要验证 $(2,v) = (u,v) = -1$ 时等式成立. 这时有 $v \equiv 3 \pmod 8$, $u \equiv 3$ 或 $-1 \pmod 8$. 由推论 5.4.2, 模 8 为 1 的元素是平方元, 而乘一个平方元不改变 Hilbert 符号的取值, 不妨设 $u = -1$, $v = 3$ 或者 $u = 3, v = -5$, 这时方程

$$z^2 + 2x^2 - 3y^2 = 0, \quad z^2 - 6x^2 + 5y^2 = 0$$

都有非零解 $(1,1,1)$, 故 $(2u,v) = 1 = (2,v)(u,v)$.

(3) $\alpha = \beta = 1$, 此时我们需要证明: $(2u, 2v) = (-1)^{\epsilon(u)\epsilon(v) + \alpha\omega(v) + \beta\omega(u)}$. 注意到

$$(2u, 2v) = (2u, -4uv) = (2u, -uv) = (-1)^{\epsilon(u)\epsilon(-uv) + \omega(-uv)},$$

且在 $\mathbb{Z}/2\mathbb{Z}$ 中, $\epsilon(-1) = 1$, $\omega(-1) = 0$, $\epsilon(u)(1 + \epsilon(u)) = 0$, 从而

$$\epsilon(u)\epsilon(-uv) + \omega(-uv) = \epsilon(u)\left(1 + \epsilon(u) + \epsilon(v)\right) + \omega(u) + \omega(v)$$

$$= \epsilon(u)\epsilon(v) + \alpha\omega(v) + \beta\omega(u).$$

结论得证. □

定理 5.6.2 视 $K^\times/(K^\times)^2$ 为有限维 $\mathbb{F}_2$-线性空间, 则 Hilbert 符号是定义在线性空间 $K^\times/(K^\times)^2$ 上非退化的双线性型.

证明 若 $K = \mathbb{R}$, 由命题 5.6.2 知结论成立. 若 $K = \mathbb{Q}_p$, 双线性性由命题 5.6.3 的计算公式即得, 下面说明它是非退化的, 即任取 $a \in K^\times$ 不是平方元, 都存在 $b \in K^\times$ 使得 $(a,b) = -1$. 若 $p \neq 2$, 由推论 5.4.1, 不妨设 $a = p, u, pu$, 其中 $u \in U$ 且 $\left(\dfrac{u}{p}\right) = -1$, 我们可对应取 $b = u, p, u$. 若 $p = 2$, 由推论 5.4.2 以及等式 $(5, 2u) = (-1, -1) = (-1, -5) = -1$ ($u = \pm 1, \pm 5$), 可知结论成立. □

5.6.2 Hilbert 符号的局部—整体性质

有理数域 $\mathbb{Q}$ 可以看成是 $\mathbb{Q}_p$ 的子域, p 可以是任意素数, 也可以是 ∞. 若 $a, b \in \mathbb{Q}^\times$, 用 $(a,b)_p$ 表示它们在 $\mathbb{Q}_p$ 中的像的 Hilbert 符号. 用 Ω 表示所有素数和 ∞ 组成的集合. 我们有如下的 Hilbert 符号乘积公式.

定理 5.6.3 (Hilbert) 设 $a, b \in \mathbb{Q}^\times$, 则对几乎所有 $v \in \Omega$, 有 $(a,b)_v = 1$ 且

$$\prod_{v \in \Omega} (a,b)_v = 1.$$

证明 由定理 5.6.2, Hilbert 符号是双线性的, 我们只需要验证 a, b 是素数或者等于 -1 时结论成立. 我们利用命题 5.6.3 的计算公式 (5.6-2) 分情形讨论.

(1) $a = -1, b = -1$, 这时 $(-1,-1)_\infty = (-1,-1)_2 = -1$; 当 $v \neq 2, \infty$ 时, $(-1,-1)_v = 1$. 结论成立.

(2) $a = -1, b = \ell$ 是个素数. 若 $\ell = 2$, 则对所有 $v \in \Omega$, $(-1,2)_v = 1$; 若 $\ell \neq 2$, 则当 $v \neq 2, \ell$ 时 $(-1,\ell)_v = 1$, 且 $(-1,\ell)_2 = (-1,\ell)_\ell = (-1)^{\epsilon(\ell)}$. 结论成立.

(3) $a = \ell, b = \ell'$ 都是素数. 若 $\ell = \ell'$, 则对所有 $v \in \Omega$, $(\ell, \ell)_v = (-1, \ell)_v$, 结论成立. 下面设 $\ell \neq \ell'$. 若 $\ell' = 2$, 则当 $v \neq 2, \ell$ 时, $(\ell, 2)_v = 1$, 且

$$(\ell, 2)_2 = (-1)^{\omega(\ell)}, \quad (\ell, 2)_\ell = \left(\frac{2}{\ell}\right) = (-1)^{\omega(\ell)},$$

结论成立; 若 ℓ 和 ℓ' 是不同的奇素数, 则当 $v \neq 2, \ell, \ell'$ 时, $(\ell, \ell')_v = 1$, 且

$$(\ell, \ell')_2 = (-1)^{\epsilon(\ell)\epsilon(\ell')}, \quad (\ell, \ell')_\ell = \left(\frac{\ell'}{\ell}\right), \quad (\ell, \ell')_{\ell'} = \left(\frac{\ell}{\ell'}\right),$$

由二次互反律知结论成立. □

在 5.6.3 小节我们将利用 tame 符号给出 Hilbert 符号乘积公式的另一个证明. 从定理 5.6.3 出发, 我们可以证明如下结果.

定理 5.6.4 设 I 是一个有限的指标集, $(a_i)_{i \in I}$ 是有限个 $\mathbb{Q}^\times$ 中的元素, $(e_{i,v})_{i \in I, v \in \Omega}$ 是一组数且每个 $e_{i,v} \in \{\pm 1\}$, 则方程 $(a_i, x)_v = e_{i,v}$ ($\forall i \in I, v \in \Omega$) 有解 $x \in \mathbb{Q}^\times$ 当且仅当如下三个条件成立:

(1) 几乎所有 $e_{i,v}$ 都等于 1;

(2) 对任意 $i \in I$, $\prod_{v \in \Omega} e_{i,v} = 1$;

(3) 对任意 $v \in \Omega$, 存在 $x_v \in \mathbb{Q}_v^\times$ 使得对所有 $i \in I$, 都有 $(a_i, x_v)_v = e_{i,v}$.

证明 若方程有解 $x \in \mathbb{Q}^\times$, 条件 (1), (2) 由定理 5.6.3 可得, 条件 (3) 显然成立, 因为我们可取 $x_v = x$.

现设条件 (1), (2), (3) 成立, 我们证明方程有解. 由于乘一个平方元不改变 Hilbert 符号的值, 不妨设所有 a_i 都是整数. 令 $S = \{\infty, 2\} \cup \{p \mid \prod_{i \in I} a_i \equiv 0 \pmod{p}\}$, $T = \{v \in \Omega \mid 存在 i \in I 使得 e_{i,v} = -1\}$, 这两个集合都是 Ω 的有限子集.

首先, 考虑情形 $S \cap T = \varnothing$, 令

$$a = \prod_{\ell \in T, \ell \neq \infty} \ell, \quad m = 8 \prod_{\ell \in S, \ell \neq 2, \infty} \ell.$$

由于 $S \cap T = \varnothing$, a 与 m 互素. 由算术级数的 Dirichlet 定理, 存在素数 $p \equiv a \pmod{m}$ 且 $p \notin S \cup T$. 我们验证 $x = ap$ 满足对所有 $i \in I, v \in \Omega$, $(a_i, x)_v = e_{i,v}$.

• 设 $v \in S$, 我们验证 $(a_i, x)_v = 1$. 若 $v = \infty$, 由于 $x = ap > 0$, 结论显然成立; 若 $v = \ell$ 是一个素数, 则 $x \equiv a^2 \pmod{m}$, 从而 x 在 $\mathbb{Q}_\ell^\times$ 中是一个平方元, 故 $(a_i, x)_v = 1$.

- 设 $v \notin S$. 这时 $v = \ell$ 是一个素数, a_i 是一个 ℓ-进单位. 由于 $\ell \neq 2$, 有

$$(a_i, b)_\ell = \left(\frac{a_i}{\ell}\right)^{v_\ell(b)}, \quad b \in \mathbb{Q}_\ell^\times.$$

若 $\ell \notin \{p\} \cup T$, x 也是一个 ℓ-进单位, 从而 $v_\ell(x) = 0$, 由上式知 $(a_i, x)_\ell = 1 = e_{i,\ell}$.

若 $\ell \in T$, 则 $v_\ell(x) = 1$. 由条件 (3) 知存在 $x_\ell \in \mathbb{Q}_\ell^\times$ 使得对所有 $i \in I$, $(a_i, x_\ell)_\ell = e_{i,\ell}$. 由于 $\ell \in T$, 至少有一个 $e_{i,\ell} = -1$, 于是 $v_\ell(x_\ell) \equiv 1 \pmod 2$. 从而

$$(a_i, x)_\ell = \left(\frac{a_i}{\ell}\right) = (a_i, x_\ell)_\ell = e_{i,\ell}, \quad \forall i \in I.$$

若 $\ell = p$, 由乘积公式,

$$(a_i, x)_p = \prod_{v \neq p}(a_i, x)_v = \prod_{v \neq p} e_{i,v} = e_{i,p},$$

结论成立.

其次, 设 S 与 T 有非平凡的交集. 由于 $(\mathbb{Q}_v^\times)^2$ 是 $\mathbb{Q}_v^\times$ 的开集, 而由定理 5.3.1, $\mathbb{Q}^\times$ 在 $\prod_{v \in S} \mathbb{Q}_v^\times$ 中稠密, 从而存在 $x' \in \mathbb{Q}^\times$, 使得对所有 $v \in S$, $x'/x_v \in (\mathbb{Q}_v^\times)^2$. 特别地, 对所有 $v \in S$, $(a_i, x')_v = (a_i, x_v)_v = e_{i,v}$. 令 $f_{i,v} = e_{i,v}(a_i, x')_v$, 则 $(f_{i,v})$ 满足条件 (1), (2), (3), 且当 $v \in S$ 时 $f_{i,v} = 1$. 由上面的讨论, 存在 $y \in \mathbb{Q}^\times$ 使得对所有 $i \in I$, $v \in \Omega$, $(a_i, y)_v = f_{i,v}$. 令 $x = yx'$, 则对所有 $i \in I$, $v \in \Omega$, $(a_i, x)_v = e_{i,v}$. 定理得证. □

5.6.3 Hilbert 符号和 K_2-群

定义 5.6.1 设 F 是一个域, A 是一个 Abel 群. F 的一个在 A 中取值的 **Steinberg 符号**是指映射

$$\varphi : F^\times \times F^\times \longrightarrow A$$

满足对任意 $a, b, c \in F^\times$, 有

- $\varphi(ab, c) = \varphi(a, c)\varphi(b, c)$;
- $\varphi(a, bc) = \varphi(a, b)\varphi(a, c)$;
- 若 $a + b = 1$, 则 $\varphi(a, b) = 1$.

注记 5.6.2 (1) 在 $\mathbb{Q}_p$ 上, Hilbert 符号 $(\ ,\ )_p$ 是一个在 $\{\pm 1\}$ 中取值的 Steinberg 符号.

(2) 若 $f : F \to E$ 是一个域同态, φ 是 E 上的一个 Steinberg 符号, 则 $\varphi \circ f$ 是 F 上的一个 Steinberg 符号. 特别地, 限制在 $\mathbb{Q}$ 上, Hilbert 符号 $(\ ,\ )_p$ 诱导了 $\mathbb{Q}$ 上的一个 Steinberg 符号.

定义 5.6.2 令 A 是由集合 $F^\times \times F^\times$ 生成的自由 Abel 群, M 是由元素

$$(ab,c)(a,c)^{-1}(b,c)^{-1}, \ (a,bc)(a,b)^{-1}(a,c)^{-1}, \ (a,1-a)$$

生成的子群, 称商群 A/M 为域 F 的**第二阶 K 群**, 记为 $K_2(F)$.

映射

$$U: F^\times \times F^\times \longrightarrow K_2(F),$$

$$(a,b) \longmapsto \{a,b\} := (a,b) \text{ 在 } K_2(F) \text{ 中的像}$$

定义了域 F 在 $K_2(F)$ 中取值的 Steinberg 符号, 且对任意 F 在 A 中取值的 Steinberg 符号 $[\ ,\ ]_A$, 都存在同态 $f_A: K_2(F) \to A$, 使得 $[\ ,\ ]_A = f_A \circ U$. 换言之, 有一一对应

$$\{F \text{ 在 } A \text{ 中取值的 Steinberg 符号}\} \longleftrightarrow \{\text{同态}K_2(F) \to A\}.$$

为方便后续计算, 我们总结 $K_2(F)$ 中元素的若干基本性质.

引理 5.6.3 (1) $\{1,x\} = \{x,1\} = 1$.

(2) $\{x, 1-x^{-1}\} = 1$.

(3) $\{x,-x\} = 1$.

(4) $\{x,y\}\{y,x\} = 1$.

证明 对任意 $\{y,z\}$, 有

$$\{1,x\}\{y,z\} = \{1,x\}\{y,x\}\{y,z/x\} = \{y,x\}\{y,z/x\} = \{y,z\}.$$

从而 $\{1,x\}$ 是乘法单位元. 类似地, $\{x,1\}$ 也是乘法单位元, 结论 (1) 得证. 由于

$$\{x, 1-x^{-1}\} = \{x, 1-x^{-1}\}\{x^{-1}, 1-x^{-1}\} = \{1, 1-x^{-1}\} = 1,$$

结论 (2) 得证. 由于

$$\{x, 1-x^{-1}\}\{x,-x\} = \{x, 1-x\} = 1,$$

结论 (3) 得证. 最后, 由于

$$\{x,y\} = \{x,y\}\{x,-x\} = \{x,-xy\},$$

$$\{y,x\} = \{y,-y\}\{y,x\} = \{y,-xy\},$$

$$\{x,-xy\}\{y,-xy\} = \{xy,-xy\} = 1,$$

我们得到结论 (4). □

我们利用 $K_2(\mathbb{Q})$ 给出 Hilbert 符号乘积公式的另一个证明. 首先计算 $K_2(\mathbb{Q})$ 的结构. 固定素数 p, 对任意 $a, b \in \mathbb{Q}^\times$, 定义

$$[a,b]_p = (-1)^{v_p(a)v_p(b)}\overline{a^{v_p(b)}/b^{v_p(a)}} \in \mathbb{F}_p^\times.$$

这里 $\overline{x}$ 表示 $x \in \mathbb{Z}_p$ 在模 p 映射 $\mathbb{Z}_p \to \mathbb{F}_p$ 下的像. 由于 $v_p(a^{v_p(b)}/b^{v_p(a)}) = 0$, $[\,,\,]_p$ 是良定义的, 我们称之为 $\mathbb{Q}$ 上的一个 **tame** 符号. 不难看出, 当 $p = 2$ 时, tame 符号是平凡的; 一般地,

$$[a,b]_p = \begin{cases} a \pmod{p}, & \text{若}\, v_p(a) = 0,\, v_p(b) = 1, \\ 1, & \text{若}\, v_p(a) = v_p(b) = 0. \end{cases}$$

由命题 5.6.3 的计算公式 (5.6-2), 当 $p \neq 2$ 时, 有 $(a,b)_p = [a,b]_p^{\epsilon(p)}$.

定理 5.6.5 令 $A_2 = \{\pm 1\}$, $A_p = (\mathbb{Z}/p\mathbb{Z})^\times$ (p 奇素数), 有同构

$$\kappa: K_2(\mathbb{Q}) \longrightarrow A_2 \oplus A_3 \oplus A_5 \oplus \cdots,$$

$$\{a,b\} \longmapsto ((a,b)_2, [a,b]_3, [a,b]_5, \cdots),$$

其中 $(a,b)_2$ 是 $\mathbb{Q}_2$ 上的 Hilbert 符号, $[a,b]_p$ 是 $\mathbb{Q}$ 上的 tame 符号.

证明 注意到 Hilbert 符号和 tame 符号都是双线性的, $(a, 1-a)_p = [a, 1-a]_p = 1$, 且当 $v_p(x) = v_p(y) = 0$ 时 $[x,y]_p = 1$, 定理中的映射 κ 是良定义的.

对 $n \geqslant 1$, 定义 $K_2(\mathbb{Q})$ 的子群 L_n:

$$L_n = \langle \{x,y\} \mid x, y \in \mathbb{Z},\, |x|_\infty \leqslant n,\, |y|_\infty \leqslant n \rangle \subset K_2(\mathbb{Q}).$$

子群 L_n 构成 $K_2(\mathbb{Q})$ 的滤链,

$$L_0 := \{1\} \subset L_1 \subset L_2 \subset \cdots \subset K_2(\mathbb{Q}),$$

并且 $\cup_n L_n = K_2(\mathbb{Q})$. 事实上, 任取 $a, b, c, d \in \mathbb{Z}$, $bd \neq 0$, 令 $n = \max\{|a|, |b|, |c|, |d|\}$. 由 $\left\{b, \dfrac{c}{d}\right\}\{b,d\} = \{b,c\} \in L_n$ 可知 $\left\{b, \dfrac{c}{d}\right\} \in L_n$; 再由

$$\left\{\dfrac{a}{b}, \dfrac{c}{d}\right\}\left\{b, \dfrac{c}{d}\right\}\{a,d\} = \{a,c\} \in L_n$$

可知 $\left\{\dfrac{a}{b}, \dfrac{c}{d}\right\} \in L_n$. 我们计算 L_n 的结构.

由定义, L_1 由 $\{1,1\}$, $\{1,-1\}$, $\{-1,1\}$, $\{-1,-1\}$ 四个元素生成. 易知前三个生成元都是平凡的. 注意到对 $\mathbb{R}$ 上的 Hilbert 符号, 有 $(-1,-1)_\infty = -1$, 由泛性质知 $\{-1,-1\}$ 非平凡, 从而 L_1 是由 $\{-1,-1\}$ 生成的二阶循环群.

若 $n \geqslant 2$ 不是素数, 则 $L_n = L_{n-1}$. 事实上, 任取 $\{x,y\} \in L_n$ 满足 $x, y \in \mathbb{Z}$, $|x|_\infty, |y|_\infty \leqslant n$, 当 n 不是素数时, 由双线性性可知 $\{x,y\} \in L_{n-1}$.

定义映射 $\varphi_p : K_2(\mathbb{Q}) \to (\mathbb{Z}/p\mathbb{Z})^\times$ 如下：

$$\varphi_p : K_2(\mathbb{Q}) \longrightarrow (\mathbb{Z}/p\mathbb{Z})^\times,$$

$$\{x, y\} \longmapsto [x, y]_p.$$

若 $\{x, y\} \in L_{p-1}$ 且 $x, y \in \mathbb{Z}$，则 $\gcd(x, p) = \gcd(y, p) = 1$，从而 $\varphi\{x, y\} = 1$. 故 φ_p 诱导了映射 $\varphi_p : L_p/L_{p-1} \to (\mathbb{Z}/p\mathbb{Z})^\times$.

我们下面证明：对任意素数 p，映射

$$\varphi_p : L_p/L_{p-1} \longrightarrow (\mathbb{Z}/p\mathbb{Z})^\times,$$

$$\{x, y\} \longmapsto [x, y]_p$$

是一个同构.

任取 $(\mathbb{Z}/p\mathbb{Z})^\times$ 中的元素，取定其代表元为 $x \in \mathbb{Z}$, $0 < x < p$. 由于 $\gcd(x, p) = 1$, $[x, p]_p \equiv x \pmod{p}$, 故 φ_p 是满射. 另一方面，定义

$$\psi_p : (\mathbb{Z}/p\mathbb{Z})^\times \longrightarrow L_p/L_{p-1},$$

$$\overline{x} \longmapsto \{x, p\}.$$

我们验证 ψ_p 是同态. 设 $z \equiv xy \pmod{p}$, $-p < x, y, z < p$. 不妨设 $xy = z + pr$, $|r| < p$. 于是 $1 = \dfrac{z}{xy} + \dfrac{pr}{xy}$, 从而

$$1 = \left\{\dfrac{z}{xy}, \dfrac{pr}{xy}\right\} \equiv \left\{\dfrac{z}{xy}, p\right\} \pmod{L_{p-1}}. \tag{5.6-3}$$

故 $\{z, p\} \equiv \{xy, p\} \pmod{L_{p-1}}$. 进一步，若 $0 < x < p$, $y = 1$, $z = x - p$, 有

$$\{x - p, p\} \equiv \{x, p\} \pmod{L_{p-1}}.$$

由引理 5.6.3，有

$$\{p, -p\} = \{-p, p\} = 1,$$

$$\{p, p\}\{-1, p\} = 1,$$

$$\{-p, -p\} = \{-p, -1\}\{-p, p\} = \{-p, -1\},$$

$$\{-p, -1\}\{-1, -p\} = 1,$$

$$\{-1, -p\}\{-1, -1\} = \{-1, p\}.$$

从而 L_p/L_{p-1} 由 $\{x, p\}$ ($0 < x < p$, $\gcd(x, p) = 1$) 生成，ψ_p 是个满射. 综上知 φ_p 是个同构.

最后归纳证明
$$L_n \longrightarrow \bigoplus_{p \leqslant n} A_p,$$
$$(a,b) \longmapsto ((a,b)_2, [a,b]_3, [a,b]_5, \cdots)$$

是一个同构, 从而定理得证.

当 $n = 2$ 时, 由引理 5.6.4 知 $L_2 \cong L_1$. 由于 L_1 是由 $\{-1, -1\}$ 生成的二阶循环群且 $(-1,-1)_2 = -1$, 论断得证. 设 $n - 1$ 时 $L_{n-1} \to \oplus_{p \leqslant n-1} A_p$ 是一个同构, 下面考虑 L_n.

若 n 不是素数, 则 $L_n = L_{n-1}$, $\oplus_{p \leqslant n-1} A_p = \oplus_{p \leqslant n} A_p$, 故 $L_n \to \oplus_{p \leqslant n} A_p$ 是一个同构, 论断成立.

若 n 是素数, 我们有交换图

$$\begin{array}{ccccccccc} 0 & \longrightarrow & L_{n-1} & \longrightarrow & L_n & \longrightarrow & L_n/L_{n-1} & \longrightarrow & 0 \\ & & \downarrow & & \downarrow & & \downarrow \varphi_n & & \\ 0 & \longrightarrow & \oplus_{p \leqslant n-1} A_p & \longrightarrow & \oplus_{p \leqslant n} A_p & \longrightarrow & A_n & \longrightarrow & 0 \end{array}$$

由五引理, 我们得到同构 $L_n \cong \oplus_{p \leqslant n} A_p$. 这便完成了定理的证明. □

下面我们利用 $K_2(\mathbb{Q})$ 的结构给出 Hilbert 符号乘积公式的一个新的证明. 首先证明如下引理.

引理 5.6.4 设 $p \equiv 1 \pmod 8$ 是素数, 则存在素数 $q < \sqrt{p}$ 使得 $\left(\dfrac{p}{q}\right) = -1$.

证明 令 m 是比 $\sqrt{p}$ 小的最大的奇数, 即 $m^2 < p < (m+2)^2$. 令
$$N = \frac{p-1^2}{4} \frac{p-3^2}{4} \cdots \frac{p-m^2}{4} = \prod_{\substack{1 \leqslant i \leqslant m \\ \text{为奇数}}} \frac{p-i^2}{4}.$$

注意到 $0 < \dfrac{p-i^2}{4} < \dfrac{(m+2)^2-i^2}{4} = \dfrac{m+2+i}{2}\dfrac{m+2-i}{2}$, 有 $0 < N < (m+1)!$.

假设对任意素数 $q < \sqrt{p}$, p 都是模 q 的二次剩余. 任取素数 $q < \sqrt{p}$, 则 $q \leqslant m+1$. 设 $q^s \leqslant m+1 < q^{s+1}$. 考虑方程
$$p \equiv X^2 \pmod{4q^s}. \tag{5.6-4}$$

注意到若 $p \equiv x^2 \pmod{q^s}$, 则容易找到 c, 使得 $p \equiv (x+cp^s)^2 \pmod{q^{s+1}}$; 并且若 $p \equiv x^2 \pmod{q^s}$, 则 $p \equiv (x+q^s)^2 \pmod{p^s}$ 且 x 和 $x+q^s$ 有一个为奇数. 故方程(5.6-4)一定有解. 若 X 是方程(5.6-4)的解, 则 $2q^s \pm X$ 也是方程的解. 从而在区间 $[0, m+1]$ 内, 方程至少有 $(m+1)/q^s$ 个解. 对任意素数 $q < m+1$, 有
$$v_q(N) \geqslant [(m+1)/q] + [(m+1)/q^2] + [(m+1)/q^3] + \cdots = v_q[(m+1)!].$$

从而 $N \equiv 0 \pmod{(m+1)!}$, 这与 $0 < N < (m+1)!$ 矛盾. 引理得证. □

Hilbert 符号乘积公式的证明　由 K_2-群的泛性质以及同构 $K_2(\mathbb{Q}) = \oplus A_p$, 对任意 Steinberg 符号 $\varphi : F^\times \times F^\times \to A$, 都存在唯一的一组映射 $f_p : A_p \to A$, 满足

$$\varphi(x,y) = f_2((x,y)_2) \prod_{p>2} f_p([x,y]_p).$$

特别地, 取 φ 为 $\mathbb{R}$ 上的 Hilbert 符号. 当 p 为奇素数时, $(\mathbb{Z}/p\mathbb{Z})^\times \to \mathbb{Z}/2\mathbb{Z}$ 的非平凡同态是 Legendre 符号, 故存在 r_p 使得

$$(x,y)_\infty = \prod_{p\text{为素数}} (x,y)_p^{r_p}.$$

我们只需要说明对所有素数 p, 都有 $r_p = 1$.

(1) 若 $p = 2$, 取 $x = y = -1$, 有

$$(-1,-1)_\infty = -1 = (-1,-1)_2^{r_2} = (-1)^{r_2},$$

故 $r_2 = 1$.

(2) 若 $p \equiv 3 \pmod 4$, 取 $x = -1, y = p$, 有

$$(-1,p)_\infty = 1 = (-1,p)_2(-1,p)_p^{r_p} = (-1)^{\frac{p-1}{2}}(-1)^{r_p},$$

故 $r_p = 1$.

(3) 若 $p \equiv 3, 5 \pmod 8$, 取 $x = 2, y = p$, 有

$$(2,p)_\infty = 1 = (2,p)_2(2,p)_p^{r_p} = 1 \cdot 1^{r_p},$$

故 $r_p = 1$.

(4) 若 $p \equiv 1 \pmod 8$, 取 $x = p, y = q$ 为素数. 由引理 5.6.4, 可设 $q < \sqrt{p}$, $\left(\dfrac{p}{q}\right) = -1$. 利用归纳法, 不妨设 $r_q = 1$, 有

$$(p,q)_\infty = 1 = (p,q)_2 (p,q)_q (p,q)_p^{r_p} = 1 \cdot (-1) \cdot (-1)^{r_p},$$

故 $r_p = 1$.

综上, 我们得到 Hilbert 符号乘积公式 $\prod_{v \in \Omega} (x,y)_v = 1$. □

注记 5.6.3　上面关于 Hilbert 符号乘积公式的证明由 Tate 给出, 证明中没有用到二次互反律, Tate 解释他的思路来自 Gauss 关于二次互反律的一个证明. 在上一小节, 我们利用二次互反律给出了乘积公式的一个证明; 由乘积公式不难推出二次互反律. 二者本质上是等价的. 关于域的 K_2 群的更多性质, 读者可参考 [27, Section 11].

习题

1. 对 $p = 2, 3, 5, 7$, 求 $\dfrac{11}{6}$ 的 p-进展开.

2. 证明例 5.1.1 中关于 a 与 $-a$ 的 p-进展开的关系式.

3. 对 $p = 3, 5, 7$, 求 $(1\dot{0}01\dot{2})_p$ 表示的有理数.

4. 证明 $a = a_0 + a_1 p + \cdots \in \mathbb{Z}_p$ 是一个乘法可逆元当且仅当 $a_0 \neq 0$.

5. 证明 $\mathbb{Q}_p$ 的自同构只能是恒同映射.

6. 证明推论 5.4.2.

7. 证明对任意 $a \in \mathbb{Z}$, $\{a^{p^n}\}_{n \in \mathbb{N}}$ 在 $\mathbb{Q}_p$ 中收敛.

8. 证明对任意素数 p, $\{10^{-n}\}_{n \in \mathbb{N}}$ 在 $\mathbb{Q}_p$ 中不收敛.

9. 证明对任意正整数 $n \geqslant 2$, $1 + \dfrac{1}{2} + \dfrac{1}{3} + \cdots + \dfrac{1}{n}$ 不是整数.

10. 证明: 若 $p \neq q$, 则 $\mathbb{Q}_p$ 和 $\mathbb{Q}_q$ 不同构.

11. (Weierstrass 定理) 设 $f(X) = \sum_{i=0}^{\infty} a_i X^i \in \mathbb{Z}_p[[X]]$ 是一个形式幂级数, 则存在唯一表示
$$f(X) = p^n P(X) U(X),$$
其中 n 是一个非负整数, $U(X) \in \mathbb{Z}_p[[X]]$ 是一个单位, $P(X)$ 是一个首一多项式且 $P(X) \equiv X^d \pmod{p}$.

12. 证明 $(\mathbb{Q}_p^\times)^2$ 是 $\mathbb{Q}_p^\times$ 的开子群.

13. 设 $K = \mathbb{Q}_p$, $(,)$ 是定义在 K 上的 Hilbert 符号. 由等式 $(a, b) = (-1)^{[a,b]}$ 定义 $[a,b] \in \mathbb{Z}/2\mathbb{Z}$, 从而 $[a,b]$ 是定义在 $K^\times/(K^\times)^2$ 上的对称双线性型. 试找出 $K^\times/(K^\times)^2$ 的一组基, 并计算在这组基下 $[a,b]$ 对应的矩阵.

14. 利用定理 5.6.3 的乘积公式证明二次互反律.

第六章

二次型的局部—整体原则

在这一章, 我们学习二次型并证明 Hasse-Minkowski 定理. Hasse-Minkowski 定理是说一个有理系数二次型在 $\mathbb{Q}$ 上有非平凡零点当且仅当其在每一个 $\mathbb{Q}_p$ $(p \in \Omega)$ 上都有非平凡零点. 这是所谓的局部—整体原则的一个非平凡实例, 从中我们可以窥探到完备化方法的威力, 亦可了解到进一步推广此方法需要克服的困难. 这部分内容我们遵循 [30] 的思路.

6.1 二次型的代数性质

6.1.1 二次模与双线性型

定义 6.1.1 设 A 是交换环, V 是 A-模. V 上的一个**二次型**是指一个函数 $Q: V \to A$ 满足

- 对所有 $a \in A, x \in V$, 都有 $Q(ax) = a^2 Q(x)$;
- 映射 $(x, y) \mapsto Q(x+y) - Q(x) - Q(y)$ 是 V 上的双线性型.

若存在非平凡的 $v \in V$ 使得 $Q(v) = a$, 则称**二次型 Q 可以表示** a. 若 $Q(V) = A$, 称二次型 Q 是**泛性**的.

若 Q 是如上的一个二次型, 则称 (V, Q) 是一个**二次模**. 设 (V, Q) 和 (V', Q') 是 A 上的两个二次模, 若存在 A-模同构 $\phi: V \to V'$, 使得对所有 $x \in V$ 都有

$$Q'(\phi(x)) = Q(x),$$

则称 (V, Q) 和 (V', Q') 是**同构**的.

例 6.1.1 下面例子中, (V, Q) 都是环 A 上的二次模.

(1) 设 $A = R$ 是一个交换环, $V = R^n$. 令 $M \in M_{n \times n}(R)$ 是一个对称矩阵, $Q: V \to A \ (v \mapsto v'Mv)$.

(2) 设 $A = K$ 是一个域, $V = L$ 是域 K 的一个代数扩张, $Q: L \to K \ (x \mapsto \mathrm{Tr}_{L/K}(x^2))$.

一般环上的二次模相对而言比较复杂, 在下面的内容里, 我们设 $A = K$ 是特征不等于 2 的域, V 是一个有限维 K 线性空间.

定义 V 上的**点积**如下:

$$x \cdot y = \frac{1}{2} \left(Q(x+y) - Q(x) - Q(y) \right).$$

这是 V 上的对称双线性型, 且 $x \cdot x = Q(x)$. 不难看出, 线性空间 V 上的二次型与对称双线性型有一一对应. 线性代数的工具可以帮助我们学习二次型的结构和性质.

固定 V 的一组基 $e = (e_i)_{1 \leqslant i \leqslant n}$. 令 $a_{ij} = e_i \cdot e_j$, 则在这组基下, Q 对应到对称矩阵 $A = (a_{ij})$. 我们称 A 是二次模 (V, Q) 在基 e 下的 **Gram 矩阵**. 若 $x = \sum x_i e_i \in V$, 则有
$$Q(x) = \sum_{i,j} a_{ij} x_i x_j.$$

从而 $Q(x)$ 是关于 x_i 的齐次二次多项式, 亦即通常意义下的二次型. 注意到二次型 Q 可以表示 $a \in K$ 当且仅当二次齐次多项式 $Q(x) = a$ 在 K 上有非平凡解. 若我们选取 V 的另外一组基, 不妨设为 $(e_i) M$, $M \in \mathrm{GL}_n(K)$. 在新的基下, Q 对应的 Gram 矩阵为 MAM'. 由于
$$\det(MAM') = \det(A)\det(M)^2,$$

$\det(A) \pmod{K^{\times 2}}$ 由 Q 唯一决定, 我们称之为 Q 的**判别式**, 记为 $\mathrm{disc}(Q)$.

设 (V, Q) 是 K 上的二次模. 若两个元素 $x, y \in V$ 满足 $x \cdot y = 0$, 则称它们是**正交的**. 设 $H \subset V$, 定义
$$H^\perp = \{v \in V \mid \text{对所有} h \in H, v \cdot h = 0\}.$$

显然 $H^\perp$ 是 V 的一个子空间. 设 V_1, V_2 是 V 的两个子空间, 若 $V_1 \subset V_2^\perp$, 则称 V_1 与 V_2 是**正交的**. 这就是说对任意 $x \in V_1$, $y \in V_2$, 都有 $x \cdot y = 0$.

定义 6.1.2 设 (V, Q) 是 K 上的二次模. 称 $V^\perp$ 为 V 的**根**或**核**, 记为 $\mathrm{rad}(V)$; 称 $\mathrm{codim}_K V^\perp$ 为 V 的**秩**, 记为 $\mathrm{rank}(Q)$. 若 $V^\perp = \{0\}$, 则称 V 是**非退化的**.

由定义, V 是非退化的当且仅当其任意一组基的 Gram 矩阵是非奇异的.

设 U 是 V 的子空间, $U^* = \mathrm{Hom}(U, K)$ 是 U 的对偶空间, 我们有映射
$$q_U : V \longrightarrow U^*,$$
$$x \longmapsto (y \in U \mapsto x \cdot y).$$

不难看出 $U^\perp = \mathrm{Ker}(q_U)$. 特别地, V 是非退化的当且仅当 $q_V : V \to V^*$ 是一个同构.

定义 6.1.3 设 $U_1, \cdots, U_m$ 是 V 的子空间. 若 $V = U_1 \oplus \cdots \oplus U_m$, 且 $U_1, \cdots, U_m$ 两两正交, 则称 V 是 $U_1, \cdots, U_m$ 的**正交直和**, 记为
$$V = U_1 \hat{\oplus} \cdots \hat{\oplus} U_m.$$

若 $V = U_1 \oplus \cdots \oplus U_m$, 记 $Q_i = Q|_{U_i}$, $x_i \in U_i$ 是元素 $x \in V$ 在 U_i 上的分量. 则 V 是 U_i 的正交直和当且仅当
$$Q(x) = Q_1(x_1) + \cdots + Q_m(x_m).$$

特别地, 令 U 是 $\mathrm{rad}(V)$ 在 V 中的一个补空间, 则 $V = U \hat{\oplus} \mathrm{rad}(V)$, 且 $(U, Q|_U)$ 是非退化的. 对非退化二次模, 不难证明如下结果.

引理 6.1.1 设 (V, Q) 是一个非退化的二次模, 下面的结论成立.

(1) 设 (V', Q') 是二次模, 则所有保距态射 $f: V \to V'$ 都是单射, 这里保距是指对任意 $x, y \in V$, 都有 $f(x) \cdot f(y) = x \cdot y$.

(2) 对所有子空间 $U \subset V$, 都有

$$U^{\perp\perp} = U, \ \dim U + \dim U^\perp = \dim V, \ \mathrm{rad}(U) = \mathrm{rad}(U^\perp) = U \cap U^\perp.$$

二次模 $(U, Q|_U)$ 是非退化的当且仅当 $(U^\perp, Q|_{U^\perp})$ 是非退化的. 在此情形下, $V = U \hat{\oplus} U^\perp$.

定义 6.1.4 设 $(e_1, \cdots, e_n)$ 是二次模 (V, Q) 的一组基. 若 $V = Ke_1 \hat{\oplus} \cdots \hat{\oplus} Ke_n$, 则称 $(e_1, \cdots, e_n)$ 是一组**正交基**.

命题 6.1.1 任意二次模 (V, Q) 都有一组正交基.

证明 我们对 $n = \dim V$ 进行归纳. 当 $n = 1$ 时, 结论显然. 一般情形下, 若对任意 $x \in V$ 都有 $x \cdot x = 0$, 则对任意 $x, y \in V$,

$$x \cdot y = \frac{1}{2}\left[(x+y) \cdot (x+y) - x \cdot x - y \cdot y\right] = 0,$$

即 V 的任意一组基都是正交的. 若存在 $e_1 \in V$ 满足 $e_1 \cdot e_1 \neq 0$, 令 H 是 e_1 的正交补, 则 $V = Ke_1 \hat{\oplus} H$, 由归纳假设即得结论. □

命题 6.1.2 设 (V, Q) 是 K 上的二次模, $U \subset V$ 是非退化的线性子空间, 则 U 的任意一组正交基可以扩充为 V 的一组正交基且 $V = U \hat{\oplus} U^\perp$.

证明 我们证明 $V = U \hat{\oplus} U^\perp$, 通过添加 $U^\perp$ 的正交基, U 的正交基可以扩充为 V 的正交基. 由条件 U 是非退化的, 有 $U \cap U^\perp = \{0\}$. 任取 $v \in V$, $q_U(v) \in U^*$. 故存在 $u_0 \in U$ 使得对所有 $u \in U$, 有 $v \cdot u = u_0 \cdot u$. 即 $(v - u_0) \in U^\perp$. 从而 $v = v_0 + (v - u_0)$, 得到 $V = U \hat{\oplus} U^\perp$. 命题得证. □

6.1.2 二维二次模

定义 6.1.5 设 (V, Q) 是一个二次模, $x \in V$. 若 $Q(x) = x \cdot x = 0$, 则称 x 是**迷向**的. 设 $U \subset V$ 是一个子空间, 若 U 的每个元素都是迷向的, 则称 U 是**迷向**的.

由定义, 我们有如下关系:

$$U \text{ 迷向} \iff U \subset U^\perp \iff Q|_U = 0.$$

设 (V, Q) 是一个二维的二次模. 若存在 V 的一组基 $x, y \in V$ 满足 $x \cdot x = y \cdot y = 0$, $x \cdot y \neq 0$, 则称 (V, Q) 为一个**双曲平面**. 通过放缩, 不妨设 $x \cdot y = 1$. 在这组基下, (V, Q) 的 Gram 矩阵为 $\begin{pmatrix} 0 & 1 \\ 1 & 0 \end{pmatrix}$, $\mathrm{disc}(Q) = -1$. 显然, 双曲平面是非退化的.

引理 6.1.2 设 (V,Q) 是一个非退化的二次模.

(1) 若 $0 \neq x \in V$ 是迷向的, 则存在 V 的二维子空间 U, 使得 $x \in U$ 且 $(U, Q|_U)$ 是一个双曲平面.

(2) 若 V 包含非平凡的迷向向量, 则 $Q(V) = K$.

证明 我们先证 (1). 由于 V 是非退化的, 故存在 $z \in V$ 使得 $x \cdot z = 1 \neq 0$. 令 $y = z - \frac{1}{2}(z \cdot z)x$, 则 $x \cdot y = x \cdot z = 1$, 且 $y \cdot y = 0$, 从而 $U = Kx + Ky$ 是一个双曲平面.

由 (1), 我们只需要证明当 V 是双曲平面时, $Q(V) = K$. 不妨设 $x, y \in V$ 满足 $x \cdot x = y \cdot y = 0$, $x \cdot y = 1$, 于是对任意 $a \in K$,

$$\left(x + \frac{a}{2}y\right) \cdot \left(x + \frac{a}{2}y\right) = a.$$

结论成立. □

注意到在上面的证明中我们用到了条件 K 的特征不为 2. 判断非退化的二维二次模是否同构较为简单, 我们有如下结果.

引理 6.1.3 设 (V_1, Q_1) 和 (V_2, Q_2) 是 K 上两个非退化的二维二次模, 则 (V_1, Q_1) 和 (V_2, Q_2) 等价当且仅当 $\mathrm{disc}(Q_1) = \mathrm{disc}(Q_2)$, 且存在 $c \in K^\times$ 满足 $c \in Q_1(V_1) \cap Q_2(V_2)$.

证明 若 (V_1, Q_1) 和 (V_2, Q_2) 等价, 则 $\mathrm{disc}(Q_1) = \mathrm{disc}(Q_2)$, 且 $Q_1(V_1) = Q_2(V_2)$. 这个结论与维数无关.

反之, 设 $\mathrm{disc}(Q_1) = \mathrm{disc}(Q_2)$, 且存在 $c \in K^\times$ 满足 $c \in Q_1(V_1) \cap Q_2(V_2)$. 设 $v_1 \in V_1$, $v_2 \in V_2$, 满足 $c = Q_1(v_1) = Q_2(v_2)$. 取 $w_1 \in V_1$, $w_2 \in V_2$, 使得 $\{v_1, w_1\}$ 构成 V_1 的一组正交基, $\{v_2, w_2\}$ 构成 V_2 的一组正交基. 直接计算可得

$$Q_1(xv_1 + yw_1) = cx^2 + d_1 y^2, \quad Q_2(xv_2 + yw_2) = cx^2 + d_2 y^2,$$

这里 $d_1 = Q_1(w_1)$, $d_2 = Q_2(w_2)$. 由于 Q_1 和 Q_2 都是非退化的, $d_1, d_2 \in K^\times$. 两个二次型有相同的判别式, 从而存在 $a \in K^\times$ 满足 $cd_1 = cd_2 a^2$. 于是映射

$$V_1 \longrightarrow V_2 \quad (v_1 \longmapsto v_2, w_1 \longmapsto aw_2)$$

给出了两个二次模之间的同构, 引理得证. □

命题 6.1.3 设 (V,Q) 是 K 上的二维二次模, 下列条件等价:

(1) (V,Q) 是一个双曲平面.

(2) (V,Q) 是非退化的, 并且存在 $0 \neq x \in V$ 是迷向的.

(3) $\mathrm{disc}(Q) = -1$.

证明 (2)⇒(1) 由引理 6.1.2 即得. (1)⇒(3) 是显然的. 下面说明 (3)⇒(2). 由于 $\mathrm{disc}(Q) \neq 0$, 二次模 (V,Q) 是非退化的. 取 $v \in V$ 满足 $v \cdot v \neq 0$, 将其扩充为 V 的一组

正交基 $\{v, w\}$. 在这组基下,
$$Q(xv + yw) = Q(v)x^2 + Q(w)y^2.$$
从而存在 $a \in K^\times$, 满足 $Q(v)Q(w) = -a^2$. 直接计算可得
$$Q\left(\frac{Q(w)}{a}v + w\right) = 0.$$
结论得证. □

命题 6.1.4 设 (V, Q) 是 K 上的二维二次模, 下列条件等价:
(1) $(V, Q) \cong (L, N_{L/K})$, L/K 是一个二次扩张.
(2) (V, Q) 是非退化的, $1 \in Q(V)$, V 不包含非零迷向向量.
(3) $\mathrm{disc}(Q) \neq 0, -1$, 且 $1 \in Q(V)$.

证明 ((1)⇒(2)) 由范数映射的性质可得.

((2)⇒(3)) 由于 Q 是非退化的, $\mathrm{disc}(Q) \neq 0$. 由于 V 不包含迷向向量, $\mathrm{disc}(Q) \neq -1$.

((3)⇒(1)) 由条件知存在一组正交基, 使得 Q 对应到二次多项式 $f(x, y) = x^2 + ay^2$, 且 $-a \in K^\times$ 不是一个平方. 令 $L = K(\sqrt{-a})$, 有 $(V, Q) \cong (L, N_{L/K})$. 结论得证. □

6.1.3 二次模的正交基

设 $(e_1, \cdots, e_n)$ 是 (V, Q) 的一组正交基, 在这组基下, 二次模 (V, Q) 的 Gram 矩阵是对角矩阵 $\mathrm{diag}\{a_1, \cdots, a_n\}$, $a_i = e_i \cdot e_i \in K$. 特别地, 若 (V, Q) 是非退化的, 则 $a_i \neq 0$, 正交基里的元素都是非迷向的.

定义 6.1.6 设 $(e_1, \cdots, e_n)$, $(e'_1, \cdots, e'_n)$ 是 (V, Q) 的两组正交基. 若它们包含至少一个相同的元素, 即存在 i, j 使得 $e_i = e'_j$, 则称这两组基是**相连的**.

命题 6.1.5 设 (V, Q) 是一个维数大于等于 3 的非退化二次模, $\mathrm{e} = (e_1, \cdots, e_n)$, $\mathrm{e}' = (e'_1, \cdots, e'_n)$ 是 (V, Q) 的两组正交基, 则存在 V 的正交基 $\mathrm{e}^{(0)}, \cdots, \mathrm{e}^{(m)}$ 使得 $\mathrm{e} = \mathrm{e}^{(0)}$, $\mathrm{e}' = \mathrm{e}^{(m)}$, 且对任意 $0 \leqslant i < m$, $\mathrm{e}^{(i)}$ 与 $\mathrm{e}^{(i+1)}$ 相连.

证明 首先设存在 $\{e'_1, \cdots, e'_m\}$ 中的一个元素, 不妨设为 e'_1, 满足
$$(e_1 \cdot e_1)(e'_1 \cdot e'_1) - (e_1 \cdot e'_1)^2 \neq 0.$$

这等价于 $Ke_1 \neq Ke'_1$ 且 $P = Ke_1 + Ke'_1$ 是非退化的. 这时存在 $\epsilon_2, \epsilon'_2 \in P$, 满足
$$P = Ke_1 \hat{\oplus} K\epsilon_2, \quad P = Ke'_1 \hat{\oplus} K\epsilon'_2.$$

令 H 是 P 的正交补, 由引理 6.1.1 知 $V = P \hat{\oplus} H$. 任取 H 的一组正交基 $(e''_3, \cdots, e''_m)$, 我们得到一列相连的正交基

$$e \to (e_1, \epsilon_2, e_3'', \cdots, e_m'') \to (e_1', \epsilon_2', e_3'', \cdots, e_m'') \to e'.$$

下面设对任意 $1 \leqslant i \leqslant m$, 都有 $(e_1 \cdot e_1)(e_i' \cdot e_i') - (e_1 \cdot e_i')^2 = 0$. 若能找到 $e_x = e_1' + x e_2'$ ($x \in K$) 满足

- e_x 不是迷向的, 即 $e_x \cdot e_x = e_1' \cdot e_1' + x^2(e_2' \cdot e_2') \neq 0$;
- $Ke_1 + Ke_x$ 是非退化的二维二次模,

则存在 e_2'' 使得 (e_x, e_2'') 是 $Ke_1' + Ke_2'$ 的一组正交基. 令 $e'' = (e_x, e_2'', e_3'', \cdots, e_m'')$, 则 e'' 与 e' 相连, 且存在一列相连的正交基将 e 与 e'' 联系起来, 从而结论得证.

下面我们证明 e_x 的存在性, 即证明存在 $x \in K$ 满足

$$\begin{cases} e_1' \cdot e_1' + x^2 (e_2' \cdot e_2') \neq 0, \\ (e_1 \cdot e_1)(e_x \cdot e_x) - (e_1 \cdot e_x)^2 \neq 0. \end{cases}$$

由于对任意 $1 \leqslant i \leqslant m$, 都有 $(e_1 \cdot e_1)(e_i' \cdot e_i') - (e_1 \cdot e_i')^2 = 0$, 上面第二个条件等价于

$$2x(e_1 \cdot e_1')(e_1 \cdot e_2') \neq 0.$$

由非退化性和基的正交性知 $(e_1 \cdot e_1') \neq 0$, $(e_1 \cdot e_2') \neq 0$, 从而第二个条件等价于 $x \neq 0$. 若 K 包含至少四个元素, 满足条件的 e_x 存在; 若 K 包含最多三个元素, 由于其特征不为 2, 故 $K = \mathbb{F}_3$, 这时 $e_1' \cdot e_1' + x^2(e_2' \cdot e_2') = 0$ 在 $\mathbb{F}_3$ 中最多只有一个解, 满足条件的 e_x 也存在. 这样便完成了命题的证明. □

6.1.4 Witt 环

下面我们考虑二次模之间的映射. 设 (V, Q) 和 (V', Q') 是两个非退化的二次模. 设 $U \subset V$ 是一个线性子空间, $s: U \to V'$ 是一个保距单射, 即 s 是单射且对任意 $u \in U$, 有 $Q'(s(u)) = Q(u)$.

引理 6.1.4 若 U 是退化的, 则存在 $U_1 \subset V$, 满足 $\dim U_1 = 1 + \dim U$, $U \subset U_1$, 且 s 可扩张为保距单射 $s_1: U_1 \to V'$.

证明 由于 U 是退化的, 故存在 $0 \neq x \in \text{rad}(U)$. 令 $\ell: U \to K$ 是一个线性型且满足 $\ell(x) = 1$. 由于 V 是非退化的, 故存在 $y \in V$ 使得对所有 $u \in U$, 有 $\ell(u) = u \cdot y$. 进一步, 可设 $y \cdot y = 0$. 若否, 用 $y - \frac{1}{2}(y \cdot y)x$ 替换 y 即可. 令 $U_1 = U \oplus Ky$.

令 $U' = s(U) \subset V'$, $x' = s(x)$. 由于 s 为保距单射, U' 是退化的且 $0 \neq x' \in \text{rad}(U')$. 同样的构造, 我们可以找到迷向向量 $y' \in V'$ 满足 $x' \cdot y' = 1$. 令 $U_1' = U' \oplus Ky'$, $s_1: U_1 \to V$ 为映射 $s_1|_U = s$, $s_1(y) = y'$, 我们得到保距同构 $s_1: U_1 \to U_1'$, 结论成立. □

定理 6.1.1 (Witt 消去定理) 设 (V, Q) 和 (V', Q') 是两个同构的非退化的二次模, $U \subset V$ 是一个子空间, 则任意保距单射 $s: U \to V'$ 可扩张为保距同构 $V \to V'$.

证明 由于 V 与 V' 同构, 不妨设 $V = V'$. 由引理 6.1.4, 可设 U 是非退化的. 我们对 $n = \dim U$ 进行归纳. 当 $\dim U = 1$ 时, 设 $U = Kx$, $y = s(x)$, 则 $x \cdot x = y \cdot y \neq 0$. 取 $\epsilon = 1$ 或 -1, 使得 $z = x + \epsilon y$ 不是迷向的. 令 H 是 Kz 的正交补, 则 $V = Kz \hat{\oplus} H$. 定义 V 的自同构

$$\sigma : V \longrightarrow V,$$
$$v \longmapsto \begin{cases} v, & \text{若 } v \in H, \\ -z, & \text{若 } v = z. \end{cases}$$

注意到 $(x - \epsilon y) \in H$, 有

$$\sigma(x - \epsilon y) = x - \epsilon y, \ \sigma(x + \epsilon y) = -x - \epsilon y.$$

从而 $\sigma(x) = -\epsilon y$, $-\epsilon \sigma : V \to V$ 是 s 的扩张.

若 $\dim U \geqslant 2$, 固定非平凡分解 $U = U_1 \hat{\oplus} U_2$. 由归纳假设, $s_1 := s|_{U_1}$ 可扩张为自同构 $\sigma_1 : V \to V$. 用 $\sigma_1^{-1} \circ s$ 替换 s, 不妨设 $s_1 = \mathrm{id}_{U_1}$. 由于 s 是保距的, $s(U_2) \subset U_1^\perp$. 由归纳假设, $s_2 := s|_{U_2} : U_2 \to U_1^\perp$ 可扩张为 $U_1^\perp$ 的自同构 $\sigma_2 : U_1^\perp \to U_1^\perp$. 定义自同态 $\sigma : V = U_1 \hat{\oplus} U_1^\perp \to V = U_1 \hat{\oplus} U_1^\perp$ 为 $\sigma = \mathrm{id}_{U_1} \hat{\oplus} \sigma_2$, 则 σ 是 s 的扩张. 定理得证. $\square$

由定理 6.1.1 可知, 若 $U_1 \hat{\oplus} V_1$ 与 $U_2 \hat{\oplus} V_2$ 是同构的非退化的二次模, 且 $U_1 \cong U_2$, 则 $V_1 \cong V_2$. 故定理 6.1.1 也称为 **Witt 消去定理**. 综合引理 6.1.2, 利用归纳法, 我们有如下结果.

定理 6.1.2 (Witt 分解定理) 设 (V, Q) 是一个非退化的二次模, 则 $V \cong H^r \hat{\oplus} V_0$, 其中 H 是双曲平面, V_0 不包含非平凡的迷向向量.

由 Witt 分解定理, 二次模迷向的部分本质上都是双曲平面的正交直和, 其非迷向的部分包含更多信息. 我们引入如下两个概念.

(1) 设 K 是一个域, 定义 K 的 u-**不变量**为 K 上不包含非平凡的迷向向量的二次模的最大维数. 注意到 u-不变量可能是无穷大, 比如 $K = \mathbb{R}$.

(2) 设 (V, Q) 和 (V', Q') 是域 K 上的两个二次模且 $(V_0, Q|_{V_0}) \cong (V'_0, Q|_{V'_0})$, 我们称 (V, Q) 和 (V', Q') 是 **Witt 等价的**. 令 $W(K)$ 是域 K 上二次模 Witt 等价类组成的集合, 记二次模 (V, Q) 的等价类为 $[(V, Q)]$. 在 $W(K)$ 上定义加法和乘法如下:

$$[(V, Q)] + [(V', Q')] = [(V \hat{\oplus} V', Q \hat{\oplus} Q')],$$

$$[(V, Q)] \cdot [(V', Q')] = [(V \otimes V', Q \otimes Q')].$$

容易验证这两个运算是良定义的, 其加法单位元为 $[(H, Q_H)]$, 乘法单位元为 $[(K, \mathrm{id}_K)]$. 称 $W(K)$ 为域 K 的 **Witt 环**.

6.2 二次型与数的表示

6.2.1 定义与性质

令 $f(X) = \sum_{i=1}^n a_{ii}X_i^2 + 2\sum_{1 \leqslant i < j \leqslant n} a_{ij}X_iX_j$ 是 K 上关于变元 $X = (X_1, \cdots, X_n)$ 的二次型. 若 $i > j$, 定义 $a_{ij} = a_{ji}$, 我们得到对称矩阵 $A_f = (a_{ij})_{n \times n}$. 显然 K 上关于 n 个变元的二次型与 K 上 $n \times n$ 的对称矩阵间有一一对应. 另外, 由 $f(X)$ 或者 A_f, 我们得到二次模 (K^n, f). 若二次型 f 对应的矩阵 A_f 是满秩的, 则称 f 是**非退化的**, 这也等价于二次模 (K^n, f) 是非退化的. 若两个二次型 f 和 f' 对应的二次模是同构的, 则称这两个二次型是**等价的**, 记为 $f \sim f'$. 设 A 和 A' 是 f 和 f' 对应的 Gram 矩阵, 则 $f \sim f'$ 等价于 A 与 A' 是合同的, 即存在可逆矩阵 M 使得 $A' = M^{\mathrm{T}}AM$.

我们定义二次型的加法运算, 对应到二次模的直和运算. 设 $f(X_1, \cdots, X_n)$ 和 $g(X_1, \cdots, X_m)$ 是两个二次型, 为方便记录, 定义

$$f \boxplus g = f(X_1, \cdots, X_n) + g(X_{n+1}, \cdots, X_{n+m}),$$

$$f \boxminus g = f(X_1, \cdots, X_n) - g(X_{n+1}, \cdots, X_{n+m}).$$

这些是关于 $n+m$ 个变元的二次型. 用二次模的语言描述, 有同构

$$(K^n, f) \hat{\oplus} (K^m, g) \cong (K^{m+n}, f \boxplus g).$$

对于齐次二次多项式, 有如下类似定义.

定义 6.2.1 设 $f(X_1, \cdots, X_n)$ 是 K 上的二次型, $a \in K$. 若存在 $0 \neq x \in K^n$, 使得 $f(x) = a$, 则称 f (**在 K 上**) **可以表示** a. 特别地, f 可以表示 0 当且仅当对应的二次模包含非平凡的迷向元素.

若 $f(X_1, \cdots, X_n)$ 可以表示所有 K 中的元素, 则称 f 是**泛性的**.

注记 6.2.1 若二次型 $f_2(X_1, X_2)$ 满足 $f_2 \sim X_1X_2 \sim X_1^2 - X_2^2$, 则称 f_2 是**双曲的**. 由引理 6.1.2, 若二次型 f 是非退化的且 f 可以表示 0, 则 $f \sim f_2 \boxplus f'$, 其中 f_2 是双曲的; 并且 f 可以表示所有 $a \in K$.

命题 6.2.1 设 $g = g(X_1, \cdots, X_{n-1})$ 是一个非退化二次型, $a \in K^\times$. 下面的条件等价.

(1) g 可以表示 a.

(2) 存在 $h = h(X_1, \cdots, X_{n-2})$ 使得 $g \sim h \boxplus aZ^2$.

(3) 二次型 $f = g \boxminus aZ^2$ 可以表示 0.

证明　设 (1) 成立, g 可以表示 a, 则存在非平凡元素 $x \in (V = K^{n-1}, g)$, 满足 $x \cdot x = a$. 令 H 是 $\{x\}$ 的正交补, 于是 $V = H \hat{\oplus} Kx$. 固定 H 的一组基, 令 h 是对应的二次型, 则 $g \sim h \boxplus aZ^2$, 从而 (2) 成立.

由 (2) 推 (3) 是显然的. 设 (3) 成立, 存在非平凡的 $x = (x_1, \cdots, x_{n-1}, z) \in K^n$, 使得 $f(x) = g(x_1, \cdots, x_{n-1}) - az^2 = 0$. 若 $z = 0$, 则 g 可以表示 0, 从而可以表示所有 $a \in K$; 若 $z \neq 0$, 则 $x_1, \cdots, x_{n-1}$ 不全为 0, 且 $g(x_1/z, \cdots, x_{n-1}/z) = a$, 从而 (1) 成立. □

命题 6.2.2　设 g 和 h 是两个秩大于等于 1 的非退化二次型, $f = g \boxminus h$. 下面的条件等价:

(1) f 可以表示 0.

(2) 存在 $a \in K^\times$ 可同时由 g 和 h 表示.

(3) 存在 $a \in K^\times$ 使得 $g \boxminus aZ^2$ 和 $h \boxminus aZ^2$ 都可以表示 0.

证明　由命题 6.2.1, 只有 (1) 推出 (2) 需要说明. 设 f 可以表示 0, 不妨设 $f(x, y) = g(x) - h(y) = 0$. 若 $g(x) = h(y) \neq 0$, (2) 显然成立; 若 $g(x) = h(y) = 0$, 由于 (x, y) 非平凡, g 和 h 至少有一个可以表示 0, 不妨设 g 可以表示 0, 则 g 可以表示所有 K 中的元素. 特别地, g 可以表示所有 h 可以表示的非零元, (2) 成立. □

将二次模正交基的存在性转换过来, 我们得到二次型的如下性质.

命题 6.2.3　设 f 是有 n 个变元的二次型, 则存在 $a_1, \cdots, a_n$, 使得 $f \sim a_1 X_1^2 + \cdots + a_n X_n^2$. 二次型 f 的秩等于 $a_1, \cdots, a_n$ 中非零元的个数.

类似地, 将二次模的 Witt 定理转换过来, 我们得到如下结果.

定理 6.2.1　(1) 设 $f = g \boxplus h$ 和 $f' = g' \boxplus h'$ 是两个非退化的二次型. 若 $f \sim f'$, $g \sim g'$, 则 $h \sim h'$.

(2) 设 f 是一个非退化的二次型, 则存在双曲型 $h_1, \cdots, h_r$ 和二次型 g, 满足 g 不可以表示 0, 且

$$f \sim g \boxplus h_1 \boxplus \cdots \boxplus h_r.$$

在这个分解中 r 由 f 唯一确定, g 在等价意义下也是唯一的.

6.2.2 有限域上的二次型

设 $K = \mathbb{F}_q$ ($q = p^f, p \neq 2$) 是特征为 p 的有限域, 下面我们分类 $\mathbb{F}_q$ 上的二次型, 并计算 u-不变量 $u(\mathbb{F}_q)$ 和 Witt 环 $W(\mathbb{F}_q)$. 由推论 5.6.1 知任意包含三个变元的二次型可以表示 0. 由命题 6.2.1, 我们得到下面的结论.

引理 6.2.1　(1) $\mathbb{F}_q$ 上秩 $\geqslant 2$ 的二次型可以表示所有 $a \in \mathbb{F}_q^\times$.

(2) $\mathbb{F}_q$ 上秩 $\geqslant 3$ 的二次型可以表示所有 $a \in \mathbb{F}_q$, 从而是泛性的.

命题 6.2.4 设 f 是 $\mathbb{F}_q$ 上秩为 n 的非退化二次型. 若 f 的判别式是平方元, 则
$$f \sim X_1^2 + \cdots + X_{n-1}^2 + X_n^2;$$
若 f 的判别式 a 不是平方元, 则
$$f \sim X_1^2 + \cdots + X_{n-1}^2 + aX_n^2.$$

证明 若 $n=1$, 结论显然成立. 若 $n \geqslant 2$, 由引理 6.2.1 知 f 可以表示 1, 由命题 6.2.1 知 $f \sim X_1^2 + g$, 其中 g 是关于 $n-1$ 个变元的二次型. 利用归纳法易知命题成立. □

推论 6.2.1 (1) 有限域 $\mathbb{F}_q$ 上非退化的两个二次型等价的充要条件是它们有相同的秩和相同的判别式.

(2) $u(\mathbb{F}_q) = 2$.

(3) $W(\mathbb{F}_q) \cong \begin{cases} \mathbb{Z}/4\mathbb{Z}, & \text{若 } q \equiv 3 \pmod 4, \\ \mathbb{Z}/2\mathbb{Z}[t]/(t^2-1), & \text{若 } q \equiv 1 \pmod 4. \end{cases}$

证明 (1) 是命题 6.2.4 的直接推论. 由引理 6.2.1, $u(\mathbb{F}_q) \leqslant 2$; 注意到若 $a \in \mathbb{F}_q$ 不是平方元, 则 $g(X,Y) = X^2 - aY^2$ 不可以表示 0, 故 $u(\mathbb{F}_q) = 2$.

设 $q \equiv 1 \pmod 4$, f 是 $\mathbb{F}_q$ 上的非退化二次型, $a \in \mathbb{F}_q^\times - \mathbb{F}_q^{\times 2}$. 若 f 的秩为奇数, 由推论 5.6.1, 易知在 Witt 等价下, f 等价于
$$X_1^2 + X_2^2 + aX_3^2 \text{ 或者 } X_1^2 + X_2^2 + X_3^2.$$
由于 $q \equiv 1 \pmod 4$, $X^2 + Y^2$ 可以表示 0, 从而上面两个二次型进一步 Witt 等价于
$$aX_3^2 \text{ 或者 } X_3^2.$$
若 f 的秩为偶数, 由推论 5.6.1, 易知在 Witt 等价下, f 等价于
$$X_1^2 + aX_2^2 \text{ 或者 } X_1^2 + X_2^2.$$
这时 $X_1^2 + X_2^2$ 是双曲的, Witt 等价于加法单位元; 而 $X_1^2 + aX_2^2$ 在 Witt 环中代表阶为 2 的元素. 综上可知, 当 $q \equiv 1 \pmod 4$ 时, $W(\mathbb{F}_q) \cong \mathbb{Z}/2\mathbb{Z}[t]/(t^2-1)$.

设 $q \equiv 3 \pmod 4$, 这时 $X^2 + Y^2$ 不是双曲的, 但是 $X^2 + aY^2$ 是双曲的. 类似讨论可知 $W(\mathbb{F}_q) \cong \mathbb{Z}/4\mathbb{Z}$, 其加法生成元是 X^2 对应的二次模. 证明留作习题. □

6.3 $\mathbb{Q}_p$ 上的二次型

设 p 是素数, 接下来我们分析 $\mathbb{Q}_p$ 上的二次型, 并计算 $u(\mathbb{Q}_p)$. 在下面的讨论中, $K = \mathbb{Q}_p$, 我们考虑 K 上的非退化的二次型.

6.3.1 不变量 $d(f)$ 和 $\epsilon(f)$

设 (V,Q) 是一个秩为 n 的非退化二次模,其判别式为 $d(Q)$. 固定 V 的一组正交基 $e = (e_1, \cdots, e_n)$,令 $a_i = e_i \cdot e_i \neq 0$,则

$$d(Q) \equiv a_1 \cdots a_n \pmod{K^{\times 2}}.$$

定义

$$\epsilon(e) = \prod_{1 \leqslant i < j \leqslant n} (a_i, a_j) \in \{\pm 1\},$$

其中 $(a,b) = (a,b)_p$ 是 $\mathbb{Q}_p$ 上的 Hilbert 符号. 下面的结果说明 $\epsilon(e)$ 是二次型 (V,Q) 的不变量.

引理 6.3.1 上面定义的 $\epsilon(e)$ 与正交基 e 的选取无关.

证明 我们对 n 进行归纳. 若 $n=1$, $\epsilon(e) = 1$. 若 $n=2$, $\epsilon(e) = 1$ 当且仅当 $Z^2 - a_1 X^2 - a_2 Y^2$ 可以表示 0,这等价于 $a_1 X^2 + a_2 Y^2$ 可以表示 1,等价于存在 $v \in V$ 使得 $Q(v) = 1$,这是一个与基的选取无关的性质.

现在考虑 $n \geqslant 3$ 的情形,由命题 6.1.5,我们只需要证明当 e 和 e' 相连时,$\epsilon(e) = \epsilon(e')$. 由 Hilbert 符号的对称性,改变一组基里元素的顺序不改变 $\epsilon(e)$ 的取值,不妨设 $e = (e_1, \cdots, e_n)$, $e' = (e'_1, \cdots, e'_n)$,且 $e_1 = e'_1$. 记 $a_i = e_i \cdot e_i$, $a'_i = e'_i \cdot e'_i$,则 $a_1 = a'_1$,且

$$\epsilon(e) = (a_1, a_2 \cdots a_n) \prod_{2 \leqslant i < j \leqslant n} (a_i, a_j) = (a_1, d(Q)a_1) \prod_{2 \leqslant i < j \leqslant n} (a_i, a_j),$$

$$\epsilon(e') = (a'_1, a'_2 \cdots a'_n) \prod_{2 \leqslant i < j \leqslant n} (a'_i, a'_j) = (a_1, d(Q)a_1) \prod_{2 \leqslant i < j \leqslant n} (a'_i, a'_j).$$

考察 $\{e_1\}^\perp$,由归纳假设知

$$\prod_{2 \leqslant i < j \leqslant n} (a_i, a_j) = \prod_{2 \leqslant i < j \leqslant n} (a'_i, a'_j),$$

从而 $\epsilon(e) = \epsilon(e')$,结论得证. □

6.3.2 $\mathbb{Q}_p$ 上二次型与数的表示

回顾 Hilbert 符号

$$(\,,\,) : K^\times / K^{\times 2} \times K^\times / K^{\times 2} \longrightarrow \{\pm 1\}$$

是非退化的对称双线性型. 若 $a \in K^\times / K^{\times 2}, \epsilon \in \{\pm 1\}$,定义

$$H_a^\epsilon := \left\{ x \in K^\times / K^{\times 2} \mid (x,a) = \epsilon \right\}.$$

由定理 5.4.1, 作为 $\mathbb{F}_2$ 线性空间,

$$r := \dim_{\mathbb{F}_2} K^\times/K^{\times 2} = \begin{cases} 2, & \text{若 } p \neq 2, \\ 3, & \text{若 } p = 2. \end{cases}$$

固定 $a \in K^\times/K^{\times 2}$, $(\cdot, a) : K^\times/K^{\times 2} \to \{\pm 1\}$ 是一个同态, 且当 $a \neq 1$ 时是一个满同态, 从而

$$\#H_a^1 = \begin{cases} 2^r, & \text{若 } a = 1, \\ 2^{r-1}, & \text{若 } a \neq 1; \end{cases} \quad \#H_a^{-1} = \begin{cases} 0, & \text{若 } a = 1, \\ 2^{r-1}, & \text{若 } a \neq 1. \end{cases}$$

最后, 若 $a, a' \in K^\times/K^{\times 2}$, $\epsilon, \epsilon' \in \{\pm 1\}$, 满足 H_a^ϵ 和 $H_{a'}^{\epsilon'}$ 都非空, 则 $H_a^\epsilon \cap H_{a'}^{\epsilon'} = \varnothing$ 当且仅当 $a = a'$ 且 $\epsilon = -\epsilon'$. 事实上, 若 $a = a'$ 且 $\epsilon = -\epsilon'$, 显然有 $H_a^\epsilon \cap H_{a'}^{\epsilon'} = \varnothing$; 反过来, 若 $H_a^\epsilon \cap H_{a'}^{\epsilon'} = \varnothing$, 这时 H_a^ϵ 和 $H_{a'}^{\epsilon'}$ 都是 $K^\times/K^{\times 2}$ 的非空子集且元素个数均为 2^{r-1}, 从而二者的并等于 $K^\times/K^{\times 2}$, 必有 $H_a^1 = H_{a'}^1$. 于是, 对任意 $x \in K^\times/K^{\times 2}$ 都有

$$(x, a) = (x, a').$$

由 Hilbert 符号的非退化性, $a = a' \in K^\times/K^{\times 2}$.

现在我们证明二次型可以表示 0 的充要条件. 设 f 是 K 上秩为 n 的非退化二次型, 记 $d = d(f)$, $\epsilon = \epsilon(f)$ 是 f 对应的不变量.

定理 6.3.1 二次型 f 可以表示 0 当且仅当下面的一个条件成立:
(1) $n = 2$, $d = -1 \in K^\times/K^{\times 2}$.
(2) $n = 3$, $(-1, -d) = \epsilon$.
(3) $n = 4$, $d \neq 1$ 或者 $d = 1$, $\epsilon = (-1, -1)$.
(4) $n \geq 5$.

特别地, $u(\mathbb{Q}_p) = 4$, $\mathbb{Q}_p$ 上包含至少五个变量的二次型可以表示 0.

证明 注意到等价的二次型有相同的不变量, 我们不妨设 $f = a_1 X_1^2 + \cdots + a_n X_n^2$.
(1) $n = 2$ 情形. 这时 $f = a_1 X_1^2 + a_2 X_2^2$ 可以表示 0 当且仅当 $-a_1/a_2$ 是一个平方元, 注意到

$$-a_1/a_2 \equiv -a_1 a_2 \equiv -d \pmod{K^{\times 2}},$$

$-a_1/a_2$ 是一个平方元当且仅当 $d = -1 \in K^\times/K^{\times 2}$.

(2) $n = 3$ 情形. 这时 f 可以表示 0 当且仅当 $-a_3 f \sim -a_3 a_1 X_1^2 - a_3 a_2 X_2^2 - X_3^2$ 可以表示 0. 由 Hilbert 符号的定义, 这等价于

$$(-a_3 a_1, -a_3 a_2) = 1.$$

利用 Hilbert 符号的双线性性, 将上式左边展开, 即得到

$$(-1, -1)(-1, a_3)(-1, a_2)(a_3, -1)(a_3, a_3)(a_3, a_2)(a_1, -1)(a_1, a_3)(a_1, a_2) = 1.$$

由命题 5.6.1, $(a_3, -1)(a_3, a_3) = 1$, $(a_1, -1) = (-1, a_1)$, 上式等价于

$$(-1, -1)(-1, a_1a_2a_3)(a_1, a_2)(a_1, a_3)(a_2, a_3) = 1,$$

即 $(-1, -d)\epsilon = 1$.

(3) $n = 4$ 情形. 由命题 6.2.2, f 可以表示 0 当且仅当存在 $x \in K^\times$, 使得 x 可同时由

$$a_1X_1^2 + a_2X_2^2 \text{ 和 } -a_3X_3^2 - a_4X_4^2$$

表示. 由命题 6.2.1, 这等价于 0 可由二次型

$$a_1X_1^2 + a_2X_2^2 - xZ^2 \text{ 和 } -a_3X_3^2 - a_4X_4^2 - xZ^2$$

表示. 利用 $n = 3$ 情形的结论, 这等价于

$$\begin{cases} (-1, xa_1a_2)(a_1, -x)(a_2, -x)(a_1, a_2) = 1, \\ (-1, xa_3a_4)(-a_3, -x)(-a_4, -x)(-a_3, -a_4) = 1. \end{cases}$$

由命题 5.6.1, 有

$$(a_1, -x)(a_2, -x) = (a_1a_2, -x) = (-x, a_1a_2), \quad (-1, xa_1a_2) = (-1, x)(-1, a_1a_2).$$

上面的第一个等式等价于

$$(x, -a_1a_2) = (a_1, a_2).$$

类似地, 第二个等式等价于 $(x, -a_3a_4) = (-a_3, -a_4)$. 令

$$H = \left\{ x \in K^\times / K^{\times 2} \mid (x, -a_1a_2) = (a_1, a_2) \right\},$$

$$H' = \left\{ x \in K^\times / K^{\times 2} \mid (x, -a_3a_4) = (-a_3, -a_4) \right\},$$

显然 H 和 H' 都是非空的. 从而 f 不可以表示 0 当且仅当 $H \cap H' = \varnothing$, 当且仅当

$$a_1a_2 = a_3a_4 \in K^\times / K^{\times 2}, \quad 且(a_1, a_2) = -(-a_3, -a_4).$$

第一个等式等价于 $d = 1$. 若第一个等式成立, 则

$$\epsilon = \prod_{1 \leqslant i < j \leqslant 4} (a_i, a_j) = (a_1, a_2)(a_3, a_4)(a_3a_4, a_3a_4)$$

$$= (a_1, a_2)(a_3, a_4)(-1, a_3a_4)$$

$$= (a_1, a_2)(a_3, -a_3a_4)(-1, -a_3a_4)(-1, -1)$$

$$= (a_1, a_2)(-a_3, -a_4)(-1, -1),$$

第二个等式等价于 $\epsilon = -(-1,-1)$, 从而结论得证.

(4) $n \geqslant 5$ 情形. 我们只需要证明当 $n = 5$ 时, f 可以表示 0. 我们知道秩为 2 的二次型可以表示至少 2^{r-1} 个 $K^\times/K^{\times 2}$ 中的元素, 从而秩 $\geqslant 2$ 的二次型也可以表示至少 2^{r-1} 个 $K^\times/K^{\times 2}$ 中的元素. 注意到 $2^{r-1} \geqslant 2$, f 可以表示 $a \in K^\times/K^{\times 2}$ 且 $a \neq d$. 由命题 6.2.1, $f \sim aX^2 \boxplus g$, 其中 g 是秩为 4 的二次型, 且 g 的判别式 $d(g) = d/a \neq 1$. 由 $n = 4$ 情形的结论, g 可以表示 0, 从而 f 可以表示 0. 这样我们便完成了定理的证明. □

由命题 6.2.1, 二次型 f 可以表示 $a \in K^\times/K^{\times 2}$ 当且仅当 $f_a := f \boxminus aZ^2$ 可以表示 0, 且我们知道 f_a 的不变量与 f 的不变量有如下关系:

$$d(f_a) = -ad(f), \quad \epsilon(f_a) = (-a, d(f))\epsilon(f).$$

由定理 6.3.1, 我们得到如下结果.

定理 6.3.2 二次型 f 可以表示 $a \in K^\times/K^{\times 2}$ 当且仅当下面的一个条件成立:
(1) $n = 1, a = d$.
(2) $n = 2, (a, -d) = \epsilon$.
(3) $n = 3, a \neq -d$ 或者 $a = -d$ 且 $(-1, -d) = \epsilon$.
(4) $n \geqslant 4$.

特别地, 包含至少四个变量的二次型可以表示 K 的所有非零元.

6.3.3 $\mathbb{Q}_p$ 上二次型的分类

由定理 6.3.2, 固定秩后, 二次型 f 可以表示的数完全由 $d(f)$ 和 $\epsilon(f)$ 决定. 作为这个性质的一个应用, 我们证明二次型的秩、判别式、ϵ-不变量决定了其等价类.

定理 6.3.3 K 上两个非退化的二次型是等价的当且仅当它们有相同的秩、判别式、ϵ-不变量.

证明 我们只需要证明若两个二次型 f 和 g 有相同的秩、判别式、ϵ-不变量, 则 $f \sim g$. 对秩 n 进行归纳, 当 $n = 1$ 时结论显然成立. 对一般情形, 由于 f 和 g 有相同的秩、判别式、ϵ-不变量, 故它们表示的数也是完全一样的, 设 $a \in K^\times$ 可同时由 f 和 g 表示, 则

$$f \sim aZ^2 \boxplus f', \quad g \sim aZ^2 \boxplus g'.$$

容易验证 f' 和 g' 也有相同的秩、判别式、ϵ-不变量, 由归纳假设, $f' \sim g'$, 从而 $f \sim g$. 结论得证. □

注记 6.3.1 设 f 是秩为 4 的非退化二次型. 由定理 6.3.1, f 不可以表示 0 当且仅当

$$d(f) = 1, \quad \epsilon(f) = -(-1, -1).$$

由定理 6.3.3, 在等价意义下, 存在唯一的一个秩为 4 的二次型不可以表示 0.

取 $a,b \in K^\times$ 满足 $(a,b) = -1$,令 $f = w^2 - ax^2 - by^2 + abz^2$,易知 f 有满足条件的不变量.

二次型 $f = w^2 - ax^2 - by^2 + abz^2$ 对应到 K 上 (同构意义下) 唯一的可除 4 维代数 $\mathbb{H}$ 的范数. 这个代数 $\mathbb{H}$ 有一组基 $\{1, i, j, k\}$,其乘法满足 $i^2 = a$, $j^2 = b$, $ij = k = -ji$. 这是 $\mathbb{R}$ 上的 Hamilton 四元数代数的类比.

命题 6.3.1 令 $n \geqslant 1$, $d \in K^\times/K^{\times 2}$, $\epsilon \in \{\pm 1\}$,则存在二次型 f 使得 $r(f) = n$, $d(f) = d$, $\epsilon(f) = \epsilon$ 当且仅当下面的一个条件成立:

(1) $n = 1$, $\epsilon = 1$.

(2) $n = 2$, $d \neq -1$ 或者 $\epsilon = 1$.

(3) $n \geqslant 3$.

证明 情形 $n = 1$ 是平凡的. 若 $n = 2$,则 $f \sim aX^2 + bY^2$. 这时 $d(f) = ab$, $\epsilon(f) = (a,b)$. 若 $d(f) = -1$,则 $\epsilon(f) = (a,b) = (a,-ab) = (a,1) = 1$. 故 $d(f) = -1$, $\epsilon(f) = -1$ 不可能同时成立. 反之,若 $d = -1$, $\epsilon = 1$, $f = X^2 - Y^2$ 有期望的不变量; 若 $d \neq -1$,取 $a \in K^\times$ 满足 $(a,-d) = \epsilon$,则 $f = aX^2 + adY^2$ 有期望的不变量.

若 $n = 3$,取 $a \in K^\times/K^{\times 2}$ 且 $a \neq -d$. 从而 $ad \neq -1$,故存在秩为 2 的二次型 g 满足 $d(g) = ad$, $\epsilon(g) = \epsilon(a,-d)$. 令 $f = aZ^2 \boxplus g$,则 $d(f) = a$, $\epsilon(f) = \epsilon$. 对一般情形 $n \geqslant 4$,注意到 $f = g(X_1, X_2, X_3) + X_4^2 + \cdots + X_n^2$ 与 g 有相同的判别式和 ϵ-不变量,结论显然成立. □

令 $c_p(n)$ 表示 $K = \mathbb{Q}_p$ 上秩为 n 的非退化二次型的等价类的个数,由定理 6.3.3 和命题 6.3.1,我们马上得到

(1) $p \neq 2$, $c_p(1) = 4$, $c_p(2) = 7$, $c_p(n) = 8$ $(n \geqslant 3)$.

(2) $c_2(1) = 8$, $c_2(2) = 15$, $c_2(n) = 16$ $(n \geqslant 3)$.

6.3.4 $\mathbb{R}$ 上的二次型

这里我们回顾 $\mathbb{R}$ 上二次型的基本性质. 设 f 是 $\mathbb{R}$ 上秩为 n 的非退化二次型,则

$$f \sim X_1^2 + \cdots + X_r^2 - Y_1^2 - \cdots - Y_s^2,$$

其中 r 和 s 是非负整数,称之为 f 的**正惯性指数**和**负惯性指数**. 显然 $r + s = n$. 若 $r = n$,则称 f 是**正定的**; 若 $s = n$,则称 f 是**负定的**; 若 $r, s > 0$,则称 f 是**不定的**. 容易看出, f 在 $\mathbb{R}$ 上可以表示 0 当且仅当 f 是不定的.

我们可以用 $\mathbb{Q}_p$ 情形的公式定义 f 的 ϵ-不变量. 注意到这时的 Hilbert 符号满足

$(-1,-1)_\infty = -1$, 我们有

$$\epsilon(f) = (-1)^{\frac{s(s-1)}{2}} = \begin{cases} 1, & \text{若 } s \equiv 0,1 \pmod 4, \\ -1, & \text{若 } s \equiv 2,3 \pmod 4; \end{cases}$$

$$d(f) = (-1)^s = \begin{cases} 1, & \text{若 } s \equiv 0 \pmod 2, \\ -1, & \text{若 } s \equiv 1 \pmod 1. \end{cases}$$

对于 $\mathbb{R}$ 上的二次型, 易知如下结果成立.

命题 6.3.2 (1) $\mathbb{R}$ 上的二次型 f 与 g 等价当且仅当 f 和 g 有相同的正惯性指数和负惯性指数. 当 $n \leqslant 3$ 时, f 与 g 等价当且仅当它们有相同的判别式和 ϵ-不变量.

(2) $u(\mathbb{R}) = \infty$.

(3) $W(\mathbb{R}) \cong \mathbb{Z}$.

6.4 $\mathbb{Q}$ 上的二次型

在这一节我们考虑有理数域 $\mathbb{Q}$ 上的二次型. 设 $f \sim a_1 X_1^2 + \cdots + a_n X_n^2$ 是秩为 n 的二次型, $a_i \in \mathbb{Q}$, 则 f 的判别式 $d(f) = a_1 \cdots a_n \in \mathbb{Q}^\times / \mathbb{Q}^{\times 2}$. 任取 $v \in \Omega$, 由于 $\mathbb{Q}$ 为 $\mathbb{Q}_v$ 的子域, 我们可以将 f 视为 $\mathbb{Q}_v$ 上的二次型, 记为 f_v. 记 $d(f_v)$ 和 $\epsilon(f_v)$ 是 f_v 的判别式和 ϵ-不变量, 从而 $d(f_v)$ 是 $d(f)$ 在映射 $\mathbb{Q}^\times/\mathbb{Q}^{\times 2} \to \mathbb{Q}_v^\times/\mathbb{Q}_v^{\times 2}$ 下的像,

$$\epsilon(f_v) = \prod_{1 \leqslant i < j \leqslant n} (a_i, a_j)_v.$$

由 Hilbert 符号的乘积公式, 我们有

$$\prod_{v \in \Omega} \epsilon(f_v) = 1.$$

6.4.1 Hasse-Minkowski 定理

我们讨论二次型的局部—整体原则, 即 Hasse-Minkowski 定理.

定理 6.4.1 (Hasse-Minkowski 定理) 设 f 是 $\mathbb{Q}$ 上的二次型. f 可以表示 0 当且仅当对所有 $v \in \Omega$, f_v 都可以表示 0.

我们先证明如下引理.

引理 6.4.1 设 $f = Z^2 - aX^2 - bY^2$, 其中 $a, b \in \mathbb{Z} \setminus \{0\}$, $|a| + |b| \geqslant 3$, $|b| \geqslant 2$, 且 a 和 b 没有平方因子. 若对所有 $v \in \Omega$, f_v 可以表示 0, 则 a 是模 b 的平方剩余.

证明 任取素数 $p \mid b$, 我们证明 a 是模 p 的平方剩余. 若 $p \mid a$, 结论成立. 设 a 是 p-进单位, $(x,y,z) \in (\mathbb{Q}_p)^3$ 是 $f=0$ 的一组本原解, 于是 $z^2 - ax^2 \equiv 0 \pmod{p}$. 假设 $v_p(x) \geqslant 1$, 则 $v_p(z) \geqslant 1$. 由于 $v_p(b) = 1$, 故 $v_p(y) \geqslant 1$, 这与 (x,y,z) 是本原的矛盾. 故 x 是 p-进单位, 从而 $a \equiv (z/x)^2 \pmod{p}$, 引理得证. □

Hasse-Minkowski 定理的证明 若 f 可以表示 0, 显然对所有 $v \in \Omega$, f_v 都可以表示 0. 现设对所有 $v \in \Omega$, f_v 都可以表示 0. 不妨设

$$f = a_1 X_1^2 + \cdots + a_n X_n^2,\ a_i \in \mathbb{Q}^\times.$$

由于 f 可以表示 0 当且仅当 $cf(c \in \mathbb{Q}^\times)$ 可以表示 0, 可设 $a_1 = 1$. 另外通过换元, 我们可以将 $a_i(i \geqslant 2)$ 替换为 $a_i c^2$, 从而可设对所有 $2 \leqslant i \leqslant n$, 有 $a_i \in \mathbb{Z}\setminus\{0\}$ 且 a_i 没有平方因子. 我们对 $n = 2, 3, 4, \geqslant 5$ 分别证明 f 可以表示 0.

(1) $n = 2$ 情形. 这时 $f = X_1^2 + a_2 X_2^2$. 由于 f_∞ 可以表示 0, 可知 $a_2 < 0$. 由于 f_p 可以表示 0, $-a_2$ 是 $\mathbb{Q}_p$ 中的平方元, 故 $v_p(-a_2)$ 是偶数. 由于 a_2 没有平方因子, 故 $a_2 = -1$, $f = X_1^2 - X_2^2$, f 可以表示 0.

(2) $n = 3$ 情形. 设 $f = X_1^2 - aX_2^2 - bX_3^2$, $a,b \in \mathbb{Z}\setminus\{0\}$, $|a| \leqslant |b|$. 我们对 $m = |a| + |b| \geqslant 2$ 进行归纳.

当 $m = 2$ 时, $f = X_1^2 \pm X_2^2 \pm X_3^2$. 由于 f_∞ 可以表示 0, a 和 b 至少有一个等于 1, 从而 f 可以表示 0. 设 $m \geqslant 3$, 从而 $|b| \geqslant 2$. 由引理 6.4.1, 存在 $t, b' \in \mathbb{Z}$ 满足

$$a + bb' = t^2.$$

通过平移, 我们可取 t 使得 $|t| \leqslant |b|/2$. 由于 $bb' = t^2 - a = (t + \sqrt{a})(t - \sqrt{a})$, bb' 是域扩张 $K(\sqrt{a})/K$ 范数映射的像, 其中 $K = \mathbb{Q}$ 或 $\mathbb{Q}_v$ ($v \in \Omega$). 由于范数映射是群同态, f 在 K 上可以表示 0 当且仅当

$$f' = X_1^2 - aX_2^2 - b'X_3^2$$

可以表示 0. 特别地, 由于 f_v 在 $\mathbb{Q}_v$ 上可以表示 0, 故 f'_v 在 $\mathbb{Q}_v$ 上可以表示 0. 而且

$$|b'| = \left|\frac{t^2 - a}{b}\right| \leqslant \frac{(|b|/2)^2 + |a|}{|b|} \leqslant \frac{|b|}{4} + 1 < |b|,$$

从而 $|a| + |b'| < |a| + |b|$. 由归纳假设, f' 可以表示 0, 从而 f 可以表示 0.

(3) $n = 4$ 情形. 我们记 $f = (aX_1^2 + bX_2^2) - (cX_3^2 + dX_4^2)$. 任取 $v \in \Omega$. 由于 f_v 可以表示 0, 由命题 6.2.2, 存在 $x_v \in \mathbb{Q}_v^\times$ 可同时由 $aX_1^2 + bX_2^2$ 和 $cX_3^2 + dX_4^2$ 表示, 由定理 6.3.2, 这等价于

$$(x_v, -ab)_v = (a,b)_v, \quad (x_v, -cd)_v = (c,d)_v.$$

由于 $\prod_{v \in \Omega}(a,b)_v = \prod_{v \in \Omega}(c,d)_v = 1$, 由定理 5.6.4, 存在 $x \in \mathbb{Q}^\times$, 使得对所有 $v \in \Omega$, 有

$$(x, -ab)_v = (x_v, -ab)_v, \quad (x, -cd)_v = (x_v, -cd)_v.$$

对任意 $v \in \Omega$, $\mathbb{Q}_v$ 上的二次型 $aX_1^2 + bX_2^2 - xZ^2$ 可以表示 0, 由 $n = 3$ 情形的结论, 这说明在 $\mathbb{Q}$ 上, $aX_1^2 + bX_2^2 - xZ^2$ 可以表示 0, 即 $aX_1^2 + bX_2^2$ 可以表示 x. 类似地, 在 $\mathbb{Q}$ 上, $cX_3^2 + dX_4^2$ 也可以表示 x. 再由命题 6.2.2, $f = (aX_1^2 + bX_2^2) - (cX_3^2 + dX_4^2)$ 可以表示 0.

(4) $n \geqslant 5$ 情形. 我们对 n 进行归纳. 记 $f = (c_1X_1^2 + c_2X_2^2) - (c_3X_3^2 + \cdots + c_nX_n^2)$. 令 $h = c_1X_1^2 + c_2X_2^2$, $g = c_3X_3^2 + \cdots + c_nX_n^2$,

$$S := \{2, \infty\} \cup \{p \mid c_3 \cdots c_n \equiv 0 \pmod{p}\} \subset \Omega.$$

任取 $v \in S$. 由于 f_v 可以表示 0, 故存在 $a_v \in \mathbb{Q}_v^\times$ 可同时由 h_v 和 g_v 表示, 即存在 $x_i^v \in \mathbb{Q}_v$ $(1 \leqslant i \leqslant n)$ 满足

$$h(x_1^v, x_2^v) = a_v = g(x_3^v, \cdots, x_n^v).$$

由于 S 是有限集, 由定理 5.3.1, $\mathbb{Q}$ 在 $\prod_{v \in S} \mathbb{Q}_v$ 中稠密. 由于 h 是连续函数, $h(\mathbb{Q} \times \mathbb{Q})$ 在 $\prod_{v \in S} h(\mathbb{Q}_v \times \mathbb{Q}_v)$ 中稠密. 又由于 $\mathbb{Q}_v^{\times 2} \subset \mathbb{Q}_v^\times$ 是开集, 存在 $x_1, x_2 \in \mathbb{Q}$, 使得对所有 $v \in S$, $h(x_1, x_2) \in a_v \mathbb{Q}_v^{\times 2}$. 令 $a = h(x_1, x_2)$, $f_1 = aZ^2 \boxminus g$. 若 $v \in S$, 在 $\mathbb{Q}_v$ 中 g 可以表示 a_v, 从而可以表示 a, f_1 在 $\mathbb{Q}_v$ 中可以表示 0. 若 $v \notin S$, 则 g 的系数 $c_3, \cdots, c_n$ 都是 v-进单位, 从而 $\overline{g} = g \pmod{v}$ 是有限域 $\mathbb{F}_v$ 上的包含 $(n-2)$ 个变元的二次型, 由定理 5.6.1, $\overline{g}(X_3, \cdots, X_n) = 0$ 在 $\mathbb{F}_v$ 上有解; 再由推论 5.5.2, 这个解可提升为 $g(X_3, \cdots, X_n) = 0$ 在 $\mathbb{Z}_v$ 上的解, 从而 g 在 $\mathbb{Q}_v$ 上可以表示 0, 故 f_1 在 $\mathbb{Q}_v$ 上可以表示 0. 综上, 对任意 $v \in \Omega$, f_1 在 $\mathbb{Q}_v$ 上可以表示 0, 且 f_1 的秩为 $n-1$. 由归纳假设知 f_1 在 $\mathbb{Q}$ 上可以表示 0, 从而 g 在 $\mathbb{Q}$ 上表示 a. 由于 h 也可以在 $\mathbb{Q}$ 上表示 a, 故 $f = h \boxminus g$ 在 $\mathbb{Q}$ 上可以表示 0. 这便完成了此定理的证明. □

注记 6.4.1 有理数域上二次型的分类以及局部—整体原则可以推广到一般数域上. 为了进一步学习, 我们需要推广 p-进数域 $\mathbb{Q}_p$ 这一对象, 这便是后面我们将详细学习的局部域. 鉴于篇幅原因, 后面我们不再提及一般局部域上的 Hilbert 符号和数域上二次型的局部—整体原则, 感兴趣的读者可以参考 [7, 28] 的相关章节.

定理 6.4.1 有许多有意义的应用, 下面我们给出若干例子.

6.4.2 $\mathbb{Q}$ 上的二次型与数的表示

将定理 6.4.1 应用到二次型 $aZ^2 \boxminus f$ 上, 我们马上得到如下定理.

定理 6.4.2 设 f 是 $\mathbb{Q}$ 上的二次型, $a \in \mathbb{Q}$. f 可以表示 a 当且仅当对所有 $v \in \Omega$, f_v 都可以表示 a.

推论 6.4.1 一个秩 $\geqslant 5$ 的二次型可以表示 0 当且仅当它是不定的.

综合定理 6.3.1 和乘积公式, 我们有如下结果.

推论 6.4.2　设 f 是一个秩为 $n=3$ 或 4 的二次型. 在 $n=4$ 时, 设 $d(f)=1$. 若除了至多一个 Ω 中的元素, f 在 $\mathbb{Q}_v$ 上都可以表示 0, 则 f 在 $\mathbb{Q}$ 上可以表示 0.

注记 6.4.2　Hasse-Minkowski 定理提供了一个算法, 使我们在有限步可以确定 $\mathbb{Q}$ 上的一个非退化二次型是否可以表示 0. 令 f 是一个秩为 n 的有理整系数二次型, 我们按如下步骤检查:

(1) 若 $n=1$, 则 $f=aX^2$ 不可以表示 0.

(2) 若 $n=2$, 则 $f=a_1X_1^2+a_2X_2^2$ 可以表示 0 当且仅当 $-\dfrac{a_2}{a_1}\in \mathbb{Q}^{\times 2}$.

(3) 若 $n=3$ 或 4, $f=a_1X_1^2+\cdots+a_nX_n^2$. 若 $p\nmid 2a_1\cdots a_n$, 则 f 在 $\mathbb{Q}_p$ 上可以表示 0. 我们检查在 $\mathbb{R}$ 和 $\mathbb{Q}_p$ ($p\nmid 2a_1\cdots a_n$) 上, f 是否可以表示 0.

(4) 若 $n\geqslant 5$, 我们只需要检查 f 在 $\mathbb{R}$ 上是否是不定的.

以 $f=3X^2+5Y^2-17Z^2$ 为例. 在 $p\nmid 2\cdot 3\cdot 5\cdot 17$ 时, f 在 $\mathbb{Q}_p$ 上可以表示 0. 在 $\mathbb{R}$ 上 f 是不定的, f 可以表示 0.

在 $p=2$, 3, 5, 17 时, $(1,0,1)$ 是 $f\equiv 0\pmod{2}$ 的解, $(0,2,1)$ 是 $f\equiv 0\pmod{3}$ 的解, $(2,0,1)$ 是 $f\equiv 0\pmod{5}$ 的解, $(2,1,0)$ 是 $f\equiv 0\pmod{17}$ 的解, 利用定理 5.5.1, 这些解可以提升为 $\mathbb{Z}_p$ 上 $f=0$ 的解. 综上, f 在所有局部都可以表示 0, 从而 f 在 $\mathbb{Q}$ 上可以表示 0.

需要指出的是, 按上面的步骤确定一个非退化的二次型可以表示某个数之后, 并没有有效算法找出对应的表示.

注记 6.4.3　Hasse-Minkowski 定理对高次的齐次多项式并不成立. 考虑
$$f(X,Y,Z)=3X^3+4Y^3+5Z^3.$$
方程 $f=0$ 在每个 $\mathbb{Q}_v$ ($v\in\Omega$) 上都有解, 但是在 $\mathbb{Q}$ 上没有解.

6.4.3　$\mathbb{Q}$ 上二次型的等价

定理 6.4.3　设 f 和 g 是 $\mathbb{Q}$ 上的二次型. $f\sim g$ 当且仅当对所有 $v\in\Omega$, $f_v\sim g_v$.

证明　只需要说明若对所有 $v\in\Omega$, $f_v\sim g_v$, 则 $f\sim g$. 我们对秩 n 进行归纳. 当 $n=0$ 时, 结论成立. 当 $n\geqslant 1$ 时, 存在 $a\in\mathbb{Q}^\times$ 可由 f 表示, 从而也可由 g 表示. 故 $f\sim aZ^2\boxplus f_1$, $g\sim aZ^2\boxplus g_1$. 任取 $v\in\Omega$, 由 Witt 消去定理, 在 $\mathbb{Q}_v$ 上有 $f_1\sim g_1$. 由归纳假设知在 $\mathbb{Q}$ 上 $f_1\sim g_1$, 从而 $f\sim g$. 定理得证. □

推论 6.4.3　设 r 和 s 分别是 f 的正、负惯性指数, r' 和 s' 分别是 g 的正、负惯性指数, 则 $f\sim g$ 当且仅当

$$d(f)=d(g),\ (r,s)=(r',s'),\ \epsilon_v(f)=\epsilon_v(g),\ \forall v\in\Omega.$$

上面的二次型 f 的不变量 $(r,s), d:=d(f), \epsilon_v := \epsilon_v(f)$ 并不是任意的, 它们满足如下条件:

(1) 对几乎所有 $v \in \Omega$, $\epsilon_v = 1$; 且 $\prod_{v \in \Omega} \epsilon_v = 1$.

(2) 若 $n = 1$, 或 $n = 2$ 且 $d = -1 \in \mathbb{Q}_v^\times / \mathbb{Q}_v^{\times 2}$, 则 $\epsilon_v = 1$.

(3) $r, s \geqslant 0$ 且 $r + s = n$.

(4) $d_\infty = (-1)^s$.

(5) $\epsilon_\infty = (-1)^{s(s-1)/2}$.

反过来, 我们有如下结果, 证明留作习题.

命题 6.4.1 设 $(r, s), d, \epsilon_v$ 满足上面的条件, 则存在 $\mathbb{Q}$ 上秩为 n 的二次型, 其对应的不变量正好是 $(r, s), d, \epsilon_v$ $(v \in \Omega)$.

6.4.4 平方和问题

设 n 和 l 是正整数, 若存在整数 $n_1, \cdots, n_l$ 使得 $n = n_1^2 + \cdots + n_l^2$, 则称 n 是 l 个**平方的和**. 利用 Gauss 整数环 $\mathbb{Z}[i]$, 我们证明了 n 是两个平方的和当且仅当 n 的素因子都是模 4 余 1 的. 下面我们证明如下结果.

定理 6.4.4 (Gauss) 正整数 n 是三个平方的和当且仅当 n 不能写成 $4^a(8b-1)$, $a, b \in \mathbb{Z}$.

由定理 6.4.4, 我们可以证明如下结果.

推论 6.4.4 (Lagrange) 任意正整数 n 都是四个平方的和.

证明 记 $n = 4^a m$, $4 \nmid m$. 若 $m \equiv 1, 2, 3, 5, 6 \pmod 8$, 由定理 6.4.4, m 是三个平方的和, 从而 n 也是三个平方的和. 若 $m \equiv -1 \pmod 8$, 则 $m - 1 \equiv 6 \pmod 8$, $m - 1$ 是三个平方的和, 从而 m 和 n 都是四个平方的和. □

推论 6.4.5 (Gauss) 任意正整数 n 都是三个三角数的和, 这里**三角数**是指形如 $\frac{1}{2} m(m+1)$ $(m \in \mathbb{Z})$ 的整数.

证明 由于 $8n + 3 \equiv 3 \pmod 8$, 由定理 6.4.4 知其是三个平方的和, 即存在整数 x_1, x_2, x_3 满足

$$x_1^2 + x_2^2 + x_3^2 = 8n + 3.$$

由于平方元模 8 只能取 0, 1 或 4, 上式说明 x_1, x_2, x_3 都是奇数, 不妨设 $x_i = 2m_i + 1$, $1 \leqslant i \leqslant 3$. 计算即得

$$n = \frac{1}{2} m_1(m_1 + 1) + \frac{1}{2} m_2(m_2 + 1) + \frac{1}{2} m_3(m_3 + 1),$$

结论得证. □

为证明定理 6.4.4, 我们先证明若干引理.

引理 6.4.2 令 $a \in \mathbb{Q}^\times, f = X_1^2 + X_2^2 + X_3^2$, 则 a 可由 f 在 $\mathbb{Q}$ 上表示当且仅当 $a > 0$ 且 $-a$ 在 $\mathbb{Q}_2$ 中不是一个平方元.

证明 由定理 6.4.1, a 可由 f 在 $\mathbb{Q}$ 上表示当且仅当对所有 $v \in \Omega$, a 可由 f 在 $\mathbb{Q}_v$ 上表示. 若 $v = \infty$, 这对应到 $a > 0$. 若 p 是一个素数, 则局部不变量 $d_p(f) = 1$, $\epsilon_p(f) = 1$. 当 $p \neq 2$ 时,

$$(-1, -d_p(f))_p = (-1, -1)_p = 1 = \epsilon_p(f),$$

由定理 6.3.2 知 a 可由 f 在 $\mathbb{Q}_p$ 上表示; 当 $p = 2$ 时,

$$(-1, d_2(f))_2 = -1 \neq \epsilon_2(f).$$

由定理 6.3.2 知 a 可由 f 在 $\mathbb{Q}_2$ 上表示当且仅当 $a \neq -1 \in \mathbb{Q}_2^\times/\mathbb{Q}_2^{\times 2}$. 结论得证. □

引理 6.4.3 (Davenport-Cassels) 令 $f = \sum_{1 \leqslant i,j \leqslant l} a_{ij} X_i X_j$ 是一个正定二次型, (a_{ij}) 是其对应的正定对称矩阵, 满足 $a_{ij} \in \mathbb{Z}$. 设对任意 $x = (x_1, \cdots, x_l) \in \mathbb{Q}^l$, 都存在 $y \in \mathbb{Z}^l$ 使得 $f(x-y) < 1$, 那么若 $n \in \mathbb{Z}$ 可由 f 在 $\mathbb{Q}$ 上表示, 则 n 可由 f 在 $\mathbb{Z}$ 上表示.

证明 对于 $\mathbb{Q}^l$ 上的两个元素 $u = (u_i), v = (v_j)$, 定义 $u \cdot v = \sum a_{ij} u_i v_j$. 设 $n \in \mathbb{Z}$ 可由 f 在 $\mathbb{Q}$ 上表示, 则存在 $t \in \mathbb{Z}_{>0}, x \in \mathbb{Z}^l$, 使得

$$t^2 n = x \cdot x = f(x).$$

选择 t 和 x 使得 t 最小, 我们说明 $t = 1$.

由条件, 存在 $y \in \mathbb{Z}^l$ 满足

$$\frac{x}{t} = y + z, \quad z \cdot z = f(z) = f\left(\frac{x}{t} - y\right) < 1.$$

若 $z \cdot z = 0$, 则 z 是零向量, $\frac{x}{t} \in \mathbb{Z}^l$. 由 t 的极小性知 $t = 1$.

现假设 $z \cdot z \neq 0$. 令

$$a = y \cdot y - n, \quad b = 2(nt - x \cdot y), \quad t' = at + b, \quad x' = ax + by.$$

显然 $a, b, t' \in \mathbb{Z}$. 直接计算得到

$$x' \cdot x' = t'^2 n, \quad tt' = t^2 z \cdot z.$$

由于 $0 < z \cdot z < 1$, 故 $0 < t' < t$, 这与 t 的极小性矛盾. 故引理成立. □

定理 6.4.4 的证明 由上面两个引理和推论 5.4.2(1), 要证明定理 6.4.4, 我们只需要证明对于二次型 $f = X_1^2 + X_2^2 + X_3^2$, 对任意 $x \in \mathbb{Q}^3$, 存在 $y \in \mathbb{Z}^3$ 使得 $f(x-y) < 1$. 取 y_i 为最靠近 x_i 的整数, 即知这个条件成立, 从而定理得证. □

例 6.4.1 上面的思路也可以证明 Fermat 的两个熟知结果. 考虑 $\mathbb{Q}$ 上的二次型 $f(X,Y) = X^2 + Y^2$. 由引理 6.4.3 知 $f(X,Y)$ 在整数上可以表示正整数 n 当且仅当 $f(X,Y)$ 在 $\mathbb{Q}$ 上可以表示 n, 当且仅当二次型 $f_n(X,Y,Z) = X^2 + Y^2 - nZ^2$ 在 $\mathbb{Q}$ 上可以表示 0, 当且仅当对所有素数 p, Hilbert 符号 $(-1,n)_p = 1$, 当且仅当 n 只有模 4 余 1 的素因子.

类似地, 可以证明素数 p 可以表示为 $X^2 + 2Y^2$ ($X, Y \in \mathbb{Z}$) 当且仅当 $p \equiv 1$ 或 $3 \pmod{8}$. 证明留作习题.

注记 6.4.4 上面我们考虑了平方和表示整数的例子, 更一般地, 我们可以考虑整系数二次型表示整数的问题: 给定一个整系数的正定二次型, 它可以表示哪些整数? 表示的方法有多少种?

设 $f(X_1, \cdots, X_k)$ 是整系数的正定二次型. 对每一个正整数, 我们考虑方程 $f(X_1, \cdots, X_k) = n$ 的整数解的个数. 记

$$R_f(n) := \#\left\{(a_1, \cdots, a_k) \in \mathbb{Z}^k \mid f(a_1, \cdots, a_k) = n\right\},$$

构造生成函数

$$\Theta_f(q) := 1 + R_f(1)q + R_f(2)q^2 + \cdots = \sum_{n=0}^{\infty} R_f(n)q^n.$$

这个生成函数是一个模形式的 q-级数展开. 一方面, 我们可以通过二次型构造模形式; 另一方面, 我们也可以通过模形式来研究二次型表示整数的问题. 关于这个非常有意义的课题, 更多详细内容可以参考 [14, 30].

6.4.5 二次型与域扩张

设 K 是一个域, F 是 K 的一个有限扩张. 我们定义一个 K 上的二次型

$$Q(\alpha) = \mathrm{Tr}_{F/K}(\alpha^2), \ \alpha \in F,$$

称其为 F/K 的**迹二次型**. 固定 F 的一组 K-基, 我们可以将 Q 表示为一个具体的齐次二次多项式. 比如 $K = \mathbb{R}$, $F = \mathbb{C}$, 取 $\mathbb{C}$ 的 $\mathbb{R}$-基 $\{1, i\}$. 对任意 $z = x + iy \in \mathbb{C}$ ($x, y \in \mathbb{R}$), 有

$$Q(z) = \mathrm{Tr}_{\mathbb{C}/\mathbb{R}}(z^2) = 2x^2 - 2y^2.$$

例 6.4.2 令 $K = \mathbb{Q}$, $F = \mathbb{Q}(\theta)$, 这里 θ 是多项式 $X^4 - 8X + 9$ 的根. 注意到这个多项式模 5 是不可约的, 从而在 $\mathbb{Q}$ 上是不可约的. 取 F 的一组 $\mathbb{Q}$-基 $\{1, \theta, \theta^2, \theta^3\}$. 在

这组基下, 乘以 θ 对应到矩阵

$$M_\theta = \begin{pmatrix} 0 & 0 & 0 & -9 \\ 1 & 0 & 0 & 8 \\ 0 & 1 & 0 & 0 \\ 0 & 0 & 1 & 0 \end{pmatrix}.$$

对任意 $\alpha = x + y\theta + z\theta^2 + t\theta^3 \in F$, 其迹二次型为

$$\begin{aligned} Q(\alpha) &= \mathrm{Tr}_{K/\mathbb{Q}}(\alpha^2) \\ &= \mathrm{tr}(M_\alpha^2) \\ &= \mathrm{tr}((x\mathrm{id} + yM_\theta + zM_\theta^2 + tM_\theta^3)^2) \\ &= 4x^2 - 36z^2 + 192t^2 + 48xt + 48yz - 72yt. \end{aligned}$$

通过简单的变量替换, 二次型 Q 等价于对角二次型

$$f_1(x, y, z, t) = x^2 - y^2 + z^2 - 33t^2,$$

其判别式 $d(f_1) = 33$.

例 6.4.3 令 $K = \mathbb{Q}, L = \mathbb{Q}(\gamma)$, 这里 γ 是多项式 $X^4 + 6X^2 - 4X + 6$ 的根. 注意到这个多项式模 5 是不可约的, 从而在 $\mathbb{Q}$ 上是不可约的. 取 L 的一组 $\mathbb{Q}$-基 $\{1, \gamma, \gamma^2, \gamma^3\}$. 在这组基下, 乘 γ 对应到矩阵

$$M_\gamma = \begin{pmatrix} 0 & 0 & 0 & -6 \\ 1 & 0 & 0 & 4 \\ 0 & 1 & 0 & -6 \\ 0 & 0 & 1 & 0 \end{pmatrix}.$$

对任意 $\alpha = x + y\gamma + z\gamma^2 + t\gamma^3 \in L$, 计算其迹二次型为

$$\begin{aligned} Q(\alpha) &= \mathrm{Tr}_{L/\mathbb{Q}}(\alpha^2) \\ &= \mathrm{tr}(M_\alpha^2) \\ &= \mathrm{tr}((x\mathrm{id} + yM_\gamma + zM_\gamma^2 + tM_\gamma^3)^2) \\ &= 4x^2 - 12y^2 + 48z^2 - 168t^2 - 24xz + 24xt + 24yz + 96yt - 240zt. \end{aligned}$$

通过简单的变量替换, 二次型 Q 等价于对角二次型

$$f_2(x, y, z, t) = x^2 - 10y^2 + 165z^2 - 2t^2,$$

其判别式 $d(f_2) = 33 \times 10^2$.

上面两个例子中的二次型 f_1 和 f_2 有相同的秩和判别式,我们通过 Hasse-Minkowski 定理来说明 f_1 和 f_2 在 $\mathbb{Q}$ 上不等价,从而域 $\mathbb{Q}(\theta)$ 和 $\mathbb{Q}(\tau)$ 不同构. 事实上,取 $p = 11$, 直接计算 f_1 和 f_2 在 $\mathbb{Q}_{11}$ 上的 ϵ-不变量分别为 -1 和 1,从而 f_1 和 f_2 在 $\mathbb{Q}_{11}$ 上不等价,故在 $\mathbb{Q}$ 上不等价.

习题

1. 证明引理 6.1.1.

2. 证明当 $q \equiv 3 \pmod{4}$ 时,$W(\mathbb{F}_q) \cong \mathbb{Z}/4\mathbb{Z}$.

3. 设 K 的特征不等于 2, 证明 K 上的二次型 $f(X,Y) = X^2 - Y^2$ 是泛性的.

4. 设 K 的特征不等于 2, $a \in K^\times$, 证明 K 上的二次型 $f(X,Y) = X^2 - aY^2$ 是泛性的当且仅当 $f(X,Y)$ 可以表示 0.

5. 设 K 的特征不等于 2, 证明 K 上的非退化二次型 f 是泛性的当且仅当 f 可以表示 0.

6. 证明定理 6.3.2.

7. 设 $p \neq 2$, 证明 $W(\mathbb{Q}_p) \cong W(\mathbb{F}_p)[t]/(t^2 - 1)$.

8. 证明命题 6.4.1.

9. 证明素数 p 可以表示为 $X^2 + 2Y^2$ ($X, Y \in \mathbb{Z}$) 当且仅当 $p \equiv 1$ 或 $3 \pmod{8}$.

10. 证明方程 $3X^3 + 4Y^3 + 5Z^3 = 0$ 在每个 $\mathbb{Q}_v$ ($v \in \Omega$) 上都有解,但是在 $\mathbb{Q}$ 上无解.

11. 计算 $f_1(x,y,z,t) = x^2 - y^2 + z^2 - 33t^2$ 和 $f_2(x,y,z,t) = x^2 - 10y^2 + 165z^2 - 2t^2$ 的所有 ϵ-不变量.

第七章

赋值域

在前面章节, 我们从形式级数、反向极限、完备化、形式幂级数环的商环四个角度给出了 p-进数的构造并验证了四种构造方法得到的对象是同构的. 这些方法可以推广到更一般情形, 这便是我们接下来的主要研究对象——赋值环和赋值域.

7.1 赋值与赋值域

7.1.1 定义和基本性质

定义 7.1.1 设 K 是一个域. 域 K 的一个**赋值**是指一个映射 $\phi: K \to \mathbb{R}_{\geqslant 0}$, ϕ 满足如下三个条件:

(1) $\phi(x) \geqslant 0$, 并且 $\phi(x) = 0$ 当且仅当 $x = 0$.
(2) $\phi(xy) = \phi(x)\phi(y)$.
(3) $\phi(x+y) \leqslant \phi(x) + \phi(y)$ (三角不等式).

若 ϕ 是域 K 的一个赋值, 则称 (K, ϕ) 为一个**赋值域**.

注记 7.1.1 我们对定义做一些说明.

(1) 对于任意域 K, 定义 $\phi(x) = \begin{cases} 1, & \text{若 } x \neq 0, \\ 0, & \text{若 } x = 0. \end{cases}$ 这显然满足定义 7.1.1 的条件, 称这个赋值为**平凡赋值**. 在后面的内容中, 除非特别说明, 所有赋值均为非平凡赋值.

(2) 若 ϕ 是域 K 上的一个赋值, 由条件 (2), $\phi|_{K^\times}: K^\times \to \mathbb{R}_{>0}^\times$ 是一个群同态. 若 $x \in K^\times$ 是一个 n 次单位根, 则 $\phi(x)^n = \phi(x^n) = 1$, 从而必有 $\phi(x) = 1$. 特别地, $\phi(-1) = 1$, 故 $\phi(x) = \phi(-x)$.

(3) 若 K 是有限域, 则 K 的所有非零元均为单位根, 由上知有限域上只有平凡赋值.

(4) 我们在有理数域 $\mathbb{Q}$ 上定义了 p-进赋值 $|\cdot|_p$, 并且当 $p \neq \infty$ 时, 满足比三角不等式更强的超距不等式 $|x+y|_p \leqslant \max\{|x|_p, |y|_p\}$. 从这个角度, 我们给出如下定义.

定义 7.1.2 设 (K, ϕ) 是赋值域. 若对所有 $n \in \mathbb{Z}$, $\phi(n) \leqslant 1$, 则称 ϕ 是一个非 Archimedes 赋值, (K, ϕ) 为一个非 Archimedes 赋值域; 否则称 ϕ 是一个 Archimedes 赋值, (K, ϕ) 为一个 Archimedes 赋值域.

命题 7.1.1 设 ϕ 是域 K 上的赋值, 则以下条件等价:

(1) ϕ 是非 Archimedes 赋值.

(2) 对 $n \in \mathbb{Z}$, $\phi(n)$ 是有界的.

(3) ϕ 满足超距不等式, 即对任意 $x, y \in K$, 有
$$\phi(x+y) \leqslant \max\{\phi(x), \phi(y)\}.$$

(4) 对任意 $x \in K$, 若 $\phi(x) \leqslant 1$, 则 $\phi(1+x) \leqslant 1$.

证明 容易看出 (1) $\Rightarrow$ (2), (3) $\Rightarrow$ (4) $\Rightarrow$ (1) 成立, 下面说明 (2) $\Rightarrow$ (3). 设 $N > 0$ 满足对所有 $n \in \mathbb{Z}$ 都有 $\phi(n) \leqslant N$. 任取 $x, y \in K$, 不妨设 $\phi(x) \geqslant \phi(y)$. 于是对任意正整数 n,
$$\phi(x+y)^n = \phi((x+y)^n) \leqslant \sum_{i=0}^{n} \phi\left(\binom{n}{i}\right) \phi(x^{n-i}) \phi(y^i)$$
$$\leqslant N(n+1)\phi(x)^n,$$
即
$$\phi(x+y) \leqslant N^{\frac{1}{n}}(1+n)^{\frac{1}{n}}\phi(x) = N^{\frac{1}{n}}(1+n)^{\frac{1}{n}}\max\{\phi(x), \phi(y)\}.$$
令 $n \to \infty$, 我们便得到超距不等式, 从而命题得证. $\square$

注记 7.1.2 设 (K, ϕ) 是一个非 Archimedes 赋值域. 若 $\phi(x) \neq \phi(y)$, 则
$$\phi(x+y) = \max\{\phi(x), \phi(y)\}.$$

事实上, 不妨设 $\phi(x) > \phi(y)$, 注意到 $x = (x+y) - y$, 所以 $\phi(x) \leqslant \max\{\phi(x+y), \phi(y)\} \leqslant \phi(x)$. 所有不等号都取等号, 结论成立.

设 (K, ϕ) 是一个赋值域, 对任意 $x, y \in K$, 定义它们之间的距离为
$$d(x, y) = \phi(x - y).$$
这样 K 便成了一个度量空间. 特别地, K 是一个拓扑空间.

定义 7.1.3 若域 K 上的两个赋值在 K 上定义了同一个拓扑, 则称这两个赋值等价.

命题 7.1.2 域 K 上两个赋值 ϕ_1 和 ϕ_2 等价当且仅当存在实数 $s > 0$ 使得
$$\text{对所有 } x \in K, \phi_1(x) = \phi_2(x)^s.$$

证明 若存在 $s > 0$ 使得 $\phi_1(x) = \phi_2(x)^s$, 易见 ϕ_1 和 ϕ_2 在 K 上定义了相同的拓扑. 现设 ϕ_1 和 ϕ_2 在 K 上定义了相同的拓扑. 若 $\phi_1(x) < 1$, 则在 ϕ_1 诱导的拓扑下 $\lim_{n \to \infty} x^n = 0$, 从而在 ϕ_2 诱导的拓扑下这个极限也成立, 故 $\phi_2(x) < 1$. 取 $x_0 \in K$ 满足 $0 < \phi_1(x_0) < 1$, 于是 $0 < \phi_2(x_0) < 1$. 任取 $y \in K$ 满足 $0 < \phi_1(y) < 1$, 定义
$$q = \frac{\log \phi_1(y)}{\log \phi_1(x_0)} \in \mathbb{R}_{>0}.$$

若 $\dfrac{m}{n} \geqslant q$, 则 $\phi_1(y)^n \geqslant \phi_1(x_0)^m$, 即 $\phi_1\left(\dfrac{x_0^m}{y^n}\right) \leqslant 1$. 从而 $\phi_2\left(\dfrac{x_0^m}{y^n}\right) \leqslant 1$. 故 $\dfrac{\log \phi_2(y)}{\log \phi_2(x_0)} \in \mathbb{R}_{>0} \leqslant \dfrac{m}{n}$.

类似地, 若 $\dfrac{m}{n} \leqslant q$, 则有 $\dfrac{\log \phi_2(y)}{\log \phi_2(x_0)} \in \mathbb{R}_{>0} \geqslant \dfrac{m}{n}$. 从而

$$\dfrac{\log \phi_1(y)}{\log \phi_1(x_0)} = \dfrac{\log \phi_2(y)}{\log \phi_2(x_0)}.$$

令 $s = \dfrac{\log \phi_1(x_0)}{\log \phi_2(x_0)}$, 则对任意 $y \in K$ 满足 $\phi_1(y) < 1$, 有 $\phi_1(y) = \phi_2(y)^s$. 如果 $\phi_1(y) > 1$, 那么 $\phi_1\left(\dfrac{1}{y}\right) < 1$, 得到 $\phi_1\left(\dfrac{1}{y}\right) = \phi_2\left(\dfrac{1}{y}\right)^s$, 即 $\phi_1(y) = \phi_2(y)^s$. 如果 $\phi_1(y) = 1$, 那么 $\phi_2(y) = 1$. 从而 $\phi_1 = \phi_2^s$, 命题得证. □

我们称域 K 上每个非平凡赋值的等价类为 K 的一个**素除子**.

对有理数域 $\mathbb{Q}$, 我们有绝对值 $|\cdot| = |\cdot|_\infty$, 这是一个 Archimedes 赋值; 对每一个素数 p, 我们有 p-进绝对值 $|\cdot|_p$, 这是非 Archimedes 赋值. 事实上, 我们有如下定理.

定理 7.1.1 有理数域 $\mathbb{Q}$ 上的赋值等价于 $|\cdot|_\infty$ 或者 $|\cdot|_p$.

证明 设 ϕ 是 $\mathbb{Q}$ 上的一个非 Archimedes 赋值, 则 $\phi(n) \leqslant 1$. 这时必有素数 p 使得 $\phi(p) < 1$. (否则易知对所有非零整数 n 都有 $\phi(n) = 1$, 从而 ϕ 是平凡赋值.) 考虑集合

$$\mathfrak{a} = \{a \in \mathbb{Z} \mid \phi(a) < 1\},$$

则 $\mathfrak{a}$ 是 $\mathbb{Z}$ 的一个理想并且 $p\mathbb{Z} \subset \mathfrak{a}$. 由于 $p\mathbb{Z}$ 是极大理想, 我们有 $\mathfrak{a} = p\mathbb{Z}$. 对任意非零整数 a, 记 $a = p^m b$ 且 $(b, p) = 1$. 这时 $b \notin \mathfrak{a}$, 有 $\phi(b) = 1$ 且

$$\phi(a) = \phi(p^m) = \phi(p)^{v_p(a)} = |a|_p^{-\log(\phi(p))/\log p}.$$

现在设 ϕ 是 $\mathbb{Q}$ 上的一个 Archimedes 赋值. 任取两个自然数 $m, n > 1$, 不妨记

$$m = a_0 + a_1 n + \cdots + a_r n^r.$$

这里 $a_i \in \{0, 1, \cdots, n-1\}$ 且 $n^r \leqslant m$. 注意到 $r \leqslant \dfrac{\log m}{\log n}$, $\phi(a_i) \leqslant a_i \phi(1) \leqslant n$, 我们有

$$\phi(m) \leqslant \sum \phi(a_i)\phi(n)^i \leqslant \left(1 + \dfrac{\log m}{\log n}\right) n \phi(n)^{\log m/\log n}.$$

在上式中用 m^k 替换 m, 然后取 k 次根, 再令 k 趋向 ∞, 得到

$$\phi(m) \leqslant \phi(n)^{\log m/\log n}.$$

类似地, 有 $\phi(n) \leqslant \phi(m)^{\log n/\log m}$. 从而

$$\phi(n)^{\frac{1}{\log n}} = \phi(m)^{\frac{1}{\log m}}.$$

令 $c = \phi(n)^{\frac{1}{\log n}}$, 并令 $s = \ln c$, 则对任意有理数 x 都有 $\phi(x) = |x|_\infty^s$, 即 ϕ 与 $|\cdot|_\infty$ 等价. □

7.1.2 独立性和逼近定理

我们给出域 K 上素除子之间的两个关系.

命题 7.1.3(独立性) 设 $n \geqslant 2, \phi_1, \cdots, \phi_n$ 是域 K 上彼此不等价的非平凡赋值, 则存在 $a \in K$, 使得 $\phi_1(a) > 1$, 而 $\phi_i(a) < 1$ $(2 \leqslant i \leqslant n)$.

证明 我们对 n 进行归纳. 当 $n = 2$ 时, 由命题 7.1.2 的证明可知, 存在 $b, c \in K$, 使得 $\phi_1(b) \geqslant 1, \phi_2(b) < 1$ 而 $\phi_1(c) < 1, \phi_2(c) \geqslant 1$. 令 $a = bc^{-1}$, 则 $\phi_1(a) > 1, \phi_2(a) < 1$. 结论成立.

设命题对 $n-1$ 成立 $(n \geqslant 3)$, 我们可以找到 $b, c \in K$, 满足

(1) $\phi_1(b) > 1, \phi_i(b) < 1$ $(2 \leqslant i \leqslant n-1)$.

(2) $\phi_1(c) > 1, \phi_n(c) < 1$.

若 $\phi_n(b) \leqslant 1$, 令 $a = b^r c$ 且 r 充分大, 则 $\phi_1(a) > 1, \phi_i(a) < 1$ $(2 \leqslant i \leqslant n)$.

若 $\phi_n(b) > 1$, 令 $a = b^r c/(1+b^r)$ 且 r 充分大, 则 $\phi_1(a) > 1, \phi_i(a) < 1$ $(2 \leqslant i \leqslant n)$. □

下面的结果推广了定理 5.3.1.

命题 7.1.4(逼近定理) 设 $\phi_1, \cdots, \phi_n$ 是域 K 上彼此不等价的非平凡赋值, $a_1, \cdots, a_n \in K$, 则对每个 $\epsilon > 0$, 都存在 $a \in K$ 使得 $\phi_i(a - a_i) < \epsilon$ $(1 \leqslant i \leqslant n)$.

证明 由独立性, 对每个 $k(1 \leqslant k \leqslant n)$, 都存在 $b_k \in K$, 满足

$$\phi_k(b_k) > 1, \quad \phi_i(b_k) < 1 \ (i \neq k).$$

考虑 $\dfrac{b_k^r}{1+b_k^r}$, 在 ϕ_k 诱导的拓扑下, 它趋向于 1; 在 ϕ_i $(i \neq k)$ 诱导的拓扑下, 它趋向于 0. 取 r 充分大, 令

$$a = \sum_{k=1}^n a_k \frac{b_k^r}{1+b_k^r},$$

则 a 满足所指要求. 结论得证. □

7.1.3 离散赋值

设 (K, ϕ) 为非 Archimedes 赋值域. 定义

$$v : K \longrightarrow \mathbb{R} \cup \{\infty\},$$

$$x \longmapsto \begin{cases} -\log(\phi(x)), & \text{若 } x \neq 0, \\ \infty, & \text{若 } x = 0, \end{cases}$$

容易验证 v 有如下性质:

(1) $v(x) = \infty \Leftrightarrow x = 0$.

(2) $v(xy) = v(x) + v(y)$.

(3) $v(x+y) \geqslant \min\{v(x), v(y)\}$.

定义 7.1.4 满足上面三个条件的映射 $v: K \to \mathbb{R} \cup \{\infty\}$ 称为一个**指数赋值**.

注记 7.1.3 在后续内容里, 我们用字母 ϕ, ψ 等表示赋值, 字母 v, w 等表示指数赋值. 我们对指数赋值做一些说明.

(1) 与赋值类似, $v(x) = \begin{cases} 0, & \text{若 } x \neq 0, \\ \infty, & \text{若 } x = 0 \end{cases}$ 是一个指数赋值, 称为**平凡指数赋值**. 在下面的讨论中, 我们设所有指数赋值都是非平凡的.

(2) 若存在正实数 $s > 0$ 使得 $v_1 = sv_2$, 则称两个指数赋值 v_1 和 v_2 是**等价的**.

(3) 固定常数 $q > 1$, 设 v 是域 K 上一个指数赋值, 则

$$\phi: K \longrightarrow \mathbb{R},$$
$$x \longmapsto q^{-v(x)}$$

是一个赋值. 容易看出, 上面的构造给出了赋值等价类和指数赋值等价类之间的一一对应.

(4) 设 (K, ϕ) 是一个非 Archimedes 赋值域, v 是对应的指数赋值. 定义

$$\mathcal{O} = \{x \in K \mid v(x) \geqslant 0\} = \{x \in K \mid \phi(x) \leqslant 1\},$$
$$\mathcal{O}^\times = \{x \in K \mid v(x) = 0\} = \{x \in K \mid \phi(x) = 1\},$$
$$\mathfrak{p} = \{x \in K \mid v(x) > 0\} = \{x \in K \mid \phi(x) < 1\}.$$

则 $\mathcal{O}$ 是一个局部环, $\mathcal{O}^\times$ 是 $\mathcal{O}$ 的单位群, $\mathfrak{p}$ 是 $\mathcal{O}$ 的唯一极大理想. 我们称 $\mathcal{O}$ 是非 Archimedes 赋值域 (K, ϕ) 的**赋值环**.

(5) 若 $K = \mathbb{Q}_p$, $v = v_p$ 是 p-进指数赋值, 则 $(\mathbb{Q}_p, v_p)$ 是赋值域, 其赋值环是 $\mathbb{Z}_p$. 若 $K = \mathbb{Q}$, $v = v_p$ 是 p-进指数赋值, 则 $(\mathbb{Q}, v_p)$ 也是赋值域, 其赋值环是 $\mathbb{Z}_{(p)}$.

我们有一般赋值环的概念. 设 $\mathcal{O}$ 是一个整环, K 是 $\mathcal{O}$ 的分式域, 若对任意非零元 $x \in K$, 都有 $x \in \mathcal{O}$ 或者 $x^{-1} \in \mathcal{O}$, 则称 $\mathcal{O}$ 是一个**赋值环**. 显然非 Archimedes 赋值域的赋值环是一般的赋值环.

引理 7.1.1 设 $\mathcal{O}$ 是一个赋值环, 则

(1) $\mathcal{O}$ 是一个局部环, 且 $\mathfrak{p} = \{x \in \mathcal{O} \mid x^{-1} \notin \mathcal{O}\}$ 是 $\mathcal{O}$ 的唯一的极大理想. 我们称 $\mathcal{O}/\mathfrak{p}$ 为 $\mathcal{O}$ 的**剩余类域**.

(2) $\mathcal{O}$ 是整闭的.

证明 设 $x,y \in \mathcal{O}$ 不是单位. 由赋值环的定义, 不妨设 $x/y \in \mathcal{O}$, 于是
$$\frac{x+y}{y} = 1 + \frac{x}{y} \in \mathcal{O}.$$

若 $x+y$ 是单位, 则 $1/y \in \mathcal{O}$, 与假设矛盾. 所以 $x+y \in \mathcal{O}$ 也不是单位. 从而所有的非单位元构成 $\mathcal{O}$ 的一个理想, 显然这是 $\mathcal{O}$ 的唯一的极大理想.

设 $x \in K$ 在 $\mathcal{O}$ 上是整的, 于是 x 满足一个首一的多项式
$$x^n + a_1 x^{n-1} + \cdots + a_n = 0,$$

这里 $a_i \in \mathcal{O}$. 若 $x \notin \mathcal{O}$, 则 $x^{-1} \in \mathcal{O}$, 故 $x = -a_1 - a_2 x^{-1} - \cdots - a_n(x^{-1})^{n-1} \in \mathcal{O}$, 矛盾. 从而 $x \in \mathcal{O}$, $\mathcal{O}$ 是整闭的. □

定义 7.1.5 指数赋值 v 称为**离散的**, 若存在 $s > 0$ 使得 $s = \min\{|v(x)| \mid x \in K, v(x) \neq 0\}$. 若 $s=1$, 则称 v 是**正则的**.

若 v 是离散赋值, 其最小的正的取值为 s, 则 $v(K^\times) = s\mathbb{Z}$. 于是 $\frac{1}{s}v$ 是一个正则的离散赋值, 其值域为 $\mathbb{Z} \cup \{\infty\}$. 若元素 $\pi \in \mathcal{O}$ 满足 $v(\pi) = s$, 则称 π 是一个**素元**. 对任意 $x \in K^\times$, 若 $v(x) = sm$, 则 x 可唯一表示为
$$x = u\pi^m,$$

其中 $u \in \mathcal{O}^\times$. 易见注记 7.1.3中的 $(\mathbb{Q}_p, v_p)$ 是离散赋值域. 下面我们推广 $\mathbb{Q}_p$ 的对应性质, 进一步学习离散赋值域的赋值环.

命题 7.1.5 设 v 是域 K 上的一个离散赋值, 则其赋值环
$$\mathcal{O} = \{x \in K \mid v(x) \geqslant 0\}$$

是一个主理想整环, $\mathcal{O}$ 的非零理想为
$$\mathfrak{p}^n = \pi^n \mathcal{O} = \{x \in K \mid v(x) \geqslant n\}, \ n \geqslant 0.$$

这里 π 是一个素元. 并且我们有加法群同构
$$\mathfrak{p}^n/\mathfrak{p}^{n+1} \cong \mathcal{O}/\mathfrak{p}.$$

证明 不妨设 v 是正则的. 设 $\mathfrak{a}$ 是 $\mathcal{O}$ 的一个理想. 令 $x \in \mathfrak{a}$ 使得
$$v(x) = \min\{v(a) \mid a \in \mathfrak{a}, v(a) \neq 0\}.$$

记 $n = v(x)$, 于是 $x = u\pi^n$, $u \in \mathcal{O}^\times$. 从而 $\pi^n \mathcal{O} \subset \mathfrak{a}$. 另一方面, 任取 $y \in \mathfrak{a}$, 不妨设 $v(y) = m$, 则 $m \geqslant n$ 且存在 $\epsilon \in \mathcal{O}^\times$ 使得 $y = x\pi^{m-n}\epsilon$. 故 $\mathfrak{a} = \pi^n \mathcal{O}$.

任意 $x \in \mathfrak{p}^n$, x 可唯一写成 $x = \pi^n a$, $a \in \mathcal{O}$. 于是 $\pi^n a \mapsto a \pmod{\mathfrak{p}}$ 诱导了同构 $\mathfrak{p}^n/\mathfrak{p}^{n+1} \cong \mathcal{O}/\mathfrak{p}$. □

定义 7.1.6 若环 A 是一个主理想整环且有唯一的非零素理想, 则称 A 是一个**离散赋值环**.

> **注记 7.1.4** (1) 由命题 7.1.5, 离散赋值域 (K,v) 的赋值环是一个离散赋值环.
>
> (2) 设 (K,v) 是一个离散赋值域, v 是正则离散赋值. K 的一个**分式理想**是指 K 的一个子集 M, 使得存在 $a \in K^\times$, aM 是 $\mathcal{O}$ 的非零理想. 由命题 7.1.5 知 $aM = \pi^n \mathcal{O}$ $(n \geqslant 0)$, 于是 $M = \pi^{n-v(a)}\mathcal{O}$. 容易看出 K 的所有分式理想为 $\mathfrak{p}^n$ $(n \in \mathbb{Z})$.
>
> (3) 任取 $m, n \in \mathbb{Z}$, 映射
> $$\mathfrak{p}^m \longrightarrow \mathfrak{p}^n,$$
> $$a \longmapsto \pi^{n-m}a$$
> 是加法群同构.
>
> (4) 对于 $x, y \in K$, 我们用同余式
> $$x \equiv y \pmod{\mathfrak{p}^r}$$
> 表示 $x - y \in \mathfrak{p}^r$, 即 $v(x-y) \geqslant r$.

对于离散赋值域 (K,v), 其加法群有子群链
$$K \supset \cdots \supset \mathfrak{p}^{-2} \supset \mathfrak{p}^{-1} \supset \mathcal{O} \supset \mathfrak{p} \supset \mathfrak{p}^2 \supset \cdots \supset \{0\}.$$
类似地, 对其乘法群 $K^\times$, 也能找到一个子群链
$$K^\times \supset \mathcal{O}^\times \supset 1+\mathfrak{p} \supset 1+\mathfrak{p}^2 \supset \cdots \supset \{1\}.$$
对 $n \geqslant 0$, 定义
$$U_n = U_{K,n} := 1 + \mathfrak{p}^n = \{x \in \mathcal{O}^\times \mid x \equiv 1 \pmod{\mathfrak{p}^n}\},$$
称其为 n **阶单位群**. 特别地, 称 $U_0 = \mathcal{O}^\times$ 为**单位群**, U_1 为**主单位群**. 高阶单位群有如下基本性质.

命题 7.1.6 设 (K,v) 是一个离散赋值域, 我们有如下群同构:

(1) $K^\times/U_0 \cong \mathbb{Z}$.

(2) 若 $n \geqslant 0$, $\mathcal{O}^\times/U_n \cong (\mathcal{O}/\mathfrak{p}^n)^\times$.

(3) 若 $n \geqslant 1$, $U_n/U_{n+1} \cong \mathcal{O}/\mathfrak{p}$.

证明 不妨设 v 是正则的. 由条件, 我们有正合列
$$1 \longrightarrow U_0 \longrightarrow K^\times \xrightarrow{v} \mathbb{Z} \longrightarrow 0.$$

第一个同构得证. 构造映射

$$\mathcal{O}^\times \longrightarrow (\mathcal{O}/\mathfrak{p}^n)^\times,$$

$$u \longmapsto u \pmod{\mathfrak{p}^n},$$

易见其核为 U_n, 我们得到第二个同构. 构造映射

$$U_n \longrightarrow \mathcal{O}/\mathfrak{p},$$

$$1 + a\pi^n \longmapsto a \pmod{\mathfrak{p}},$$

其核为 U_{n+1}, 我们得到第三个同构. □

7.1.4 赋值的限制和扩张

我们研究域扩张与赋值的关系. 设 K 是 L 的子域, ϕ 和 ψ 分别是 K 和 L 上的赋值. 若 $\phi = \psi|_K$, 则称 ϕ 是 ψ 在 K 上的**限制**, 称 ψ 是 ϕ 在 L 上的**扩张**. 我们将这种情形表示为 $(K, \phi) \subset (L, \psi)$, 称为**赋值域的扩张**. 由命题 7.1.1 知 ϕ 和 ψ 或者同时为 Archimedes 赋值, 或者同时为非 Archimedes 赋值.

注记 7.1.5 若 ψ 是平凡赋值, 则 ψ 的任意限制也是平凡赋值. 反之, 若 ϕ 是平凡赋值, 则 ϕ 在任意代数扩张 L/K 上的扩张 ψ 也是平凡赋值. 事实上, 平凡赋值是非 Archimedes 赋值, 所以 ψ 和 ϕ 都是非 Archimedes 赋值. 假设 ψ 不是平凡的, 则存在 $x \in L^\times$, 使得 $\psi(x) > 1$. 由于 L/K 是代数扩张, 设 x 满足

$$x^n + a_{n-1}x^{n-1} + \cdots + a_1 x + a_0 = 0,$$

其中 $a_i \in K$ $(0 \leqslant i < n)$. 由于 ϕ 是平凡的, 故 $\phi(a_i) = \psi(a_i) = 0$ 或 1. 于是

$$\psi(x^n) = \psi(-a_{n-1}x^{n-1} - \cdots - a_1 x - a_0) \leqslant \psi(x^{n-1}),$$

矛盾.

设 $(K, v) \subset (L, w)$ 是非 Archimedes 赋值域的有限扩张, v 和 w 分别是 K 和 L 上的非平凡指数赋值. 显然 $v(K^\times)$ 是 $w(L^\times)$ 的子群. 设 $\mathcal{O}_K, \mathfrak{p}, k$ 分别是 (K, v) 的赋值环、极大理想、剩余类域; 设 $\mathcal{O}_L, \mathfrak{P}, l$ 分别是 (L, w) 的赋值环、极大理想、剩余类域. 嵌入 $\mathcal{O}_K \hookrightarrow \mathcal{O}_L$ 诱导了嵌入 $k = \mathcal{O}_K/\mathfrak{p} \hookrightarrow l = \mathcal{O}_L/\mathfrak{P}$, 我们可将 k 看作 l 的子域.

定义 7.1.7 设 $(K, v) \subset (L, w)$ 是非 Archimedes 赋值域的有限扩张. 定义 w/v 的**分歧指数**为

$$e_{w/v} := [w(L^\times) : v(K^\times)];$$

定义 w/v 的**剩余类域扩张次数**为

$$f_{w/v} := [l:k].$$

若 $e_{w/v} = 1$, 则称赋值的扩张 w/v 是**非分歧**的. 若 $f_{w/v} = 1$, 则称赋值的扩张 w/v 是**完全分歧**的.

命题 7.1.7 设 $n = [L:K]$, 记 $e = e_{w/v}$, $f = f_{w/v}$, 则 $n \geqslant ef$. 当 v 和 w 是离散赋值 L/K 是可分扩张, 且 $\mathcal{O}_L$ 是 $\mathcal{O}_K$ 在 L 中的整闭包时, 有等式 $n = ef$.

证明 令 $\omega_1, \cdots, \omega_f \in \mathcal{O}_L$, 使得 $\overline{\omega}_1, \cdots, \overline{\omega}_f$ 是 l/k 的一组基. 令 $\pi_0, \cdots, \pi_{e-1} \in L^\times$, 使得 $w(\pi_0), \cdots, w(\pi_{e-1})$ 构成 $w(L^\times)/v(K^\times)$ 的陪集的完全代表系. 若 w 是离散的, 固定 L 的素元 Π, 我们可以取 $\pi_i = \Pi^i$. 我们证明 ef 个 L 中的元素

$$\omega_j \pi_i,\ 1 \leqslant j \leqslant f,\ 0 \leqslant i \leqslant e-1$$

是 K-线性无关的, 并且在 v 离散且 L/K 可分时, 它们构成 L/K 的一组基.

假设存在不全为零的 $a_{ij} \in K$, 使得

$$\sum_{i,j} a_{ij} \pi_i \omega_j = 0.$$

记 $s_i = \sum_{j=1}^f a_{ij} \omega_j$. 则 s_i ($0 \leqslant i \leqslant e-1$) 不全为零, 并且当 $s_i \neq 0$ 时, 有 $w(s_i) \in v(K^\times)$. 事实上, 设 $v(a_{i\nu}) = \min_{1 \leqslant j \leqslant f} \{v(a_{ij})\}$. 则 $\frac{1}{a_{i\nu}} s_i$ 是 $\omega_1, \cdots, \omega_f$ 的 $\mathcal{O}_K$-线性组合并且这个线性组合模 $\mathfrak{p}$ 不为零, 所以是 $\mathcal{O}_L^\times$ 中的元素, 从而 $w(s_i) = w(u_{i\nu}) = v(u_{i\nu}) \in v(K^\times)$.

考虑元素 $\pi_i s_i$ ($0 \leqslant i \leqslant e-1$), 其中的非零元中至少有两个有相同赋值, 否则 $w(\sum_i \pi_i s_i) = \min_i \{w(\pi_i s_i)\}$, 与 $\sum_i \pi_i s_i = 0$ 矛盾. 不妨设 $w(s_i \pi_i) = w(s_j \pi_j)$, $i \neq j$, 于是

$$w(\pi_i) - w(\pi_j) = w(s_j) - w(s_i) \in v(K^\times),$$

与 π_i 的选取矛盾. 综上, 我们得到 $n \geqslant ef$.

现设 L/K 是可分的且 v 是离散赋值, 由于 $e \leqslant n$, w 也是离散赋值. 令 $\pi_i = \Pi^i$,

$$M = \sum_{i,j} \mathcal{O}_K \pi_i \omega_j.$$

我们证明 $M = \mathcal{O}_L$. 记 $N = \sum_{j=1}^f \mathcal{O}_K \omega_j$, 于是 $M = N + \Pi N + \cdots + \Pi^{e-1} N$. 任取 $\alpha \in \mathcal{O}_L$, α 与 ω_j 的 $\mathcal{O}_K$-线性组合模 $\Pi \mathcal{O}_L$ 相等, 于是 $\mathcal{O}_L = N + \Pi \mathcal{O}_L$. 我们得到

$$\mathcal{O}_L = N + \Pi \mathcal{O}_L = N + \Pi(N + \Pi \mathcal{O}_L) = \cdots = N + \Pi N + \Pi^2 N + \cdots + \Pi^e \mathcal{O}_L.$$

故 $\mathcal{O}_L = M + \mathfrak{p}^e = M + \mathfrak{p} \mathcal{O}_L$. 由于 L/K 是有限可分扩张, $\mathcal{O}_L$ 是有限生成 $\mathcal{O}_K$-模, 由 Nakayama 引理得到 $\mathcal{O}_L = M$, 命题得证. $\square$

7.2 离散赋值环的扩张

我们定义了一个**离散赋值环**是有唯一非零素理想的主理想整环, 这一节我们研究离散赋值环的扩张. 首先证明如下代数结果.

命题 7.2.1 设 A 是一个交换环, 则 A 是一个离散赋值环当且仅当 A 是一个 Noether 局部环, 且 A 的极大理想由一个非幂零元生成.

证明 离散赋值环显然满足命题中的条件. 反过来, 设 A 是一个 Noether 局部环, 且 A 的极大理想 $\mathfrak{m}$ 由一个非幂零元 π 生成. 令 $\mathfrak{u} = \{x \in A \mid x\pi^m = 0 \text{ 对某个 } m\}$, 则 $\mathfrak{u}$ 是 A 的一个理想. 由于 A 是 Noether 的, $\mathfrak{u}$ 是有限生成的, 我们可以找到一个足够大的 $N \in \mathbb{N}$, 使得对所有 $x \in \mathfrak{u}$ 都有 $x\pi^N = 0$. 由此我们先说明 $\cap_n \mathfrak{m}^n = \{0\}$. 设 $y \in \cap_n \mathfrak{m}^n$, 存在 $x_n \in A$ 使得 $y = \pi^n x_n$. 于是

$$\pi^n(x_n - \pi x_{n+1}) = 0, \quad x_n - \pi x_{n+1} \in \mathfrak{u}.$$

故 $\mathfrak{u} + A x_n$ 构成 A 的一个理想升链, 从而稳定. 当 n 足够大时, $x_{n+1} \in \mathfrak{u} + A x_n$, 不妨记 $x_{n+1} = z + t x_n$ ($z \in \mathfrak{u}, t \in A$). 于是 $(1 - \pi t) x_{n+1} \in \mathfrak{u}$. 由于 A 是局部环且 $1 - \pi t \notin \mathfrak{m}$, $1 - \pi t$ 是一个单位, 从而必有 $x_{n+1} \in \mathfrak{u}$. 取 $n + 1 > N$, 我们得到 $y = \pi^{n+1} x_{n+1} = 0$, 即 $\cap_n \mathfrak{m}^n = \{0\}$.

由假设条件, $\mathfrak{m}^n$ 都不是零理想. 若 $y \in A$ 是一个非零元, 我们可以将 y 表示为 $\pi^n u$, $u \notin \mathfrak{m}$. 由于 A 是局部环, u 是一个可逆元. 显然这个表示法唯一, 这说明 A 是一个整环, 且 $v(y) = n$ 定义了 A 上的一个离散赋值, 命题得证. $\square$

注记 7.2.1 从证明中可以看出, 若 A 是离散赋值环, $\mathfrak{m}$ 是其唯一素理想, 则 A 自带一个离散指数赋值 v_A: 若 $x \in \mathfrak{m}^n - \mathfrak{m}^{n-1}$, 则 $v_A(x) = n$. 易知这个赋值扩充到 A 的分式域 K 上, 记为 v_K, 从而 (K, v_K) 是一个离散赋值域.

设 A 是一个局部环, 极大理想为 $\mathfrak{m}$, 剩余类域 $k = A/\mathfrak{m}$. 设 n 是一个正整数, $f \in A[x]$ 是一个次数为 n 的首一多项式. 令 $B_f = A[x]/(f)$ 是 $A[x]$ 的商环. 于是 B_f 是一个 A-代数且有一组基 $\{1, x, \cdots, x^{n-1}\}$. 令 $\overline{B}_f = B_f/\mathfrak{m}B_f = A[x]/(\mathfrak{m}, f)$. 记 $\overline{f} = f(x) \pmod{\mathfrak{m}} \in k[x]$, 则有 $\overline{B}_f = k[x]/(\overline{f})$.

设在 k 上有分解 $\overline{f} = \prod_{i \in I} \phi_i^{e_i}$, $\phi_i \in k[x]$ 不可约. 对任意 $i \in I$, 取 $g_i(x) \in A[x]$, 使得 $\overline{g}_i = \phi_i$. 我们有如下结果.

引理 7.2.1 令 $\mathfrak{m}_i = (\mathfrak{m}, g_i) \subset B_f$ 是 B_f 的由 $\mathfrak{m}$ 和 g_i 生成的理想, 则 $\mathfrak{m}_i$ ($i \in I$) 是 B_f 的两两不同的极大理想, 并且 B_f 的任意极大理想等于其中一个. 进一步, $B_f/\mathfrak{m}_i \cong k[x]/(\phi_i)$.

证明 由定义, $\mathfrak{m}_i$ 是典范映射 $B_f \to \overline{B}_f$ 下 (ϕ_i) 的原像, 由于 $\overline{B}_f/(\phi_i) = k[x]/(\phi_i)$ 是一个域, 故 $\mathfrak{m}_i$ 是极大理想并且 $B_f/\mathfrak{m}_i \cong k[x]/(\phi_i)$.

设 $\mathfrak{n}$ 是 B_f 的极大理想. 假设 $\mathfrak{n}$ 不包含 $\mathfrak{m}$, 则有 $\mathfrak{n}+\mathfrak{m}B_f = B_f$. 由于 B_f 是有限生成 A-模, 由 Nakayama 引理知 $\mathfrak{n} = B_f$, 这就产生矛盾. 故 $\mathfrak{n}$ 包含 $\mathfrak{m}$, 从而 $\mathfrak{n}$ 必定是 $\overline{B}_f$ 的某个极大理想的原像, 从而等于某个 $\mathfrak{m}_i$. □

现在设 A 是一个离散赋值环, 我们说明在某些特殊情形下, B_f 也是一个离散赋值环.

非分歧情形

命题 7.2.2 设 A 是一个离散赋值环. 若 $\overline{f} \in k[x]$ 是不可约多项式, 则 B_f 是一个离散赋值环, 其极大理想是 $\mathfrak{m}B_f$, 剩余类域是 $k[x]/(\overline{f})$.

证明 由引理 7.2.1 知, B_f 是一个局部环, 其极大理想是 $\mathfrak{m}B_f$, 剩余类域是 $k[x]/(\overline{f})$. 注意到 $\mathfrak{m}$ 是 A 的极大理想, 由 π 生成, 所以 $\mathfrak{m}B_f$ 由非幂零元 π 生成, 由命题 7.2.1 知 B_f 是离散赋值环, 且 π 是其一个素元. □

设 K 是 A 的分式域, $f \in A[x] \subset K[x]$ 不可约且 $\overline{f} \in k[x]$ 不可约. 由于 B_f 是一个离散赋值环, 由引理 7.1.1, $B_f \subset L := K[x]/(f) = B_f \otimes_A K$ 是整闭的, 从而是 A 在 L 中的整闭包. 注意到 L 和 K 有相同的素元, v_L/v_K 是非分歧扩张.

命题 7.2.3 设 A 是一个离散赋值环, K 是其分式域, L 是 K 的一个次数为 n 的扩张. 设 B 是 A 在 L 中的整闭包. 若 B 是一个离散赋值环且其剩余类域 l 是 K 的剩余类域 k 的次数为 n 的可分扩张, 设 $b \in B$ 使得 $\overline{b} = b \pmod{\mathfrak{m}_B} \in l$ 是 l/k 的一个生成元, 令 $f \in K[x]$ 是 b 的特征多项式, 则映射

$$A[x] \longrightarrow B,$$
$$x \longmapsto b$$

诱导了同构 $B_f \cong B$.

证明 由条件, $f(x)$ 的系数在 A 上整且属于 K, 从而属于 A, 即 $f(x) \in A[x]$. 注意到 $f(b) = 0$, 映射 $A[x] \to B$ 分解为 $A[x] \to B_f \to B$. 而由 $\overline{f}(\overline{b}) = 0$ 知 $\overline{f}$ 是 $\overline{b}$ 在 k 上的极小多项式, 于是不可约, 故结论成立. □

完全分歧情形

命题 7.2.4 设 A 是一个离散赋值环, $f \in A[x]$ 是一个 Eisenstein 多项式, 即

$$f(x) = x^n + a_1 x^{n-1} + \cdots + a_n, \quad a_i \in \mathfrak{m}, a_n \notin \mathfrak{m}^2,$$

则 B_f 是一个离散赋值环, 其极大理想由 x 的像生成, 剩余类域为 k.

证明 注意到 $\overline{f}(x) = x^n$, 所以 B_f 有唯一极大理想 $(\mathfrak{m}, x)$. 注意到 $\pi = a_n$ 是 A 的一个素元, 且

$$-\pi = x^n + a_1 x^{n-1} + \cdots + a_{n-1}x,$$

得到 $\pi \in xB_f$, 所以 $(\mathfrak{m}, x) = (x)$. 由命题 7.2.1 知结论成立. □

我们知道 Eisenstein 多项式在 $K[x]$ 中不可约, 且 B_f 是 A 在 $L = K[x]/(f)$ 中的整闭包. 与非分歧情形类似, 我们证明所有完全分歧的有限扩张都是如上得到.

命题 7.2.5 设 A 是一个离散赋值环, K 是其分式域, L/K 是一个 n 次扩张. 设 B 是 A 在 L 中的整闭包. 若 B 是一个离散赋值环, 且其赋值是 A 上赋值的扩张, 分歧指数为 n. 设 $b \in B$ 是一个素元, $f(x) \in K[x]$ 是 b 在 K 上的特征多项式, 则 $f(x) \in A[x]$ 是一个 Eisenstein 多项式, 且映射

$$A[x] \longrightarrow B,$$

$$x \longmapsto b$$

诱导了同构 $B_f \cong B$.

证明 与命题 7.2.3 类似, 知 $f(x) \in A[x]$. 不妨记

$$f(x) = a_0 x^n + \cdots + a_n, \quad a_i \in A \ (i = 0, 1, \cdots, n), \ a_0 = 1.$$

设 w 是 B 上的离散赋值, $w(b) = 1$. 于是 $w(a_i) \equiv 0 \pmod{n}$. 令

$$r = \min_{0 \leqslant i \leqslant n} \left\{ w(a_i b^{n-i}) \right\}.$$

由于 $f(b) = 0$, 由注记 7.1.2 知必存在 $0 \leqslant i < j \leqslant n$ 使得

$$r = w(a_i b^{n-i}) = w(a_j b^{n-j}).$$

从而 $i - j \equiv 0 \pmod{n}$, 只能是 $i = 0, j = n$. 于是 $w(a_n) = n$, 而 $w(a_i) \geqslant i \ (i \geqslant 1)$, 结论得证. □

离散赋值环的单扩张定理 设 $(L, w)/(K, v)$ 是一个离散赋值域的扩张, $\mathcal{O}_K$ 和 $\mathcal{O}_L$ 是其对应的赋值环, k 和 l 是其对应的剩余类域, 我们有如下单扩张结果.

命题 7.2.6 设 L/K 是有限可分扩张, 且 l/k 是一个可分扩张, 则存在 $x \in \mathcal{O}_L$ 使得 $\mathcal{O}_L = \mathcal{O}_K + \mathcal{O}_K x + \cdots + \mathcal{O}_K x^{n-1}$, 即 $\mathcal{O}_L = \mathcal{O}_K[x]$.

证明 设 e 和 f 是扩张 L/K 的分歧指数和剩余类域的扩张次数. 设 π 是 $\mathcal{O}_L$ 的一个素元, $x \in \mathcal{O}_L$ 满足 $l = k(\overline{x})$. 由命题 7.1.7 的证明过程可知元素 $x^i \pi^j$ ($0 \leqslant i < f$, $0 \leqslant j < e$) 构成 $\mathcal{O}_L$ 在 $\mathcal{O}_K$ 上的一组基.

设 $R(x) \in \mathcal{O}_K[x]$ 使得 $\overline{R}(x) = R(x) \pmod{\mathfrak{p}_K}$ 是 $\overline{x}$ 在 k 上的极小多项式. 由于 $\overline{R(x)} = \overline{R}(\overline{x}) = 0$, 必有 $w(R(x)) \geqslant 1$. 若 $w(R(x)) = 1$, 则这个 x 满足条件. 若 $w(R(x)) \geqslant 2$, 取 $h \in \mathcal{O}_L$ 满足 $w(h) = 1$. 由 Taylor 展式, 有

$$R(x + h) = R(x) + hR'(x) + h^2 b, \quad b \in \mathcal{O}_L.$$

由于 l/k 是可分扩张, 所以 $\overline{R}'(\overline{x}) \neq 0$, 从而 $R'(x)$ 是可逆的且 $hR'(x)$ 的赋值为 1. 于是 $w(R(x+h)) = 1$, $x + h$ 满足条件. □

7.3 完备化

设 (K,ϕ) 是一个赋值域, 则 K 是一个度量空间, 特别地, K 是一个 Hausdorff 拓扑空间. 若这个拓扑空间不是完备的, 则可以将其完备化得到完备的拓扑空间 $\hat{K}$. 这正是我们在 5.2 节构造 p-进数 $\mathbb{Q}_p$ 的思路. 这一节我们详细介绍这一过程.

定义 7.3.1 设 (K,ϕ) 是赋值域. K 中的序列 $\{a_n\}_{n\in\mathbb{N}}$ 称为 **Cauchy 序列**, 若对每个 $\epsilon > 0$, 都存在自然数 N 使得当 $m, n > N$ 时,
$$\phi(a_m - a_n) < \epsilon.$$

若 Cauchy 序列 $\{a_n\}_{n\in\mathbb{N}}$ 满足 $\lim_{n\to\infty} \phi(a_n) = 0$, 则称之为**零序列**.

一个赋值域 (K,ϕ) 称为**完备的**, 若 K 中的任意 Cauchy 序列 $\{a_n\}_{n\in\mathbb{N}}$ 收敛到 $a \in K$, 即
$$\lim_{n\to\infty} \phi(a_n - a) = 0.$$

引理 7.3.1 令 R 表示 (K,ϕ) 的所有 Cauchy 序列组成的集合, $\mathfrak{m}$ 是所有零序列构成的集合, 则 R 有自然环结构, 且 $\mathfrak{m}$ 是 R 的极大理想.

证明 在 R 中定义加法和乘法如下:
$$\{a_n\} \pm \{b_n\} = \{a_n \pm b_n\}, \quad \{a_n\} \cdot \{b_n\} = \{a_n b_n\}.$$

容易验证 R 对于这两个运算构成环, $\mathfrak{m}$ 是 R 的理想. 任取 $R/\mathfrak{m}$ 中的非零元 a, 设其代表元为 $\{a_n\} \in R$. 由于 $\{a_n\} \notin \mathfrak{m}$, 当 n 足够大时, $a_n \neq 0$, 不妨设所有 a_n 均不为 0. 于是 $\{a_n^{-1}\}$ 满足
$$\phi(a_n^{-1} - a_m^{-1}) = \frac{\phi(a_n - a_m)}{\phi(a_n)\phi(a_m)} \to 0, m, n \to \infty.$$

从而 $\{a_n^{-1}\}$ 也是 Cauchy 序列且其在 $R/\mathfrak{m}$ 中的像是 a 的乘法逆元, 故 $R/\mathfrak{m}$ 是一个域, $\mathfrak{m}$ 是极大理想. □

定义
$$\hat{K} := R/\mathfrak{m}.$$

由引理知 $\hat{K}$ 是一个域. 注意到若 $\{a_n\}_{n\in\mathbb{N}}$ 是 (K,ϕ) 中的 Cauchy 序列, 则由三角不等式
$$|\phi(a_n) - \phi(a_m)| \leqslant |\phi(a_n - a_m)|,$$

知 $\{\phi(a_n)\}_{n\in\mathbb{N}}$ 是 $(\mathbb{R}, |\cdot|_\infty)$ 中的 Cauchy 序列. 在 R 上定义映射
$$\tilde{\phi} : R \longrightarrow \mathbb{R},$$
$$\{a_n\} \longmapsto \lim_{n\to\infty} \phi(a_n),$$

有

(1) $\tilde{\phi}(\{a_n\}) \geqslant 0$.
(2) $\tilde{\phi}(\{a_n\} \cdot \{b_n\}) = \tilde{\phi}(\{a_n\})\tilde{\phi}(\{b_n\})$.
(3) $\tilde{\phi}(\{a_n\} + \{b_n\}) \leqslant \tilde{\phi}(\{a_n\}) + \tilde{\phi}(\{b_n\})$.

注意到 $\tilde{\phi}(\mathfrak{m}) = 0$, $\tilde{\phi}: R \to \mathbb{R} \cup \{\infty\}$ 诱导了映射

$$\hat{\phi}: \hat{K} \longrightarrow \mathbb{R} \cup \{\infty\},$$

且 $\hat{\phi}$ 是 $\hat{K}$ 的一个赋值. 称 $(\hat{K}, \hat{\phi})$ 为 (K, ϕ) 的**完备化赋值域**.

若取 $K = \mathbb{Q}$ 和 $K = \mathbb{Q}(\sqrt{-1})$, ϕ 为通常意义的绝对值, 上述构造过程得到的完备赋值域分别为 $\mathbb{R}$ 和 $\mathbb{C}$. 它们在一个 Archimedes 赋值下是完备的. 事实上, Archimedes 完备赋值域就只有这两个.

定理 7.3.1 (Ostrowski) 设 (K, ϕ) 是完备赋值域, ϕ 是一个 Archimedes 赋值, 则存在同构 $\sigma: K \to \mathbb{R}$ 或 $\mathbb{C}$, $s \in (0, +\infty)$, 满足

$$\phi(a) = |\sigma(a)|_\infty^s,$$

这里 $|\cdot|_\infty$ 为 $\mathbb{R}$ 和 $\mathbb{C}$ 上的通常意义的绝对值.

证明 由于 (K, ϕ) 是 Archimedes 赋值域, $\phi(n)$ 是无界的, 所以 K 的特征为 0. 故 K 包含 $\mathbb{Q}$ 作为其子域. 由于 $\mathbb{Q}$ 上只有一个 Archimedes 素除子, 即由 $|\cdot|_\infty$ 给出的除子类, 故 $\phi|_\mathbb{Q} = |\cdot|_\infty^s$. 由 K 的完备性, K 包含 $\mathbb{Q}_\infty$, 即 $\mathbb{R}$ 是 K 的子域. 从而要证明定理, 我们只需要说明对任意 $\xi \in K$, ξ 满足 $\mathbb{R}$ 上的某个二次多项式.

考察函数

$$f: \mathbb{C} \longrightarrow \mathbb{R},$$

$$z \longmapsto \phi(\xi^2 - (z + \overline{z})\xi + z\overline{z}).$$

由三角不等式知 $\lim_{z \to \infty} f(z) = \infty$, 函数 $f(z)$ 有极小值, 设为 $m \geqslant 0$. 令

$$S = \{z \in \mathbb{C} \mid f(z) = m\}.$$

从而 $S \subset \mathbb{C}$ 是一个非空的有界闭集, 存在 $z_0 \in S$, 使得对所有 $z \in S$, 有 $|z_0|_\infty \geqslant |z|_\infty$. 下面我们只需要说明 $m = 0$. 因为这时 ξ 便满足实系数二次多项式 $\xi^2 - (z_0 + \overline{z}_0)\xi + z_0\overline{z}_0 = 0$.

假设 $m > 0$. 对 $\epsilon \in (0, m)$, 考虑实系数多项式

$$g_\epsilon(x) = x^2 - (z_0 + \overline{z}_0)x + z_0\overline{z}_0 + \epsilon.$$

设 $z_1, \overline{z}_1 \in \mathbb{C}$ 是 $g_\epsilon = 0$ 的两个根. 由 $z_1\overline{z}_1 = z_0\overline{z}_0 + \epsilon$ 知 $|z_1|_\infty > |z_0|_\infty$, 从而 $f(z_1) > m$.

另一方面, 对固定的 $n \in \mathbb{N}$, 考虑实系数多项式

$$G_\epsilon(x) = (g_\epsilon(x) - \epsilon)^n - (-\epsilon)^n = \prod_{i=1}^{2n}(x - \alpha_i) = \prod_{i=1}^{2n}(x - \overline{\alpha}_i),$$

其中 $\alpha_i \in \mathbb{C}$ 是 $G_\epsilon(x) = 0$ 的 $2n$ 个根. 显然 $G_\epsilon(z_1) = 0$, 不妨设 $z_1 = \alpha_1$. 于是

$$G_\epsilon(\xi)^2 = \prod_{i=1}^{2n}(\xi - \alpha_i)\prod_{i=1}^{2n}(\xi - \overline{\alpha}_i) = \prod_{i=1}^{2n}(\xi^2 - (\alpha_i + \overline{\alpha}_i)\xi + \alpha_i\overline{\alpha}_i).$$

我们有

$$\phi(G_\epsilon(\xi)^2) = \prod_{i=1}^{2n}f(\alpha_i) \geqslant f(\alpha_1)m^{2n-1}.$$

另一方面, 由三角不等式,

$$\phi(G_\epsilon(\xi)) \leqslant |f(z_0)|_\infty^n + |\epsilon|_\infty^n = m^n + \epsilon^n.$$

综合上面两个不等式得到

$$\frac{f(\alpha_1)}{m} \leqslant \left[1 + \left(\frac{\epsilon}{m}\right)^n\right]^2.$$

令 $n \to \infty$, 得到 $f(z_1) = f(\alpha_1) \leqslant m$, 这与 $f(z_1) > f(z_0) = m$ 矛盾. 从而必有 $m = 0$, 结论得证. □

Ostrowski 定理告诉我们完备的 Archimedes 赋值域本质上只有 $\mathbb{R}$ 和 $\mathbb{C}$. 下面我们专注于完备的非 Archimedes 赋值域. 从实用性角度出发, 我们从赋值转换到指数赋值. 设 v 是域 K 上的一个指数赋值, 其自然延拓成为 $\hat{K}$ 上的指数赋值

$$\hat{v} : \{a_n\} \longmapsto \lim_{n \to \infty} v(a_n).$$

这里 $a = \{a_n\} \in R$ 代表 $\hat{K}$ 中的元素. 若 $a \neq 0$, 则 $\lim_{n \to \infty}\hat{v}(a - a_n) = \infty$, 故存在 n_0, 使得当 $n > n_0$ 时, $\hat{v}(a - a_n) > \hat{v}(a)$. 从而

$$v(a_n) = \hat{v}(a_n - a + a) = \min\{\hat{v}(a_n - a), \hat{v}(a)\} = \hat{v}(a).$$

即 $\{v(a_n)\}_{n \in \mathbb{N}}$ 最终是一个常值. 于是

$$\hat{v}(\hat{K}^\times) = v(K^\times),$$

并且若 v 是 (正则) 离散赋值, 则 $\hat{v}$ 也是 (正则) 离散赋值.

引理 7.3.2 设 (K, v) 是一个非 Archimedes 赋值域, 则

(1) 序列 $\{a_n \in K\}_{n \in \mathbb{N}}$ 是一个 Cauchy 序列当且仅当 $\{a_{n+1} - a_n\}_{n \in \mathbb{N}}$ 是一个零序列.

(2) 无穷级数 $\sum_{i=0}^{\infty} a_i$ 收敛当且仅当 $\{a_i\}_{i\in\mathbb{N}}$ 是一个零序列.

证明 只要证明第一个结论即可, 注意到 v 是指数赋值, 这个结论由不等式

$$v(a_n - a_m) = v\left(\sum_{i=m}^{n-1}(a_{i+1} - a_n)\right) \geqslant \min_{m\leqslant i \leqslant n-1}\{v(a_{i+1} - a_i)\}$$

给出. □

注记 7.3.1 设 (K,ϕ) 是非 Archimedes 赋值域, 无穷级数 $\sum_{i=0}^{\infty} a_i$ 收敛当且仅当 $\lim_{i\to\infty}\phi(a_i) = 0$. 这与微积分中级数的收敛性完全不同.

类似于 p-进数 $\mathbb{Q}_p$, (K,v) 与 $(\hat{K},\hat{v})$ 有如下关系, 其证明与命题 5.3.4 的证明类似.

命题 7.3.1 设 (K,v) 是一个赋值域, $(\hat{K},\hat{v})$ 是其完备化. 又设 $\mathcal{O}, \hat{\mathcal{O}}$ 分别为 v 和 $\hat{v}$ 的赋值环, $\mathfrak{p}, \hat{\mathfrak{p}}$ 分别为 $\mathcal{O}$ 和 $\hat{\mathcal{O}}$ 的极大理想. 则有同构

$$\hat{\mathcal{O}}/\hat{\mathfrak{p}} \cong \mathcal{O}/\mathfrak{p}.$$

若 v 是一个离散赋值, 则对任意 $n \geqslant 1$, 有同构

$$\hat{\mathcal{O}}/\hat{\mathfrak{p}}^n \cong \mathcal{O}/\mathfrak{p}^n.$$

命题 7.3.2 设 (K,v) 是一个完备正则离散赋值域, 其赋值环是 $\mathcal{O}$, π 是一个素元, $\mathfrak{p} = \pi\mathcal{O}$ 为极大理想. 令 $R \subset \mathcal{O}$ 是 $\mathcal{O}/\mathfrak{p}$ 的一组代表元, 且 $0 \in R$. 则 K 中的任意非零元 x 都可唯一表示成

$$x = \pi^m(a_0 + a_1\pi + a_2\pi^2 + \cdots),$$

其中 $a_i \in R, a_0 \neq 0, m = v(x) \in \mathbb{Z}$.

证明 记 $x = \pi^m u$, $u \in \mathcal{O}^\times$. 设 $u \equiv u_0 \pmod{\mathfrak{p}}$, $0 \neq a_0 \in R$. 于是 $u = a_0 + \pi b_1$, $b_1 \in \mathcal{O}$. 若我们已经找到 $0 \neq a_0,\cdots,a_{n-1} \in R$, $b_n \in \mathcal{O}$ 使得

$$u = a_0 + a_1\pi + \cdots + a_{n-1}\pi^{n-1} + \pi^n b_n.$$

设 $a_n \in R$ 满足 $b_n \equiv a_n \pmod{\mathfrak{p}}$, 故存在 $b_{n+1} \in \mathcal{O}$ 使得 $b_n = a_n + \pi b_{n+1}$. 从而

$$u = a_0 + a_1\pi + \cdots + a_{n-1}\pi^{n-1} + a_n\pi^n + \pi^{n+1}b_{n+1}.$$

上述过程将 x 表示成级数 $\pi^m \sum_{i=0}^{\infty} a_i\pi^i$.

若 $x = \pi^m \sum_{i=0}^{\infty} a_i\pi^i = \pi^n \sum_{i=0}^{\infty} b_i\pi^i$, 显然 $m = n = v(x)$. 于是

$$0 = \sum_{i=0}^{\infty}(a_i - b_i)\pi^i.$$

假设存在 r 使得 $a_r - b_r \neq 0$, 取最小的 r, 由于 $a_r, b_r \in R$, 有 $v(a_r - b_r) = 0$, 从而得到矛盾的等式

$$r = v\left(\sum_{i=0}^{\infty}(a_i - b_i)\pi^i\right) = v(0) = \infty.$$

故对任意 $r \in \mathbb{N}$, 有 $a_r = b_r$, 唯一性得证. $\square$

回顾 $\mathbb{Z}_p = \varprojlim_n \mathbb{Z}_p/p^n\mathbb{Z}_p$, 完备离散赋值环也有类似性质. 设 (K, v) 是一个完备离散赋值域, $\mathcal{O}$ 是其赋值环, π 是其素元, $\mathfrak{p} = \pi\mathcal{O} \subset \mathcal{O}$ 是极大理想. 对每个 $n \geq 1$, 有典范同态

$$\mathcal{O} \longrightarrow \mathcal{O}/\mathfrak{p}^n$$

和

$$\mathcal{O}/\mathfrak{p} \xleftarrow{\lambda_1} \mathcal{O}/\mathfrak{p}^2 \xleftarrow{\lambda_2} \mathcal{O}/\mathfrak{p}^3 \xleftarrow{\lambda_3} \cdots.$$

这样我们得到典范同态

$$\mathcal{O} \longrightarrow \varprojlim_n \mathcal{O}/\mathfrak{p}^n,$$
$$x \longmapsto (x \pmod{\mathfrak{p}^n})_{n \geq 1},$$

这里

$$\varprojlim_n \mathcal{O}/\mathfrak{p}^n = \left\{(x_n) \in \prod_{n=1}^{\infty} \mathcal{O}/\mathfrak{p}^n \mid \lambda_n(x_{n+1}) = x_n\right\}.$$

同样的方法, 对乘法群我们也有典范同态

$$\mathcal{O}^{\times} \longrightarrow \varprojlim_n \mathcal{O}^{\times}/U_n,$$
$$x \longmapsto (x \pmod{U_n})_{n \geq 1}.$$

注意到 K 是赋值域, 在 $\mathcal{O}$ 上我们有 v-进拓扑. 而在 $\prod_{n=1}^{\infty} \mathcal{O}/\mathfrak{p}^n$ 上, 我们有乘积拓扑, 每个分量 $\mathcal{O}/\mathfrak{p}^n$ 是有限集, 其上为离散拓扑. 这样 $\varprojlim_n \mathcal{O}/\mathfrak{p}^n$ 作为 $\prod_{n=1}^{\infty} \mathcal{O}/\mathfrak{p}^n$ 的闭子集, 自然成为一个拓扑环.

命题 7.3.3 典范同态

$$\mathcal{O} \longrightarrow \varprojlim_n \mathcal{O}/\mathfrak{p}^n$$

是拓扑环之间的同构.

典范同态

$$\mathcal{O}^{\times} \longrightarrow \varprojlim_n \mathcal{O}^{\times}/U_n$$

是拓扑群之间的同构.

证明 由于 $\cap_{n\in\mathbb{N}}\mathfrak{p}^n = \{0\}$, 映射 $\mathcal{O} \to \varprojlim_n \mathcal{O}/\mathfrak{p}^n$ 是单射. 令 $R \subset \mathcal{O}$ 是 $\mathcal{O}/\mathfrak{p}$ 的一组代表元. 任取 $(x_n)_{n\geqslant 1} \in \varprojlim_n \mathcal{O}/\mathfrak{p}^n$, 归纳构造 $a_i \in R$ $(i \geqslant 0)$, 满足

$$x_n \equiv a_0 + a_1\pi + \cdots + a_{n-1}\pi^{n-1} \pmod{\mathfrak{p}^n}.$$

令 $x = \sum_{i=0}^{\infty} a_i \pi^i$, 则 x 在映射下的像为 $(x_n)_{n\geqslant 1}$, 映射为满射.

注意到 $\prod_{i>n} \mathcal{O}/\mathfrak{p}^i$ $(n\in\mathbb{N})$ 构成单位元在 $\prod_{n\in\mathbb{N}} \mathcal{O}/\mathfrak{p}^n$ 中的一组邻域基, $\mathfrak{p}^n$ 构成单位元在 $\mathcal{O}$ 中的一组邻域基. 在映射 $\mathcal{O} \to \varprojlim_n \mathcal{O}/\mathfrak{p}^n$ 下, $\mathfrak{p}^n$ 映到 $(\prod_{i>n} \mathcal{O}/\mathfrak{p}^i) \cap (\varprojlim_n \mathcal{O}/\mathfrak{p}^n)$, 正好是单位元在 $\varprojlim_n \mathcal{O}/\mathfrak{p}^n$ 中的一组邻域基, 从而环同构也是同胚.

拓扑环的同构诱导了单位群之间的同构和同胚

$$\mathcal{O}^\times \cong (\varprojlim_n \mathcal{O}/\mathfrak{p}^n)^\times \cong \varprojlim_n (\mathcal{O}/\mathfrak{p}^n)^\times \cong \varprojlim_n \mathcal{O}^\times/U_n,$$

命题得证. □

一个拓扑空间, 若其每一点都存在一个包含紧子集的邻域, 则称之为**局部紧空间**. 我们有如下结论.

命题 7.3.4 设 (K, v) 是一个完备离散赋值域, 其赋值环是 $\mathcal{O}$, π 是一个素元, $\mathfrak{p} = \pi\mathcal{O}$ 为极大理想, 则 K 是局部紧的当且仅当其剩余类域 $\mathcal{O}/\mathfrak{p}$ 是有限域.

证明 若 K 是局部紧的, 注意到 $\mathfrak{p}^n = \pi^n\mathcal{O}$ 构成单位元的闭邻域基, 从而其中必有一个是紧的. 由于乘 π^n 诱导了 $\mathfrak{p}^m$ 到 $\mathfrak{p}^{m+n}$ 的同构, 故所有 $\pi^n\mathcal{O}$ 都是紧的. 特别地, $\mathcal{O}$ 是紧的. 于是 $\mathcal{O}/\mathfrak{p}$ 是紧的和离散的, 从而为有限集.

反之, 若 $\mathcal{O}/\mathfrak{p}$ 是有限域, 则所有 $\mathcal{O}/\pi^n\mathcal{O}$ 都是有限集, 于是 $\mathcal{O} = \varprojlim_n \mathcal{O}/\mathfrak{p}^n$ 是紧的, 故 K 是局部紧的. □

我们称局部紧的完备离散赋值域为**局部域**.

例 7.3.1 我们列出若干局部紧的拓扑域.

(1) 若 K 是局部紧的 Archimedes 赋值域, 由 Ostrowski 定理, $K = \mathbb{R}$ 或 $\mathbb{C}$.

(2) 固定 p, $(\mathbb{Q}_p, v_p)$ 是正则完备离散赋值域, 其剩余类域为有限域 $\mathbb{F}_p$. 故 $\mathbb{Q}_p$ 是局部域.

(3) 设 $\mathbb{F}$ 是特征为 p 的有限域. 考虑多项式环 $\mathcal{O} := \mathbb{F}[T]$, 定义

$$v_T : \mathcal{O} \longrightarrow \mathbb{Z},$$
$$f(T) \longmapsto \mathrm{ord}_T(f),$$

这里 $\mathrm{ord}_T(f)$ 是 f 的次数最小的非零单项式的次数. 令 $\mathbb{F}(T)$ 为 $\mathcal{O}$ 的分式域, 则 $(\mathbb{F}(T), v_T)$ 是离散赋值域, 剩余类域为 $\mathbb{F}$. 其完备化 $(\mathbb{F}((T)), \hat{v}_T)$ 是局部域.

后面在定理 8.1.1 中我们将证明, 特征为 0 的局部域为 $\mathbb{Q}_p$ 或 $\mathbb{Q}_p$ 的有限扩张; 特征为 p 的局部域为 $\mathbb{F}_p((X))$ 或 $\mathbb{F}_p((X))$ 的有限扩张.

7.4 Hensel 引理与赋值的扩张

我们接下来专注学习非 Archimedes 完备赋值域的有限扩张 L/K, 为此研究完备赋值域 K 上多项式的分解和求根问题. 这时, 完备性使得分析工具能发挥重要作用. 我们介绍相关的两个重要工具——Hensel 引理和 Newton 折线, 并通过具体实例介绍其应用.

7.4.1 Hensel 引理

令 (K, v) 是一个非 Archimedes 完备赋值域, $\mathcal{O}$ 是赋值环, $\mathfrak{p} \subset \mathcal{O}$ 是极大理想, $k = \mathcal{O}/\mathfrak{p}$ 是剩余类域. 我们将 v 扩张到多项式环 $\mathcal{O}[x]$ 上, 仍记为 v,

$$v : \mathcal{O}[x] \longrightarrow \mathbb{Z},$$

$$a_0 + a_1 x + \cdots + a_n x^n \longmapsto \min_{0 \leqslant i \leqslant n} \{v(a_i)\}.$$

若 $v(f) = 0$, 则称 $f(x) \in \mathcal{O}[x]$ 是**本原的**. 这时 $f(x) \not\equiv 0 \pmod{\mathfrak{p}}$.

定理 7.4.1 (Hensel 引理) 设 $f(x) \in \mathcal{O}[x]$ 是一个本原多项式. 若 $f(x) \pmod{\mathfrak{p}} \in k[x]$ 可以分解为

$$f(x) \equiv \overline{g}(x)\overline{h}(x) \pmod{\mathfrak{p}},$$

其中 $\overline{g}(x), \overline{h}(x) \in k[x]$ 是互素的两个多项式, 则存在 $g(x), h(x) \in \mathcal{O}[x]$ 满足

(1) $f(x) = g(x)h(x)$.
(2) $g(x) \equiv \overline{g}(x) \pmod{\mathfrak{p}}$, $h(x) \equiv \overline{h}(x) \pmod{\mathfrak{p}}$.
(3) $\deg(g(x)) = \deg(\overline{g}(x))$.

证明 令 $d = \deg(f)$, $m = \deg(\overline{g})$. 于是 $\deg(\overline{h}) \leqslant d - m$. 取 $g_0, h_0 \in \mathcal{O}[x]$ 满足

$$g_0 \equiv \overline{g} \pmod{\mathfrak{p}}, \ h_0 \equiv \overline{h} \pmod{\mathfrak{p}}, \ \deg(g_0) = m, \ \deg(h_0) \leqslant d - m.$$

由于 $(\overline{g}_0, \overline{h}_0) = 1$, 存在 $a(x), b(x) \in \mathcal{O}[x]$ 使得

$$ag_0 + bh_0 \equiv 1 \pmod{\mathfrak{p}}.$$

注意到 $f - g_0 h_0, ag_0 + bh_0 - 1 \in \mathfrak{p}[x]$. 令

$$\epsilon = \min \{v(f - g_0 h_0), \ v(ag_0 + bh_0 - 1)\} > 0.$$

若 $\epsilon = \infty$, 则 $f - g_0 h_0 = 0$, 结论得证. 不妨设 $0 < \epsilon < \infty$, 固定一个 $\omega \in \mathcal{O}$ 使得 $v(\omega) = \epsilon$. 我们归纳构造

$$g_n = g_0 + p_1 \omega + \cdots + p_n \omega^n,$$

$$h_n = h_0 + q_1 \omega + \cdots + q_n \omega^n,$$

满足 $p_i, q_i \in \mathcal{O}[x], \deg(p_i) < m, \deg(q_i) \leqslant d - m$, 且

$$f \equiv g_{n-1}h_{n-1} \pmod{\omega^n}.$$

令 $n \to \infty$, 便得到 $f = gh$.

当 $n = 1$ 时, g_0 和 h_0 已构造. 若我们已经得到

$$g_{n-1} = g_0 + p_1\omega + \cdots + p_{n-1}\omega^{n-1}, \quad h_{n-1} = h_0 + q_1\omega + \cdots + q_{n-1}\omega^{n-1}.$$

由 $g_n = g_{n-1} + p_n\omega^n$, $h_n = h_{n-1} + q_n\omega^n$, 条件 $f \equiv g_n h_n \pmod{\omega^{n+1}}$ 等价于

$$f - g_{n-1}h_{n-1} \equiv (g_{n-1}q_n + h_{n-1}p_n)\omega^n \pmod{\omega^{n+1}}.$$

记 $f_n = \omega^{-n}(f - g_{n-1}h_{n-1})$, 由归纳假设, $f_n \in \mathcal{O}[x]$. 上式等价于

$$f_n \equiv g_{n-1}q_n + h_{n-1}p_n \equiv g_0 q_n + h_0 p_n \pmod{\omega}. \tag{7.4-1}$$

下面我们构造 p_n, q_n 满足等式 (7.4-1). 注意到 $g_0 a + h_0 b \equiv 1 \pmod{\omega}$, 所以 $g_0 a f_n + h_0 b f_n \equiv f_n \pmod{\omega}$. 记

$$b(x)f_n(x) = q(x)g_0(x) + p_n(x),$$

其中 $\deg(p_n) < \deg(g_0) = m$. 由 g_0 的构造知 g_0 的首项系数是一个单位, 所以 $q(x) \in \mathcal{O}[x]$. 于是

$$g_0(af_n + h_0 q) + h_0 p_n \equiv f_n \pmod{\omega}.$$

若 $\deg(af_n + h_0 q) \leqslant d - m$, 令其为 $q_n(x)$ 即可. 否则, 令 $q_n(x)$ 是 $af_n + h_0 q$ 除去系数被 ω 整除的单项后得到的多项式, 从而

$$g_0 q_n + h_0 p_n \equiv f_n \pmod{\omega}.$$

比较次数知 $\deg(q_n) \leqslant d - m$. 从而我们得到了满足条件的 g_n 和 h_n, 定理得证. □

例 7.4.1 定理 7.4.1 是定理 5.5.1 的类比. 特别地, 设 (K, v) 是一个局部域, 剩余类域 $k = \mathbb{F}_q$ 是有 q 个元素的有限域. 多项式 $x^{q-1} - 1 \in \mathcal{O}[x]$ 是一个本原多项式, 在剩余类域 $\mathbb{F}_q$ 上 $x^{q-1} - 1 = \prod_{a \in \mathbb{F}_q^\times}(x - a)$. 由 Hensel 引理, $x^{q-1} - 1$ 在 $\mathcal{O}$ 上也分裂为一次项的乘积. 从而我们得到: $\mathcal{O}$ 包含所有 $q-1$ 次单位根.

注记 7.4.1 关于完备赋值域的许多性质都可以从 Hensel 引理推导出来. 在 Hensel 引理的证明过程中完备的性质并不是完全必要的. 事实上, Hensel 引理对一类更一般的非 Archimedes 赋值域都成立, 这样的域称为 **Henselian 域**. 感兴趣的读者可阅读 [28, Chap II, Section 6] 及其参考文献.

7.4.2 赋值的扩张：完备情形

从 Hensel 引理出发，我们能得到完备赋值域域扩张下赋值扩张的唯一性. 我们先证明如下引理.

引理 7.4.1 令 (K,v) 是一个完备非 Archimedes 赋值域. 设 $f(x)=a_0+a_1x+\cdots+a_nx^n \in K[x]$ 是一个不可约多项式且 $a_0a_n \neq 0$, 则

$$v(f) = \min\{v(a_0), v(a_n)\}.$$

特别地, 若 $a_n = 1$ 且 $a_0 \in \mathcal{O}_K$, 则 $f(x) \in \mathcal{O}_K[x]$.

证明 不失一般性, 设 $f \in \mathcal{O}_K[x]$ 并且 $v(f) = 0$. 令 $0 \leqslant r \leqslant n$ 是最小的数使得 $v(a_r) = 0$, 于是对 $0 \leqslant i \leqslant r-1, v(a_i) > 0$, 从而

$$f(x) = x^r(a_r + a_{r+1}x + \cdots + a_nx^{n-r}) \pmod{\mathfrak{p}}.$$

若 $0 < r < n$, 则由 Hensel 引理, $f(x)$ 在 $\mathcal{O}_K$ 上可约, 与假设矛盾. 从而结论得证. $\square$

定理 7.4.2 令 (K,v) 是一个完备赋值域, L 是 K 的一个次数为 n 的代数扩张, 则赋值 v 可唯一地扩张为 L 上的一个赋值 w, 这个扩张满足

$$w(\alpha) = \frac{1}{n}v(\mathrm{N}_{L/K}(\alpha)),$$

并且 (L,w) 是一个完备赋值域.

证明 若 (K,v) 是一个 Archimedes 赋值域, 由 Ostrowski 定理, $K = \mathbb{R}$ 或者 $K = \mathbb{C}$, 结论成立. 下面我们考虑非 Archimedes 情形.

先证存在性. 我们只需要验证定理中定义的 w 是一个赋值即可. 记 $\mathcal{O}_K$ 为 K 的赋值环, $\mathcal{O}$ 是 $\mathcal{O}_K$ 在 L 中的整闭包. 若 $\alpha \in \mathcal{O}$, 则 $\mathrm{N}_{L/K}(\alpha) \in \mathcal{O}_K$. 现设 $\alpha \in L^\times$ 且 $\mathrm{N}_{L/K}(\alpha) \in \mathcal{O}_K$. 设 α 在 K 上的极小多项式为

$$f(x) = x^d + a_{d-1}x^{d-1} + \cdots + a_0 \in K[x].$$

于是 $\mathrm{N}_{L/K}(\alpha) = \pm a_0^m \in \mathcal{O}_K$, 即 $a_0 \in \mathcal{O}_K$. 由引理 7.4.1 知 $f(x) \in \mathcal{O}_K[x]$, 从而 $\alpha \in \mathcal{O}$. 故

$$\mathcal{O} = \{\alpha \in L \mid \mathrm{N}_{L/K}(\alpha) \in \mathcal{O}_K\}. \tag{7.4-2}$$

显然 $w(\alpha) = \infty$ 当且仅当 $\alpha = 0$, $w(\alpha\beta) = w(\alpha) + w(\beta)$. 我们需要验证强三角不等式

$$w(\alpha + \beta) \geqslant \min\{w(\alpha), w(\beta)\}.$$

这等价于要证明当 $\alpha \in \mathcal{O}$ 时, $\alpha + 1 \in \mathcal{O}$. 注意到 $\alpha + 1$ 的极小多项式为 $f(x-1)$, 若 $\alpha \in \mathcal{O}$, 由等式(7.4-2) 知 $\alpha + 1 \in \mathcal{O}$, 存在性得证.

下面证明唯一性. 设 w' 是另外一个扩张, 其对应的赋值环和极大理想为 $\mathcal{O}'$ 和 $\mathfrak{P}'$. 我们先说明 $\mathcal{O} \subset \mathcal{O}'$. 否则, 存在 $\alpha \in \mathcal{O} - \mathcal{O}'$. 设 α 在 K 上的极小多项式为

$$f(x) = x^d + a_{d-1}x^{d-1} + \cdots + a_0.$$

由上知 $f(x) \in \mathcal{O}_K[x]$. 由 $\alpha \notin \mathcal{O}'$ 知 $\alpha^{-1} \in \mathfrak{P}'$. 故而得到

$$1 = -a_{d-1}\alpha^{-1} - \cdots - a_0(\alpha^{-1})^d \in \mathfrak{P}'.$$

这显然是不可能的. 所以 $\mathcal{O} \subset \mathcal{O}'$.

接下来说明 $\mathcal{O} = \mathcal{O}'$. 假设 $\mathcal{O} \neq \mathcal{O}'$. 任取 $\beta \in \mathcal{O}' - \mathcal{O}$, 则 $\beta^{-1} \in \mathcal{O} \subset \mathcal{O}'$. 从而 $\mathcal{O}' - \mathcal{O} \subset \mathcal{O}' - \mathfrak{P}'$, 即 $\mathfrak{P}' \subset \mathcal{O}$. 从而 w 和 w' 在 L 上诱导了同一个拓扑, 由命题 7.1.2 知 w 与 w' 是等价的. 因为 w 与 w' 在 K 上的限制相等, 故 $w = w'$, 得到矛盾. 所以 $\mathcal{O} = \mathcal{O}'$, w 和 w' 在 L 上诱导了同一个拓扑, 同样的解释说明 $w = w'$, 唯一性得证.

最后我们需要说明 (L, w) 的完备性, 这是下面命题的直接推论. □

下面命题是有限维赋范空间对应结果的类比, 为保持一致性, 我们用赋值来描述, 不用指数赋值的语言.

命题 7.4.1 设 (K, ϕ) 是一个完备赋值域, $(V, |\cdot|)$ 是一个 n-维赋范 K-线性空间. 设 $v_1, \cdots, v_n$ 是 V 的一组基, 定义极大范数

$$||x_1v_1 + \cdots + x_nv_n|| = \max\{\phi(x_1), \cdots, \phi(x_n)\}.$$

则 V 上两个范数 $|\cdot|$ 与 $||\cdot||$ 等价. 特别地, V 是完备的, 且线性同构

$$K^n \longrightarrow V,$$
$$(x_1, \cdots, x_n) \longmapsto x_1v_1 + \cdots + x_nv_n,$$

是一个同胚.

证明 我们只需要证明存在常数 $c, c' > 0$, 使得

$$c||v|| \leqslant |v| \leqslant c'||v||, \ v \in V.$$

设 $v = x_1v_1 + \cdots + x_nv_n \in V$. 由范数的性质,

$$|x_1v_1 + \cdots + x_nv_n| \leqslant \phi(x_1)|v_1| + \cdots + \phi(x_n)|v_n|$$
$$\leqslant ||v||(|v_1| + \cdots + |v_n|).$$

于是可以取 $c' = |v_1| + \cdots + |v_n|$. 下面我们对 n 进行归纳, 证明 c 的存在性.

当 $n = 1$ 时, 取 $c = |v_1|$ 即可. 假设对 $(n-1)$-维空间我们证明了所有结论, 考虑 V 是 n-维空间, $v_1, \cdots, v_n$ 是 V 的一组基. 定义

$$V_i = Kv_1 + \cdots + Kv_{i-1} + Kv_{i+1} + \cdots + Kv_n$$

为 V 的 $(n-1)$-维子空间. 显然 $V = V_i + Kv_i$. 由归纳假设, V_i 在范数 $|\cdot|_{V_i}$ 下是完备的, 是 V 的闭子空间. 从而超平面 $v_i + V_i \subset V$ 是一个闭集. 注意到 $0 \notin \cup_{i=1}^n (V_i + v_i)$, 存在 0 的一个开邻域与 $\cup_{i=1}^n (V_i + v_i)$ 不交, 即存在 $c > 0$ 使得

$$|w_i + v_i| \geqslant c, \text{ 对所有 } w_i \in V_i, \ i = 1, \cdots, n.$$

若 $v = x_1 v_1 + \cdots + x_n v_n \neq 0$ 且 $\phi(x_r) = \|v\|$, 则

$$|x_r^{-1} v| = \left| \frac{x_1}{x_r} v_1 + \cdots + v_r + \cdots + \frac{x_n}{x_r} v_n \right| \geqslant c,$$

即 $|v| \geqslant c\phi(x_r) = c\|v\|$. 结论得证. □

设 (K, v) 是一个完备赋值域, L/K 是次数为 n 的一个有限扩张. 赋值 v 唯一的扩张为 L 上的赋值 w, 且

$$w(\alpha) = \frac{1}{n} v(\mathrm{N}_{L/K}(\alpha)).$$

定义 7.4.1 称指标

$$e = e_{w/v} := [w(L^\times) : v(K^\times)]$$

为 L/K 的**分歧指数**. 称扩张次数

$$f = f_{w/v} := [l : k]$$

为 L/K 的**剩余类域次数**或**惯性次数**.

特别地, 若 v 是离散赋值, 则 w 也是离散赋值. 记 $\mathcal{O}_K, \mathfrak{p}, \pi$ 为 K 的赋值环、极大理想和素元, $\mathcal{O}_L, \mathfrak{P}, \Pi$ 为 L 的赋值环、极大理想和素元, 则

$$e = [w(\Pi)\mathbb{Z} : v(\pi)\mathbb{Z}].$$

于是 $v(\pi) = ew(\Pi)$, 从而存在 $u \in \mathcal{O}_L^\times$ 使得

$$\pi = u\Pi^e.$$

即

$$\mathfrak{p}\mathcal{O}_L = \mathfrak{P}^e.$$

命题 7.4.2 记号如上, 有不等式 $n \geqslant ef$. 当 v 是离散赋值时, 有等式 $n = ef$.

证明 这是命题 7.1.7 的类比. 在证明最后部分, 当 K 是完备赋值域时, 我们可以去掉 L/K 是可分扩张这个条件, 仍然有等式 $n = ef$. 事实上, 由命题 7.1.7 的证明, 我们得到

$$\mathcal{O}_L = N + \Pi\mathcal{O}_L = N + \Pi(N + \Pi\mathcal{O}_L) = \cdots = N + \Pi N + \Pi^2 N + \cdots + \Pi^e \mathcal{O}_L$$

后, 可以推出

$$\mathcal{O}_L = M + \mathfrak{P}^e = M + \mathfrak{p}\mathcal{O}_L = M + \mathfrak{p}(M + \mathfrak{p}\mathcal{O}_L) = M + \mathfrak{p}^2\mathcal{O}_L = \cdots = M + \mathfrak{p}^r\mathcal{O}_L,$$

这里 r 可取任意大的正整数. 由于 $\mathcal{O}_L$ 是完备的且 $\mathfrak{p}^r\mathcal{O}_L$ 是单位元的一组邻域基, 所以 M 在 $\mathcal{O}_L$ 中稠密. 另一方面, 由于 $\mathcal{O}_K$ 在 $\mathcal{O}_L$ 中是闭的, M 在 $\mathcal{O}_L$ 中也是闭的, 故必有 $M = \mathcal{O}_L$, 结论得证. $\square$

7.4.3 Newton 逼近

这一节我们介绍非 Archimedes 完备域赋值域上求多项式根的一种方法, 是通常实数域 $\mathbb{R}$ 上的 Newton 逼近法的类比.

定理 7.4.3 设 (K, ϕ) 是完备非 Archimedes 赋值域, v 是对应的指数赋值, $f(x) \in \mathcal{O}[x]$. 若存在 $a \in \mathcal{O}$, 满足下面两个等价条件:

(1) $0 \leqslant \phi\left(\dfrac{f(a)}{f'(a)^2}\right) = r < 1.$

(2) $2v(f'(a)) < v(f(a)).$

则 $f(x)$ 在 $\mathcal{O}$ 中有根.

证明 不妨设 $a \in \mathcal{O}$ 满足条件 (1). 若 $f(a) = 0$, 结论显然成立. 设 $f(a) \neq 0$, 我们归纳构造一个 $\mathcal{O}$ 中的序列, 其极限是 $f(x)$ 的根. 令 $a_0 = a$,

$$a_{i+1} = a_i - \frac{f(a_i)}{f'(a_i)}, \ i = 0, 1, 2, \cdots.$$

我们证明对 $i \geqslant 0$,

(1) $\phi(a_i) \leqslant 1.$

(2) $\phi(a_{i+1} - a_i) = \phi\left(\dfrac{f(a_i)}{f'(a_i)}\right) \leqslant \psi\left(\dfrac{f(a_i)}{f'(a_i)^2}\right) \leqslant r^{2^i}.$

(3) $\phi(a_i - a_0) \leqslant \phi\left(\dfrac{f(a_0)}{f'(a_0)}\right) \leqslant r.$

当 $i = 0$ 时, 结论显然成立. 设 i 时结论成立, 下面考虑 $i+1$ 的情形. 由强三角不等式,

$$\phi(a_{i+1}) = \phi\left(a_i - \frac{f(a_i)}{f'(a_i)}\right) \leqslant \max\left\{\phi(a_i),\ \phi\left(\frac{f(a_i)}{f'(a_i)}\right)\right\} \leqslant 1.$$

故条件 (1) 成立. 由 Taylor 展式, 存在 $M \in \mathcal{O}$ 和 $M' \in \mathcal{O}$ 满足

$$f(a_{i+1}) = f\left(a_i - \frac{f(a_i)}{f'(a_i)}\right)$$
$$= f(a_i) - f'(a_i)\frac{f(a_i)}{f'(a_i)} + M\left(\frac{f(a_i)}{f'(a_i)}\right)^2 = M\left(\frac{f(a_i)}{f'(a_i)}\right)^2$$

和
$$f'(a_{i+1}) = f'(a_i) + M'\frac{f(a_i)}{f'(a_i)}.$$

于是
$$\frac{f'(a_{i+1})}{f'(a_i)} = 1 + M'\frac{f(a_i)}{f'(a_i)^2}.$$

由归纳假设 $\phi\left(\dfrac{f(a_i)}{f'(a_i)^2}\right) \leqslant r^{2^i}$, 知 $\phi\left(\dfrac{f'(a_{i+1})}{f'(a_i)}\right) = 1$. 从而 $\phi(f'(a_{i+1})) = \phi(f'(a_i)) \neq 0$, 并且

$$\begin{aligned}
\phi(a_{i+2} - a_{i+1}) = \phi\left(\frac{f(a_{i+1})}{f'(a_{i+1})}\right) &\leqslant \phi\left(\frac{f(a_{i+1})}{f'(a_{i+1})^2}\right) \\
&= \phi\left(M\left(\frac{f(a_i)}{f'(a_i)}\right)^2 \frac{1}{f'(a_{i+1})^2}\right) \\
&\leqslant \phi\left(\frac{f(a_i)}{f'(a_i)^2}\right)^2 \phi\left(\frac{f'(a_i)^2}{f'(a_{i+1})^2}\right) \\
&\leqslant r^{2^{i+1}} \text{ (由归纳假设)}.
\end{aligned}$$

条件 (2) 成立. 由于 $r < 1$, 上式中也得到 $\phi\left(\dfrac{f(a_i)}{f'(a_i)^2}\right) \geqslant \phi\left(\dfrac{f(a_{i+1})}{f'(a_{i+1})^2}\right)$. 从而

$$\phi\left(\frac{f(a_i)}{f'(a_i)}\right) \geqslant \phi\left(\frac{f(a_{i+1})}{f'(a_{i+1})}\right).$$

即 $\phi(a_{i+1} - a_i) \leqslant \phi(a_i - a_{i-1})$. 由强三角不等式,

$$\begin{aligned}
\phi(a_{i+1} - a_0) &\leqslant \max\{\phi(a_{n+1} - a_n) \mid 0 \leqslant n \leqslant i\} \\
&= \phi(a_1 - a_0) = \phi\left(\frac{f(a_0)}{f'(a_0)}\right).
\end{aligned}$$

条件 (3) 成立.

综上, $\{a_n\}$ 构成 $\mathcal{O}$ 中的 Cauchy 序列, 令 $\alpha = \lim\limits_{n \to \infty} a_n$, 于是 $f(\alpha) = 0$ 且 $\phi(\alpha - a_0) \leqslant \phi\left(\dfrac{f(a_0)}{f'(a_0)}\right)$. $\square$

7.4.4　Newton 折线

这一节我们继续探讨非 Archimedes 完备赋值域上多项式的求根问题. 在实数域 $\mathbb{R}$ 上, 多项式根的大小与其系数的大小关系并不明确, 但是对非 Archimedes 完备赋值域, 我们引进 **Newton 折线**, 可以得到多项式系数的赋值与多项式根的赋值之间的一个明确关系.

设 (K,v) 是一个非 Archimedes 完备赋值域, v 是指数赋值. 令 $f(x) \in K[x]$ 是 K 上的多项式, 记为
$$f(x) = a_0 + a_1 x + \cdots + a_n x^n,$$
且 $a_0 a_n \neq 0$. 对其中任意单项式 $a_i x^i$, 若 $a_i \neq 0$, 我们将其对应到平面上的点 $(i, v(a_i)) \in \mathbb{R}^2$. 这样我们得到平面上的一组点
$$\{(0, v(a_0)),\ (1, v(a_1)), \cdots, (n, v(a_n))\}.$$
这组点的下凸包络线称为 $f(x)$ 的 **Newton 折线**. 这条折线由一些线段组成, 且线段的斜率从左到右是严格递增的.

定理 7.4.4 记号如上. 令 L 是多项式 f 的分裂域, w 是赋值 v 在 L 上的扩张. 设 $0 \leqslant r < s \leqslant n$, $(r, v(a_r))$ 到 $(s, v(a_s))$ 是 $f(x)$ 的 Newton 折线上的一条线段, 其斜率为 $-m$, 则

(1) $f(x)$ 恰好有 $s-r$ 个根 $\alpha_1, \cdots, \alpha_{s-r}$ 满足 $w(\alpha_1) = \cdots = w(\alpha_{s-r}) = m$.

(2) 令 $f_m(x) = \prod_{i=1}^{s-r}(x - \alpha_i)$, 则 $f_m(x) \in K[x]$. 特别地, 若 $s-r < n$, 则 $f(x)$ 在 K 上可约且 $f_m(x)$ 是 $f(x)$ 的一个因子.

证明 由于 $a_n \neq 0$, $\frac{1}{a_n} f(x)$ 的 Nowton 折线是原折线向下或向上平移得到的, 不妨设 $a_n = 1$. 设 $\alpha_1, \cdots, \alpha_n \in L$ 是 f 的 n 个根, 且
$$w(\alpha_1) = \cdots = w(\alpha_{s_1}) = m_1,$$
$$w(\alpha_{s_1+1}) = \cdots = w(\alpha_{s_2}) = m_2,$$
$$\cdots$$
$$w(\alpha_{s_t+1}) = \cdots = w(\alpha_n) = m_{t+1},$$
其中 $m_1 < m_2 < \cdots < m_{t+1}$. 注意到 a_i 是 n 个根 α_j 的 $n-i$ 次对称多项式, 由强三角不等式
$$v(a_n) = w(a_n) = w(1) = 0,$$
$$v(a_{n-1}) = w(a_{n-1}) \geqslant \min_i \{w(\alpha_i)\} = m_1,$$
$$v(a_{n-2}) = w(a_{n-2}) \geqslant \min_{i,j} \{w(\alpha_i \alpha_j)\} = 2m_1,$$
$$\cdots$$
$$v(a_{n-s_1}) = w(a_{n-s_1}) = \min_{i_1, \cdots, i_{s_1}} \{w(\alpha_{i_1} \cdots \alpha_{i_{s_1}})\} = s_1 m_1.$$
最后一个等式是由于 $w(\alpha_1 \cdots \alpha_{s_1})$ 的值严格小于其他项的赋值. 类似地, 有
$$v(a_{n-s_1-1}) = w(a_{n-s_1-1}) \geqslant \min_{i_1, \cdots, i_{s_1+1}} \{w(\alpha_1 \cdots \alpha_{i_{s_1+1}})\} = s_1 m_1 + m_2,$$

$$v(a_{n-s_1-2}) = w(a_{n-s_1-2}) \geqslant \min_{i_1,\cdots,i_{s_1+2}}\{w(\alpha_1\cdots\alpha_{i_{s_1+2}})\} = s_1 m_1 + 2m_2,$$

$$\cdots$$

$$v(a_{n-s_2}) = w(a_{n-s_2}) \geqslant \min_{i_1,\cdots,i_{s_2}}\{w(\alpha_1\cdots\alpha_{i_{s_2}})\} = s_1 m_1 + (s_2 - s_1)m_2,$$

$$\cdots$$

$$v(a_0) = w(a_0) = w(\alpha_1\cdots\alpha_n) = s_1 m_1 + (s_2 - s_1)m_2 + \cdots + (n - s_t)m_{t+1}.$$

从而 Newton 折线的顶点, 从右到左依次为

$$(n, 0), (n - s_1, s_1 m_1), (n - s_2, s_1 m_1 + (s_2 - s_1)m_2), \cdots,$$

$$(0, s_1 m_1 + (s_2 - s_1)m_2 + \cdots + (n - s_t)m_{t+1}).$$

直接验证知结论 (1) 成立.

下面我们证明结论 (2). 不妨设 $a_n = 1$. 若 $f(x)$ 是不可约多项式, 则存在 $\sigma_j \in \mathrm{Aut}_K(L)$ 使得 $\sigma\alpha_j = \alpha_1$. 注意到若 w 是 v 到 L 的扩张, 则 $w \circ \sigma_j$ 也是一个扩张, 从而二者相同. 故 α_j 与 α_1 的赋值相同. 这时结论成立.

对一般情形, 我们对 n 进行归纳. 当 $n = 1$ 时结论显然. 设 $p(x)$ 是 α_1 的极小多项式, $g(x) = f(x)/p(x) \in K[x]$. 与上类似, $p(x)$ 的所有根的赋值相等. 对多项式 $g(x)$ 利用归纳假设得到所需结论. □

7.5 赋值的 Galois 理论

7.5.1 赋值的扩张: 一般情形

我们已经考虑了完备赋值域上赋值的扩张问题, 现在考虑一般域 K 上的赋值 v 扩张到其代数扩域上的问题, 这里 v 可以是 Archimedes 赋值或者非 Archimedes 赋值. 注意到在 Archimedes 赋值情形, 我们并没有指数赋值. 在不引起混淆的情况下, 我们还是用记号 $|\cdot|_v$ 表示对应的绝对值, 用 K_v 表示 K 在赋值 v 下的完备化.

设 v 是域 K 上的一个赋值, K_v 是 K 的完备化. 固定一个 K_v 的代数闭包 $\overline{K}_v$, 由完备赋值域上赋值扩张的唯一性, v 可以唯一延拓到 $\overline{K}_v$ 上, 我们记之为 $\overline{v}$.

设 L/K 是一个代数扩张. 对任意 K-嵌入

$$\tau : L \longrightarrow \overline{K}_v,$$

我们得到 L 上的一个赋值 w,

$$w(x) = \overline{v} \circ \tau(x), \ x \in L.$$

容易看出 $w|_K = v$. 用绝对值的语言描述, K_v 上的绝对值 $|\cdot|_v$ 唯一扩张到 $\overline{K_v}$ 上, 记为 $|\cdot|_{\overline{v}}$. 对任意 K-嵌入 τ, 我们得到 L 上的绝对值 $|\cdot|_w$,

$$|x|_w = |\tau x|_{\overline{v}}, \ x \in L.$$

当 $[L:K] < \infty$ 时, 令 L_w 是 L 在 w-赋值下的完备化; 当 $[L:K] = \infty$ 时, 令 $L_w = \cup_i L_{i,w}$, 这里 L_i 取遍所有 L/K 的有限子扩张, $L_{i,w}$ 是 L_i 在 w-赋值下的完备化. 由于 L_w 并不一定完备, 我们称之为 L 在赋值 w 处的**局部化**. 显然 $\tau: L \to \overline{K_v}$ 在定义的 w-赋值下是连续的, 故可唯一扩张为一个连续的 K-嵌入

$$\tau: L_w \longrightarrow \overline{K_v}.$$

若 $[L:K] < \infty$, 任取 $x \in L_w$, 设 x 由 L 中的 w-Cauchy 序列 $\{x_n\}$ 表示, 则 $\tau(x) \in \overline{K_v}$ 由 $\overline{K_v}$ 中的 $\overline{v}$-Cauchy 序列 $\{\tau x_n\}$ 表示. 这里注意到 τx_n 属于 K_v 的一个有限扩张 $\tau L \cdot K_v$. 考虑域 L_w, 其上有两个赋值, 一个是完备化过程中 L 上赋值 w 的扩张, 一个是 K_v 的赋值 v 在有限扩张上的扩张, 由定理 7.4.2 知这两个赋值是相等的. 由于 L/K 是有限扩张, $L \cdot K_v / K_v$ 是有限扩张, 从而 $L \cdot K_v$ 是 L_w 的完备子域; 另一方面, $L \subset L \cdot K_v$, $L \cdot K_v$ 包含 L 的完备化. 从而有

$$L_w = L \cdot K_v.$$

从上面我们得到, 对每一个 K-嵌入 $\tau: L \to \overline{K_v}$, 可以得到 v 的扩张 $w = \overline{v} \circ \tau$. 任取 $\sigma \in \mathrm{Aut}_{K_v}(\overline{K_v})$, 我们得到新的 K-嵌入 $\tau' = \sigma \circ \tau$, 称之为 τ 的一个**共轭**. 下面的结果给出了所有 v 在 L 上扩张的分类.

定理 7.5.1 设 L/K 是一个代数扩张, v 是 K 的一个赋值.

(1) 若 w 是 v 在 L 上的扩张, 则存在一个 K-嵌入 $\tau: L \to \overline{K_v}$ 使得 $w = \overline{v} \circ \tau$.

(2) 设 τ 和 τ' 是 L 到 $\overline{K_v}$ 的两个 K-嵌入, 则两个扩张 $\overline{v} \circ \tau$ 和 $\overline{v} \circ \tau'$ 是相等的当且仅当 τ 和 τ' 是共轭的, 即存在 $\sigma \in \mathrm{Aut}_{K_v}(\overline{K_v})$, 使得 $\tau' = \sigma \circ \tau$.

证明 (1) 设 w 是 v 在 L 上的扩张, L_w 是 L 在赋值 w 下的局部化. 我们仍用 w 表示 w 在 L_w 上的扩张, 它等于 K_v 上的赋值 v 在 L_w 上的扩张. 任取 K-嵌入 $\tau: L_w \to \overline{K_v}$, 则 $\overline{v} \circ \tau$ 必定等于 w. 故 $w = \overline{v} \circ \tau|_L$, 结论成立.

(2) 一方面, 设 $\sigma \in \mathrm{Gal}(\overline{K_v}/K_v)$, τ 和 $\sigma \circ \tau$ 是互为共轭的两个 K-嵌入. 由 $\overline{v}$ 的唯一性, 有 $\overline{v} = \overline{v} \circ \sigma$, 从而

$$\overline{v} \circ \tau = \overline{v} \circ \sigma \circ \tau = \overline{v} \circ (\sigma \circ \tau) = \overline{v} \circ \tau'.$$

即共轭的 K-嵌入诱导了相等的扩张.

另一方面, 设 $\tau, \tau': L \to \overline{K_v}$ 是两个 K-嵌入, 满足 $\overline{v} \circ \tau = \overline{v} \circ \tau'$. 令 $\sigma := \tau' \circ \tau^{-1}: \tau L \to \tau' L$, 则 σ 是一个 K-同构. 我们可以将 σ 扩张为 K_v-同构

$$\sigma: \tau L \cdot K_v \longrightarrow \tau L' \cdot K_v.$$

事实上, τL 在 $\tau L \cdot K_v$ 中稠密, 任取 τL 中的 Cauchy 序列 $\{\tau x_n\}$, 所有 x_n 包含在 L 的一个有限子扩张中. 由于 $\bar{v} \circ \tau = \bar{v} \circ \tau'$, $\{\tau' x_n = \sigma \tau x_n\}$ 是 $\tau' L$ 中的 Cauchy 序列, 定义 $\sigma\{\tau x_n\} = \{\sigma \tau x_n\}$, 得到所需的 K_v-同构. 进一步, 将 $\sigma: \tau L \cdot K_v \to \tau' L \cdot K_v$ 扩张为 K_v-自同构 $\tilde{\sigma}: \overline{K_v} \to \overline{K_v}$, 我们得到 $\tau' = \tilde{\sigma} \circ \tau$, 即 τ 和 τ' 互为共轭, 结论得证. □

注记 7.5.1 当 L/K 是一个单扩张时, 我们可以得到更具体的结果. 设 $L = K(\alpha)$, $f(x) \in K[x]$ 是 α 的极小多项式. 虽然 $f(x)$ 在 $K[x]$ 中不可约, 但 $f(x) \in K[x] \subset K_v[x]$ 在 $K_v[x]$ 中有可能可约. 不妨设

$$f(x) = f_1(x)^{m_1} \cdots f_r(x)^{m_r},$$

其中 $f_i(x) \in K_v[x]$ 是不可约多项式, $m_i \geqslant 1$. 若 L/K 是可分扩张, 则所有 m_i 均为 1. 这时 K-嵌入 $\tau: L \to \overline{K_v}$ 与 $f(x)$ 在 $\overline{K_v}$ 中的零点 β 一一对应, 即 $\tau(\alpha) = \beta$.

易见两个 K-嵌入 τ 和 τ' 互为共轭当且仅当其对应的 $f(x)$ 的零点 $\tau(\alpha)$ 和 $\tau'(\alpha)$ 在 K_v 上互为共轭, 即它们都是某一个 $f_i(x)$ 的根. 于是得到一一对应

$$\{w \mid w \text{ 是 } v \text{ 在 } L \text{ 上的扩张}\} \longleftrightarrow \{f_1, \cdots, f_r\}.$$

更具体点, 固定一个不可约因子 f_i, 设 $\alpha_i \in \overline{K_v}$ 是 $f_i(x)$ 的一个根, 定义

$$\tau_i: L \longrightarrow \overline{K_v},$$
$$\alpha \longmapsto \alpha_i.$$

于是 $w_i = \bar{v} \circ \tau_i$, 并且 τ_i 诱导了 K_v-同构,

$$\tau_i: L_{w_i} \longrightarrow K_v(\alpha_i).$$

现在设 L/K 是任意有限扩张. 我们用 $w \mid v$ 表示 w 是 v 在 L 上的扩张. 由 K-嵌入 $L \hookrightarrow L_w$, 我们得到同态 $L \otimes_K K_v \to L_w$ ($a \otimes b \mapsto ab$), 于是得到典范同态

$$\rho: L \otimes_K K_v \longrightarrow \prod_{w \mid v} L_w.$$

注意到 $L \otimes_K K_v$ 有自然的 K_v-代数结构, 其乘法为 $(a \otimes b)(a' \otimes b') = aa' \otimes bb'$. 在这个意义下, ρ 是一个 K_v-代数同态. 我们有如下结果.

命题 7.5.1 若 L/K 是可分扩张, 则 $\rho: L \otimes K_v \to \prod_{w \mid v} L_w$ 是一个 K_v-代数同构.

证明 设 $L = K(\alpha)$, $f(x) \in K[x]$ 是 α 的极小多项式. 由注记 7.5.1 知每一个 $w \mid v$ 对应到 $f(x)$ 在 $K_v[x]$ 上的不可约因子 $f_w(x)$. 由于 L/K 可分, 我们有 $f(x) =$

$\prod_{w|v} f_w(x)$. 固定 K_v 的一个代数闭包 $\overline{K_v}$, 我们通过嵌入 $L_w \to \overline{K_v}$, 视 L_w 为 $\overline{K_v}$ 的子域, 并记 $\alpha_w \in \overline{K_v}$ 为 α 的像. 于是 $L_w = K_v(\alpha_w)$ 并且 $f_w(x)$ 是 α_w 在 K_v 上的极小多项式. 我们得到交换图

$$\begin{array}{ccc} K_v[x]/(f) & \longrightarrow & \prod_{w|v} K_v[x]/(f_w) \\ {\scriptstyle x \mapsto \alpha \otimes 1} \downarrow & & \downarrow {\scriptstyle x \mapsto \alpha_w} \\ L \otimes_K K_v & \xrightarrow{\rho} & \prod_{w|v} L_w \end{array}$$

在上图中, 由中国剩余定理, 上面的水平箭头是一个同构; 由 $K_v[x]/(f) = K[x]/(f) \otimes_K K_v \cong K(\alpha) \otimes_K K_v = L \otimes_K K_v$ 知左边的垂直箭头是一个同构; 由 $L_w = K_v(\alpha_w)$ 知右边的垂直箭头也是一个同构. 综上知下面的水平箭头也是一个同构. □

推论 7.5.1 设 L/K 是一个有限可分扩张, v 是 K 的一个赋值, 则有

$$[L:K] = \sum_{w|v} [L_w : K_v],$$

并且对任意 $\alpha \in L$, 有

$$\mathrm{Tr}_{L/K}(\alpha) = \sum_{w|v} \mathrm{Tr}_{L_w/K_v}(\alpha_w), \quad \mathrm{N}_{L/K}(\alpha) = \prod_{w|v} \mathrm{N}_{L_w/K_v}(\alpha_w).$$

证明 注意到 $[L:K] = \dim_K L$, $[L_w:K_v] = \dim_{K_v} L_w$, 第一个等式由同构 ρ 给出.

在同构 $\rho: L \otimes_K K_v \to \prod_{w|v} L_w$ 两边, 同时考虑 $(\alpha \cdot)$ 诱导的同态, 注意到 $(\alpha \cdot)$ 在 K_v 线性空间 $L \otimes_K K_v$ 上的特征多项式等于 $(\alpha \cdot)$ 在 K-线性空间 L 上的特征多项式, 故 $(\alpha \cdot)$ 在 K-线性空间 L 上的特征多项式等于所有 $(\alpha_w \cdot)$ 在 K_v-线性空间 L_w 上特征多项式的乘积, 由此知结论中的等式成立. □

设 v 是域 K 上的一个非 Archimedes 赋值, L/K 是一个有限扩张, w 是 v 在 L 上的一个扩张. 记

$$e_w = e_{w/v} = [w(L^\times) : v(K^\times)], \quad f_w = f_{w/v} = [l_w : k_v]$$

为扩张 w/v 的**分歧指数**和**惯性指数**. 综合命题 7.1.7 和推论 7.5.1, 我们得到如下重要等式.

定理 7.5.2 若 L/K 是有限可分扩张, v 是 K 上的离散赋值, 则

$$\sum_{w|v} e_w f_w = [L:K].$$

7.5.2 数域上的赋值

由定理 7.1.1, 我们知道有理数域 $\mathbb{Q}$ 上的所有素除子, 其 Archimedes 除子 ∞ 对应到通常的 Archimedes 赋值, 其非 Archimedes 素除子对应到 p-进赋值, p 为素数. 在 ∞-赋值下, $\mathbb{Q}$ 的完备化是 $\mathbb{R}$; 在 p-进赋值下, $\mathbb{Q}$ 的完备化是 $\mathbb{Q}_p$. 现在我们将这一分类推广到数域情形: 对任意代数数域 K, 我们分类 K 的所有赋值. 注意到 K 的赋值限制到 $\mathbb{Q}$ 上得到 $\mathbb{Q}$ 的赋值, 由上节结论, 我们只需要了解 $\mathbb{Q}$ 的每个赋值到 K 上所有扩张即可.

先考虑 Archimedes 赋值. 用 $|\cdot|$ 表示 $\mathbb{Q}$ 上的通常的 Archimedes 赋值, 设 ϕ 是 $|\cdot|$ 在 K 上的扩张, 则 ϕ 仍然是 Archimedes 赋值. 记 K_ϕ 是 K 在赋值 ϕ 下的完备化, 则 K_ϕ 是完备的 Archimedes 赋值域, 也是 $\mathbb{R}$ 的一个有限扩张. 故 (K_ϕ, ϕ) 只可能为 $(\mathbb{R}, \infty)$ 或 $(\mathbb{C}, \infty)$. 设 $K = \mathbb{Q}(\alpha)$, $f(x) \in \mathbb{Q}[x]$ 是 α 的极小多项式. 由注记 7.5.1, 我们知道 ϕ 对应到 $f(x)$ 在 $\mathbb{R}$ 或 $\mathbb{C}$ 上的不可约因子.

设 $f(x)$ 在 $\mathbb{C}$ 中有 n 个不同的根: $\alpha_1, \cdots, \alpha_{r_1}, \alpha_{r_1+1}, \cdots, \alpha_n$, 其中前 r_1 个为实根, 后 $n - r_1$ 个为 r_2 对复根, 不妨设 $\alpha_{r_1+j} = \overline{\alpha}_{r_1+r_2+j}$ $(1 \leqslant j \leqslant r_2)$, 则 K 有如下 r_1 个实嵌入和 r_2 对复嵌入:

$$\tau_i : K \hookrightarrow \mathbb{R}, \tau_i(\alpha) = \alpha_i \ (1 \leqslant i \leqslant r_1),$$

$$\tau_i : K \hookrightarrow \mathbb{C}, \tau_i(\alpha) = \alpha_i \ (r_1 + 1 \leqslant i \leqslant n),$$

这里 $\tau_{r_1+j} = \overline{\tau}_{r_1+r_2+j}$ $(1 \leqslant j \leqslant r_2)$. 由定理 7.5.1, 每个嵌入 τ_i 给出了 $|\cdot|$ 的一个扩张 ϕ_i,

$$\phi_i(x) = |\tau_i(x)|_\infty, \ x \in K.$$

并且当 $i \neq j$ 时, τ_i 和 τ_j 等价当且仅当 $\tau_i = \overline{\tau}_j$. 综上, 我们有如下结果.

命题 7.5.2 设 K 是 n 次代数数域, K 在 $\mathbb{C}$ 上有 r_1 个实嵌入 $\tau_1, \cdots, \tau_{r_1}$, 有 r_2 对复嵌入 $\tau_{r_1+1}, \cdots, \tau_{r_1+2r_2}$, 且 $\overline{\tau}_{r_1+j} = \tau_{r_1+r_2+j}$ $(1 \leqslant j \leqslant r_2)$. 则 K 有 $r_1 + r_2$ 个 Archimedes 素除子 $\infty_1, \cdots, \infty_{r_1+r_2}$. 用 ϕ_i 表示 ∞_i 中的赋值, 且是 $\mathbb{Q}$ 上通常赋值 $|\cdot|$ 的扩张, 则有

$$\phi_i(x) = |\tau_i(x)|, \ x \in K,$$

并且 K 对素除子 ∞_i $(1 \leqslant i \leqslant r_1)$ 的完备化为 $\mathbb{R}$, 对素除子 ∞_i $(r_1 + 1 \leqslant i \leqslant r_1 + r_2)$ 的完备化为 $\mathbb{C}$.

接下来我们考虑非 Archimedes 赋值. 与 $\mathbb{Q}$ 上 p-进赋值类似, 我们可以通过 K 的素理想构造 K 上的非 Archimedes 赋值. 设 $\mathcal{O}_K$ 是数域 K 的整数环, $\mathfrak{p} \subset \mathcal{O}_K$ 是非零素理想. 对每个非零元 $\alpha \in K$, 定义 $v_\mathfrak{p}(\alpha)$ 为主理想 $\alpha \mathcal{O}_K$ 作素理想分解时 $\mathfrak{p}$ 的指数; 定义 $v_\mathfrak{p}(0) = \infty$, 则 $v_\mathfrak{p} : K \to \mathbb{Z} \cup \{\infty\}$ 满足指数赋值的三条性质, 即

(1) $v_\mathfrak{p}(\alpha) = \infty$ 当且仅当 $\alpha = 0$.

(2) $v_{\mathfrak{p}}(\alpha\beta) = v_{\mathfrak{p}}(\alpha) + v_{\mathfrak{p}}(\beta)$.

(3) $v_{\mathfrak{p}}(\alpha + \beta) \geqslant \min\{v_{\mathfrak{p}}(\alpha), v_{\mathfrak{p}}(\beta)\}$.

称 $v_{\mathfrak{p}}$ 为数域 K 的 **$\mathfrak{p}$-进指数赋值**. 注意到这些赋值都是离散的. 取常数 $0 < c < 1$, $|x|_{\mathfrak{p}} := c^{v_{\mathfrak{p}}(x)}$ 为数域 K 的 **$\mathfrak{p}$-进绝对值**. 注意到不同的 c 给出等价的绝对值, 它们组成一个素除子, 我们将这个素除子也记为 $\mathfrak{p}$. 当 $\mathfrak{p}$ 和 $\mathfrak{q}$ 是不同的非零素理想时, $v_{\mathfrak{p}}$ 和 $v_{\mathfrak{q}}$ 不等价, 从而不同的素理想对应到不同的素除子. 我们说明这些素除子给出了 K 的所有非 Archimedes 素除子.

固定非零素理想 $\mathfrak{p}$, $v_{\mathfrak{p}}$ 是 K 上的离散赋值, 设 $\pi \in K$ 是一个素元, 即 $v_{\mathfrak{p}}(\pi) = 1$. $v_{\mathfrak{p}}$ 的赋值环 $\mathcal{O}_{(\mathfrak{p})}$ 和极大理想 $\mathfrak{m}_{\mathfrak{p}}$ 为

$$\mathcal{O}_{(\mathfrak{p})} = \{\alpha \in K \mid v_{\mathfrak{p}}(\alpha) \geqslant 0\} = \{\alpha \in K \mid |\alpha|_{\mathfrak{p}} \leqslant 1\},$$

$$\mathfrak{m}_{\mathfrak{p}} = \{\alpha \in K \mid v_{\mathfrak{p}}(\alpha) > 0\} = \{\alpha \in K \mid |\alpha|_{\mathfrak{p}} < 1\}.$$

易见 $\mathcal{O}_K$ 是 $\mathcal{O}_{(\mathfrak{p})}$ 的子环, 且 $\mathfrak{m}_{\mathfrak{p}} \cap \mathcal{O}_K = \mathfrak{p}$, 从而有域的嵌入

$$\mathcal{O}_K/\mathfrak{p} \hookrightarrow \mathcal{O}_{(\mathfrak{p})}/\mathfrak{m}_{\mathfrak{p}}.$$

设 $\mathcal{O}_K/\mathfrak{p}$ 的特征为 p, 则 $\mathfrak{p} \cap \mathbb{Z} = p\mathbb{Z}$, K 的素除子 $\mathfrak{p}$ 限制在 $\mathbb{Q}$ 上得到 $\mathbb{Q}$ 的素除子 p. 作为除子, $\mathfrak{p}/p$ 的剩余类域次数 $f_{\mathfrak{p}}$ 为

$$f_{\mathfrak{p}} = [\mathcal{O}_{(\mathfrak{p})}/\mathfrak{m}_{\mathfrak{p}} : \mathbb{Z}/p\mathbb{Z}] \geqslant [\mathcal{O}_K/\mathfrak{p} : \mathbb{Z}/p\mathbb{Z}] = f(\mathfrak{p}|p),$$

其中 $f(\mathfrak{p}|p)$ 表示素理想的剩余类域的扩张次数. 设 $e_{\mathfrak{p}}$ 是赋值 $v_{\mathfrak{p}}/v_p$ 的分歧指数, $e(\mathfrak{p}|p)$ 是素理想 $\mathfrak{p}/p$ 的分歧指数, 由于 $v_{\mathfrak{p}}(p)$ 等于理想 $p\mathcal{O}_K$ 的素理想分解中 $\mathfrak{p}$ 的指数, 故 $e_{\mathfrak{p}} = e(\mathfrak{p}|p)$.

设 $p\mathcal{O}_K$ 的素理想分解为

$$p\mathcal{O}_K = \mathfrak{p}_1^{e_1} \cdots \mathfrak{p}_g^{e_g}.$$

则素除子 $\mathfrak{p}_1, \cdots, \mathfrak{p}_g$ 互不相同, 从而由定理 7.5.2

$$\sum_{i=1}^g e_{\mathfrak{p}_i} f_{\mathfrak{p}_i} \leqslant [K : \mathbb{Q}].$$

另一方面, 由上面的分析,

$$\sum_{i=1}^g e_{\mathfrak{p}_i} f_{\mathfrak{p}_i} \geqslant \sum_{i=1}^g e(\mathfrak{p}|p) f(\mathfrak{p}|p) = [K : \mathbb{Q}].$$

这说明 $f_{\mathfrak{p}_i} = f(\mathfrak{p}|p)$, 且素除子 $\mathfrak{p}_1, \cdots, \mathfrak{p}_g$ 是素除子 p 到 K 上的所有扩张. 总结下来, 我们得到如下结果.

命题 7.5.3 设 K 是数域, 则

(1) K 的所有素除子是全部 $\mathfrak{p}$-进素除子.

(2) 设 p 是素数, $\mathfrak{p}_1, \cdots, \mathfrak{p}_g$ 是 K 的所有整除 p 的素理想, 则 $\mathbb{Q}$ 上的素除子 p 到 K 的所有扩张为素除子 $\mathfrak{p}_1, \cdots, \mathfrak{p}_g$, 并且素除子 $\mathfrak{p}_i$ 对 p 的分歧指数和剩余类域的扩张次数等于素理想 $\mathfrak{p}_i$ 对 p 的分歧指数和剩余类域的扩张次数.

综合如上分类, 对素理想 $\mathfrak{p}$, 取 $c = (\mathrm{N}_{K/\mathbb{Q}}(\mathfrak{p}))^{-1}$. 即对任意 $a \in K$,

$$|a|_\mathfrak{p} = (\mathrm{N}_{K/\mathbb{Q}}(\mathfrak{p}))^{-v_\mathfrak{p}(a)}.$$

利用命题 5.3.1, 我们证明数域 K 上的乘积公式.

命题 7.5.4 设 $a \in K^\times$. 则对几乎所有 $\mathfrak{p}$, $|a|_\mathfrak{p} = 1$, 且

$$\prod_\mathfrak{p} |a|_\mathfrak{p} = 1.$$

证明 若 $\mathfrak{p} \neq \infty$ 且 $\mathfrak{p}$ 在分式理想 (a) 的素理想分解中不出现, 则 $v_\mathfrak{p}(a) = 0$, $|a|_\mathfrak{p} = 1$. 由范数的局部整体关系,

$$\mathrm{N}_{K/\mathbb{Q}}(a) = \prod_{\mathfrak{p}|p} \mathrm{N}_{K_\mathfrak{p}/\mathbb{Q}_p}(a).$$

由命题 5.3.1,

$$\prod_\mathfrak{p} |a|_\mathfrak{p} = \prod_p \prod_{\mathfrak{p}|p} |a|_\mathfrak{p} = \prod_p \prod_{\mathfrak{p}|p} |\mathrm{N}_{K_\mathfrak{p}/\mathbb{Q}_p}(a)|_p$$
$$= \prod_p |\mathrm{N}_{K/\mathbb{Q}}(a)|_p = 1. \qquad \square$$

7.5.3 赋值的扩张: Galois 情形

从上面可以看出, 赋值的扩张可以看作数域情形素理想提升的类比. 接下来, 我们学习赋值扩张的 Galois 理论, 推广理想的惯性群和分歧群. 设 L/K 是一个 Galois 扩张, $G = \mathrm{Gal}(L/K)$ 是 Galois 群. 若 v 是 K 上的赋值, w 是 v 在 L 上的扩张, 则对任意 $\sigma \in G$, $w \circ \sigma$ 也是 v 在 L 上的扩张, 从而 G 作用在集合 $\{w \mid w|v\}$ 上. 事实上, 这个作用是可迁的.

命题 7.5.5 赋值 v 在 L 上的任意两个扩张是共轭的.

证明 设 w 和 w' 是 v 在 L 上的两个扩张. 先考虑 $[L:K] < \infty$ 的情形. 假设 w 和 w' 不是共轭的, 则下面两个集合

$$\{w \circ \sigma \mid \sigma \in G\} \text{ 和 } \{w' \circ \sigma \mid \sigma \in G\}$$

不相交. 由逼近定理, 存在 $x \in L$ 使得

$$|\sigma x|_w < 1, \quad |\sigma x|_{w'} > 1, \quad \sigma \in G.$$

令 $\alpha = \mathrm{N}_{L/K} x = \prod_{\sigma \in G} \sigma x$, 得到 $1 < |\alpha|_v < 1$, 这不可能. 从而 w 和 w' 是共轭的.

再考虑 $[L : K] = \infty$ 的情形. 令 M/K 是 L/K 的有限 Galois 子扩张, $X_M = \{\sigma \in G \mid w \circ \sigma|_M = w'|_M\}$. 由上面有限扩张情形的分析知 X_M 是非空的. 并且若 $\sigma \notin X_M$, 则 $\sigma \mathrm{Gal}(L/M) \cap X_M = \varnothing$, 从而 X_M 的补集是开集, 即 X_M 是非空闭集.

假设 $\cap_M X_M = \varnothing$, 这里 M 取遍所有有限 Galois 子扩张. 由于 G 是紧群, 故存在有限个 $M_1, \cdots, M_r$, 使得 $\cap_{1 \leqslant i \leqslant r} X_{M_i} = \varnothing$. 另一方面, 令 $N = M_1 \cdots M_r$, 则 N 仍是一个有限 Galois 子扩张, 且 $X_N = \cap_{1 \leqslant i \leqslant r} X_{M_i}$ 是非空的, 从而得到矛盾.

取 $\sigma \in \cap_M X_M \subset G$, 则 $w \circ \sigma = w'$, 即 w 和 w' 是共轭的. □

定义 7.5.1 设 v 是域 K 上的赋值, L 是 K 的 Galois 扩张, w 是 v 在 L 上的扩张, w 相对于 L/K 的**分解群**定义为

$$G_w = G_w(L/K) = \{\sigma \in \mathrm{Gal}(L/K) \mid w \circ \sigma = w\}.$$

进一步, 设 v 是非 Archimedes 赋值. 又设 $\mathcal{O}_v$ 和 $\mathcal{O}_w$ 是 v 和 w 的赋值环, $\mathfrak{p}$ 和 $\mathfrak{P}$ 是极大理想, k 和 l 是剩余类域. 对任意 $\sigma \in G_w$, 我们有 $\sigma \mathcal{O}_w = \mathcal{O}_w$, 且对任意 $x \in L^\times$, $\sigma x / x \in \mathcal{O}_w$. 在此基础上, 我们定义 G_w 的两个典范的子群.

定义 7.5.2 设 v 是域 K 上的赋值, L 是 K 的 Galois 扩张, w 是 v 在 L 上的扩张, w 相对于 L/K 的**惯性群**定义为

$$I_w = I_w(L/K) = \{\sigma \in G_w \mid \sigma x \equiv x \pmod{\mathfrak{P}} \text{ 对所有 } x \in \mathcal{O}_w\};$$

w 相对于 L/K 的**分歧群**定义为

$$R_w = R_w(L/K) = \{\sigma \in G_w \mid \sigma x / x \equiv 1 \pmod{\mathfrak{P}} \text{ 对所有 } x \in L^\times\}.$$

命题 7.5.6 群 G_w, I_w, R_w 都是 Galois 群 $G = \mathrm{Gal}(L/K)$ 的闭子群.

证明 我们证明 G_w 是 G 的闭子群, 另外两个情形类似. 记 $\overline{G}_w$ 是 G_w 在 G 的闭包, 设 $\sigma \in \overline{G}_w$. 这说明在 σ 的任意开邻域 $\sigma \mathrm{Gal}(L/M)$ 里, 存在 $\sigma_M \in G_w$. 由于 $\sigma_M \in \sigma \mathrm{Gal}(L/M)$, 有 $\sigma_M|_M = \sigma|_M$, 从而 $w \circ \sigma|_M = w \circ \sigma_M|_M = w|_M$. 由开邻域的任意性, M 遍历所有包含在 L 中的有限扩张, 我们得到在 L 上有 $w \circ \sigma = w$, 即 $\sigma \in G_w$, G_w 是闭的. □

由命题 7.5.6 和 Galois 理论的基本定理, 我们给出如下定义.

定义 7.5.3 子群 G_w 的固定域

$$Z_w = Z_w(L/K) = \{x \in L \mid \sigma x = x \text{ 对所有 } \sigma \in G_w\}$$

称为 w 的**分解域**.

子群 I_w 的固定域

$$T_w = T_w(L/K) = \{x \in L \mid \sigma x = x \text{ 对所有 } \sigma \in I_w\}$$

称为 w 的**惯性域**.

子群 R_w 的固定域

$$V_w = V_w(L/K) = \{x \in L \mid \sigma x = x \text{ 对所有 } \sigma \in R_w\}$$

称为 w 的**分歧域**.

赋值的分解群、惯性群、分歧群是素理想的分解群、惯性群、分歧群的类比, 我们将其更多对应的性质放在习题里. 在下一章, 当 L/K 是完备离散赋值域的有限扩张时, 我们研究分歧群更精细的结构.

习题

1. 设 ϕ 是域 K 的赋值, σ 是 K 的自同构. 定义

$$\phi^\sigma : F \longrightarrow \mathbb{R},$$
$$a \longmapsto \phi(\sigma(a)),$$

证明 ϕ^σ 也是 K 的赋值, 且 ϕ 是非 Archimedes 赋值当且仅当 ϕ^σ 是非 Archimedes 赋值.

2. 设 $\phi_1, \cdots, \phi_n$ 是域 K 上的彼此不等价的非 Archimedes 赋值, $a_1, \cdots, a_n \in F^\times$, 证明存在 $a \in F^\times$, 使得 $\phi_i(a) = \phi_i(a_i)$ $(1 \leqslant i \leqslant n)$.

3. 求有理数 a 使得 $v_2\left(a - \dfrac{1}{3}\right) \geqslant 2$, $v_3\left(a - \dfrac{1}{2}\right) \geqslant 3$, $|a - 1|_\infty < \dfrac{1}{10}$.

4. 设 (K, v) 是一个离散赋值域, v 是一个正则指数赋值, π 是一个素元, $r \geqslant 1$, 则

$$ab^{-1} \in U_r \Longleftrightarrow v(a) = v(b) \text{ 且 } \epsilon \eta^{-1} \in U_r,$$

其中 $\epsilon = \pi^{-v(a)} a$, $\eta = \pi^{-v(b)} b \in \mathcal{O}^\times$.

5. 证明一个完备域的无穷次代数扩张不是完备的.

6. 设 (K, v) 是一个完备的离散赋值域, $a \in 1 + 4\mathfrak{m}_K$, 证明方程 $X^2 = a$ 在 K 中有解.

7. 证明多项式 $f(x) = 1 + x^2 + \dfrac{1}{3} x^3 + 3x^4$ 在 $\mathbb{Q}_3$ 中有根 α 使得 $v_3(\alpha) = -2$.

8. 找出 $\mathbb{Q}_p$ 的所有二次扩张. (提示: $p = 2$ 与 $p \neq 2$ 分开讨论.)

9. 证明下面的同构:

$$G_w(L/K) = \operatorname{Gal}(L_w/K_v),$$

$$I_w(L/K) = I(L_w/K_v),$$

$$R_w(L/K) = R(L_w/K_v).$$

10. 证明 l/k 是正规扩张, 且有短正合列

$$1 \longrightarrow I_w \longrightarrow G_w \longrightarrow G(l/k) \longrightarrow 1.$$

11. 证明 T_w/Z_w 是扩张 L/Z_w 的极大非分歧子扩张.

12. 证明 R_w 是 I_w 的唯一的 Sylow p-子群.

第八章

局部域

我们学习了离散赋值域的基本性质，在这一章我们学习一类特殊的离散赋值域——剩余类域是有限域的完备的离散赋值域．这样的域即是**局部域**．

8.1 局部域的代数性质

8.1.1 局部域的分类

命题 7.3.4 说明了一个完备的离散赋值域是局部域当且仅当它是局部紧的，由此知 $\mathbb{Q}_p$ 和 $\mathbb{F}_p((t))$ 都是局部域．事实上，我们有如下结果．

定理 8.1.1　一个域是局部域当且仅当它是 $\mathbb{Q}_p$ 或 $\mathbb{F}_p((t))$ 的有限扩张．

证明　设 $F = \mathbb{Q}_p$ 或 $\mathbb{F}_p((t))$．设 K 是 F 的一个有限扩张，由定理 7.4.2，F 的赋值可唯一扩张到 K 上，且 K 在赋值下是一个完备的离散赋值域，由命题 7.4.2，其剩余类域是 $\mathbb{F}_p$ 的次数小于等于 $[K:F]$ 的扩张，故 K 是一个局部域．

现在设 K 是一个局部域，v 是 K 的一个离散指数赋值，p 是 K 的剩余类域的特征．若 K 的特征为 0，于是 $\mathbb{Q} \subset K$，且由于 $v(p) > 0$，$v|_\mathbb{Q}$ 与 $\mathbb{Q}$ 的 p-进赋值等价．由 K 的完备性，$\mathbb{Q}_p \subset K$．由于 v 是离散赋值，$K/\mathbb{Q}_p$ 的分歧指数是有限的；由于 K 的剩余类域是有限域，$K/\mathbb{Q}_p$ 的剩余类域扩张次数也是有限的．由命题 7.4.2 知 $K/\mathbb{Q}_p$ 是个有限扩张．若 K 的特征不为 0，则 K 的特征只能是 p．于是 $k = \mathcal{O}_K/\mathfrak{p}$ 的特征也是 p．设 $q = \#k$．一方面，有限域的基本性质告诉我们 k 是 $\mathbb{F}_p$ 上多项式 $x^q - x$ 的零点集；另一方面，由 Hensel 引理，K 包含多项式 $x^q - x$ 的所有零点．我们可将 k 视为 K 的子域．由命题 7.3.2 知 $K = k((t))$，t 是 K 的一个素元，于是 $\mathbb{F}_p((t)) \subset K$ 且 $K/\mathbb{F}_p((t))$ 是个有限扩张．□

由定理 8.1.1 知局部域 K 的加法群同构于有限个 $\mathbb{Q}_p$ 或 $\mathbb{F}_p((t))$ 的直和．下面的结果给出其乘法群的初步结构．

命题 8.1.1　设 K 是一个局部域，其乘法群 $K^\times$ 有如下分解：

$$K^\times = \langle \pi \rangle \times \mu_{q-1} \times U_1,$$

这里 $\pi \in K$ 是一个素元，$\langle \pi \rangle = \pi^\mathbb{Z}$，$q$ 是 K 的剩余类域的元素个数，μ_{q-1} 是 $(q-1)$ 次单位根组成的乘法群，$U_1 = 1 + \mathfrak{p}$ 是 $\mathcal{O}$ 的主单位群．

证明　任取 $\alpha \in K^\times$，则存在 $u \in \mathcal{O}^\times$，使得 $\alpha = \pi^{v(\alpha)}u$，故 $K^\times = \pi^\mathbb{Z} \times \mathcal{O}^\times$．注意到 $X^{q-1} - 1$ 在 $k = \mathcal{O}/\pi$ 上分解为一次项的乘积，从而由 Hensel 引理，$\mathcal{O}^\times$ 包含 μ_{q-1}．再由短正合列

$$1 \longrightarrow 1 + \mathfrak{p} \longrightarrow \mathcal{O}^\times \xrightarrow{u \mapsto u \pmod{\mathfrak{p}}} k^\times \longrightarrow 1,$$

得到 $\mathcal{O}^{\times} = \mu_{q-1} \times U_1$, 结论得证. $\square$

> **注记 8.1.1** 在 $\mathbb{Q}_p$ 上的 Hilbert 符号可以推广到 $\mathbb{Q}_p$ 的有限扩张上, 并且可以证明数域上的二次型也满足局部整体原则. 关于这方面的更多内容, 可以参考 [7].

8.1.2 p-进对数映射和 p-进指数映射

对于实数 $\mathbb{R}$, 我们有通常的对数映射 $\log : \mathbb{R}_+^{\times} \to \mathbb{R}$ 和指数映射 $\exp : \mathbb{R} \to \mathbb{R}_+^{\times}$, 它们建立了乘法群 $\mathbb{R}_+^{\times}$ 和加法群 $\mathbb{R}$ 之间的同构. 在这一节, 我们构造 p-进对数映射和 p-进指数映射并研究其基本性质.

命题 8.1.2 设 K 是 $\mathbb{Q}_p$ 的有限扩张, 存在唯一的连续同态

$$\log : K^{\times} \longrightarrow K,$$

满足

(1) $\log p = 0$,

(2) 对 $1 + x \in U_1$,

$$\log(1+x) = x - \frac{x^2}{2} + \frac{x^3}{3} - \cdots.$$

证明 设 v 是 K 上的指数赋值使得 $v(p) = 1$. 任取 $x \in \mathfrak{p}$, $v(x) > 0$, 于是 $c = p^{v(x)} > 1$. 当 $n \in \mathbb{N}$ 时有 $p^{v(n)} \leqslant n$, 即 $v(n) \leqslant \dfrac{\ln n}{\ln p}$. 从而

$$v\left(\frac{x^n}{n}\right) = nv(x) - v(n) \geqslant n\frac{\ln c}{\ln p} - \frac{\ln n}{\ln p} = \frac{\ln(c^n/n)}{\ln p} \to \infty.$$

所以 $\left\{\dfrac{x^n}{n}\right\}$ 是一个零序列, 即对数级数在 $x \in \mathfrak{p}$ 时收敛, 其定义了一个映射. 这个映射是同态是由于有形式幂级数等式

$$\log((1+x)(1+y)) = \log(1+x) + \log(1+y),$$

且当 $x, y \in \mathfrak{p}$ 时, 等式中的各项都收敛.

固定 K 的一个素元 π. 若 $\alpha \in K^{\times}$, 由命题 8.1.1, α 可唯一表示成

$$\alpha = \pi^{ev(\alpha)} \omega(\alpha) \langle \alpha \rangle,$$

这里 $\omega(\alpha) \in \mu_{q-1}$, $\langle \alpha \rangle \in U_1$, e 是 $K/\mathbb{Q}_p$ 的分歧指数. 定义 $\log \pi = -\dfrac{1}{e} \log\langle p \rangle$, 并定义

$$\log \alpha := ev(\alpha) \log \pi + \log\langle \alpha \rangle,$$

我们得到 $\log: K^\times \to K$，且满足命题中的两个条件.

若 $\lambda: K^\times \to K$ 满足命题中的两个条件，容易验证当 $\xi \in \mu_{q-1}$ 时，$\lambda(\xi)=0$. 于是由 $p = \pi^e \omega(p)\langle p \rangle$ 知 $\lambda(\pi) = \log \pi$，从而 $\lambda = \log$，唯一性得证. $\square$

正如 $\mathbb{R}$ 上 $\log$ 定义了乘法群 $\mathbb{R}_{>0}$ 与加法群 $\mathbb{R}$ 之间的同构，我们进一步说明，当限制在 $K^\times$ 的一个足够小的子群时，$\log$ 定义了这个子群与 K 的一个加法子群的同构. 首先我们证明如下结果.

引理 8.1.1 设 $n = \sum_{i=0}^{r} a_i p^i \in \mathbb{N}\ (0 \leqslant a_i < p)$，则

$$v_p(n!) = \frac{1}{p-1} \sum_{i=0}^{r} a_i(p^i - 1).$$

特别地，有

$$\frac{n-p}{p-1} - \frac{\ln n}{\ln p} < v_p(n!) < \frac{n}{p-1}.$$

证明 我们用 $[a]$ 表示不超过 a 的最大的整数. 于是

$$[n/p] = a_1 + a_2 p + \cdots + a_r p^{r-1},$$

$$[n/p^2] = a_2 + \cdots + a_r p^{r-2},$$

$$\cdots$$

$$[n/p^r] = a_r,$$

从而

$$v_p(n!) = [n/p] + [n/p^2] + \cdots + [n/p^r]$$

$$= a_1 + (p+1)a_2 + \cdots + (p^{r-1} + p^{r-2} + \cdots + 1)a_r.$$

得到 $(p-1)v_p(n!) = \sum_{i=0}^{r} a_i(p^i - 1)$. $\square$

命题 8.1.3 设 $K/\mathbb{Q}_p$ 是一个有限扩张，$\mathcal{O}$ 和 $\mathfrak{p}$ 是 K 的赋值环和极大理想. 令 $p\mathcal{O} = \mathfrak{p}^e$，则当 $n > \dfrac{e}{p-1}$ 时，$\log|_{U_n}$ 定义了一个同构

$$\log: U_n \longrightarrow \mathfrak{p}^n,$$

其逆映射是

$$\exp: \mathfrak{p}^n \longrightarrow U_n,$$

$$x \longmapsto 1 + x + \frac{x^2}{2!} + \frac{x^3}{3!} + \cdots.$$

证明 我们用 v_p 表示赋值使得 $v_p(p) = 1$, $v_{\mathfrak{p}}$ 表示赋值使得 $v_{\mathfrak{p}}(p) = e$. 设 $n \in \mathbb{Z}_{\geqslant 1}$, 记 $n = p^a m$ 且 $p \nmid m$, 于是

$$\frac{v_p(n)}{n-1} = \frac{a}{p^a m - 1} \leqslant \frac{a}{p^a - 1} = \frac{a}{1 + p + \cdots + p^{a-1}} \frac{1}{p-1} \leqslant \frac{1}{p-1}.$$

对任意 $z \in \mathcal{O}$ 且 $v_{\mathfrak{p}}(z) > \dfrac{e}{p-1}$, 有

$$v_p\left(\frac{z^n}{n}\right) - v_p(z) = (n-1)v_p(z) - v_p(n)$$

$$> \frac{n-1}{p-1} - v_p(n) \geqslant 0.$$

于是 $v_{\mathfrak{p}}(\log(1+z)) = v_{\mathfrak{p}}(z)$. 从而当 $n \geqslant \dfrac{e}{p-1}$ 时, $\log(U_n) \subset \mathfrak{p}^n$.

现在考虑映射 $\exp$. 设 $n \in \mathbb{N}$ 的 p-进表达式为 $n = a_0 + a_1 p + \cdots + a_r p^r$, $(0 \leqslant a_i \leqslant p-1)$. 记 $s_n = a_0 + a_1 + \cdots + a_r$. 于是

$$v_p\left(\frac{x^n}{n!}\right) = nv_p(x) - \frac{n - s_n}{p-1} = n\left(v_p(x) - \frac{1}{p-1}\right) + \frac{s_n}{p-1}.$$

于是当 $v_{\mathfrak{p}}(x) > \dfrac{e}{p-1}$ 时, $\lim\limits_{n\to\infty} v_p\left(\dfrac{x^n}{n!}\right) = \infty$, 从而 $\exp$-级数收敛. 且这时若 $x \neq 0$, 有

$$v_p\left(\frac{x^n}{n!}\right) - v_p(x) = (n-1)v_p(x) - \frac{n-1}{p-1} + \frac{s_n - 1}{p-1} > \frac{s_n - 1}{p-1} \geqslant 0.$$

故 $\exp$ 将 $\mathfrak{p}^n$ 映到 U_n. 注意到我们有形式幂级数等式

$$\exp \log(1+z) = 1 + z, \quad \log \exp x = x,$$

$\log$ 和 $\exp$ 互为逆映射, 命题得证. $\square$

注记 8.1.2 对于任意的局部域 K, 设其剩余类域的特征为 p, 则其主单位群 U_1 有一个典范的 $\mathbb{Z}_p$-模结构. 事实上, 记 q 是 K 的剩余类域的元素个数, 由同构 $U_n/U_{n+1} \cong \mathcal{O}/\mathfrak{p}$ 知 U_1/U_{n+1} 的阶为 q^n, 从而是一个 $\mathbb{Z}/q^n\mathbb{Z}$-模, 故 $U_1 = \varprojlim U_1/U_{n+1}$ 是一个 $\mathbb{Z}_p = \varprojlim \mathbb{Z}/q^n\mathbb{Z}$-模.

于是对 $1 + x \in U_1$ 和 $z \in \mathbb{Z}_p$, 有方幂 $(1+x)^z \in U_1$. 这个 $\mathbb{Z}_p$-模结构是 $\mathbb{Z}$-模结构的扩张, 并且函数

$$f_x : \mathbb{Z}_p \longrightarrow U_1,$$
$$z \longmapsto (1+x)^z$$

是连续的. 事实上, 若 $z \equiv z' \pmod{q^n \mathbb{Z}}$, 则 $(1+x)^z \equiv (1+x)^{z'} \pmod{U_{n+1}}$.

记 $z = \lim\limits_{i \to \infty} z_i$ 且 $z_i \in \mathbb{Z}$, 有
$$(1+x)^z = \lim_{i \to \infty} (1+x)^{z_i},$$
其中 $(1+x)^{z_i}$ 是通常的多项式幂次.

8.1.3 局部域的乘法群

利用上述讨论, 我们能确定局部域 K 的乘法群结构.

定理 8.1.2 设 K 是局部域, 其剩余类域的特征为 p, 元素个数为 $q = p^f$.

(1) 若 K 的特征为 0, 则有代数和拓扑同构
$$K^\times \cong \mathbb{Z} \oplus \mathbb{Z}/(q-1)\mathbb{Z} \oplus \mathbb{Z}/p^a\mathbb{Z} \oplus \mathbb{Z}_p^d,$$
其中 $a \geqslant 0$, $d = [K : \mathbb{Q}_p]$.

(2) 若 K 的特征为 p, 则有代数和拓扑同构
$$K^\times \cong \mathbb{Z} \oplus \mathbb{Z}/(q-1)\mathbb{Z} \oplus \mathbb{Z}_p^{\mathbb{N}}.$$

证明 由命题 8.1.1, 有如下同构:
$$K^\times = \pi^{\mathbb{Z}} \times \mu_{q-1} \times U_1 \cong \mathbb{Z} \oplus \mathbb{Z}/(q-1)\mathbb{Z} \oplus U_1.$$

我们还需计算 U_1 的结构.

(1) 设 K 的特征为 0. 当 n 充分大时, 有同构
$$\log : U_n \longrightarrow \mathfrak{p}^n = \pi^n \mathcal{O} \cong \mathcal{O}.$$
而 $\mathcal{O}$ 在 $\mathbb{Z}_p$ 上有一组整基, 即存在 $\alpha_1, \cdots, \alpha_d \in \mathcal{O}$ 使得 $\mathcal{O} = \mathbb{Z}_p \alpha_1 \oplus \cdots \oplus \mathbb{Z}_p \alpha_d \cong \mathbb{Z}_p^d$. 从而 $U_n \cong \mathbb{Z}_p^d$. 而 $[U_1 : U_n]$ 是有限的且 U_n 是有限生成自由 $\mathbb{Z}_p$-模, U_1 也是有限生成 $\mathbb{Z}_p$-模, 且其挠子群为 μ_{p^a}, 即 K 中的 p-幂次单位根群. 由主理想整环上模的结构定理, 我们知道存在 U_1 的一个秩为 d 的自由 $\mathbb{Z}_p$-子模 V, 使得 $U_1 = \mu_{p^a} \times V$. 故
$$K^\times \cong \mathbb{Z} \oplus \mathbb{Z}/(q-1)\mathbb{Z} \oplus U_1 \cong \mathbb{Z} \oplus \mathbb{Z}/(q-1)\mathbb{Z} \oplus \mathbb{Z}/p^a\mathbb{Z} \oplus \mathbb{Z}_p^d.$$

(2) 设 K 的特征为 p. 这时不妨设 $K \cong \mathbb{F}_q((t))$, 于是
$$U_1 = 1 + \mathfrak{p} = 1 + t\mathbb{F}_q[[t]].$$
令 $\omega_1, \cdots, \omega_f$ 是 $\mathbb{F}_q/\mathbb{F}_p$ 的一组基. 对任意与 p 互素的正整数 $n \in \mathbb{N}$, 定义
$$g_n : \mathbb{Z}_p^f \longrightarrow U_n,$$
$$(a_1, \cdots, a_f) \longmapsto \prod_{i=1}^{f}(1 + \omega_i t^n)^{a_i}.$$

对 $\alpha = (a_1, \cdots, a_f) \in \mathbb{Z}_p^f$, 取 $b_i \in \mathbb{Z}$ 使得 $b_i \equiv a_i \pmod{p}$, 取 $\omega = \sum_{i=1}^{f} b_i \omega_i \in \mathbb{F}_q$, 则有

$$g_n(\alpha) \equiv \prod_{i=1}^{f} (1 + \omega_i t^n)^{b_i} \equiv 1 + \omega t^n \pmod{\mathfrak{p}^{n+1}}.$$

由于 K 的特征为 p, 对任意 $s \geqslant 0, m = np^s$, 有

$$g_n(p^s \alpha) = g_n(\alpha)^{p^s} \equiv 1 + \omega^{p^s} t^m \pmod{\mathfrak{p}^{m+1}}.$$

当 α 取遍 $\mathbb{Z}_p^f$ 时, ω 和 ω^{p^s} 取遍 $\mathbb{F}_q$, 从而

$$U_m = g_n(p^s \mathbb{Z}_p^f) U_{m+1}. \tag{8.1-1}$$

进一步, 容易看出

$$g_n(p^s \alpha) \equiv 1 \pmod{\mathfrak{p}^{m+1}} \Longleftrightarrow \omega = 0$$
$$\Longleftrightarrow a_i \equiv 0 \pmod{p}, 1 \leqslant i \leqslant f$$
$$\Longleftrightarrow \alpha \in p\mathbb{Z}_p^f.$$

从而

$$\alpha \notin p\mathbb{Z}_p^f \Longleftrightarrow g_n(p^s \alpha) \notin U_{m+1}. \tag{8.1-2}$$

从 g_n 出发, 我们构造如下 $\mathbb{Z}_p$-模的连续同态:

$$g = \prod_{n \in \mathbb{N}, p \nmid n} g_n : A = \prod_{n \in \mathbb{N}, p \nmid n} \mathbb{Z}_p^f \to U_1,$$

其中 n 取遍所有与 p 互素的正整数, 每个 n 对应到一个 $\mathbb{Z}_p^f$. 若 $\xi = (\alpha_n)_{n \in \mathbb{N}, p \nmid n} \in A$, 则 $g_n(\alpha_n) \in U_n$, 所以 $g(\xi) = \prod g_n(\alpha_n)$ 收敛. 下面我们说明 g 是一个同构.

令 $m = np^s, p \nmid n$. 因为 $g_n(\mathbb{Z}_p^f) \subset g(A)$, 由方程 (8.1-1) 知 U_m/U_{m+1} 的每个陪集都可由 $g(A)$ 中的元素表示, 故 $g(A)$ 在 U_1 中稠密. 由于 g 连续且 A 是紧的, 故 $g(A)$ 在 U_1 中也是紧集, 从而 $g(A) = U_1$, 即 g 是满的.

另一方面, 取 $\xi = (\alpha_j)_{j \in \mathbb{N}, p \nmid j} \in A - \{0\}$, 不妨设 $\alpha_n \neq 0$. 记 $\alpha_n = p^s \beta_n$ 且 $\beta_n \in \mathbb{Z}_p^f - p\mathbb{Z}_p^f$. 令 $m = m(\alpha_n) = np^s$, 由 (8.1-2) 知

$$g_n(\alpha_n) \in U_m \text{ 且 } g_n(\alpha_n) \notin U_{m+1}.$$

注意到 $(n, p) = 1$, 若 $n \neq n'$ 且 $\alpha_{n'} \neq 0$, 则 $m(\alpha_n) \neq m(\alpha_{n'})$. 取 n 使得 $\alpha_n \neq 0$ 且 $m(\alpha_n)$ 最小, 于是对任意 $n' \neq n$, 都有

$$g_{n'}(\alpha_{n'}) \in U_{m+1}, \quad m = m(\alpha_n) < m(\alpha_{n'}).$$

从而

$$g(\xi) \equiv g_n(\alpha_n) \not\equiv 1 \pmod{U_{m+1}},$$

得到 $g(\xi) \neq 1$. 故 g 是单射, 结论得证. $\square$

8.1.4 Krasner 引理和局部域的扩张

设 K 是 $\mathbb{Q}_p$ 的一个有限扩张, $k = \mathbb{F}_q$ 是 K 的剩余类域 ($q = p^r$). 我们首先学习 K 的非分歧扩张.

引理 8.1.2 设 L 是 K 的一个有限非分歧扩张, 则 L/K 是循环扩张.

证明 记 L 的剩余类域为 l. 设 $\alpha \in \mathcal{O}_L$ 满足 $l = k(\overline{\alpha})$, 其中 $\overline{\alpha} := \alpha \pmod{\mathfrak{p}} \in l$. 设 $f(X) \in K[X]$ 是 α 的极小多项式, 则 $f(X) \in \mathcal{O}_K[X]$. 记 $\overline{f}(X) = f(X) \pmod{\mathfrak{p}}$. 于是 $\deg(\overline{f}) = \deg(f)$ 且 $\overline{f}(\overline{\alpha}) = \overline{f(\alpha)} = 0$. 从而 $\overline{f}(X) \in k[X]$ 是 $\overline{\alpha}$ 的极小多项式. 由于 l/k 是可分的, $\overline{f}(X)$ 在 l 上分解为互素的一次多项式的乘积, 由 Hensel 引理, $f(X)$ 在 L 上分解为一次多项式的乘积. 由 $[K(\alpha) : K] = n = [L : K]$ 知 $L = K(\alpha)$, 从而 L 是 $f(X)$ 的分裂域, L/K 是 Galois 扩张. 最后, $\mathrm{Gal}(L/K) \cong \mathrm{Gal}(l/k)$ 是循环群, 引理得证. $\square$

注记 8.1.3 设 l/k 是一个有限扩张, 从而是一个有限循环扩张. 由于 k 是有限域, 故存在 $\alpha \in l$ 使得 $l = k(\alpha)$. 设 $g(X) \in k[X]$ 是 α 的极小多项式, $f(X) \in \mathcal{O}_K[X]$ 是一个首一多项式且 $f(X) \pmod{\mathfrak{p}} = g(X)$. 由 Hensel 引理, 存在 $\beta \in \overline{K}$ 是 $f(X)$ 的根且模掉对应的极大理想后等于 α. 令 $L = K[\beta]$, 则 L 的剩余类域为 l. 由于 $g(X)$ 是不可约的, 所以 $f(X)$ 也是不可约的, $[L : K] = [l : k]$.

事实上, 不难证明: 局部域 K 的有限非分歧扩张组成的范畴和有限域 k 的有限扩张组成的范畴是等价的. 由于 k 的次数为 n 的扩张是唯一的, 所以 K 的次数为 n 的非分歧扩张也是唯一的.

命题 8.1.4 设 n 是与 p 互素的正整数, $\zeta_n = e^{2\pi i/n}$ 是一个本原 n 次单位根. 令 $L = K(\zeta_n)$, 则

(1) 扩张 L/K 是次数为 f 的非分歧扩张, 这里 f 是满足 $q^f \equiv 1 \pmod{n}$ 的最小自然数.

(2) Galois 群 $\mathrm{Gal}(L/K)$ 同构于 $\mathrm{Gal}(l/k)$, 且 $\varphi : \zeta_n \mapsto \zeta_n^q$ 是 $\mathrm{Gal}(L/K)$ 的一个生成元.

(3) $\mathcal{O}_L = \mathcal{O}_K[\zeta_n]$.

证明 设 $f(X) \in K[X]$ 是 ζ_n 在 K 上的极小多项式, 则 $\overline{f}(X) \in k[X]$ 是 $\overline{\zeta}_n := \zeta_n \pmod{\mathfrak{p}}$ 在 k 上的极小多项式. 事实上, 由于 $f(X)$ 是 $X^n - 1$ 的因子, 故 $\overline{f}(X)$ 是可分多项式. 由 Hensel 引理和 $f(X)$ 的不可约性, $\overline{f}(X)$ 是 k 上的不可约多项式. 于是 $[L : K] = \deg(f) = \deg(\overline{f}) = [l : k]$, 即 L/K 是非分歧扩张, 记其次数为 f. 注意到 $X^n - 1$ 在 $\mathcal{O}_L$ 上分解为一次多项式的乘积, 所以在 l 上也分解为一次多项式的乘积, 由于 $p \nmid n$, 这些一次多项式两两不同. 故 l 包含 $x^n - 1$ 的所有根, 从而 $l = \mathbb{F}_{q^f}$ 是包含所

有 n 次单位根的最小的域. 前两个结论得证.

由于 $1, \zeta_n, \cdots, \zeta_n^{f-1}$ 代表了 l/k 的一组基, 故 $\mathcal{O}_L = \mathcal{O}_K[\zeta_n] + \mathfrak{p} = \mathcal{O}_K[\zeta_n] + \mathfrak{p}\mathcal{O}_L$. 由 Nakayama 引理知 $\mathcal{O}_L = \mathcal{O}_K[\zeta_n]$. □

若 L/K 是次数为 f 的非分歧扩张, 则 $l = \mathbb{F}_{q^f}$. 由 Hensel 引理, L 包含所有 (q^f-1) 次单位根. 记 $n = q^f - 1$, 由引理知 $K(\zeta_n)$ 是 K 的次数为 f 的非分歧扩张, 从而必有 $L = K[\zeta_n]$. 于是 K 的次数为 f 的非分歧扩张是唯一的. 特别地, 设 $f(X) \in \mathcal{O}_K[X]$ 是首一的不可约多项式, 且 $\overline{f}(X) \in k[X]$ 是不可约的. 对任意 $g(X) \in \mathcal{O}_K[X]$, 若 $\deg(g) = \deg(f), \overline{g}(X) = \overline{f}(X)$, 则 $f(X)$ 和 $g(X)$ 的分裂域都是 K 的次数为 $\deg(f)$ 的非分歧扩张, 从而是同一个域. 下面我们利用 Krasner 引理来解释这一现象, 并给出若干应用.

引理 8.1.3 (Krasner 引理) 设 K 是一个完备的非 Archimedes 赋值域, $|\cdot|$ 是 K 上的非 Archimedes 绝对值在 $\overline{K}$ 上的扩张. 又设 $\alpha, \beta \in \overline{K}$ 并且 α 在 $K(\beta)$ 上是可分的. 若对任意 α 的共轭 $\alpha_i \neq \alpha$, 都有

$$|\alpha - \beta| < |\alpha - \alpha_i|,$$

则 $K(\alpha) \subset K(\beta)$.

证明 考虑扩张 $K(\alpha, \beta)/K(\beta)$, 令 L 是这个扩张的 Galois 闭包. 令 $\sigma \in \text{Gal}(L/K(\beta))$, 则 $\sigma(\alpha - \beta) = \sigma(\alpha) - \beta$. 由赋值扩张的唯一性 (定理 7.4.2), $\sigma(x)$ 和 x 有相等的绝对值, 故对所有 $\alpha_i \neq \alpha$,

$$|\sigma(\alpha) - \beta| = |\sigma(\alpha - \beta)| = |\alpha - \beta| < |\alpha - \alpha_i|.$$

从而由强三角不等式,

$$|\sigma(\alpha) - \alpha| \leqslant \max\{|\sigma(\alpha) - \beta|, |\beta - \alpha|\} < |\alpha - \alpha_i|,$$

必有 $\sigma(\alpha) = \alpha$, 即 $\alpha \in K(\beta)$, 引理得证. □

换言之, Krasner 引理是说在一定条件下, 若 β 与 α 充分靠近, 则 $\alpha \in K(\beta)$. 这个结论对数域和通常意义下的绝对值显然不成立. 我们给出 Krasner 引理的若干应用. 设 K 是特征为 0 的完备的非 Archimedes 赋值域. 注意这个条件并不是本质的, 我们加上这个条件只是为了讨论简便, 因为这时考虑的代数扩张都是可分的. 设 $f(X) = \sum c_i X^i \in K[X]$, 定义

$$\|f\| = \max\{|c_i|\}.$$

若两个多项式 f 和 g 满足 $\|f - g\|$ 充分小, 则称 f 和 g **充分近**.

命题 8.1.5 设 $f(X), g(X) \in K[X]$ 是首一的次数相等的多项式, $f(X)$ 不可约. 若 $g(X)$ 与 $f(X)$ 充分近, 则 $g(X)$ 也是不可约的多项式, 且对任意 $g(X)$ 的根 β, 存在 $f(X)$ 的根 α, 使得 $K(\alpha) = K(\beta)$.

证明 将 f 分解为一次多项式乘积, 设 $f(X) = \prod(X - \alpha_i), \alpha_i \in \overline{K}$. 由于 K 的特征为 0, 这些 α_i 两两不同. 设 β 是 $g(X) = 0$ 的根, 于是 $f(\beta) = f(\beta) - g(\beta) = (f-g)(\beta)$. 由于 f 和 g 充分近, 故 $|f(\beta)|$ 充分小. 另一方面,

$$|f(\beta)| = \prod |\beta - \alpha_i|.$$

从而存在某个 α_i, 使得 $|\beta - \alpha_i|$ 充分小. 由 Krasner 引理, $K(\alpha_i) \subset K(\beta)$. 由于 f 和 g 的次数相等, 必有 $K(\alpha_i) = K(\beta)$, 结论得证. □

命题 8.1.6 设 $f(X), g(X) \in K[X]$ 是充分近的两个首一多项式, 则对 $g(X)$ 的任意根 β, 存在唯一的 $f(X)$ 的根 α, 满足 $K[\alpha] = K[\beta]$. 换言之, 我们有集合的等式

$$\{K[\alpha] \mid f(\alpha) = 0\} = \{K[\beta] \mid g(\beta) = 0\}.$$

证明 固定 $f(X)$, 设 $\alpha_1, \cdots, \alpha_n$ 是 f 的根. 又设 $h(X) \in K[X]$. 当 $h(X)$ 靠近 $f(X)$ 时, $h(X)$ 的每一个根 γ_i 靠近 $f(X)$ 的某一个根, 不妨设为 $\alpha_{j(i)}$. 当 $h(X)$ 变化时, 映射 $i \mapsto j(i)$ 保持不变. 设 $\tilde{f}(X) = \prod_i(X - \alpha_{j(i)})$. 注意到 $\tilde{f}(X)$ 可能有重根. 若 $h(X)$ 与 $f(X)$ 充分近, $h(X)$ 的根与 $\tilde{f}(X)$ 的根充分近, 从而 $h(X)$ 与 $\tilde{f}(X)$ 充分近. 注意到不同的映射 $i \mapsto j(i)$ 只会给我们有限个 $\tilde{f}(X)$, 若

$$\|h - f\| < \min_{\tilde{f} \neq f}\{\|f - \tilde{f}\|\},$$

必有 $f(X) = \prod_i(X - \alpha_{j(i)})$. 结论得证. □

推论 8.1.1 设 $K/\mathbb{Q}_p$ 是一个有限扩张. 存在有限扩张 $L/\mathbb{Q}$, 满足 $L \subset K$, $[L:\mathbb{Q}] = [K:\mathbb{Q}_p]$, $K = L \cdot \mathbb{Q}_p$.

证明 设 $K = \mathbb{Q}_p(\alpha)$, $f(X) \in \mathbb{Q}_p(X)$ 是 α 的极小多项式. 取 $g(X) \in \mathbb{Q}[X] \subset \mathbb{Q}_p[X]$, 使得 f 和 g 充分近. 设 β 是 $g(X) = 0$ 的根且 $\beta \in \mathbb{Q}_p(\alpha)$, 则 $L = \mathbb{Q}(\beta)$ 满足所有要求. □

推论 8.1.2 设 n 是一个固定的正整数, $K/\mathbb{Q}_p$ 是一个有限扩张, 即 K 是特征为 0 的局部域. 则在同构意义下, K 只有有限个完全分歧的次数为 n 的扩张.

证明 由 7.2 节 "完全分歧" 部分知, 若 $K(\alpha)/K$ 是一个完全分歧的 n 次扩张, 则 α 是某个 Eisenstein 多项式的根. 记 $\mathfrak{p}$ 是 K 的极大理想, 则 Eisenstein 多项式

$$f(X) = X^n + a_1 X^{n-1} + \cdots + a_n$$

对应到点

$$(a_1, \cdots, a_n) \in \mathfrak{p} \times \cdots \times \mathfrak{p} \times (\mathfrak{p} - \mathfrak{p}^2).$$

集合 $X = \mathfrak{p} \times \cdots \times \mathfrak{p} \times (\mathfrak{p} - \mathfrak{p}^2)$ 中的每个点对应到最多 n 个完全分歧的 n 次扩张. 由命题 8.1.6, 对每个 $x \in X$ 都存在邻域 U_x, 当 $y \in U_x$ 时, y 对应的完全分歧扩张与 x 对应的完全分歧扩张是一样的. 由于 X 是紧的, 结论得证. □

推论 8.1.3 设 n 是一个固定的正整数, $K/\mathbb{Q}_p$ 是一个有限扩张. 则在同构意义下, K 只有有限个次数为 n 的扩张.

证明 对任意 n 次扩张 L/K, 存在极大非分歧子扩张 K'/K. 设 K'/K 的次数为 $m|n$, 于是 L/K' 是次数为 $\dfrac{n}{m}$ 的完全分歧扩张. 在同构意义下, 次数为 m 的非分歧扩张 K'/K 是唯一的, 由推论 8.1.2 知结论成立. □

8.1.5 p-进复数域 $\mathbb{C}_p$

从有理数域 $\mathbb{Q}$ 出发, 在通常绝对值下完备化得到实数域 $\mathbb{R}$, 再取 $\mathbb{R}$ 的代数闭包, 我们得到代数闭的完备域 $\mathbb{C}$. 类似地, 从有理数域 $\mathbb{Q}$ 出发, 在 p-进绝对值下进行完备化, 我们得到 p-进数域 $\mathbb{Q}_p$. 令 $\overline{\mathbb{Q}}_p$ 是 $\mathbb{Q}_p$ 的代数闭包. 由于 $\overline{\mathbb{Q}}_p$ 是 $\mathbb{Q}_p$ 的所有有限代数扩张的并, p-进绝对值可唯一扩张到 $\overline{\mathbb{Q}}_p$ 上, 我们将其正规化, 不妨设 $|p|_p = \dfrac{1}{p}$. 与 Archimedes 情形不同, 这时 $\overline{\mathbb{Q}}_p$ 在 p-进绝对值诱导的拓扑下并不完备.

引理 8.1.4 $\overline{\mathbb{Q}}_p$ 不是完备的.

证明 对任意正整数 n, 令 $\zeta_n = e^{2\pi i/n}$ 为 n 次本原单位根. 令

$$\alpha = \sum_{n=1}^{\infty} \zeta_{n'} p^n,$$

其中 $n' = \begin{cases} n, & \text{若 } p \nmid n, \\ 1, & \text{其他}. \end{cases}$ 假设 $\overline{\mathbb{Q}}_p$ 是完备的, 则 $\alpha \in \overline{\mathbb{Q}}_p$, 从而 α 包含在 $\mathbb{Q}_p$ 的某个有限代数扩张中, 不妨记这个扩张为 K. 设对所有 $n < m$, 都有 $\zeta_{n'} \in K$. 由于当 $p|m$ 时, $\zeta_{m'} = 1$, 不妨设 $p \nmid m$. 令

$$\beta = p^{-m}\left(\alpha - \sum_{n=1}^{m-1} \zeta_{n'} p^n\right) = \sum_{n=m}^{\infty} \zeta_{n'} p^{n-m}.$$

于是 $\beta \in K$ 并且 $\beta \equiv \zeta_m \pmod{p}$. 方程 $X^m - 1 \equiv 0 \pmod{p}$ 有解, 由 Hensel 引理, $X^m - 1 = 0$ 在 K 上有解 γ, 且 $\gamma \equiv \beta \equiv \zeta_m \pmod{p}$. 由于 $p \nmid m$, m 次单位根模 p 是两两不同的, 从而 $\zeta_m \in K$. 由归纳法, 对所有正整数 m, 若 $p \nmid m$, 有 $\zeta_m \in K$. 这与 $K^\times$ 只有有限个挠元矛盾. 所以 $\alpha \notin \overline{\mathbb{Q}}_p$, $\overline{\mathbb{Q}}_p$ 不是完备的. □

为了更好地引入分析工具, 我们希望在一个完备域上工作. 令 $\mathbb{C}_p$ 是 $\overline{\mathbb{Q}}_p$ 在 p-进绝对值下的完备化, 我们有如下结果.

定理 8.1.3 $\mathbb{C}_p$ 是代数闭域.

证明 由于 $\mathbb{C}_p$ 是 $\overline{\mathbb{Q}}_p$ 的完备化, p-进绝对值自然地延拓到 $\mathbb{C}_p$ 上. 设 α 是 $\mathbb{C}_p$ 上的一个代数数, $f(X) \in \mathbb{C}_p[X]$ 是 α 的极小多项式. 由于 $\overline{\mathbb{Q}}_p$ 在 $\mathbb{C}_p$ 中稠密, 我们可以

选取首一多项式 $g(X) \in \overline{\mathbb{Q}}_p[X]$, 使得 $g(X)$ 的系数与 $f(X)$ 的系数充分近. 由三角不等式, 这时 $g(\alpha) = g(\alpha) - f(\alpha)$ 的 p-进绝对值充分小. 将 $g(X)$ 分解成一次多项式乘积, 设 $g(X) = \prod(X - \beta_j)$. 于是对某个 $g(X)$ 的根 β, $|\alpha - \beta|_p$ 充分小. 不妨设对任意 α 的共轭 $\alpha_i \neq \alpha$, 都有 $|\alpha - \beta|_p < |\alpha - \alpha_i|_p$. 由 Krasner 引理, $\alpha \in \mathbb{C}_p(\beta) = \mathbb{C}_p$, 从而 $\mathbb{C}_p$ 是代数闭的. $\square$

注记 8.1.4 (1) 通常复数域 $\mathbb{C}$ 与 p-进复数域 $\mathbb{C}_p$ 是代数同构的. 事实上, 二者在 $\mathbb{Q}$ 上都有不可数的超越次数, 若取定各自的一组超越基, 则可构造出二者的 $\mathbb{Q}$-同构. 这个同构不是拓扑同构, $\mathbb{C}$ 是 Archimedes 域, $\mathbb{C}_p$ 是非 Archimedes 域.

(2) 在局部域上定义的对数函数 log 和指数函数 exp 均可推广到 $\mathbb{C}_p$ 上, 这两个函数是 p-进分析最基本的函数.

(3) 域 $\mathbb{C}_p$ 也是 p-进 Hodge 理论中重要的对象. 我们说明其相关的一个性质. 记 $G_{\mathbb{Q}_p} = \mathrm{Gal}(\overline{\mathbb{Q}}_p/\mathbb{Q}_p)$ 是 $\mathbb{Q}_p$ 的绝对 Galois 群, $G_{\mathbb{Q}_p}$ 在 $\overline{\mathbb{Q}}_p$ 上的作用可连续延拓到 $\mathbb{C}_p$ 上. 设 $L/\mathbb{Q}_p$ 是 $\overline{\mathbb{Q}}_p/\mathbb{Q}_p$ 的子扩张, $H = \mathrm{Gal}(\overline{\mathbb{Q}}_p/L) \subset G_{\mathbb{Q}_p}$ 是对应的闭子群. 由 Ax-Sen 的结果 (参考 [2]), $\mathbb{C}_p^H = \widehat{L}$, 其中 $\widehat{L}$ 是 L 在 p-进绝对值下的完备化. 特别地, 若 $L/\mathbb{Q}_p$ 是有限扩张, H 是开子群, 则 $\mathbb{C}_p^H = L$.

8.2 高阶分歧群

在这一节, (K, v_K) 是一个完备的离散赋值域, $\mathcal{O}_K$ 是其赋值环, $\mathfrak{p}$ 是极大理想, $k = \mathcal{O}_K/\mathfrak{p}$ 是剩余类域, $U_K = \mathcal{O}_K - \mathfrak{p}$ 是乘法单位群.

设 L 是 K 的一个有限可分扩张, 则 v_K 可唯一扩张为 L 上的离散赋值 v_L, 使得 L 成为一个完备的离散赋值环. 类似地, 我们有 $\mathcal{O}_L, \mathfrak{P}, l$ 和 U_L. 设 l/k 是一个可分扩张, 赋值 v_L/v_K 的分歧指数和剩余类域的扩张次数记为 $e_{L/K}$ 和 $f_{L/K}$. 由命题 7.4.2, $e_{L/K} f_{L/K} = [L:K]$.

8.2.1 高阶分歧群的定义和基本性质

设 L/K 是满足上面条件的 Galois 扩张, 记 $G = \mathrm{Gal}(L/K)$ 是其 Galois 群. 设 $\pi \in \mathfrak{P}$ 是 L 的一个素元. 由命题 7.2.6, 存在 $x \in \mathcal{O}_L$ 满足 $\mathcal{O}_L = \mathcal{O}_K[x]$.

引理 8.2.1 设 $s \in G, i \geqslant -1$ 是一个整数, 下面三个条件等价:
(1) s 在商环 $\mathcal{O}_L/\mathfrak{P}^{i+1}$ 上的作用是平凡的.

(2) $v_L(s(a) - a) \geqslant i+1$, 对所有 $a \in \mathcal{O}_L$.

(3) $v_L(s(x) - x) \geqslant i+1$.

证明 只有 (3)⇒(2) 需要说明. 注意到 $\mathcal{O}_L = \mathcal{O}_K[x]$, 任取 $a \in \mathcal{O}_L$, 设 $a = f(x)$, $f(X) \in \mathcal{O}_K[X]$. 于是 $s(a) - a = s(f(x)) - f(x) = f(s(x)) - f(x)$ 被 $s(x) - x$ 整除, 有 $v_L(s(a) - a) \geqslant v_L(s(x) - x) \geqslant i+1$. 结论得证. □

对任意整数 $i \geqslant -1$, 令 G_i 是满足引理 8.2.1 的三个条件的元素组成的集合, 即
$$G_i = \{s \in G \mid v_L(s(a) - a) \geqslant i+1, \text{对所有} a \in \mathcal{O}_L\}.$$

由第一个条件知每个 G_i 都是 G 的正规子群, 从而 G_i 构成 G 的正规子群的降链. 注意到若
$$i \geqslant \sup\{v_L(s(x) - x) \mid s \neq \mathrm{id}\},$$
则 G_i 是平凡的. 结合上一节内容, 有 $G_{-1} = G$, $G_0 = I(L/K)$.

定义 8.2.1 群 G_i 称为扩张 L/K(或 G) 的 **(下编号)** i-阶分歧群.

定义一个在 G 上的函数 i_G:
$$i_G: G \longrightarrow \mathbb{Z}_{\geqslant 0} \cup \{\infty\},$$
$$s \longmapsto v_L(s(x) - x).$$

易知 i_G 满足如下性质:

(1) $i_G(s) = \infty \Longleftrightarrow s = 1$.

(2) $i_G(s) \geqslant i+1 \Longleftrightarrow s \in G_i$.

(3) $i_G(tst^{-1}) = i_G(s)$.

(4) $i_G(st) \geqslant \inf\{i_G(s), i_G(t)\}$.

从而 G 的高阶分歧群包含的信息等价于 G 的阶函数 i_G 包含的信息. 由引理 8.2.1(1) 可得到如下结果.

命题 8.2.1 设 H 是 G 的子群, K' 是 H 的固定域, 即 $K' = L^H$, 且 $\mathrm{Gal}(L/K') = H$, 则对任意 $s \in H$, $i_H(s) = i_G(s)$ 且 $H_i = G_i \cap H$.

注记 8.2.1 设 K_r 是 L/K 的极大非分歧子扩张, $H = \mathrm{Gal}(L/K_r)$, 则 $H = I(L/K) = G_0$. 从而当 $i \geqslant 0$ 时, $G_i = H_i$. 注意到扩张 L/K_r 是完全分歧的, 要了解高阶分歧群, 我们只需考虑完全分歧的情形, 在后面学习高阶分歧群的商时, 我们便会作此简化.

进一步设 H 是 G 的正规子群, 从而 $G/H = \mathrm{Gal}(K'/K)$. 我们证明 G 的分歧群决定了 G/H 的分歧群.

命题 8.2.2 设 $e' = e_{L/K'}$ 是分歧指数, 则对任意 $\sigma \in G/H$, 有
$$i_{G/H}(\sigma) = \frac{1}{e'} \sum_{s \mapsto \sigma} i_G(s).$$

证明 若 $\sigma = 1$, 等式两边都是正无穷, 结论显然成立. 设 $\sigma \neq 1$. 令 $x \in \mathcal{O}_L$ 使得 $\mathcal{O}_L = \mathcal{O}_K[x]$, $y \in \mathcal{O}_{K'}$ 使得 $\mathcal{O}_{K'} = \mathcal{O}_K[y]$. 由定义知

$$i_G(s) = v_L(s(x) - x), \quad i_{G/H}(\sigma) = v_{K'}(\sigma(y) - y) = \frac{1}{e'} v_L(\sigma(y) - y).$$

选取 $s \in G$ 是 σ 的代表元, 则 σ 的所有代表元为 $st, t \in H$. 令

$$a = \sigma(y) - y = s(y) - y, \quad b = \prod_{t \in H}(st(x) - x).$$

我们只需要证明 a 和 b 生成 $\mathcal{O}_L$ 的同一个理想.

设 $f(X) \in \mathcal{O}_{K'}[X]$ 是 x 在域 K' 上的极小多项式, 于是

$$f(X) = \prod_{t \in H}(X - t(x)), \quad f^s(X) = \prod_{t \in H}(X - st(x)).$$

注意到 $f^s - f$ 的每一个系数都被 $s(y) - y$ 整除, 从而 $f^s(x) = f^s(x) - f(x) = \pm b$ 被 $a = s(y) - y$ 整除.

另一方面, 设 $g(X) \in \mathcal{O}_K[X]$ 使得 $y = g(x)$. 注意到 $g(X) - y \in \mathcal{O}_{K'}[X]$ 且 $g(x) - y = 0$, 从而 $g(X) - y$ 被 $f(X)$ 整除, 不妨设

$$g(X) - y = f(X)h(X), \quad h(X) \in \mathcal{O}_{K'}[X].$$

从而 $g(X) - s(y) = g^s(X) - s(y) = f^s(X)h^s(X)$, 取 $X = x$ 得到

$$y - s(y) = f^s(x)h^s(x).$$

故 b 整除 a, a 与 b 生成同一个理想, 结论得证. $\square$

推论 8.2.1 设对某个 $j \geqslant 0$, 有 $H = G_j$, 则

$$(G/H)_i = \begin{cases} G_i/H, & \text{若 } i \leqslant j, \\ \{1\}, & \text{若 } i \geqslant j. \end{cases}$$

证明 分歧群 G_i 构成 G 的正规子群的降链, 从而 $G_i/H (i \leqslant j)$ 构成 G/H 的正规子群的降链. 设 $\sigma \in G/H (\sigma \neq \mathrm{id})$, 则存在唯一 $j < i$ 使得 $\sigma \in G_i/H$ 但是 $\sigma \notin G_{i+1}/H$. 设 $s \in G$ 是 σ 的代表元, 则 $s \in G_i$ 但是 $s \notin G_{i+1}$, 即 $i_G(s) = i + 1$.

另一方面, 由于 $H \subset G_0 = I(L/K)$, 从而 L/K' 是完全分歧扩张, $e' = e_{L/K'} = [L : K'] = \#H$. 由命题 8.2.2 知 $i_{G/H}(\sigma) = i + 1$. 故当 $i \leqslant j$ 时, 有 $(G/H)_i = G_i/H$.

注意到 $(G/H)_j = G_j/H = \{1\}$, $i \geqslant j$ 时结论显然成立. $\square$

注记 8.2.2 由命题 8.2.1 可以看出, G 的高阶分歧群 G_i 与 G 的子群 H 的高阶分歧群有简单且明确的关系; 由推论 8.2.1, 当 H 是某个 G_j 时, G 的高阶分歧群与商群 G/H 的高阶分歧群也有简单且明确的关系. 在下一小节, 我们从 G_i 构造 G 的子群的一个新的降链 G^v, 这个降链与任意商群有关系 $(G/H)^v = G^v H/H$.

8.2.2 Herbrand 定理

设 L/K 是一个有限 Galois 扩张, $G = \mathrm{Gal}(L/K)$. 对任意实数 $u \geqslant -1$, 设 i 是满足 $i \geqslant u$ 的最小的整数, 定义 $G_u = G_i$, 即

$$s \in G_u \iff i_G(s) \geqslant u+1.$$

定义函数

$$\Phi := \Phi_{L/K} : [-1, \infty) \longrightarrow [-1, \infty),$$

$$u \longmapsto \int_0^u \frac{1}{(G_0 : G_t)} \mathrm{d}t.$$

这里当 $-1 \leqslant t \leqslant 0$ 时, $(G_0 : G_t) = \begin{cases} (G_{-1} : G_0)^{-1}, & \text{若 } t = -1, \\ 1, & \text{若 } -1 < t \leqslant 0. \end{cases}$

由定义不难看出下面的结论成立.

引理 8.2.2 (1) 设 m 是一个正整数, $m \leqslant u \leqslant m+1$, 则

$$\Phi(u) = \frac{1}{q_0}(g_1 + \cdots + g_m + (u-m)g_{m+1}), \quad g_i = \#G_i.$$

特别地, $\Phi(m+1) = \frac{1}{g_0} \sum_{i=0}^m g_{i+1}$.

(2) 若 $-1 \leqslant u \leqslant 0$, $\Phi(u) = u$.

(3) Φ 是一个连续、分段线性、单调递增的凸函数.

(4) 设 Φ'_r 和 Φ'_l 是 Φ 的右导数和左导数, 则

- 当 $u \notin \mathbb{Z}$ 时, $\Phi'_r(u) = \Phi'_l(u) = \frac{1}{(G_0 : G_u)}$.
- 当 $u \in \mathbb{Z}$ 时, $\Phi'_r(u) = \frac{1}{(G_0 : G_{u+1})}, \Phi'_l(u) = \frac{1}{(G_0 : G_u)}$.

(5) $\Phi(u) = \frac{1}{g_0} \sum_{s \in G} \min\{i_G(s), u+1\} - 1$.

证明 前四个结论由定义易得, 我们证明最后一个结论. 用 $\theta(u)$ 表示等式右边的函数. 这是一个分段线性的连续函数. 易知 $\theta(0) = 0$, 且当 $m \geqslant -1$ 是一个整数,

$m < u < m+1$ 时,
$$\theta'(u) = \frac{1}{g_0} \# \{s \in G \mid i_G(s) \geqslant m+2\} = \frac{1}{(G_0 : G_{m+1})} = \Phi'(u).$$

从而 $\theta = \Phi$. □

由引理 8.2.2 知 $\Phi : [-1, \infty) \to [-1, \infty)$ 是一个同胚, 记其逆函数为 $\Psi = \Psi_{L/K}$. 由 Φ 的性质知 Ψ 的如下性质.

引理 8.2.3 (1) 若 $-1 \leqslant u \leqslant 0$, 则 $\Psi(u) = u$.

(2) Ψ 是一个连续、分段线性、单调递增的凸函数.

(3) 设 Ψ'_r 和 Ψ'_l 是 Ψ 的右导数和左导数, 则
- 当 $u \notin \mathbb{Z}$ 时, $\Psi'_r(u) = \Psi'_l(u) = (G_0 : G_u)$.
- 当 $u \in \mathbb{Z}$ 时, $\Psi'_r(u) = (G_0 : G_{u+1})$, $\Psi'_l(u) = (G_0 : G_u)$.

(4) 设 v 是一个整数, 则 $\Psi(v)$ 也是一个整数.

证明 前三个结论由 Φ 的性质马上得到, 我们证明最后一个结论. 记 $u = \Psi(v)$. 设 $m \in \mathbb{Z}$ 满足 $m \leqslant u \leqslant m+1$. 于是
$$g_0 v = g_0 \Phi(u) = g_1 + \cdots + g_m + (u-m) g_{m+1}.$$

由于 G_i 是子群的降链, g_{m+1} 整除 $g_0, \cdots, g_m$. 所以 $u - m$ 是整数, 从而 u 是整数. □

定义 8.2.2 设 $v \in [-1, \infty)$, 上编号高阶分歧群 G^v 定义为
$$G^v = G_{\Psi(v)}.$$

或者等价地,
$$G^{\Phi(u)} = G_u.$$

注记 8.2.3 显然 $G^{-1} = G$, $G^0 = G_0$, 且 v 充分大时 $G^v = \{1\}$. 上编号高阶分歧群与下编号高阶分歧群互相决定了对方, 并且
$$\Psi(v) = \int_0^v (G^0 : G^w) \mathrm{d}w.$$

在上一节, 我们看到下编号高阶分歧群与取子群操作相容, 下面说明上编号高阶分歧群与取商群操作相容. 我们有如下定理.

定理 8.2.1 (Herbrand 定理) 设 H 是 G 的正规子群, 则对任意 $v \in [-1, \infty)$, 有 $(G/H)^v = G^v H / H$.

我们先证明若干引理. 记 H 的固定域为 K'.

引理 8.2.4 令 $\sigma \in G/H$, $j(\sigma) = \max \{i_G(s) \mid s \pmod H = \sigma\}$. 则
$$i_{G/H}(\sigma) - 1 = \Phi_{L/K'}(j(\sigma) - 1).$$

证明 设 $s \in G$ 是 σ 的代表元且 $i_G(s) = j(\sigma)$. 设 $m = i_G(s)$. 若 $t \in H$ 且 $t \in H_{m-1}$, 由于 $H_i = G_i \cap H$, 故 $i_G(t) \geqslant m$, 从而 $i_G(st) \geqslant m$, 必有 $i_G(st) = m$. 另一方面, 若 $t \notin H_{m-1}$, 则 $i_G(t) < m$ 且 $i_G(st) = i_G(t)$. 故对任意 $t \in H$, 都有 $i_G(st) = \min\{i_G(t), m\}$. 由命题 8.2.2 知

$$i_{G/H}(\sigma) = \frac{1}{e_{L/K'}} \sum_{t \in H} \min\{i_G(t), m\}.$$

注意到 $i_G(t) = i_H(t)$, $e_{L/K'} = \#H_0$. 由引理 8.2.2(5) 得到

$$i_{G/H}(\sigma) = 1 + \Phi_{L/K'}(m-1). \qquad \square$$

引理 8.2.5 设 $v = \Phi_{L/K'}(u)$, 则 $G_u H/H = (G/H)_v$.

证明 由上一个引理, 有

$$\sigma \in G_u H/H \iff j(\sigma) - 1 \geqslant u$$
$$\iff \Phi_{L/K'}(j(\sigma)-1) \geqslant \Phi_{L/K'}(u)$$
$$\iff i_{G/H}(\sigma) - 1 \geqslant \Phi_{L/K'}(u)$$
$$\iff \sigma \in (G/H)_v.$$

结论得证. $\qquad \square$

引理 8.2.6 函数 Φ 和 Ψ 满足如下传递关系:

$$\Phi_{L/K} = \Phi_{K'/K} \circ \Phi_{L/K'}, \quad \Psi_{L/K} = \Psi_{L/K'} \circ \Psi_{K'/K}.$$

证明 我们只需要证明第一个传递关系. 设 $u > -1$ 不是整数, 令 $v = \Phi_{L/K'}(u)$, 于是复合函数 $\Phi_{K'/K} \circ \Phi_{L/K'}$ 的导数为

$$\Phi'_{K'/K}(v) \cdot \Phi'_{L/K'}(u) = \frac{\#(G/H)_v}{e_{K'/K}} \cdot \frac{\#H_u}{e_{L/K'}}$$
$$= \frac{\#G_u}{e_{L/K}} \quad \text{(由引理 8.2.5)}$$
$$= \Phi'_{L/K}(u).$$

故 $\Phi_{L/K} = \Phi_{K'/K} \circ \Phi_{L/K'}. \qquad \square$

定理 8.2.1 的证明 设 $x = \Psi_{K'/K}(v)$, 由定义知 $(G/H)^v = (G/H)_x$. 由引理 8.2.5 知 $(G/H)_x = G_w H/H$, 其中 $w = \Psi_{L/K'}(x) = \Psi_{L/K}(v)$. 从而 $G_w = G^v$ 且 $(G/H)^v = G^v H/H$. $\qquad \square$

8.2.3 下编号高阶分歧群的商

这一节我们学习下编号高阶分歧群的商, 证明局部域的 Galois 扩张都是可解扩张.

命题 8.2.3 设 i 是一个非负整数, $s \in G_0$. 则

$$s \in G_i \Longleftrightarrow \frac{s(\pi)}{\pi} \equiv 1 \pmod{\mathfrak{P}^i}.$$

证明 由于 $s \in G_0$, 不妨设 $G = G_0$ 且 $K = K_r$, 从而 L/K 是一个完全分歧扩张. 这时 $\mathcal{O}_L = \mathcal{O}_K[\pi]$, 故

$$i_G(s) = v_L(s(\pi) - \pi) = 1 + v_L\left(\frac{s(\pi)}{\pi} - 1\right).$$

结论得证. $\square$

对 L 的单位群, 有滤链 $U_i := U_{L,i}$. 命题 8.2.3说明

$$s \in G_i \Longleftrightarrow \frac{s(\pi)}{\pi} \in U_i.$$

事实上, 有如下结果.

命题 8.2.4 映射

$$\theta_i : G_i/G_{i+1} \longrightarrow U_i/U_{i+1},$$
$$sG_{i+1} \longmapsto \frac{s(\pi)}{\pi}U_{i+1}$$

诱导了群 G_i/G_{i+1} 与 U_i/U_{i+1} 的一个子群的同构, 并且这个同构与 π 的选取无关.

证明 设 π' 也是一个素元, 不妨记 $\pi' = \pi u$, $u \in U_L$. 从而

$$\frac{s(\pi')}{\pi'} = \frac{s(\pi)}{\pi}\frac{s(u)}{u}.$$

若 $s \in G_i$, 则 $s(u) \equiv u \pmod{\mathfrak{P}^{i+1}}$, 即 $\frac{s(u)}{u} \equiv 1 \pmod{U_{i+1}}$, 从而 θ_i 与 π 的选取无关. 显然 θ_i 是单的, 我们还需要说明 θ_i 是一个同态.

设 $s, t \in G_i$, 由于 $u = \frac{t(\pi)}{\pi} \in U_L$, 故

$$\frac{st(\pi)}{\pi} = \frac{s(\pi)}{\pi}\frac{t(\pi)}{\pi}\frac{s(u)}{u}.$$

注意到 $s \in G_i$, 则 $\frac{s(u)}{u} \equiv 1 \pmod{U_{i+1}}$. 因此

$$\frac{st(\pi)}{\pi} \equiv \frac{s(\pi)}{\pi}\frac{t(\pi)}{\pi} \pmod{U_{i+1}}.$$

即 θ_i 是同态, 结论得证. $\square$

注记 8.2.4　我们可以明确地写出 θ_i. 设 $s \in G_0$, 存在 $u \in U_L$ 使得 $s(\pi) = u\pi$, $\theta_0(s) = \bar{u} \in l^\times$. 若 $s \in G_i$, $(i \geqslant 1)$, 则存在 $a \in \mathfrak{P}^i$ 使得 $s(\pi) = \pi(1+a)$, $\theta_i(s)$ 等于 a 在商群 $\mathfrak{P}^i/\mathfrak{P}^{i+1}$ 中的等价类.

下面我们给出命题 8.2.4 的若干有意思的推论.

推论 8.2.2　商群 G_0/G_1 是循环群, 且同构于 l 的单位根群的某个子群, 从而 G_0/G_1 的阶与 l 的特征互素.

证明　由同态 $\theta_0: G_0/G_1 \to U_L/U_{L,1} \cong l^\times$ 即得. □

推论 8.2.3　若 l 的特征为 0, 则 $G_1 = \{1\}$, 群 G_0 是循环群.

证明　当 $i \geqslant 1$ 时, G_i/G_{i+1} 同构于 $U_{L,i}/U_{L,i+1}$ 的有限子群. 在所设条件下, $U_{L,i}/U_{L,i+1}$ 同构于 l 的加法群, 且只有平凡的有限子群, 故 $G_i = G_{i+1}$. 又当 i 足够大时, $G_i = \{1\}$, 从而对所有 $i \geqslant 1$, $G_i = \{1\}$, 结论得证. □

推论 8.2.4　若 l 的特征为 $p \neq 0$, 则对 $i \geqslant 1$, G_i/G_{i+1} 是一个 Abel 群, 并且是阶为 p 的循环群的直积. 特别地, G_1 是一个 p-群.

证明　当 $i \geqslant 1$ 时, $U_{L,i}/U_{L,i+1}$ 同构于 l 的加法群. 当 l 的特征为 p 时, l 的加法群同构于 $\mathbb{F}_p$ 上的线性空间, 由此易知结论成立. □

推论 8.2.5　若 l 的特征为 $p \neq 0$, 则惯性群 G_0 是一个阶为 p 的幂次的正规子群与一个阶与 p 互素的循环子群的半直积.

证明　注意到有短正合列

$$0 \longrightarrow G_1 \longrightarrow G_0 \longrightarrow G_0/G_1 \longrightarrow 0,$$

且 G_1 是一个 p-群, G_0/G_1 的阶与 p 互素, 我们只需要证明存在 G_0 的子群 H 投射同构到 G_0/G_1.

设 $s \in G_0$ 且其在 G_0/G_1 中的像生成 G_0/G_1. 设 e_0 是 G_0/G_1 的阶, p^n 是 G_1 的阶. 由于 $p \nmid e_0$, 故存在 $N > n$ 使得 $p^N \equiv 1 \pmod{e_0}$. 令 $t = s^{p^N}$, 于是 $t^{e_0} = s^{e_0 p^N} = 1$. 由于 $p^N \equiv 1 \pmod{e_0}$, t 在 G_0/G_1 中的像等于 s 在 G_0/G_1 中的像, 故 t 生成 G_0 的阶为 e_0 的循环子群且这个子群投射同构到 G_0/G_1, 结论得证. □

推论 8.2.6　群 G_0 是一个可解群. 若 k 是一个有限域, 则 G 也是一个可解群.

证明　注意到 p-群都是可解群, 易知结论成立. □

注记 8.2.5　关于高阶分歧群的更多性质, 以及局部类域论相关内容, 可阅读 [22,31].

8.3 差分和判别式

我们学习有限可分扩张的相对差分和相对判别式的局部—整体关系. 考虑 3.4 节对应的情况, 设 $\mathcal{O}_K$ 是一个 Dedekind 整环, K 是其分式域. 设 L/K 是一个有限可分扩张, $\mathcal{O}_L$ 是 $\mathcal{O}_K$ 在 L 中的整闭包. 若 $\mathfrak{p} \subset \mathcal{O}_K$ 是一个素理想, $\mathfrak{P} \subset \mathcal{O}_L$ 也是素理想且 $\mathfrak{P} \mid \mathfrak{p}$, 我们假设对应的剩余类域扩张 $l_\mathfrak{P}/k_\mathfrak{p}$ 是可分的.

命题 8.3.1 设 $\mathfrak{P}$ 和 $\mathfrak{p}$ 分别是 $\mathcal{O}_L$ 和 $\mathcal{O}_K$ 的素理想且 $\mathfrak{p} = \mathfrak{P} \cap \mathcal{O}_K$, $\mathcal{O}_\mathfrak{P}$ 和 $\mathcal{O}_\mathfrak{p}$ 分别是 $\mathcal{O}_L$ 和 $\mathcal{O}_K$ 在 $\mathfrak{P}$ 处和在 $\mathfrak{p}$ 处的完备化, 则

$$\delta_{\mathcal{O}_L/\mathcal{O}_K} \mathcal{O}_\mathfrak{P} = \delta_{\mathcal{O}_\mathfrak{P}/\mathcal{O}_\mathfrak{p}}.$$

特别地, 如下等式成立:

$$\delta_{L/K} = \prod_\mathfrak{P} (\delta_{L_\mathfrak{P}/K_{\mathfrak{P} \cap \mathcal{O}_K}} \cap \mathcal{O}_L),$$

其中 $\mathfrak{P}$ 遍历 L 的所有非零素理想.

证明 由推论 3.4.3, 不妨设 $\mathcal{O}_K$ 是一个离散赋值环. 下面证明 $\delta^{-1}_{\mathcal{O}_L/\mathcal{O}_K}$ 在 $\delta^{-1}_{\mathcal{O}_\mathfrak{P}/\mathcal{O}_\mathfrak{p}}$ 中稠密. 由推论 7.5.1, 有等式

$$\mathrm{Tr}_{L/K} = \sum_{\mathfrak{P}\mid\mathfrak{p}} \mathrm{Tr}_{L_\mathfrak{P}/K_\mathfrak{p}}.$$

设 $x \in \delta^{-1}_{\mathcal{O}_L/\mathcal{O}_K}$, $0 \neq y \in \mathcal{O}_\mathfrak{P}$. 由中国剩余定理 (定理 2.2.2), 存在 $\eta \in \mathcal{O}_L$ 使得 $|\eta - y|_\mathfrak{P}$ 足够小, 而当 $\mathfrak{P}' \mid \mathfrak{p}$ 且 $\mathfrak{P}' \neq \mathfrak{P}$ 时, $|\eta|_{\mathfrak{P}'}$ 足够小. 考虑等式

$$\mathrm{Tr}_{L/K}(x\eta) = \mathrm{Tr}_{L_\mathfrak{P}/K_\mathfrak{p}}(x\eta) + \sum_{\mathfrak{P}'\neq\mathfrak{P}} \mathrm{Tr}_{L_{\mathfrak{P}'}/K_\mathfrak{p}}(x\eta).$$

等式左边 $\mathrm{Tr}_{L/K}(x\eta) \in \mathcal{O}_K \subset \mathcal{O}_\mathfrak{p}$, 等式右边的求和 $\sum_{\mathfrak{P}'\neq\mathfrak{P}}$ 中, $|\mathrm{Tr}_{L_{\mathfrak{P}'}/K_\mathfrak{p}}(x\eta)|_\mathfrak{p}$ 足够小, 从而 $\mathrm{Tr}_{L_{\mathfrak{P}'}/K_\mathfrak{p}}(x\eta) \in \mathcal{O}_\mathfrak{p}$. 故 $\mathrm{Tr}_{L_{\mathfrak{P}'}/K_\mathfrak{p}}(x\eta) \in \mathcal{O}_\mathfrak{p}$, 进而 $\mathrm{Tr}_{L_\mathfrak{P}/K_\mathfrak{p}}(x\eta) \in \mathcal{O}_\mathfrak{p}$, 我们得到 $\delta^{-1}_{\mathcal{O}_L/\mathcal{O}_K} \subset \delta^{-1}_{\mathcal{O}_\mathfrak{P}/\mathcal{O}_\mathfrak{p}}$.

另一方面, 任取 $x \in \delta^{-1}_{\mathcal{O}_\mathfrak{P}/\mathcal{O}_\mathfrak{p}}$. 取 $\xi \in L$, 满足在 $\mathfrak{P}$-进距离下靠近 x, 当 $\mathfrak{P}' \mid \mathfrak{p}$ 且 $\mathfrak{P}' \neq \mathfrak{P}$ 时, ξ 在 $\mathfrak{P}'$-进距离下靠近 0, 则 $\xi \in \delta^{-1}_{\mathcal{O}_L/\mathcal{O}_K}$. 事实上, 若 $y \in \mathcal{O}_L$, 由于 $\mathrm{Tr}_{L_\mathfrak{P}/K_\mathfrak{p}}(xy) \in \mathcal{O}_\mathfrak{p}$, 有 $\mathrm{Tr}_{L_\mathfrak{P}/K_\mathfrak{p}}(\xi y) \in \mathcal{O}_\mathfrak{p}$. 类似地, 当 $\mathfrak{P}' \neq \mathfrak{P}$ 时, $\mathrm{Tr}_{L_{\mathfrak{P}'}/K_\mathfrak{p}}(\xi y)$ 靠近 0, 从而 $\in \mathcal{O}_\mathfrak{p}$. 于是 $\mathrm{Tr}_{L/K}(\xi y) \in \mathcal{O}_\mathfrak{p} \cap K = \mathcal{O}_K$, 即 $\xi \in \delta^{-1}_{\mathcal{O}_L/\mathcal{O}_K}$. 综上知 $\delta^{-1}_{\mathcal{O}_L/\mathcal{O}_K}$ 在 $\delta^{-1}_{\mathcal{O}_\mathfrak{P}/\mathcal{O}_\mathfrak{p}}$ 中稠密. 从而 $\delta^{-1}_{\mathcal{O}_L/\mathcal{O}_K} \mathcal{O}_\mathfrak{P} = \delta^{-1}_{\mathcal{O}_\mathfrak{P}/\mathcal{O}_\mathfrak{p}}$, 即 $\delta_{\mathcal{O}_L/\mathcal{O}_K} \mathcal{O}_\mathfrak{P} = \delta_{\mathcal{O}_\mathfrak{P}/\mathcal{O}_\mathfrak{p}}$. 结论得证. □

对某些特殊情况, 我们有简明的公式计算差分和判别式.

命题 8.3.2 设 L/K 是一个可分扩张, $x \in \mathcal{O}_L$ 满足 $\mathcal{O}_L = \mathcal{O}_K[x]$. 令 $f(X) \in \mathcal{O}_K[X]$ 是 x 的极小多项式, 则

$$\delta_{L/K} = (f'(x)), \quad \Delta_{L/K} = (\mathrm{N}_{L/K} f'(x)).$$

我们先证明如下引理.

引理 8.3.1 (Euler)　记号如命题 8.3.2, 设 $n = [L:K]$, 则

$$\operatorname{Tr}_{L/K}(x^i/f'(x)) = \begin{cases} 0, & \text{若 } i = 0, 1, \cdots, n-2, \\ 1, & \text{若 } i = n-1. \end{cases}$$

证明　设 $x_1, \cdots, x_n$ 是 x 的所有共轭, 于是 $f(X) = \prod_{i=1}^n (X - x_i)$. 从而

$$\frac{1}{f(X)} = \sum_{i=1}^n \frac{1}{f'(x_i)(X - x_i)}.$$

将等式两边同时展开成 $\dfrac{1}{X}$ 的幂级数, 比较系数得到等式. □

命题 8.3.2 的证明　由归纳法容易证明对任意 $m \in \mathbb{N}$, $\operatorname{Tr}_{L/K}(x^m/f'(x)) \in \mathcal{O}_K$. 从而对任意 $i \in \mathbb{N}$, $x^i/f'(x) \in \delta_{L/K}^{-1}$. 构造矩阵 (r_{ij}) $(0 \leqslant i, j \leqslant n-1)$, 其中 $r_{ij} = \operatorname{Tr}_{L/K}(x^{i+j}/f'(x)) \in \mathcal{O}_K$. 由引理知当 $i+j \leqslant n-2$ 时 $r_{ij} = 0$, 当 $i+j = n-1$ 时 $r_{ij} = 1$, 所以 $\det(r_{ij}) = (-1)^{n(n-1)/2}$. 特别地, 矩阵 (r_{ij}) 是可逆的, 从而 $\{x^i/f'(x) \mid 0 \leqslant i \leqslant n-1\}$ 构成 $\delta_{L/K}^{-1}$ 的一组 $\mathcal{O}_K$-基. 结论得证. □

一般情形下, $\mathcal{O}_L/\mathcal{O}_K$ 并不是单扩张, 这时我们有如下结果.

命题 8.3.3　任取 L/K 的一组基 $\alpha_1, \cdots, \alpha_n$ 满足 $\alpha_i \in \mathcal{O}_L$. 令 $\Delta'_{L/K}$ 为所有元素 $\det(\operatorname{Tr}_{L/K}(\alpha_i\alpha_j))$ 生成的 $\mathcal{O}_K$ 的理想, 则 $\Delta'_{L/K} = \Delta_{L/K}$.

证明　由推论 3.4.3, 不妨设 $\mathcal{O}_K$ 和 $\mathcal{O}_L$ 是离散赋值环. 这时 $\mathcal{O}_L$ 是主理想整环, $\delta_{L/K}^{-1} = \beta \mathcal{O}_L$. 任取 $\mathcal{O}_L$ 的一组 $\mathcal{O}_K$-基 $\alpha_1, \cdots, \alpha_n$, 有

$$\Delta'_{L/K} = (\det(\operatorname{Tr}_{L/K}(\alpha_i\alpha_j)))\mathcal{O}_K,$$

并且 $\beta\alpha_1, \cdots, \beta\alpha_n$ 构成 $\delta_{L/K}^{-1}$ 的一组 $\mathcal{O}_K$-基. 设 $\alpha'_1, \cdots, \alpha'_n \in \delta_{L/K}^{-1}$ 是 $\alpha_1, \cdots, \alpha_n$ 的对偶基, 即 $\operatorname{Tr}_{L/K}(\alpha_i\alpha'_j) = \delta_{ij}$. 于是

$$\det(\operatorname{Tr}_{L/K}(\alpha_i\alpha_j))\det(\operatorname{Tr}_{L/K}(\alpha'_i\alpha'_j)) = 1.$$

而 $\det(\operatorname{Tr}_{L/K}(\alpha'_i\alpha'_j))$ 与 $\det(\operatorname{Tr}_{L/K}(\beta\alpha_i\beta\alpha_j))$ 相差一个单位, 我们有

$$\det(\operatorname{Tr}_{L/K}(\alpha_i\alpha_j))\mathcal{O}_K = \det(\operatorname{Tr}_{L/K}(\beta\alpha_i\beta\alpha_j))^{-1}\mathcal{O}_K.$$

另一方面,

$$\det(\operatorname{Tr}_{L/K}(\beta\alpha_i\beta\alpha_j)) = \operatorname{N}_{L/K}(\beta)^2 \det(\operatorname{Tr}_{L/K}(\alpha_i\alpha_j)).$$

于是 $\det(\operatorname{Tr}_{L/K}(\alpha_i\alpha_j))^2 \mathcal{O}_K = \operatorname{N}_{L/K}(\beta)^{-2}\mathcal{O}_K$, 从而

$$(\Delta'_{L/K})^2 = \operatorname{N}_{L/K}(\beta)^{-2}\mathcal{O}_K = \Delta_{L/K}^2.$$

结论得证. □

最后我们考虑相对差分与分歧性的关系. 首先考虑局部域情形.

命题 8.3.4 设 L/K 是局部域的有限扩张, $\mathfrak{P}$ 和 $\mathfrak{p}$ 分别是 L 和 K 的极大理想. 若 $\mathfrak{P}^s = \delta_{L/K}$, 则 L/K 是分歧的当且仅当 $s \geqslant 1$. 设 e 是 L/K 的分歧指数, 下面的论断成立:

(1) 若 $v_K(e) = 0$, 则 $s = e - 1$.

(2) 若 $v_K(e) \geqslant 1$, 则 $e \leqslant s \leqslant e - 1 + v_L(e)$.

证明 设 $\mathcal{O}_L = \mathcal{O}_K[x]$, $x \in \mathcal{O}_L$. 令 $f(X) \in \mathcal{O}_K[X]$ 是 x 的极小多项式, 由命题 8.3.2 可知 $s = v_L(f'(x))$. 如果 L/K 是非分歧的, 那么 $\bar{x} = x \pmod{\mathfrak{P}}$ 是 $\overline{f}(X) = f(X) \pmod{\mathfrak{p}}$ 的单根, 从而 $f'(x) \in \mathcal{O}^\times$, 我们有 $s = 0 = e - 1$.

由传递性, 不妨设 L/K 是完全分歧扩张. 这时 $f(X)$ 是一个 Eisenstein 多项式, 设

$$f(X) = a_0 X^e + a_1 X^{e-1} + \cdots + a_{e-1}X + a_e, \ a_0 = 1, \ a_i \in \mathfrak{p} \ (1 \leqslant i \leqslant e).$$

于是

$$f'(x) = a_0 e x^{e-1} + a_1(e-1)x^{e-2} + \cdots + a_{e-1}.$$

注意到对 $0 \leqslant i \leqslant e - 1$,

$$v_L(a_i(e-i)x^{e-i-1}) = ev_K(e-i) + ev_K(a_i) + e - i - 1 \equiv -i - 1 \pmod{e},$$

$f'(x)$ 的求和式中各项的赋值两两不同, 从而

$$s = v_L(f'(x)) = \min_{0 \leqslant i \leqslant e-1}\{v_L(a_i(e-i)x^{e-i-1})\}.$$

当 $v_K(e) = 0$ 时, 有 $s = e - 1$; 当 $v_K(e) \geqslant 1$ 时, 有 $e \leqslant s \leqslant v_L(e) + e - 1$. 结论得证. □

当 L/K 是一个局部域的 Galois 扩张时, 我们有如下结论, 描述了高阶分歧群与差分的联系.

命题 8.3.5 设 L/K 是一个局部域的有限 Galois 扩张, $\delta_{L/K}$ 是其差分, $G_i \subset \mathrm{Gal}(L/K)$ 是下编号高阶分歧群, 则

$$v_L(\delta_{L/K}) = \sum_{s \neq 1} i_G(s) = \sum_{i=0}^{\infty}(\#G_i - 1).$$

证明 设 $x \in \mathcal{O}_L$ 满足 $\mathcal{O}_L = \mathcal{O}_K[x]$. 令 $f(X) \in \mathcal{O}_K[X]$ 是 x 的极小多项式, 从而 $f(X) = \prod_{s \in G}(X - s(x))$. 由命题 8.3.2,

$$\delta_{L/K} = (f'(x)) = \left(\prod_{s \neq 1}(x - s(x))\right).$$

从而
$$v_L(\delta_{L/K}) = v_L(f'(x)) = \sum_{s\neq 1} i_G(s).$$

这样我们得到了第一个等式. 进一步, 记 $r_i = \#G_i - 1$, 由于 i_G 在 $G_{i-1} - G_i$ 上取值为 i,
$$\sum_{s\neq 1} i_G(s) = \sum_{i=0}^{\infty} i(r_{i-1} - r_i) = r_0 + r_1 + \cdots.$$

第二个等式得证. □

将局部结论综合起来, 我们立即得到如下结果, 其推广了定理 3.2.3 关于素数分歧性的性质.

定理 8.3.1 设 L/K 是数域的有限扩张, 域 K 的素理想 $\mathfrak{p}$ 在 L 中分歧当且仅当 $\mathfrak{p} \mid \Delta_{L/K}$.

习题

1. 设 K 是一个特征为 0 的局部域, 证明 $K^\times$ 的指标有限的子群是既开又闭的.

2. 设 K 是一个特征为 0 的局部域, 证明 $K^{\times,n}$ 构成单位元 1 的一组邻域基.

3. 设 K 是一个局部域, n 是一个正整数且不被 K 的特征整除, 证明
$$(K^\times : K^{\times n}) = n(U : U_n) = \frac{n}{|n|_\mathfrak{p}} \#\mu_n(K).$$

4. 证明局部域 K 的非分歧扩张组成的范畴与其剩余类域 k 的代数扩张组成的范畴是等价的.

5. 设 L/K 是局部域的一个非分歧扩张, 证明 $\mathrm{N}_{L/K}(U_{L,n}) = U_{K,n}$, 计算 $[K^\times : \mathrm{N}_{L/K}(L^\times)]$.

6. 设 $K = \mathbb{Q}_p$, $K_n = \mathbb{Q}_p(\zeta_n)$, 这里 ζ_n 是一个本原 p^n 次单位根, 计算 K_n/K 的所有下编号高阶分歧群.

7. 设 K 是一个局部域且包含 p 次单位根. 固定 K 的素元 π, 令 $L = K(\pi^{1/p})$, 证明 L 是 K 的完全分歧的循环扩张, 并计算 $\mathrm{Gal}(L/K)$ 的下编号高阶分歧群.

8. 设 e_K 是 K 的分歧指数, n 是与 p 互素的正整数且 $n < pe_K/(p-1)$. 令 $y \in K$ 的赋值为 $-n$.

(a) 证明方程 $X^p - X - y$ 在 K 上不可约, 其分裂域 L/K 是一个次数为 p 的循环扩张.

(b) 计算 L/K 的所有下编号高阶分歧群.

9. 设 L/K 是一个局部域的有限可分扩张, $\mathcal{O}_L$ 和 $\mathcal{O}_K$ 分别是 L 和 K 的赋值环, $\mathfrak{m}_L$ 和 $\mathfrak{m}_K$ 分别是 $\mathcal{O}_L$ 和 $\mathcal{O}_K$ 的极大理想. 设 L/K 的分歧指数为 e, 且 $\delta_{L/K} = \mathfrak{m}_L^m$, 证明对任意整数 $n \geqslant 0$,
$$\operatorname{Tr}_{L/K}(\mathfrak{m}_L^n) = \mathfrak{m}_K^r,$$
其中 $r = \left[\dfrac{m+n}{e}\right]$.

第九章

数域上的调和分析

Riemann 引入了数论中最为重要的对象之一:
$$\zeta(s) = \sum_{n=1}^{\infty} \frac{1}{n^s} = \prod_{\text{素数 } p} \frac{1}{1-p^{-s}},$$
这是在 $\mathrm{Re}(s) > 1$ 区域收敛的级数, 被称作 Riemann zeta-函数. Riemann 证明了 $\zeta(s)$ 可亚纯延拓至复平面 $\mathbb{C}$, 并且除在 $s = 1$ 处有单极点外, 在其余地方全纯. 另外, $\zeta(s)$ 满足函数方程, 即 $\zeta(s)$ 与 $\zeta(1-s)$ 密切相关. 之后, Hecke 将以上结果推广至 Dedekind zeta-函数, 进而继续推广至 Dirichlet L-函数, 乃至更为广泛的 L-函数 (现称之为 Hecke L-函数). Hecke 的证明是非常复杂的.

在类域论的发展中, 法国数学家 Chevalley 引入了 "idèle" 的概念, 它是截取 "élément idéal" 创造出的法文单词. 之后, 又有了 "adèle" 的概念, 意为 "additive idèle", 即 idèle 的加性版本. 为了方便, 我们按照英文文献的常用称呼, 将它们写做 idele 和 adele. 粗糙地说, adele 和 idele 是将数域的所有局部域信息粘合在一起构成的整体对象. 以它们作为载体, 会使很多概念和理论变得更为清晰和本质. 这两个概念对数论的发展起到了难以估量的作用.

1950 年, Tate 在他的博士论文中 (参考文献 [33]), 以 adele 和 idele 上的调和分析为基础, 引进并深入研究了 zeta 积分这一对象, 并由此证明了 Hecke L-函数的基本性质. Tate 的博士论文从观念上革新了对 L-函数的理解, 优雅运用了一般化的处理方式, 能够从中清晰地看到局部与整体的联系, 对后世产生了深远的影响.

9.1 LCA 群上的调和分析

Tate 的博士论文主要以局部域、adele、idele 上的调和分析作为工具. 这些群都是拓扑群, 更为特殊地, 它们都是局部紧交换群 (简称 LCA 群). 本节我们简要介绍有关概念和结论, 更为详细的讨论和证明可参考关于拓扑群的专著和教材, 例如 [15, 37] 等.

9.1.1 LCA 群

定义 9.1.1 设 G 是一个群, 并且是一个拓扑空间.
(1) 如果群乘法
$$G \times G \longrightarrow G,$$
$$(x, y) \longmapsto xy$$

和逆映射

$$G \longrightarrow G,$$
$$x \longmapsto x^{-1}$$

都是连续映射, 就称 G 是**拓扑群**.

(2) 如果拓扑群 G 是局部紧 Hausdorff 空间, 就称它**局部紧群**.

(3) 如果局部紧群 G 还是交换的, 就称它是**局部紧交换群**, 简称 **LCA 群**.

我们罗列一些拓扑群的基本常用性质, 建议未接触过这方面内容的读者先尝试自己证明.

命题 9.1.1 设 G 是拓扑群, H 是 G 的子群. 我们赋予 H 子空间拓扑, 赋予商空间 G/H 商拓扑.

(1) G 是 Hausdorff 的当且仅当它是 T_1 的.

(2) H 在子空间拓扑下是拓扑群. 若 H 是正规子群, 则 G/H 是拓扑群.

(3) H 是闭的当且仅当 G/H 是 T_1 的.

(4) 若 H 是开的, 则它也是闭的. H 是开的当且仅当 G/H 是离散的.

(5) 若 G 是 Hausdorff 的, H 是局部紧的, 则 H 是闭子群.

(6) 若 G 是 LCA 群, H 是闭子群, 则 H 和 G/H 都是 LCA 群.

关于 LCA 群, 有很多熟悉的例子.

例 9.1.1 $(\mathbb{R}^n, +)$, $(\mathbb{C}, +)$, $(\mathbb{R}^\times, \cdot)$, $(\mathbb{Q}_p, +)$, $(\mathbb{Q}_p^\times, \cdot)$, $(\mathbb{Z}_p, +)$, $(\mathbb{Z}_p^\times, \cdot)$, 单位圆

$$\mathbb{C}^1 = \{z \in \mathbb{C} \mid |z| = 1\}$$

等都是 LCA 群.

注记 9.1.1 LCA 群可构成一个范畴, 即对象是 LCA 群, 态射为 LCA 群之间的连续群同态. 当我们谈论 LCA 群之间的同构时, 指的是它们作为拓扑群的同构.

定义 9.1.2 设 $\mathcal{E}: 0 \to A \xrightarrow{f} B \xrightarrow{g} C \to 0$ 是 LCA 群的态射序列, 即 f 和 g 是连续同态. 如果

- $\mathcal{E}$ 是交换群之间的短正合列 (即忘掉拓扑),
- A 的拓扑等于来自 B 由 f 诱导的子空间拓扑, C 的拓扑等于来自 B 由 g 诱导的商拓扑,

就称 $\mathcal{E}$ 是 **LCA 群的短正合列**. 此时 $A \cong f(A)$, 而且 $f(A)$ 必须是闭子群, 否则 $C \cong B/f(A)$ 不是 Hausdorff 的.

9.1.2 Pontryagin 对偶

设 G 是 LCA 群.

定义 9.1.3 (1) 群 G 的**特征**指的是连续群同态 $\chi: G \to \mathbb{C}^\times$. 更进一步, 若 $\chi(G) \subset \mathbb{C}^1$, 则称 χ 是**酉特征**.

(2) 记 $\mathcal{X}(G)$ 为 G 的所有特征构成的集合, 则运算
$$(\chi_1\chi_2)(g) := \chi_1(g)\chi_2(g), \quad \forall \chi_1, \chi_2 \in \mathcal{X}(G),$$
使得 $\mathcal{X}(G)$ 是一个交换群.

(3) 记 $\widehat{G}$ 为 G 的所有酉特征构成的集合, 则 $\widehat{G}$ 是 $\mathcal{X}(G)$ 的子群, 称作 G 的**对偶群**.

(4) 我们赋予 $\widehat{G}$ **紧开拓扑**, 即集合
$$U(K,V) = \{\chi \mid \chi(K) \subset V\}$$
构成平凡特征 $\chi = 1$ 的邻域基, 其中 K 是 G 的紧集, V 是 $1 \in \mathbb{C}^1$ 的开邻域.

引理 9.1.1 若 G 是紧群, 则 G 的特征都是酉特征.

证明 记 $|\chi|$ 为绝对值与 χ 的复合, 则 $|\chi|$ 仍是 G 的特征, 并且 $|\chi|: G \to \mathbb{R}_{>0}^\times$ 是连续映射. 所以 $|\chi|$ 的像是 $\mathbb{R}_{>0}^\times$ 的紧子群, 只能是 $\{1\}$, 即 $\chi(G) \subset \mathbb{C}^1$. □

命题 9.1.2 (1) 如果 G 是离散的, 那么 $\widehat{G}$ 是紧的.

(2) 如果 G 是紧的, 那么 $\widehat{G}$ 是离散的.

(3) $\widehat{G}$ 是 LCA 群.

证明从略, 结论 (1) 和 (2) 可参考 [37, 系理 3.1.1], 结论 (3) 可参考 [37, 命题 3.1.1].

例 9.1.2 (1) $\mathbb{Z}$ 的对偶群是 $\mathbb{C}^1$, $\mathbb{C}^1$ 的对偶群是 $\mathbb{Z}$, 两者之间的配对为
$$\langle z, n \rangle = z^n, \forall z \in \mathbb{C}^1, n \in \mathbb{Z}.$$

(2) $\mathbb{R}$ 的对偶群是 $\mathbb{R}$, 两者之间的配对为
$$\langle x, y \rangle = e^{2\pi i xy}, \quad \forall x, y \in \mathbb{R}.$$

这两个例子的细节参见 [37, 例 3.11].

我们可以将 $G \mapsto \widehat{G}$ 理解为范畴 LCA 到自身的反变函子. 态射 $f: H \to G$ 诱导了态射
$$\widehat{G} \longrightarrow \widehat{H},$$
$$\chi \longmapsto \chi \circ f.$$

而且 G 与 $\widehat{G}$ 之间的配对 $\langle g, \chi \rangle = \chi(g)$ 诱导了自然态射
$$G \longrightarrow \widehat{\widehat{G}}.$$

Pontryagin 对偶建立了 G 与 $\widehat{G}$ 之间的关系, 是最为重要的定理, 用函子的语言可以这样陈述.

定理 9.1.1 (Pontryagin 对偶)　自然态射 $G \to \widehat{\widehat{G}}$ 是同构.

证明从略, 可参考 [37, 定理 3.3.1] 或 [15, Theorem 4.32].

注记 9.1.2　结合命题 9.1.2 和 Pontryagin 对偶可知
- G 是离散的 $\Leftrightarrow$ $\widehat{G}$ 是紧的;
- G 是紧的 $\Leftrightarrow$ $\widehat{G}$ 是离散的.

设 H 是 G 的闭子群, 记
$$H^\perp = \{\chi \in \widehat{G} \mid \langle h, \chi\rangle = 1, \forall h \in H\}.$$

类似地, 设 H' 是 $\widehat{G}$ 的闭子群, 记
$$^\perp H' = \{g \in G \mid \langle g, \chi\rangle = 1, \forall \chi \in H'\}.$$

有以下对应关系.

命题 9.1.3　(1) $H^\perp$ 是 $\widehat{G}$ 的闭子群, $^\perp H'$ 是 G 的闭子群, 并且 $H = {^\perp}(H^\perp)$.

(2) 有典范同构
$$H^\perp \cong \widehat{G/H}, \quad \widehat{H} \cong \widehat{G}/H^\perp,$$

并且短正和列
$$1 \longrightarrow H \longrightarrow G \longrightarrow G/H \longrightarrow 1$$

和
$$1 \longrightarrow {^\perp H} \longrightarrow \widehat{G} \longrightarrow \widehat{G}/H^\perp \longrightarrow 1$$

互为对偶.

证明从略, 结论 (1) 可参考 [15, Proposition 4.39], 结论 (2) 可参考 [15, Theorem 4.40].

注记 9.1.3　结合定理 9.1.1 和命题 9.1.3 可知函子 $G \mapsto \widehat{G}$ 是范畴 LCA 的正合自等价. 特别地, 若 $0 \to A \to B \to C \to 0$ 是 LCA 群的短正合列, 则它诱导了 LCA 群的短正合列 $0 \to \widehat{C} \to \widehat{B} \to \widehat{A} \to 0$.

9.1.3　测度

本节介绍 LCA 群的 Haar 测度. 我们先简要回忆一些基本定义. 设 X 是一个拓扑空间, $\mathcal{B}(X)$ 是由它的开集生成的 Borel σ-代数. $\mathcal{B}(X)$ 中的元素称为可测集.

定义 9.1.4 X 的 **Borel 测度**指的是一个函数 $\mu: \mathcal{B}(X) \to \mathbb{R}_{\geqslant 0} \cup \{\infty\}$, 且对任意可数多个不相交的可测集 $\{S_i\}$ 满足
$$\mu(\cup S_i) = \sum \mu(S_i).$$

我们也时常用微分符号 $\mathrm{d}x$ 表示测度, 用 $\mathrm{vol}(U, \mathrm{d}x)$ 或 $\mathrm{vol}(U)$ 表示可测集的体积.

注记 9.1.4 我们回忆积分的定义. 设 μ 是 X 的 Borel 测度.

- 对于 $S \in \mathcal{B}(X)$ 且满足 $\mu(S) < \infty$, 记 $\mathbf{1}_S$ 为 S 的特征函数, 并且定义
$$\int_X \mathbf{1}_S \, \mathrm{d}x := \mu(S).$$

- X 上的阶梯函数 f 的是有限个可测集的特征函数 $\mathbf{1}_{S_i}$ 的线性组合 $\sum_i a_i \mathbf{1}_{S_i}$, 它的积分定义为
$$\int_X f \, \mathrm{d}x := \sum_i a_i \mu(S_i),$$

它的 L^1-范数定义为 $\|f\|_1 := \int_X |f| \, \mathrm{d}x$. 由此可定义阶梯函数之间的距离, 以及阶梯函数的 Cauchy 序列.

- 若可测函数 $f: X \to \mathbb{C}$ 在一个零测集外是阶梯函数 Cauchy 序列 $\{f_i\}$ 的极限, 则称 f 是可积的, 此时它的积分定义为
$$\int_X f \, \mathrm{d}x := \lim_{i \to \infty} \int_X f_i \, \mathrm{d}x.$$

事实上, f 可积当且仅当 $|f|$ 可积.

以下均假设 X 是局部紧 Hausdorff 拓扑空间.

定义 9.1.5 设 μ 是 X 的 Borel 测度, 若它满足以下条件, 则称 μ 是 **Radon 测度**:
- 局部有限性, 即任意 $x \in X$ 都有一个邻域 U 使得 $\mu(U) < \infty$;
- 内正则性, 即任意开集 $U \subset X$ 都满足 $\mu(U) = \sup\{\mu(K) \mid \text{紧集 } K \subset U\}$;
- 外正则性, 即任意可测集 $S \in \mathcal{B}(X)$ 都满足 $\mu(S) = \inf\{\mu(U) \mid S \subset \text{开集 } U\}$.

注记 9.1.5 (1) 因为 X 是局部紧 Hausdorff 空间, 所以局部有限性等价于任意紧集 $K \subset X$ 都满足 $\mu(K) < \infty$.

(2) 函数 $f: X \to \mathbb{C}$ 的支集 $\mathrm{Supp}(f)$ 定义为 $\mathrm{Supp}(f) = \{x \in X \mid f(x) \neq 0\}$. 若 $\mathrm{Supp}(f)$ 的闭包是紧的, 则称 f 是紧支的. 记

$$C(X) := \{\text{连续函数 } f: X \to \mathbb{C}\}, \quad C_c(X) := \{\text{紧支连续函数 } f: X \to \mathbb{C}\}.$$

(3) X 上的 **Radon 积分**指的是一个非零连续线性映射 $I: C_c(X) \to \mathbb{C}$, 且满足: 若 $f \geqslant 0$, 则 $I(f) \geqslant 0$.

(4) 设 μ 是 X 的 Radon 测度, 定义

$$I_\mu : C_c(X) \longrightarrow \mathbb{C},$$
$$f \longmapsto \int_X f \, \mathrm{d}x,$$

则 $\mu \mapsto I_\mu$ 建立了如下集合之间的双射:

$$\{X \text{ 的 Radon 测度}\} \longrightarrow \{X \text{ 上的 Radon 积分}\}.$$

从现在起, 设 G 是 LCA 群.

定义 9.1.6 G 的 **Haar 测度**是一个非零 Radon 测度 μ, 并且满足平移不变性, 即

$$\mu(gS) = \mu(S), \ \forall g \in G, S \in \mathcal{B}(G).$$

定理 9.1.2 G 上存在 Haar 测度 μ, 且在差一个正常数的意义下唯一, 即任意 Haar 测度均为 $c\mu$ 的形式, 其中 $c \in \mathbb{R}_{>0}$.

证明从略, 可参考 [37, 定理 2.2.1] 或 [15, Theorem 2.10].

注记 9.1.6 (1) 对于更一般的非交换局部紧群, 可类似地定义左 Haar 测度, 即满足左平移不变性, 也可定义右 Haar 测度. 那么此时定理 9.1.2 对于左 (右) Haar 测度也成立.

(2) Haar 测度满足正性, 即对任意非空开集 $U \subset G$ 有 $\mu(U) > 0$.

(3) Haar 测度具有性质: $\mu(G) < \infty \Leftrightarrow G$ 是紧的.

(4) Haar 测度没有典范的选取方式, 在一些特殊情形, 有标准的选取方式:

- 若 G 是紧的, 选取 μ 使得 $\mu(G) = 1$.
- 若 G 是离散的, 选取计数测度, 即 $\mu(\{1\}) = 1$.

在很多计算中, 我们常用到以下这个简单事实.

引理 0.1.2 设 G 是紧的, $\mathrm{d}g$ 是 Haar 测度. 令 $\chi \in \widehat{G}$, 则

$$\int_G \chi(g) \, \mathrm{d}g = \begin{cases} \mathrm{vol}(G), & \text{若 } \chi = \mathbf{1}, \\ 0, & \text{若 } \chi \neq \mathbf{1}. \end{cases}$$

证明留作练习.

命题 9.1.4 设 $1 \to A \to B \to C \to 1$ 是 LCA 群的短正合列, $\mathrm{d}a, \mathrm{d}b$ 是 A 和 B 的 Haar 测度, 则 C 上存在唯一的 Haar 测度 $\mathrm{d}c$ 使得

$$\int_B f(b) \, \mathrm{d}b = \int_C \int_A f(ac) \, \mathrm{d}a \, \mathrm{d}c, \ \forall f \in C_c(B).$$

同理, 如果固定 Haar 测度 $\mathrm{d}b$ 和 $\mathrm{d}c$, 那么 A 上存在唯一的 Haar 测度 $\mathrm{d}a$ 使得上式成立.

证明 参考 [15, Theorem 2.51]. □

我们有时把命题 9.1.4 中的测度 dc 记作 $\dfrac{db}{da}$, 称之为**商测度**.

9.1.4 Fourier 变换

设 G 是 LCA 群, dg 是 G 的 Haar 测度.

定义 9.1.7 设 $f \in L^1(G)$, 则它的 **Fourier 变换** $\widehat{f}: \widehat{G} \to \mathbb{C}$ 定义为

$$\widehat{f}(\chi) := \int_G f(g)\chi(g)\, dg.$$

Fourier 变换依赖于测度 dg 的选取, 有时会用记号 $\widehat{f}_{dg}$ 来精准表达.

注记 9.1.7 f 的 Fourier 变换 $\widehat{f}$ 是连续函数, 即 $\widehat{f} \in C(\widehat{G})$, 可参考 [37, 命题 3.4.2].

定理 9.1.3 (Fourier 反演) $\widehat{G}$ 上存在唯一的 Haar 测度 $d\chi$ 使得: 若 $f \in L^1(G)$ 且 $\widehat{f} \in L^1(\widehat{G})$, 则

$$\widehat{(\widehat{f}_{dg})}_{d\chi} = f(-x).$$

此时称 $d\chi$ 为 dg 的**对偶测度**, Fourier 反演也常简写为 $\widehat{\widehat{f}}(x) = f(-x)$.

证明 可参考 [37, 系理 3.4.3] 和 [15, Theorem 4.22]. □

注记 9.1.8 若任取 $\widehat{G}$ 的一个 Haar 测度 $d\chi$, 则它与对偶测度相差一个常数, 所以存在常数 $c \in \mathbb{R}_{>0}$ 使得 $\widehat{(\widehat{f}_{dg})}_{d\chi} = cf(-x)$.

引理 9.1.3 设 dg 和 $d\chi$ 是 G 和 $\widehat{G}$ 的对偶 Haar 测度, H 是 G 的紧开子群.

(1) $H^\perp = \widehat{G/H}$ 是 $\widehat{G}$ 的紧开子群.

(2) 测度 dg 和 $d\chi$ 满足

$$\mathrm{vol}(H, dg) \cdot \mathrm{vol}(H^\perp, d\chi) = 1.$$

证明 (1) 因为 H 是开的, 所以 G/H 是离散的, 从而 $\widehat{G/H}$ 是紧群. 选取 $1 \in \mathbb{C}^1$ 的一个开邻域 U 使其不包含 $\mathbb{C}^1$ 的任何非平凡子群, 则可看出

$$\widehat{G/H} = \{\chi \in \widehat{G} \mid \chi(H) \subset U\},$$

而后者是 $\widehat{G}$ 中的开集.

(2) 只需选择一个特殊函数 f, 通过对测度 dg 和 $d\chi$ 计算 $\widehat{\widehat{f}}$ 来进行验证. 取 f 为特征函数 $\mathbf{1}_H$, 则

$$\widehat{\mathbf{1}}_H(\chi) = \int_H \chi(g)\, dg = \begin{cases} \mathrm{vol}(H, dg), & \text{若 } \chi|_H = \mathbf{1}, \\ 0, & \text{若 } \chi|_H \neq \mathbf{1}. \end{cases}$$

注意 $\chi|_H = \mathbf{1} \Leftrightarrow \chi \in H^\perp$, 所以
$$\widehat{\mathbf{1}}_H = \mathrm{vol}(H, \mathrm{d}g) \cdot \mathbf{1}_{H^\perp}.$$
因为 $^\perp(H^\perp) = H$, 同理知
$$\widehat{\mathbf{1}}_{H^\perp} = \mathrm{vol}(H^\perp, \mathrm{d}\chi) \cdot \mathbf{1}_H.$$
最后, 由定理 9.1.3 得到 $\mathrm{vol}(H, \mathrm{d}g) \cdot \mathrm{vol}(H^\perp, \mathrm{d}\chi) = 1$. $\square$

推论 9.1.1 设 G 是离散群, 则 $\widehat{G}$ 是紧群, 那么 G 与 $\widehat{G}$ 的标准 Haar 测度 (见注记 9.1.6) 互为对偶测度.

证明 设 $H = \{1\}$, 则 H 是离散群 G 的紧开子群, 并且 $H^\perp = \widehat{G}$. 在标准 Haar 测度下, $\mathrm{vol}(H) = \mathrm{vol}(\widehat{G}) = 1$, 所以由引理 9.1.3 立得结论. $\square$

定理 9.1.4 (Plancherel 定理) 若 $f \in L^2(G) \cap L^1(G)$ 且 $\widehat{f} \in L^2(\widehat{G})$, 则
$$\int_G |f(g)|^2 \, \mathrm{d}g = \int_{\widehat{G}} |\widehat{f}(\chi)|^2 \, \mathrm{d}\chi,$$
其中 $\mathrm{d}g$ 和 $\mathrm{d}\chi$ 互为对偶测度. 进一步地, Fourier 变换可扩充为 Hilbert 空间的等距同构
$$L^2(G) \longrightarrow L^2(\widehat{G}).$$

证明 可参考 [37, 定理 3.4.1] 或 [15, Theorem 4.26]. $\square$

9.1.5 限制直积

Adele 和 idele 的构造需要限制直积, 我们先介绍关于限制直积的一般性概念和结果.

设 J 是指标集, $J_\infty \subset J$ 是有限子集. 对任意 $j \in J$, 给定局部紧群 G_j. 我们假设对任意 $j \notin J_\infty$, G_j 有一个紧开子群 H_j.

定义 9.1.8 (1) 定义 $\{G_j\}_{j \in J}$ 相对于 $\{H_j\}_{j \notin J_\infty}$ 的**限制直积**为
$$\prod_{j \in J}{}'(G_j, H_j) := \left\{ (x_j) \in \prod_{j \in J} G_j \,\middle|\, \text{对于几乎所有的 } j \text{ 有 } x_j \in H_j \right\}.$$

我们经常简记其为 $\prod' G_j$. 我们提到的 "几乎所有" 是指 "除有限个以外".

(2) 设 $S \subset J$ 是有限子集且包含 J_∞, 记
$$G_S = \prod_{j \in S} G_j \times \prod_{j \notin S} H_j,$$
则 G_S 是 $\prod' G_j$ 的子群. 今后当我们提及有限子集 S 和 G_S 时, 都暗中包含 $J_\infty \subset S$ 的条件, 为了简略不再明示.

从现在起, 记 $G = \prod'_j G_j$. 从定义可以看出有如下关系:

(1) 若有两个有限集 $S \subset T$, 则有自然嵌入 $G_S \hookrightarrow G_T$.

(2) 当 S 越来越大时, G_S 会 "逼近" G, 即

$$G = \bigcup_{\text{有限子集 } S} G_S = \varinjlim_S G_S.$$

我们常通过 G_S 来理解 G.

拓扑 首先考虑 G 的拓扑. 我们赋予 $\prod G_j$ 乘积拓扑. 一般而言, $\prod G_j$ 不是局部紧的. 显然 G 是 $\prod G_j$ 的子群. 但若赋予 G 关于 $\prod G_j$ 的子空间拓扑, 一般情况下它也不是局部紧的. 为了使得 G 能够成为局部紧群, 我们按如下方式定义它的拓扑.

定义 9.1.9 规定 $1 \in G$ 的开邻域基为

$$\mathcal{B} = \left\{ \prod_{j \in J} U_j \,\bigg|\, U_j \text{ 是 } 1 \in G_j \text{ 的开邻域, 且对于几乎所有的 } j \text{ 有 } U_j = H_j \right\}.$$

由此可得到 G 的拓扑, 称为**限制直积拓扑**.

引理 9.1.4 对于任意有限子集 $S \subset J$,

(1) G_S 在乘积拓扑下是局部紧群.

(2) G_S 上的乘积拓扑与 G_S 作为 G 的子群的子空间拓扑一致.

(3) G_S 是 G 的开子群.

证明 因为 G_S 的直积因子是局部紧群, 并且其中几乎所有的因子都是紧群, 所以通过 Tychonoff 定理可证明 G_S 是局部紧群. 其余结论按照定义验证即可, 留作练习. □

推论 9.1.2 G 是局部紧群.

证明 结合 G_S 是 G 的开子群、G_S 是局部紧的、$G = \cup G_S$ 这三点可得结论. □

引理 9.1.5 子集 $Y \subset G$ 有紧闭包当且仅当 $Y \subset \prod_j K_j$, 其中每个 K_j 都是 G_j 的紧集, 且对于几乎所有的 j 都有 $K_j \subset H_j$.

证明 注意到若 K 是 G 的紧集, 则存在有限集 S 使得 $K \subset G_S$. 从而 $K \subset \prod_j \rho_j(K)$, 其中 ρ_j 是投影映射 $G_S \to G_j$ 或 $G_S \to H_j$. 因为 ρ_j 是连续映射, 所以 $\rho_j(K)$ 是紧集, 且对于几乎所有的 j 都有 $\rho_j(K) \subset H_j$. 剩下的论证比较常规, 留给读者完成. □

注记 9.1.9 (1) 有自然嵌入

$$G_j \longrightarrow G,$$
$$x \longmapsto (\cdots, 1, 1, \underbrace{x}_{j \text{位}}, 1, 1, \cdots).$$

容易验证这是闭嵌入. 由此我们视 G_j 为 G 的闭子群.

(2) 若 $x \in G$, 记 x_j 是它在 G_j 上的投影.

特征 本小节探讨 G 的特征.

引理 9.1.6 设 $\chi: G \to \mathbb{C}^\times$ 是一个特征, 则对于几乎所有的 j 都有 $\chi|_{H_j} = 1$.

证明 选取 $1 \in \mathbb{C}^\times$ 的一个开邻域 U 使其不包含 $\mathbb{C}^\times$ 的任何非平凡子群. 因为 χ 是连续的, 所以 $\chi^{-1}(U)$ 包含邻域基中的一个开集 $\prod_{j \in S} U_j \times \prod_{j \notin S} H_j$. 那么对于 $j \notin S$, 有 $\chi(H_j) \subset U$, 并且 $\chi(H_j)$ 是 $\mathbb{C}^\times$ 的子群, 故 $\chi(H_j) = \{1\}$. □

因此, 若 χ 是 G 的特征, $x \in G$, 则对于几乎所有的 j 有 $\chi(x_j) = 1$. 所以

$$\chi(x) = \prod \chi(x_j).$$

引理 9.1.7 设 $\{\chi_j : G_j \to \mathbb{C}^\times\}_{j \in J}$ 是一族特征, 并且满足 $\chi_j|_{H_j} = 1$ 对几乎所有 j 成立, 则 $\chi = \prod \chi_j$ 是 G 的特征.

证明留作练习.

现在假设 G_j 都是 LCA 群, 则 G 也是 LCA 群. 我们将建立 $\widehat{G}$ 与 $\{\widehat{G}_j\}$ 之间的关系.

命题 9.1.5 设 $\prod' \widehat{G}_j$ 是 $\{\widehat{G}_j\}$ 关于 $\{H_j^\perp\}$ 的限制直积, 则有 LCA 群之间的同构

$$\widehat{G} \cong \prod' \widehat{G}_j,$$

$$\chi \longmapsto (\chi|_{G_j}),$$

$$\prod \chi_j \longleftarrow (\chi_j).$$

证明 由引理 9.1.6 和引理 9.1.7, 上述映射建立了 $\widehat{G}$ 和 $\prod' \widehat{G}_j$ 之间的代数同构. 我们将拓扑同胚性留作练习. □

测度与积分 仍假设 G_j 都是 LCA 群. 设 $\mathrm{d}g_j$ 是 G_j 的 Haar 测度, 并且对于几乎所有的 j 满足

$$\mathrm{vol}(H_j, \mathrm{d}g_j) = 1.$$

仍记 $\mathrm{d}g_j = \mathrm{d}g_j|_{H_j}$, 这是 H_j 的 Haar 测度.

引理 9.1.8 (1) 对于任意有限集 $S \subset J$, 乘积测度 $\mathrm{d}g_S := \prod \mathrm{d}g_j$ 是 G_S 的 Haar 测度.

(2) G 上有唯一的 Haar 测度 $\mathrm{d}g$ 使得对于任意有限集 $S \subset J$ 均有

$$\mathrm{d}g|_{G_S} = \mathrm{d}g_S.$$

证明 (1) 在验证 $\mathrm{d}g_S$ 为 Haar 测度的局部有限性条件时, 由引理 9.1.5 知只需对形如 $K = \prod_j K_j$ 的紧集说明 $\mathrm{vol}(K, \mathrm{d}g_S) < \infty$. 此时 $\mathrm{vol}(K, \mathrm{d}g_S) = \prod \mathrm{vol}(K_j, \mathrm{d}g_j)$. 由条件 $\mathrm{vol}(H_j, \mathrm{d}g_j) = 1$ 对几乎所有 j 成立, 可知 $\mathrm{vol}(K, \mathrm{d}g_S) < \infty$. 不再赘述关于 Haar 测度的其他条件的验证.

(2) 先固定一个有限集 S. 因为 G 的 Haar 测度限制在 G_S 上仍是 G_S 的 Haar 测度, 所以存在唯一的 Haar 测度 $\mathrm{d}g$ 使得 $\mathrm{d}g|_{G_S} = \mathrm{d}g_S$. 那么对于其他有限集 T, 由关系

$$\mathrm{d}g_S = \mathrm{d}g_{S\cup T}|_{G_S},$$

可以看出 $\mathrm{d}g|_{G_{S\cup T}} = \mathrm{d}g_{S\cup T}$, 从而得到 $\mathrm{d}g|_{G_T} = \mathrm{d}g_T$. □

定义 9.1.10 我们记 $\mathrm{d}g = \prod \mathrm{d}g_j$ 为引理 9.1.8 中得到的 Haar 测度.

引理 9.1.9 (1) 设 $f \in L^1(G)$, 则

$$\int_G f(g)\,\mathrm{d}g = \lim_S \int_{G_S} f(g)\,\mathrm{d}g_S,$$

其中极限是取越来越大的有限子集 S. 若允许取值为无穷, 则上式对 G 上的连续函数也成立.

证明 我们知道

$$\int_G f(g)\,\mathrm{d}g = \lim_K \int_K f(g)\,\mathrm{d}g,$$

其中极限是取越来越大的紧集 K. 而任给一个紧集都包含在某个 G_S 中, 所以结论成立. □

对任意 $j \in J$, 设 $f_j \in L^1(G_j)$ 是连续函数, 且对于几乎所有的 j 有 $f_j(H_j) = 1$. 设 $x \in G$, 令 $f(x) = \prod f_j(x_j)$, 这是有限乘积, 所以定义良好. 从而得到 G 上的函数 f, 记作 $f = \otimes f_j$. 容易验证 f 是连续函数.

引理 9.1.10 设 $f = \otimes f_j$ 如上所述. 如果

$$\prod_j \int_{G_j} |f_j(x_j)|\,\mathrm{d}g_j < \infty,$$

那么 $f \in L^1(G)$, 并且此时

$$\int_G f(x)\,\mathrm{d}g = \prod_j \int_{G_j} f_j(g_j)\,\mathrm{d}g_j.$$

证明 由引理 9.1.9, $f \in L^1(G)$ 当且仅当

$$\lim_S \int_{G_S} |f(g)|\,\mathrm{d}g_S < \infty.$$

不难看出当 S 充分大时,

$$\int_{G_S} |f(g)|\,\mathrm{d}g_S = \prod_{j \in S} \int_{G_j} |f_j(g_j)|\,\mathrm{d}g_j.$$

所以

$$\lim_S \int_{G_S} |f(g)|\,\mathrm{d}g_S = \prod_j \int_{G_j} |f_j(x_j)|\,\mathrm{d}g_j.$$

由同样的论证知

$$\int_G f(x)\,\mathrm{d}g = \lim_S \int_{G_S} f(g)\,\mathrm{d}g_S = \prod_j \int_{G_j} f_j(g_j)\,\mathrm{d}g_j.$$

所以结论成立. □

最后, 我们讨论 G 上的 Fourier 变换. 由命题 9.1.5, $\widehat{G} = \prod' \widehat{G}_j$ 是 $\{\widehat{G}_j\}$ 关于 $\{H_j^\perp\}$ 的限制直积. 设 $\mathrm{d}\chi_j$ 是 $\widehat{G}_j$ 的 Haar 测度, 并且是 $\mathrm{d}g_j$ 的对偶测度. 由引理 9.1.3, 对于几乎所有的 j 有

$$\mathrm{vol}(H_j^\perp, \mathrm{d}\chi_j) = \mathrm{vol}(H_j, \mathrm{d}g_j)^{-1} = 1.$$

令 $\mathrm{d}\chi = \prod \mathrm{d}\chi_j$, 这是 $\widehat{G}$ 的 Haar 测度.

引理 9.1.11 设 $f = \otimes f_j$ 为引理 9.1.10 所述, 并要求对于几乎所有的 j 有 $f_j = \mathbf{1}_{H_j}$, 则

- $\widehat{f}_{\mathrm{d}g} = \otimes \widehat{f}_{j,\mathrm{d}g_j}$;
- $\mathrm{d}\chi$ 是 $\mathrm{d}g$ 的对偶测度.

证明 由引理 9.1.3 的证明知

$$\widehat{\mathbf{1}}_{H_j} = \mathrm{vol}(H_j, \mathrm{d}g_j) \cdot \mathbf{1}_{H_j^\perp}.$$

所以对于几乎所有的 j 有 $\widehat{f}_j = \mathbf{1}_{H_j^\perp}$, 从而 $\otimes \widehat{f}_j$ 有意义. 而另一方面, 由引理 9.1.10,

$$\widehat{f}(\chi) = \int_G f(g)\chi(g)\,\mathrm{d}g$$
$$= \prod \int_{G_j} f_j(g_j)\chi_j(g_j)\,\mathrm{d}g_j$$
$$= \prod \widehat{f}_j(\chi_j),$$

所以 $\widehat{f} = \otimes \widehat{f}_j$. 由相同的论证知

$$\widehat{(\widehat{f})}_{\mathrm{d}\chi} = \otimes \widehat{(\widehat{f}_j)}_{\mathrm{d}\chi_j} = \otimes f_j(-x) = f(-x),$$

所以 $\mathrm{d}\chi$ 是 $\mathrm{d}g$ 的对偶测度. □

9.2 局部域上的调和分析

在本节, 设 F 是数域的局部域, 即 $F = \mathbb{R}, \mathbb{C}$ 或 $\mathbb{Q}_p$ 的有限扩张. 当 F 是非 Archimedes 域时, 记 $\mathcal{O}$ 是它的赋值环, $\mathfrak{p}$ 是 $\mathcal{O}$ 的极大理想, ϖ 是一致化元, $k = \mathbb{F}_q$ 是剩余类域. 设 $|\cdot|$ 是 F 的正规化绝对值, 即

- 若 $F = \mathbb{R}$, 则 $|a|$ 是 $\mathbb{R}$ 上通常的绝对值;
- 若 $F = \mathbb{C}$, 则 $|a|$ 是 $\mathbb{C}$ 上通常绝对值的平方;
- 若 F 是非 Archimedes 域, 则 $|a| = q^{-\mathrm{val}(a)}$.

9.2.1 F 上的调和分析

测度 设 dx 是 F 的一个 Haar 测度. 当 $F = \mathbb{R}$ 或 $\mathbb{C}$ 时, 通常的 Lebesgue 测度就是 Haar 测度.

引理 9.2.1 设 $a \in F^\times$, 则对任意可测集 $S \subset F$ 有
$$\mathrm{vol}(aS) = |a|\mathrm{vol}(S), \text{ 或记作 } d(ax) = |a|dx.$$

证明 容易验证 $S \mapsto \mathrm{vol}(aS)$ 仍是 F 的 Haar 测度, 所以存在 $c > 0$ 使得
$$\mathrm{vol}(aS) = c \cdot \mathrm{vol}(S),$$

并且 c 与 S 无关. 那么可以通过对特殊的 S 进行计算得到 c.

例如, 若 $F = \mathbb{R}$, 选取 S 为单位线段; 若 $F = \mathbb{C}$, 选取 S 为单位圆盘. 如果 F 是非 Archimedes 域, 令 $S = \mathcal{O}$, 以下验证此时的结论. 设 $\mathrm{val}(a) = n$, 则 $a\mathcal{O} = \mathfrak{p}^n$. 若 $n \geqslant 0$, 则 $|\mathcal{O}/\mathfrak{p}^n| = q^n = |a|^{-1}$, 所以
$$\mathrm{vol}(\mathcal{O}) = \mathrm{vol}\left(\bigsqcup_{\overline{x}_i \in \mathcal{O}/\mathfrak{p}^n} (x_i + \mathfrak{p}^n)\right) = \sum_{\overline{x}_i \in \mathcal{O}/\mathfrak{p}^n} \mathrm{vol}(x_i + \mathfrak{p}^n) = q^n \mathrm{vol}(\mathfrak{p}^n),$$

即 $c = |a|$. 若 $n < 0$, 考虑 $\mathfrak{p}^n/\mathcal{O}$ 即可. □

加法特征 本小节主要证明 F 是自对偶的, 即 $F \cong \widehat{F}$.

定义 9.2.1 称 F 的酉特征 $\psi: F \to \mathbb{C}^1$ 为**加法特征**.

注记 9.2.1 因为
$$F = \bigcup_{n=0}^\infty \mathfrak{p}^{-n},$$

即 F 可写成它的紧子群的并, 所以 F 的特征其实都是酉特征.

固定一个非平凡加法特征 ψ. 对于 $a \in F$, 易见
$$\psi_a: F \longrightarrow \mathbb{C}^1,$$
$$x \longmapsto \psi(ax)$$

也是加法特征.

9.2 局部域上的调和分析

命题 9.2.1 映射

$$\phi: F \longrightarrow \widehat{F},$$

$$a \longmapsto \psi_a$$

是 LCA 群之间的同构.

证明 因为 ψ 非平凡, 容易看出 ϕ 是单射.

我们下一步证明 ϕ 是 F 与 $\phi(F)$ 之间的同胚映射, 这只需比较两者在 0 和 $\phi(0)$ 处的邻域基. 在 F 中, 0 的邻域基由开圆盘 $B(\epsilon) = \{a \in F \mid |a| < \epsilon\}$ 构成, 其中 $\epsilon > 0$. 而 $\phi(F)$ 的拓扑是 $\widehat{F}$ 的子空间拓扑, 在 $\phi(0)$ 点处的邻域基是

$$U(K, V) = \{\psi_a \mid \psi_a(K) \subset V\} \xrightarrow{\text{等同于}} \{a \in F \mid aK \subset \psi^{-1}(V)\},$$

其中 K 是 F 中的紧集, V 是 $1 \in \mathbb{C}^1$ 的开邻域. 所以我们需要验证

(1) 给定 K 和 V, 存在 ϵ 使得 $B(\epsilon) \subset U(K, V)$;

(2) 给定 ϵ, 存在 K 和 V 使得 $U(K, V) \subset B(\epsilon)$.

对于第 (1) 点, 注意到 $\psi^{-1}(V)$ 包含某个开圆盘 $B(\delta)$, 而 K 是有界的, 所以存在 ϵ 使得 $\epsilon K \subset B(\delta)$, 即 $B(\epsilon) \subset U(K, V)$. 对于第 (2) 点, 先选取 $b \in F$ 使得 $\psi(b) \neq 1$, 再选取 V 使得 $b \notin \psi^{-1}(V)$, 最后选取 $K = \{a \in F \mid |a| \leqslant |b|/\epsilon\}$. 那么若 $aK \subset \psi^{-1}(V)$, 则 $b \notin aK$, 所以 $|b| > |a| \cdot |b|/\epsilon$, 即 $a \in B(\epsilon)$.

因为 $\phi(F)$ 与 F 同胚, 所以 $\phi(F)$ 是局部紧的. 那么由命题 9.1.1 知, $\phi(F)$ 是 $\widehat{F}$ 的闭子群. 为了说明 $\phi(F) = \widehat{F}$, 只需证明 $^\perp\phi(F) = \{0\}$. 若 $x \in {}^\perp\phi(F)$, 由定义知

$$\psi_a(x) = \psi(ax) = 1, \; \forall a \in F.$$

所以只能是 $x = 0$. □

为了计算方便, 我们经常使用如下固定好的加法特征.

定义 9.2.2 以下加法特征 ψ 被称作 F 的**标准加法特征**:

(1) 如果 $F = \mathbb{R}$, $\psi(x) = e^{-2\pi i x}$.

(2) 如果 $F = \mathbb{Q}_p$, 那么由 p-进展开知, $x \in \mathbb{Q}_p$ 可写成 $x = y + z$ 的形式, 其中 $y \in \mathbb{Z}_p$, $z \in \dfrac{1}{p^\infty}\mathbb{Z} = \bigcup_{n=0}^{+\infty} \dfrac{1}{p^n}\mathbb{Z}$. 此时令 $\psi(x) = e^{2\pi i z}$, 即 ψ 为复合映射

$$\mathbb{Q}_p \longrightarrow \mathbb{Q}_p/\mathbb{Z}_p \longrightarrow \mathbb{Q}/\mathbb{Z} \longrightarrow \mathbb{R}/\mathbb{Z} \xrightarrow{\cong} \mathbb{C}^1.$$

(3) 如果 F 是 $\mathbb{R}$ 或 $\mathbb{Q}_p$ 的有限扩张, 记 $F_0 = \mathbb{R}$ 或 $\mathbb{Q}_p$, ψ_0 是刚刚定义的 F_0 的标准加法特征, 那么 ψ 的定义为

$$\psi(x) = \psi_0\left(\mathrm{Tr}_{F/F_0}(x)\right).$$

引理 9.2.2　设 ψ 是非 Archimedes 域 F 的加法特征, 则存在 $k\in\mathbb{Z}$ 使得 $\psi(\mathfrak{p}^k)=1$.

证明　选取 $1\in\mathbb{C}^1$ 的一个开邻域 U 使其不包含 $\mathbb{C}^1$ 的任何非平凡子群, 那么 $\psi^{-1}(U)$ 是 $0\in F$ 的开邻域, 所以它包含一个开子群 $\mathfrak{p}^k$, 故 $\psi(\mathfrak{p}^k)\subset U$. 而 $\psi(\mathfrak{p}^k)$ 是 $\mathbb{C}^1$ 的子群, 由 U 的条件知 $\psi(\mathfrak{p}^k)=1$.　□

定义 9.2.3　设 ψ 是非 Archimedes 域 F 的非平凡加法特征,
$$m:=\min\{k\in\mathbb{Z}\mid\psi(\mathfrak{p}^k)=1\}.$$
则称 $\mathfrak{p}^m$ 是 ψ 的**导子**.

注记 9.2.2　设 ψ 的导子是 $\mathfrak{p}^m$.

(1) 对于 $n\in\mathbb{Z}$, 因为 $\psi|_{\mathfrak{p}^n}$ 是 $\mathfrak{p}^n$ 的特征, 且 $\psi|_{\mathfrak{p}^n}\neq\mathbf{1}\Leftrightarrow n<m$, 所以
$$\int_{\mathfrak{p}^n}\psi(x)\,\mathrm{d}x=\begin{cases}\mathrm{vol}(\mathfrak{p}^n),&\text{若 }n\geqslant m,\\0,&\text{若 }n<m.\end{cases}$$

(2) 考虑命题 9.2.1 中由 ψ 诱导的同构 $F\to\widehat{F}$. 那么
$$\mathcal{O}^\perp=\{a\in F\mid\psi_a(\mathcal{O})=1\}=\{a\in F\mid a\mathcal{O}\subset\mathfrak{p}^m\}=\mathfrak{p}^m.$$

引理 9.2.3　设 ψ 是非 Archimedes 域 F 的标准加法特征, 则 ψ 的导子是 δ^{-1}, 其中 δ 是 F 相对于 $\mathbb{Q}_p$ 的差分.

证明　由标准加法特征的定义知

- 当 $F=\mathbb{Q}_p$ 时, ψ 的导子是 $\mathbb{Z}_p$;
- 对于一般的 F, ψ 的导子是满足 $\mathrm{Tr}_{F/\mathbb{Q}_p}(\mathfrak{p}^k)\subset\mathbb{Z}_p$ 的最大分式理想 $\mathfrak{p}^k$, 即为 δ^{-1}.　□

Schwartz-Bruhat 函数　我们需要一类分析性质良好的函数, 即 Schwartz-Bruhat 函数.

定义 9.2.4　对于函数 $f:F\to\mathbb{C}$,

- 如果 $F=\mathbb{R}$ 或 $F=\mathbb{C}$, f 是 Schwartz 函数;
- 如果 F 是非 Archimedes 域, f 是局部常值紧支函数;

就称 f 是 **Schwartz-Bruhat 函数**. 记 $\mathcal{S}(F)$ 为 Schwartz-Bruhat 函数空间.

注记 9.2.3　(1) $\mathbb{R}^n$ 上的 Schwartz 函数指的是急速下降的光滑函数 $f:\mathbb{R}^n\to\mathbb{C}$, 即
$$\sup_{x\in\mathbb{R}^n}|x^\alpha(\partial^\beta f)(x)|<\infty,\ \forall\alpha,\beta\in\mathbb{N}^n,$$
其中 $x^\alpha:=x_1^{\alpha_1}\cdots x_n^{\alpha_n}$, $\partial^\beta:=\partial_1^{\beta_1}\cdots\partial_n^{\beta_n}$. 将 $\mathbb{C}$ 等同于 $\mathbb{R}^2$, 则 $\mathbb{C}$ 上的 Schwartz 函数定义为 $\mathbb{R}^2$ 上的 Schwartz 函数.

(2) 如果 F 是非 Archimedes 域, 通常也记 $\mathcal{S}(F)$ 为 $C_c^\infty(F)$, 其中上标 "∞" 所代表的光滑性在此时理解为局部常值, 下标 "c" 仍是代表紧支的意思.

此时, 若 $f \in \mathcal{S}(F)$, 则存在有限多不相交的紧开子集 $\{K_i = a_i + \mathfrak{p}^{n_i}\}$ 使得 $f = \sum_i c_i \mathbf{1}_{K_i}$.

(3) Schwartz-Bruhat 函数具有非常好的分析性质, 基本无须担心它们在 F 上关于可积性、积分交换顺序等分析问题.

(4) $F^\times$ 可以作用在 $\mathcal{S}(F)$ 上. 设 $a \in F^\times$, $f \in \mathcal{S}(F)$, 定义 $f^a \in \mathcal{S}(F)$ 为

$$f^a(x) := f(ax).$$

Fourier 变换 由命题 9.2.1, F 是自对偶的, 并且有具体的同构 $\phi: F \to \widehat{F}$. 借助 ϕ, 我们重新叙述 Fourier 变换的定义.

定义 9.2.5 固定 F 的非平凡加法特征 ψ 与 Haar 测度 $\mathrm{d}x$. 对于 $f \in \mathcal{S}(F)$, 它的 **Fourier 变换** $\widehat{f}: F \to \mathbb{C}$ 定义为

$$\widehat{f}(y) = \int_F f(x)\psi(xy)\, \mathrm{d}x.$$

Fourier 变换依赖于 ψ 与 $\mathrm{d}x$ 的选取, 有时会用记号 $\widehat{f}_{\psi,\mathrm{d}x}$ 来精准表达.

引理 9.2.4 设 $a \in F^\times$, 则有
(1) $\widehat{(f^a)} = |a|^{-1}(\widehat{f})^{a^{-1}}$.
(2) $\widehat{f}_{\psi,|a|\mathrm{d}x} = |a|\widehat{f}_{\psi,\mathrm{d}x}$.
(3) $\widehat{f}_{\psi_a,\mathrm{d}x} = (\widehat{f}_{\psi,\mathrm{d}x})^a$.

证明 由定义立得. □

下面是一些特殊函数的 Fourier 变换.

引理 9.2.5 (1) 若 $F = \mathbb{R}$, 设 $\mathrm{d}x$ 是通常的 Lebesgue 测度, ψ 是标准加法特征, $f(x) = \mathrm{e}^{-\pi x^2}$, 则 $\widehat{f} = f$.

(2) 若 $F = \mathbb{C}$, 设 $\mathrm{d}z$ 是通常 Lebesgue 测度的两倍 (即 $\mathrm{d}z = 2\mathrm{d}x\mathrm{d}y$), ψ 是标准加法特征, $f(z) = \mathrm{e}^{-\pi|z|}$. 则 $\widehat{f} = f$.

请读者自行验证.

引理 9.2.6 设 F 是非 Archimedes 域, ψ 的导子是 $\mathfrak{p}^m$, 则特征函数 $\mathbf{1}_{a+\mathfrak{p}^n}$ 的 Fourier 变换是

$$\widehat{\mathbf{1}}_{a+\mathfrak{p}^n} = \mathrm{vol}(\mathcal{O}) \cdot q^{-n} \cdot \psi_a \cdot \mathbf{1}_{\mathfrak{p}^{m-n}}.$$

证明 根据定义,

$$\widehat{\mathbf{1}}_{a+\mathfrak{p}^n}(y) = \int_{a+\mathfrak{p}^n} \psi(xy)\, \mathrm{d}x$$

$$= \psi(ay)\int_{\mathfrak{p}^n} \psi(xy)\, \mathrm{d}x$$

$$= |\varpi|^n \psi(ay) \int_{\mathcal{O}} \psi(\varpi^n xy) \, \mathrm{d}x$$

$$= \begin{cases} \mathrm{vol}(\mathcal{O}) \cdot q^{-n} \cdot \psi(ay), & \text{若 } \varpi^n y\mathcal{O} \subset \mathfrak{p}^m, \\ 0, & \text{若 } \varpi^n y\mathcal{O} \supsetneq \mathfrak{p}^m. \end{cases}$$

结论得证. □

命题 9.2.2 Fourier 变换是 $\mathcal{S}(F)$ 到自身的双射.

证明 我们只需证明如下结论成立:

若 $f \in \mathcal{S}(F)$, 则 $\widehat{f} \in \mathcal{S}(F)$.

如果成立, 由 Fourier 反演知 (见定理 9.1.3 和注记 9.1.8), 存在 $c > 0$ 使得 $\widehat{\widehat{f}}(x) = cf(-x)$, 从而看出 Fourier 变换是双射.

如果 $F = \mathbb{R}$ 或 $\mathbb{C}$, 上述结论是 $\mathbb{R}^n$ 上 Fourier 分析的经典结果.

现在考虑非 Archimedes 域 F. 由于 $f \in \mathcal{S}(F)$ 是特征函数 $\mathbf{1}_{a+\mathfrak{p}^n}$ 的有限线性组合, 而由引理 9.2.6 知 $\widehat{\mathbf{1}}_{a+\mathfrak{p}^n} \in \mathcal{S}(F)$, 所以 $\widehat{f} \in \mathcal{S}(F)$. □

自对偶测度 最后我们看下 F 的自对偶测度的选取.

定义 9.2.6 设 $\mathrm{d}x$ 是 F 的 Haar 测度, ψ 是 F 的非平凡加法特征. 如果由它们定义的 Fourier 变换满足反演公式 $\widehat{\widehat{f}}(x) = f(-x)$, 就称 $\mathrm{d}x$ 相对于 ψ 是**自对偶**的, 有时记作 $\mathrm{d}_\psi x$.

引理 9.2.7 设 ψ 是 F 的标准加法特征, 则自对偶测度 $\mathrm{d}_\psi x$ 为

- 若 $F = \mathbb{R}$, $\mathrm{d}_\psi x$ 是通常的 Lebesgue 测度.
- 若 $F = \mathbb{C}$, $\mathrm{d}_\psi x$ 是通常 Lebesgue 测度的 2 倍.
- 若 F 是非 Archimedes 域, $\mathrm{d}_\psi x$ 满足 $\mathrm{vol}(\mathcal{O}, \mathrm{d}_\psi x) = \mathrm{N}(\delta)^{-1/2}$, 其中 N 是取分式理想的范数.

证明 与往常一样, 选取特殊的 f 进行验证即可.

- 若 $F = \mathbb{R}$, 选取 $f(x) = \mathrm{e}^{-\pi x^2}$, 可得 $\widehat{f} = f$.
- 若 $F = \mathbb{C}$, 选取 $f(z) = \mathrm{e}^{-\pi z\bar{z}}$, 可得 $\widehat{f} = f$.
- 若 F 是非 Archimedes 域, 选取 $f = \mathbf{1}_{\mathcal{O}}$. 此时 ψ 的导子是 $\delta^{-1} = \mathfrak{p}^m$. 由引理 9.2.6 知

$$\widehat{\mathbf{1}}_{\mathcal{O}} = \mathrm{vol}(\mathcal{O})\mathbf{1}_{\mathfrak{p}^m},$$

$$\widehat{\widehat{\mathbf{1}}}_{\mathcal{O}} = \mathrm{vol}(\mathcal{O})\widehat{\mathbf{1}}_{\mathfrak{p}^m} = \mathrm{vol}(\mathcal{O})^2|\varpi|^m \mathbf{1}_{\mathcal{O}} = \mathbf{1}_{\mathcal{O}}.$$

在以上三种情形, 我们均得到 $\widehat{f} = f$. 结合 $f(x) = f(-x)$ 知 $\widehat{\widehat{f}}(x) = f(-x)$. □

注记 9.2.4 (1) 从上述证明可以看出: 若设 ψ 是非 Archimedes 域 F 的非平凡加法特征, 并且它的导子是 $\mathfrak{p}^m$, 则自对偶测度 $\mathrm{d}_\psi x$ 满足

$$\mathrm{vol}(\mathcal{O}, \mathrm{d}_\psi x) = |\varpi|^{-m/2}.$$

(2) 若 $a \in F^\times$, 则 ψ_a 的导子是 $a^{-1}\mathfrak{p}^m$. 由此看出

$$\mathrm{d}_{\psi_a} x = |a|^{1/2} \mathrm{d}_\psi x.$$

(3) 结合引理 9.2.4 可知

$$\widehat{f}_{\psi_a, \mathrm{d}_{\psi_a} x} = |a|^{1/2} (\widehat{f}_{\psi, \mathrm{d}_\psi x})^a.$$

9.2.2 $F^\times$ 上的调和分析

测度 先看下 $F^\times$ 的 Haar 测度与 F 的 Haar 测度之间的关系.

设 $\mathrm{d}x$ 是 F 的 Haar 测度. 将 $\mathrm{d}x$ 看作 Radon 积分, 考虑 $\mathrm{d}x$ 在 $F^\times$ 上的限制, 即

$$C_c(F^\times) \longrightarrow \mathbb{C},$$

$$f \longmapsto \int_F f(x) \, \mathrm{d}x.$$

容易验证这是 Radon 积分, 所以 $\mathrm{d}x$ 是 $F^\times$ 的 Radon 测度. 那么由引理 9.2.1 可知

$$\mathrm{d}^\times x := \frac{\mathrm{d}x}{|x|}$$

是 $F^\times$ 的 Haar 测度, 即

$$f \in C_c(F^\times) \longmapsto \int_{F^\times} f(x) \, \mathrm{d}^\times x := \int_F f(x) \frac{1}{|x|} \, \mathrm{d}x$$

是对应的 Radon 积分, 且满足平移不变性.

引理 9.2.8 $\mathrm{vol}(\mathcal{O}^\times, \mathrm{d}^\times x) = (1 - q^{-1}) \mathrm{vol}(\mathcal{O}, \mathrm{d}x)$.

证明 我们有

$$\mathrm{vol}(\mathcal{O}^\times, \mathrm{d}^\times x) = \int_{\mathcal{O}^\times} \mathrm{d}^\times x$$

$$= \int_F \mathbf{1}_{\mathcal{O}^\times}(x) \frac{1}{|x|} \, \mathrm{d}x$$

$$= \int_{\mathcal{O}^\times} \mathrm{d}x$$

$$= \mathrm{vol}(\mathcal{O}^\times, \mathrm{d}x)$$

$$= \mathrm{vol}(\mathcal{O}, \mathrm{d}x) - \mathrm{vol}(\varpi\mathcal{O}, \mathrm{d}x)$$
$$= (1 - q^{-1})\mathrm{vol}(\mathcal{O}, \mathrm{d}x).$$

结论成立. □

特征 我们讨论下 $F^\times$ 的特征.

定义 9.2.7 (1) 对于局部域 F, 记
$$U := \{x \in F^\times \mid |x| = 1\}, \quad |F^\times| := \{|x| \mid x \in F^\times\}.$$

注意其中 U 是紧子群. 具体地,
- 若 $F = \mathbb{R}$, 则 $U = \{\pm 1\}, |F^\times| = \mathbb{R}^\times_{>0}$.
- 若 $F = \mathbb{C}$, 则 $U = \mathbb{C}^1, |F^\times| = \mathbb{R}^\times_{>0}$.
- 若 F 是非 Archimedes 域, 则 $U = \mathcal{O}^\times, |F^\times| = q^\mathbb{Z}$.

(2) 对于 $F^\times$ 的特征 χ, 若 $\chi|_U = 1$, 则称 χ 为**非分歧特征**.

非分歧通常是针对非 Archimedes 域情形定义的, 在这里统一处理是为了叙述方便.

我们有 LCA 群的短正合列
$$1 \longrightarrow U \longrightarrow F^\times \longrightarrow |F^\times| \longrightarrow 1.$$

引理 9.2.9 对于 $F^\times$ 的特征 χ, 它是非分歧的 $\Leftrightarrow$ 存在 $s \in \mathbb{C}$ 使得 $\chi = |\cdot|^s$.

证明留作练习.

推论 9.2.1 $F^\times$ 的任意特征 χ 均可写成 $\eta|\cdot|^s$ 的形式, 其中 η 是酉特征, $s \in \mathbb{C}$. 更进一步, χ 能唯一地写成 $\eta|\cdot|^\sigma$ 的形式, 其中 η 是酉特征, $\sigma \in \mathbb{R}$.

证明 考虑分解 $\chi = \dfrac{\chi}{|\chi|} \cdot |\chi|$, 则 $\eta = \dfrac{\chi}{|\chi|}$ 是酉特征, $|\chi|$ 是非分歧的, 所以存在 $s \in \mathbb{C}$ 使得 $|\chi| = |\cdot|^s$. 令 $\sigma = \mathrm{Re}(s) \in \mathbb{R}$, 则 $|\chi| = |\cdot|^\sigma$. 唯一性易见. □

定义 9.2.8 我们称推论 9.2.1 中的 $\sigma \in \mathbb{R}$ 为 χ 的**指数**, 常记作 $\mathrm{Re}(\chi)$.

推论 9.2.2 (1) $\mathbb{R}^\times$ 的特征均为
$$\chi_{a,s}(x) := x^{-a}|x|^s = \mathrm{sgn}(x)^a |x|^{s-1}$$
的形式, 其中 $\mathrm{sgn}(x) = \dfrac{x}{|x|}$, $a = 0$ 或 1, $s \in \mathbb{C}$.

(2) $\mathbb{C}^\times$ 的特征均为
$$\chi_{a,b,s}(z) := z^{-a}\overline{z}^{-b}|z|^s$$
的形式, 其中 $a, b \in \mathbb{Z}$ 且 $\min\{a, b\} = 0$, $s \in \mathbb{C}$.

证明留作练习.

引理 9.2.10 设 F 是非 Archimedes 域, χ 是 $F^\times$ 的特征. 则存在 $k \in \mathbb{Z}_{\geq 0}$ 使得 $\chi(1 + \mathfrak{p}^k) = 1$, 其中 $1 + \mathfrak{p}^0 := \mathcal{O}^\times$.

证明 与引理 9.2.2 的证明相仿, 留作练习. □

定义 9.2.9 设 F 是非 Archimedes 域, χ 是 $F^\times$ 的特征. 记

$$\mathrm{Cond}(\chi) := \min\{k \in \mathbb{Z}_{\geqslant 0} \mid \chi(1 + \mathfrak{p}^k) = 1\},$$

称作 χ 的**导子**.

L-因子 L-级数, 或称 L-函数, 是局部 L-因子的乘积. 在此定义 $\chi \in \mathcal{X}(F^\times)$ 所对应的 L-因子. 我们先回忆下其中会涉及的 Γ-函数. 对于 $s \in \mathbb{C}$, 积分

$$\Gamma(s) := \int_0^\infty e^{-t} t^{s-1} \, dt$$

在 $\mathrm{Re}(s) > 0$ 处绝对收敛, 并且是解析函数. 它具有以下性质:

- 有函数方程 $\Gamma(s+1) = s\Gamma(s)$,
- $\Gamma(s)$ 可以亚纯延拓至复平面, 在 $-n \in \mathbb{Z}_{\leqslant 0}$ 处有单极点, 留数是 $\dfrac{(-1)^n}{n!}$, 在其余处解析,
- $\Gamma(s)$ 没有零点,
- 对于 $n \in \mathbb{N}$, $\Gamma(n) = (n-1)!$,
- $\Gamma(1/2) = \sqrt{\pi}$.

定义 9.2.10 设 χ 是 $F^\times$ 的特征, 它的**局部 L-因子** $L(\chi)$ 定义如下:

- 若 $F = \mathbb{R}$, $\chi = \chi_{a,s}$, 则

$$L(\chi) := \Gamma_\mathbb{R}(s),$$

其中

$$\Gamma_\mathbb{R}(s) := \pi^{-s/2} \Gamma(s/2).$$

- 若 $F = \mathbb{C}$, $\chi = \chi_{a,b,s}$, 则

$$L(\chi) := \Gamma_\mathbb{C}(s),$$

其中

$$\Gamma_\mathbb{C}(s) := 2(2\pi)^{-s} \Gamma(s).$$

- 若 F 是非 Archimedes 域, 则

$$L(\chi) := \begin{cases} (1 - \chi(\varpi))^{-1}, & \text{若 } \chi \text{ 非分歧}, \\ 1, & \text{若 } \chi \text{ 分歧}. \end{cases}$$

对于以上三种情形, 若 $s \in \mathbb{C}$, 定义

$$L(s, \chi) := L(\chi | \cdot |^s),$$

同样称作 χ 的**局部 L-因子**.

9.3 Adele 和 idele

在本节, 设 F 是数域. 对于 F 的素位 v, 记 F_v 为 F 在此处的局部域, $|\cdot|_v$ 为相应的规范化绝对值. 若 v 是非 Archimedes 的, 记 $\mathfrak{p}_v \subset \mathcal{O}_F$ 为对应的素理想, $\mathcal{O}_v$ 为 F_v 的赋值环, $\mathfrak{m}_v$ 为 $\mathcal{O}_v$ 的极大理想, $q_v = |\mathcal{O}_v/\mathfrak{m}_v|$.

9.3.1 Adele 和 idele

我们首先介绍 adele 和 idele 的定义和基本性质.

Adele 将以下具体资料代入限制直积的构造 (见定义 9.1.8):

$$J = \{F \text{ 的素位 } v\},$$
$$J_\infty = \{v \in J \mid v \mid \infty\},$$
$$G_v = F_v, \ \forall v \in J,$$
$$H_v = \mathcal{O}_v, \ \forall v < \infty,$$

便得到了 adele.

<u>**定义 9.3.1**</u> 数域 F 的 **adele 群** $\mathbb{A}_F$ 是以上资料的限制直积, 即

$$\mathbb{A}_F = {\prod_v}' F_v = \left\{ x \in \prod_v F_v \mid \text{对于几乎所有的 } v \text{ 有 } x_v \in \mathcal{O}_v \right\}.$$

在无歧义时, 我们简记它为 $\mathbb{A}$. 容易看出 $\mathbb{A}$ 按照分量乘法具有环结构, 并且在限制直积拓扑下是一个拓扑环, 所以经常称 $\mathbb{A}$ 为 **adele 环**.

若 $S \supset J_\infty$ 是 J 的有限集, 则有 S-adele 环

$$\mathbb{A}_S = \mathbb{A}_{F,S} := \prod_{v \in S} F_v \times \prod_{v \notin S} \mathcal{O}_v.$$

特别地, 记

$$\mathbb{A}_\infty = \mathbb{A}_{F,\infty} := \mathbb{A}_{F,J_\infty}.$$

为了方便, 记

$$F_\infty := \prod_{v \mid \infty} F_v,$$

那么 $\mathbb{A}_\infty = F_\infty \times \prod_{v < \infty} \mathcal{O}_v$. 注意有关系

$$\mathbb{A} = \bigcup_S \mathbb{A}_S = \varinjlim_S \mathbb{A}_S.$$

若 $x \in F$, 则对于几乎所有的 v 有 $x \in \mathcal{O}_v$, 所以在对角嵌入

$$F \longrightarrow \mathbb{A},$$

$$x \longmapsto (x, x, \cdots)$$

下, 我们将 F 视作 $\mathbb{A}$ 的子群.

命题 9.3.1 (1) $F \cap \mathbb{A}_\infty = \mathcal{O}_F$.

(2) $F + \mathbb{A}_\infty = \mathbb{A}$.

(3) F 是 $\mathbb{A}$ 的离散子群.

(4) 商群 $\mathbb{A}/F$ 是紧的.

证明 (1) 显然.

(2) 即证明: 对任意 $(x_v) \in \mathbb{A}$, 存在 $x \in F$ 使得 $(x - x_v) \in \mathbb{A}_\infty$. 首先, 选取非零元 $y \in \mathcal{O}_F$ 使得 $(yx_v) \in \mathbb{A}_\infty$. 设

$$y\mathcal{O}_F = \prod_{v \in S} \mathfrak{p}_v^{e_v}, \ e_v \geqslant 1.$$

那么对于 $v \in J \setminus (J_\infty \cup S)$, 有 $y \in \mathcal{O}_v^\times$, 并且此时 $x_v \in \mathcal{O}_v$. 由中国剩余定理, 存在 $x \in \mathcal{O}_F$ 使得

$$x \equiv yx_v \pmod{\mathfrak{p}_v^{e_v}}, \ \forall v \in S.$$

由此可知 $\dfrac{x}{y} - x_v \in \mathcal{O}_v$ 对所有 $v \in J \setminus J_\infty$ 成立, 即 $\left(\dfrac{x}{y} - x_v\right) \in \mathbb{A}_\infty$.

(3) 只需说明存在 $0 \in \mathbb{A}$ 的开邻域 U 使得 $F \cap U = \{0\}$. 令

$$U = \prod_{v|\infty} \{a_v \in F_v| \ |a_v|_v < 1\} \times \prod_{v<\infty} \mathcal{O}_v.$$

若 $x = (x_v) \in U$, 则 $\prod_v |x_v|_v < 1$. 所以由乘积公式知, 如果 $x \in F \cap U$, 只能是 $x = 0$.

(4) 如果能构造出 $\mathbb{A}$ 中的紧集 Ω 使得 $\mathbb{A} = \Omega + F$, 则 $\mathbb{A}/F$ 等于 Ω 在商映射 $\mathbb{A} \to \mathbb{A}/F$ 下的像, 由此可知 $\mathbb{A}/F$ 是紧的. 由结论 (2) 知投影映射

$$\varphi : \mathbb{A}_\infty \longrightarrow \mathbb{A}/F$$

是满射, 并且 $\mathrm{Ker}(\varphi) = F \cap \mathbb{A}_\infty = \mathcal{O}_F$. 因此

$$\mathbb{A}/F \cong \mathbb{A}_\infty/\mathcal{O}_F \cong (F_\infty/\mathcal{O}_F) \times \prod_{v<\infty} \mathcal{O}_v.$$

又因为 $\mathcal{O}_F$ 是 F_∞ 中的满格 (见命题 4.1.3), 所以存在紧集 $Y \subset F_\infty$ 使得

$$F_\infty = Y + \mathcal{O}_F.$$

例如，可取 $Y = \overline{D}_\infty$，其中 D_∞ 是满格 $\mathcal{O}_F$ 的基本区域，那么紧集

$$\Omega = Y \times \prod_{v < \infty} \mathcal{O}_v$$

满足 $\mathbb{A} = \Omega + F$. □

Idele

<u>定义 9.3.2</u>   我们将 adele 环 $\mathbb{A}_F$ 的单位群 $\mathbb{A}_F^\times$ 称作 F 的 **idele 群**，简记为 $\mathbb{A}^\times$.

<u>引理 9.3.1</u> $\mathbb{A}^\times$ 是 $\{F_v^\times\}_{v \in J}$ 相对于 $\{\mathcal{O}_v^\times\}_{v<\infty}$ 的限制直积，即

$$\mathbb{A}^\times = {\prod_v}' F_v^\times = \left\{ x \in \prod_v F_v^\times \;\middle|\; 对于几乎所有的 \; v \; 有 \; x_v \in \mathcal{O}_v^\times \right\}.$$

证明   若 $x = (x_v) \in \prod' F_v^\times \subset \mathbb{A}$，则 $x^{-1} = (x_v^{-1}) \in \mathbb{A}$，所以 $x \in \mathbb{A}^\times$. 反之，如果 $x = (x_v) \in \mathbb{A}$ 且 $x^{-1} = (x_v^{-1}) \in \mathbb{A}$，则对于几乎所有的素位 v 有 $x_v \in \mathcal{O}_v$ 和 $x_v^{-1} \in \mathcal{O}_v$. 因此 $x = (x_v) \in \prod' F_v^\times$. □

<u>定义 9.3.3</u>   我们规定 $\mathbb{A}^\times$ 上的拓扑是限制直积拓扑，所以 $\mathbb{A}^\times$ 是 LCA 群.

注记 9.3.1 $\mathbb{A}^\times$ 是 $\mathbb{A}$ 的子集，所以它还有由 $\mathbb{A}$ 诱导的子空间拓扑，然而这个拓扑并不好. 这是一个一般性的现象：对拓扑环 R 而言，$R^\times$ 在子空间拓扑下往往不是拓扑群，问题出在逆映射 $x \mapsto x^{-1}$ 不是连续映射.

<u>引理 9.3.2</u>   自然映射

$$\varphi : \mathbb{A}^\times \longrightarrow \mathbb{A} \times \mathbb{A},$$

$$x \longmapsto (x, x^{-1})$$

建立了 $\mathbb{A}^\times$ 与 $\varphi(\mathbb{A}^\times)$ 之间作为拓扑群的同构，其中 $\varphi(\mathbb{A}^\times)$ 上的拓扑是由 $\mathbb{A} \times \mathbb{A}$ 诱导的子空间拓扑.

证明留作练习.

设 $x = (x_v) \in \mathbb{A}^\times$. 因为对于几乎所有的 v 有 $|x_v|_v = 1$，所以

$$|x| := \prod_v |x_v|_v \subset \mathbb{R}_{>0}^\times$$

是定义良好的，称之为 x 的**绝对值**. 记

$$\mathbb{A}^1 = \mathbb{A}_F^1 := \{x \in \mathbb{A}^\times \mid |x| = 1\}.$$

正如 F 可以对角嵌入 $\mathbb{A}$，显然 $F^\times$ 可以对角嵌入 $\mathbb{A}^\times$. 那么由乘积公式知 $F^\times \subset \mathbb{A}^1$.

设 Cl_F 是 F 的类群，则有 $\mathbb{A}^1 / F^\times$ 到 Cl_F 的自然同态

$$\varphi : \mathbb{A}^1 / F^\times \longrightarrow \mathrm{Cl}_F,$$

$$[x] \longmapsto \left[\prod_{v<\infty} \mathfrak{p}_v^{\mathrm{ord}_v(x_v)}\right].$$

引理 9.3.3 同态 φ 是满射, 并且

$$\mathrm{Ker}(\varphi) = \left(F_\infty^1 \times \prod_{v<\infty} \mathcal{O}_v^\times\right) \Big/ \mathcal{O}_F^\times,$$

其中

$$F_\infty^1 := \left\{x \in F_\infty^\times \ \Big|\ \prod_{v|\infty} |x_v|_v = 1\right\}, \quad F_\infty^\times := \prod_{v|\infty} F_v^\times.$$

证明 由素理想分解定理易见 φ 是满射. 显然 $\left(F_\infty^1 \times \prod_{v<\infty} \mathcal{O}_v^\times\right)/\mathcal{O}_F^\times \subset \mathrm{Ker}(\varphi)$. 若 $[x] \in \mathrm{Ker}(\varphi)$, 则存在 $\alpha \in F^\times$ 使得

$$(\alpha) = \prod_{v<\infty} \mathfrak{p}_v^{\mathrm{ord}_v(x_v)},$$

即 $\mathrm{ord}_v(\alpha) = \mathrm{ord}_v(x_v), \forall v < \infty$. 所以 $\alpha^{-1} x \in F_\infty^1 \times \prod_{v<\infty} \mathcal{O}_v^\times$, 从而说明 $\mathrm{Ker}(\varphi) \subset \left(F_\infty^1 \times \prod_{v<\infty} \mathcal{O}_v^\times\right)/\mathcal{O}_F^\times$. □

命题 9.3.2 (1) $F^\times$ 是 $\mathbb{A}^\times$ 的离散子群.
(2) 商群 $\mathbb{A}^1/F^\times$ 是紧的.

证明 (1) 考虑引理 9.3.2 中的映射 φ, 则 $\varphi(F^\times) \subset F \times F$, 而后者是 $\mathbb{A} \times \mathbb{A}$ 的离散子群. 所以 $\varphi(F^\times)$ 是 $\varphi(\mathbb{A}^\times)$ 的离散子群. 由引理 9.3.2 可得结论.

(2) 由引理 9.3.3 知, $\varphi : \mathbb{A}^1/F^\times \to \mathrm{Cl}_F$ 是满射, 并且 Cl_F 是有限群, 所以只需要证明 $\mathrm{Ker}(\varphi)$ 是紧群. 而

$$\mathrm{Ker}(\varphi) = \left(F_\infty^1 \times \prod_{v<\infty} \mathcal{O}_v^\times\right) \Big/ \mathcal{O}_F^\times \cong (F_\infty^1/\mathcal{O}_F^\times) \times \coprod_{v<\infty} \mathcal{O}_v^\times,$$

所以只需要证明 $F_\infty^1/\mathcal{O}_F^\times$ 是紧群. 在之前证明 Dirichlet 单位定理时, 我们引入了连续态射 (以下采用本节的记号)

$$\log : F_\infty^1 \longrightarrow \mathbb{R}^{r+s},$$
$$(x_v) \longmapsto (\log|x_v|_v),$$

其中 r 是实素位的个数, s 是复素位的个数. 注意 $\log$ 的像和核分别是

$$\mathrm{Im}(\log) = H = \left\{(x_i) \in \mathbb{R}^{r+s} \ \Big|\ \sum_{i=1}^{r+s} x_i = 0\right\},$$

$$\mathrm{Ker}(\log) = \{\pm 1\}^r \times (\mathbb{C}^1)^s.$$

而 $\mathcal{O}_F^\times \cap \mathrm{Ker}(\log) = \mu_F$, 其中 μ_F 是 F 的单位根群. 所以

$$F_\infty^1/\mathcal{O}_F^\times \cong \left(\{\pm 1\}^r \times (\mathbb{C}^1)^s/\mu_F\right) \times \left(H/\log(\mathcal{O}_F^\times)\right).$$

显然 $\{\pm 1\}^r \times (\mathbb{C}^1)^s/\mu_F$ 是紧群. 由命题 4.2.3, $\log(\mathcal{O}_F^\times)$ 是 H 的满格, 所以 $H/\log(\mathcal{O}_F^\times)$ 也是紧的. 综上可见 $F_\infty^1/\mathcal{O}_F^\times$ 是紧群, 进而结论 (2) 成立. □

注记 9.3.2 从证明可以看出, $\mathbb{A}^1/F^\times$ 为紧群这一结论是很深刻的, 它基本上是类数有限定理和 Dirichlet 单位定理的结合.

9.3.2　Adele 上的调和分析

加法特征　与局部域时一样, 我们称 $\mathbb{A}$ 的酉特征为**加法特征**. 直接应用命题 9.1.5, 可得下述推论.

推论 9.3.1　有同构

$$\widehat{\mathbb{A}} \cong \prod_v{}'(\widehat{F_v}, \mathcal{O}_v^\perp),$$

$$\psi \longmapsto (\psi|_{F_v}),$$

$$\prod \psi_v \longleftarrow (\psi_v).$$

对每一个素位 v, 令 ψ_v 是 F_v 的标准加法特征. 若 $v < \infty$, 由引理 9.2.3 知, ψ_v 的导子是 δ_v^{-1}, 其中 δ_v 是 F_v 相对于 $\mathbb{Q}_p$ 的差分, 所以 $\psi_v \in \mathcal{O}_v^\perp$. 令

$$\psi = \prod_v \psi_v \in \widehat{\mathbb{A}},$$

称为 $\mathbb{A}$ 的**标准加法特征**.

命题 9.3.3　标准加法特征 ψ 满足 $\psi|_F = \mathbf{1}$.

证明　考虑映射

$$\mathrm{Tr}_{\mathbb{A}/\mathbb{A}_\mathbb{Q}} : \mathbb{A} \longrightarrow \mathbb{A}_\mathbb{Q},$$

$$(x_v) \longmapsto (y_p), \ y_p := \sum_{v|p} \mathrm{Tr}_{F_v/\mathbb{Q}_p}(x_v), \ \forall p \leqslant \infty.$$

不难看出 $\mathrm{Tr}_{\mathbb{A}/\mathbb{A}_\mathbb{Q}}|_F = \mathrm{Tr}_{F/\mathbb{Q}}$. 设 ψ_0 是 $\mathbb{A}_\mathbb{Q}$ 的标准加法特征, 那么依照 ψ 的定义, 有

$$\psi = \psi_0 \circ \mathrm{Tr}_{\mathbb{A}/\mathbb{A}_\mathbb{Q}}.$$

所以只需证明 $\psi_0|_{\mathbb{Q}} = 1$. 设 $x \in \mathbb{Q}$, 则可将其写成

$$x = y + \sum_{i=1}^{k} \frac{a_i}{p_i^{b_i}},$$

其中这些 p_i 是素数, $1 \leqslant a_i \leqslant p_i^{b_i} - 1$, y 是整数. 那么由定义知

$$\psi_0(x) = \mathrm{e}^{-2\pi \mathrm{i} x} \prod_{i=1}^{k} \mathrm{e}^{2\pi \mathrm{i} a_i / p_i^{b_i}} = \mathrm{e}^{-2\pi \mathrm{i} y} = 1.$$

结论得证. $\square$

在局部情形, 命题 9.2.1 建立了同构 $F_v \to \widehat{F}_v$. 对于 adele 环, 仍然有类似的结论. 设 $a \in \mathbb{A}$, 易见

$$\psi_a : \mathbb{A} \longrightarrow \mathbb{C}^1,$$

$$x \longmapsto \psi(ax)$$

也是 $\mathbb{A}$ 的加法特征.

命题 9.3.4 设 ψ 是 $\mathbb{A}$ 的标准加法特征, 则映射

$$\phi : \mathbb{A} \longrightarrow \widehat{\mathbb{A}},$$

$$a \longmapsto \psi_a$$

是 LCA 群之间的同构.

证明 对每一个素位 v, 命题 9.2.1 表明

$$\phi_v : F_v \longrightarrow \widehat{F}_v,$$

$$a_v \longmapsto \psi_{v, a_v}$$

是 LCA 群之间的同构. 在此同构下, 对于 $v < \infty$, 由注记 9.2.2 知 $\mathcal{O}_v^{\perp} = \delta_v^{-1}$. 所以对于几乎所有的 v 有 $\mathcal{O}_v^{\perp} = \mathcal{O}_v$. 因此得到同构

$$\phi = \prod_v \phi_v : \mathbb{A} = {\prod_v}'(F, \mathcal{O}_v) \xrightarrow{\cong} {\prod_v}'(\widehat{F}_v, \mathcal{O}_v^{\perp}) \xrightarrow{\cong} \widehat{\mathbb{A}}.$$

结论成立. $\square$

命题 9.3.5 在同构映射 $\phi : \mathbb{A} \to \widehat{\mathbb{A}}$ 下, $\phi(F) = F^{\perp} = \widehat{\mathbb{A}/F}$.

证明 通过 ϕ 将 $\mathbb{A}$ 与 $\widehat{\mathbb{A}}$ 等同. 由命题 9.3.3 知 $F \subset F^{\perp}$. 若 $\psi_a|_F = 1$, 则

$$\psi_{\gamma a}|_F = 1, \ \forall \gamma \in F.$$

所以 $F^\perp$ 是 F-向量空间. 又因为 $\mathbb{A}/F$ 是紧群 (命题 9.3.1), 所以 $F^\perp = \widehat{\mathbb{A}/F}$ 是离散的. 从而 $F^\perp/F$ 是紧群 $\mathbb{A}/F$ 的离散子群, 那么 $F^\perp/F$ 是有限群. 而 $F^\perp/F$ 又是 F-向量空间, 因此只能有 $F^\perp/F = \{0\}$, 即 $F^\perp = F$. □

测度 由引理 9.1.8 和定义 9.1.10 知, 我们只需在每个 F_v 上选择 Haar 测度 $\mathrm{d}x_v$, 并使其满足对于几乎所有的 v 有 $\mathrm{vol}(\mathcal{O}_v, \mathrm{d}x_v) = 1$, 那么就能得到 $\mathbb{A}$ 的一个 Haar 测度 $\mathrm{d}x = \prod \mathrm{d}x_v$. 现在我们规定每个 $\mathrm{d}x_v$ 的选取方式:

- 令 $\mathrm{d}x_v$ 是关于标准加法特征 ψ_v 的自对偶测度 (见引理 9.2.7),
- 令 $\mathrm{d}x = \prod \mathrm{d}x_v$.

此时 $\mathrm{vol}(\mathcal{O}_v, \mathrm{d}x_v) = \mathrm{N}(\delta_v)^{-1/2}$, 所以对于几乎所有的 v 有 $\mathrm{vol}(\mathcal{O}_v, \mathrm{d}x_v) = 1$, 因此满足要求.

有 LCA 群的短正合列

$$0 \longrightarrow F \longrightarrow \mathbb{A} \longrightarrow \mathbb{A}/F \longrightarrow 0,$$

并且 F 是 $\mathbb{A}$ 的离散子群. 我们规定:

- 取 F 的 Haar 测度为计数测度,
- $\mathbb{A}/F$ 的 Haar 测度为相应的商测度 $\mathrm{d}\overline{x}$.

命题 9.3.6 $\mathrm{vol}(\mathbb{A}/F, \mathrm{d}\overline{x}) = 1$.

证明 按照此时商测度的定义, 只需证明 $\mathbb{A}/F$ 的基本区域 $D \subset \mathbb{A}$ 满足 $\mathrm{vol}(D, \mathrm{d}x) = 1$. 在命题 9.3.1 的证明中, 我们已经得到

$$\mathbb{A}/F \cong (F_\infty/\mathcal{O}_F) \times \prod_{v<\infty} \mathcal{O}_v.$$

所以 $\mathbb{A}/F$ 的基本区域 D 可以选择为 $D_\infty \times \prod_{v<\infty} \mathcal{O}_v$, 其中 $D_\infty \subset F_\infty$ 是 $F_\infty/\mathcal{O}_F$ 的基本区域. 由命题 4.1.3 知

$$\mathrm{vol}(D_\infty) = |\Delta_F|^{1/2},$$

注意此时 $\mathbb{C}$ 的测度为 $2\mathrm{d}x\mathrm{d}y$. 所以

$$\mathrm{vol}(D) = \mathrm{vol}(D_\infty) \prod_{v<\infty} \mathrm{vol}(\mathcal{O}_v) = |\Delta_F|^{1/2} \prod_{v<\infty} \mathrm{N}(\delta_v)^{-1/2} = 1.$$

结论成立. □

注记 9.3.3 由命题 9.3.5, $\widehat{\mathbb{A}/F} = F$. 由推论 9.1.1 可知, $\mathbb{A}/F$ 的 Haar 测度 $\mathrm{d}\overline{x}$ 与 F 的计数测度互为对偶测度.

函数与 Fourier 变换 我们已定义局部域 F_v 上的 Schwartz-Bruhat 函数空间 $\mathcal{S}(F_v)$, 它具有非常好的分析性质. 我们按照引理 9.1.11 的方式将它们 "粘合" 成 $\mathbb{A}$ 上的函数空间.

定义 9.3.4 我们定义 $\mathbb{A}$ 上的 **Schwartz-Bruhat** 函数空间为限制张量积

$$\mathcal{S}(\mathbb{A}) := \bigotimes_{v \in J}{}' \mathcal{S}(F_v),$$

即由

$$\{f = \otimes f_v \mid \forall v, f_v \in \mathcal{S}(F_v); \text{ 对几乎所有的 } v, f_v = \mathbf{1}_{\mathcal{O}_v}\}$$

张成的函数空间. 这些生成元 $f = \otimes f_v$ 被称作**可分解的**, 它们在 $\mathbb{A}$ 上的取值是 $f(x) = \prod f_v(x_v)$.

我们已固定 $\mathbb{A}$ 的加法特征 ψ 和测度 $\mathrm{d}x$. 与局部情形一样, 可借助同构 $\mathbb{A} \to \widehat{\mathbb{A}}$ 重述 Fourier 变换的定义.

定义 9.3.5 对于 $f \in \mathcal{S}(\mathbb{A})$, 它的 **Fourier 变换** $\widehat{f}: \mathbb{A} \to \mathbb{C}$ 定义为

$$\widehat{f}(y) = \int_{\mathbb{A}} f(x)\psi(xy)\,\mathrm{d}x.$$

设 $f = \otimes f_v \in \mathcal{S}(\mathbb{A})$ 是可分解的, 则 $\widehat{f_v} \in \mathcal{S}(F_v)$, 并且对几乎所有的 v 有 $\widehat{f_v} = \mathbf{1}_{\mathcal{O}_v}$. 所以由引理 9.1.11可知 $\widehat{f} = \otimes \widehat{f_v} \in \mathcal{S}(\mathbb{A})$. 对于一般的 $f \in \mathcal{S}(\mathbb{A})$, 因为它是可分解的 Schwartz-Bruhat 函数的线性组合, 所以 $\widehat{f} \in \mathcal{S}(\mathbb{A})$. 又因为 $\mathrm{d}x = \prod \mathrm{d}x_v$, 且每个 $\mathrm{d}x_v$ 都是关于 ψ_v 的自对偶测度, 所以仍由引理 9.1.11 可知 $\mathrm{d}x$ 是关于 ψ 的自对偶测度, 即

$$\widehat{\widehat{f}}(x) = f(-x).$$

Poisson 求和

命题 9.3.7 设 $f \in \mathcal{S}(\mathbb{A})$, 则无穷级数 $\sum_{\gamma \in F} f(x + \gamma)$ 在紧集上绝对一致收敛.

证明 对于 $\mathbb{A}$ 的任意紧集, 由引理 9.1.5, 存在更大的紧集 $K = \prod K_v$ 包含它, 其中 $K_v \subset F_v$ 是紧集, 且对于几乎所有的 v 有 $K_v = \mathcal{O}_v$. 所以只需证明 $\sum_{\gamma \in F} f(x + \gamma)$ 在 K 上绝对一致收敛. 可假设 $f = \otimes f_v$ 是可分解的. 此时

$$\sum_{\gamma \in F} f(x + \gamma) = \sum_{\gamma \in F} \prod f_v(x_v + \gamma).$$

注意对于所有的 $v < \infty$, $\mathrm{Supp}(f_v)$ 都是紧集, 并且对于几乎所有的 v 有 $\mathrm{Supp}(f_v) = \mathcal{O}_v$. 所以存在依赖于 K_v 和 $\mathrm{Supp}(f_v)$ 的常数 $c_v > 0$ 使得

$$\{\gamma \in F \mid (K_v + \gamma) \cap \mathrm{Supp}(f_v) \neq \varnothing, \forall v < \infty\} \subset \{\gamma \in F \mid |\gamma|_v \leqslant c_v, \forall v < \infty\},$$

并且对于几乎所有的 v 有 $c_v = 1$. 根据素理想分解定理, 存在 F 的分式理想 J 使得

$$J = \{\gamma \in F \mid |\gamma|_v \leqslant c_v, \forall v < \infty\},$$

从而
$$\sum_{\gamma \in F} f(x+\gamma) = \sum_{\gamma \in J} \prod f_v(x_v+\gamma).$$

令
$$M = \prod_{v<\infty} \sup\{|f_v(x_v)| \mid x_v \in F_v\}.$$

则
$$\sum_{\gamma \in F} |f(x+\gamma)| \leqslant M \sum_{\gamma \in J} \prod_{v\mid\infty} |f_v(x_v+\gamma)|.$$

因为 $\prod_{v\mid\infty} f_v$ 是 F_∞ 上的 Schwartz 函数, 所以它是急速下降的. 而 J 是 F_∞ 中的满格, 由分析学的知识易知 $\sum_{\gamma \in J} \prod_{v\mid\infty} |f_v(x_v+\gamma)|$ 在紧集 $\prod_{v\mid\infty} K_v$ 上一致收敛, 从而得出 $\sum_{\gamma \in F} f(x+\gamma)$ 在 K 上绝对一致收敛. □

定理 9.3.1 (Poisson 求和公式) 设 $f \in \mathcal{S}(\mathbb{A})$, 则有
$$\sum_{\gamma \in F} f(\gamma) = \sum_{\gamma \in F} \widehat{f}(\gamma).$$

证明 设 $D \subset \mathbb{A}$ 是 $\mathbb{A}/F$ 的基本区域. 令
$$g(x) = \sum_{\gamma \in F} f(x+\gamma).$$

由命题 9.3.7, g 是 D 上的连续函数, 并且也可看作紧群 $\mathbb{A}/F$ 上的连续函数. 我们将利用 g 的 Fourier 反演来证明定理的结论. 通过标准加法特征 ψ, 有等同关系
$$F = \widehat{\mathbb{A}/F},$$
$$a \longmapsto \psi_a.$$

所以 g 的 Fourier 变换 $\widehat{g}: F \to \mathbb{C}$ 可定义为
$$\widehat{g}(a) := \int_{\mathbb{A}/F} g(x)\psi(ax)\,\mathrm{d}\overline{x} = \int_D g(x)\psi(ax)\,\mathrm{d}x.$$

代入 g 的定义, 则有
$$\widehat{g}(a) = \int_D \left(\sum_{\gamma \in F} f(x+\gamma)\right)\psi(ax)\,\mathrm{d}x.$$

由命题 9.3.7, 我们可以交换积分与求和顺序得到
$$\widehat{g}(a) = \sum_{\gamma \in F} \int_D f(x+\gamma)\psi(ax)\,\mathrm{d}x$$

$$= \sum_{\gamma \in F} \int_D f(x+\gamma)\psi(a(x+\gamma))\,\mathrm{d}x$$

$$= \sum_{\gamma \in F} \int_{D+\gamma} f(x)\psi(ax)\,\mathrm{d}x$$

$$= \int_{\mathbb{A}} f(x)\psi(ax)\,\mathrm{d}x$$

$$= \widehat{f}(a).$$

因为 $\mathbb{A}/F$ 的商测度与 F 的计数测度互为对偶测度, 所以应用 Fourier 反演可得到

$$g(x) = \widehat{\widehat{g}}(-x) = \sum_{\gamma \in F} \widehat{g}(\gamma)\psi(-\gamma x),$$

即

$$\sum_{\gamma \in F} f(x+\gamma) = \sum_{\gamma \in F} \widehat{f}(\gamma)\psi(-\gamma x).$$

令 $x = 0$ 得到结论. □

推论 9.3.2 设 $f \in \mathcal{S}(\mathbb{A})$, $a \in \mathbb{A}^\times$, 则有

$$\sum_{\gamma \in F} f(a\gamma) = |a|^{-1} \sum_{\gamma \in F} \widehat{f}(a^{-1}\gamma).$$

证明 令 $f^a \in \mathcal{S}(\mathbb{A})$ 为 $f^a(x) = f(ax)$. 与局部域时相同 (引理 9.2.4), 有

$$\widehat{f^a}(x) = |a|^{-1}\widehat{f}(a^{-1}x).$$

对 f^a 应用 Poisson 求和公式可得结论. □

9.3.3 Idele 上的调和分析

测度 我们已取定局部域 F_v 的 Haar 测度 $\mathrm{d}x_v$, 它对几乎所有的素位 v 满足 $\mathrm{vol}(\mathcal{O}_v, \mathrm{d}x_v) = 1$, 从而可得到 $\mathbb{A}$ 的 Haar 测度 $\mathrm{d}x = \prod_v \mathrm{d}x_v$. 根据引理 9.2.8, 若令 $\mathrm{d}^\times x_v = \dfrac{\mathrm{d}x_v}{|x_v|_v}$, 则它是 $F_v^\times$ 的 Haar 测度, 但此时

$$\mathrm{vol}(\mathcal{O}_v^\times, \mathrm{d}^\times x_v) = (1 - q_v^{-1})\mathrm{vol}(\mathcal{O}_v, \mathrm{d}x_v).$$

为了使得对几乎所有的素位 v 有 $\mathrm{vol}(\mathcal{O}_v^\times) = 1$, 我们按如下方式选取 Haar 测度:

- 对于 $v \mid \infty$, 令 $\mathrm{d}^\times x_v = \dfrac{\mathrm{d}x_v}{|x_v|_v}$;
- 对于 $v < \infty$, 令 $\mathrm{d}^\times x_v = (1 - q_v^{-1})^{-1}\dfrac{\mathrm{d}x_v}{|x_v|_v}$, 此时

$$\mathrm{vol}(\mathcal{O}_v^\times, \mathrm{d}^\times x_v) = \mathrm{vol}(\mathcal{O}_v, \mathrm{d}x) = \mathrm{N}(\delta_v)^{-1/2}.$$

- 令 $\mathrm{d}^\times x = \prod_v \mathrm{d}^\times x_v$, 得到 $\mathbb{A}^\times$ 的 Haar 测度.

$\mathbb{A}^\times$ 上的绝对值映射 $|\cdot|$ 诱导了 LCA 群的短正合列

$$1 \longrightarrow \mathbb{A}^1 \longrightarrow \mathbb{A}^\times \xrightarrow{|\cdot|} \mathbb{R}^\times_{>0} \longrightarrow 1.$$

根据此正合列, 我们可以按如下方式分解 $\mathbb{A}^\times$ 的测度.

- 固定一个无穷素位 u, 考虑单同态

$$\phi: \mathbb{R}^\times_{>0} \longrightarrow \mathbb{A}^\times,$$

$$t \longmapsto \begin{cases} (\underset{u}{t}, 1, 1, \cdots), & \text{若 } F_u = \mathbb{R}, \\ (\underset{u}{\sqrt{t}}, 1, 1, \cdots), & \text{若 } F_u = \mathbb{C}. \end{cases}$$

我们常记 t 的像仍为 t, 将 $\phi(\mathbb{R}^\times_{>0})$ 与 $\mathbb{R}^\times_{>0}$ 等同, 并选取 $\phi(\mathbb{R}^\times_{>0}) = \mathbb{R}^\times_{>0}$ 的 Haar 测度为 $\dfrac{\mathrm{d}t}{t}$, 其中 $\mathrm{d}t$ 是 $\mathbb{R}$ 的 Lesbegue 测度.

- 显然 ϕ 是绝对值映射 $|\cdot|: \mathbb{A}^\times \to \mathbb{R}^\times_{>0}$ 的截面映射, 即 $|\phi(t)| = t$. 所以有自然分解 $\mathbb{A}^\times = \mathbb{A}^1 \times \mathbb{R}^\times_{>0}$. 我们在 $\mathbb{A}^1$ 选取测度 d^*y 使得 $\mathrm{d}^\times x = \mathrm{d}^*y \times \dfrac{\mathrm{d}t}{t}$. 所以若 f 在 $\mathbb{A}^\times$ 上绝对可积, 则

$$\int_{\mathbb{A}^\times} f(x)\, \mathrm{d}x = \int_0^\infty \int_{\mathbb{A}^1} f(ty)\, \mathrm{d}^*y\, \frac{\mathrm{d}t}{t} = \int_{\mathbb{A}^1} \int_0^\infty f(ty)\, \frac{\mathrm{d}t}{t}\, \mathrm{d}^*y. \tag{9.3-1}$$

之后在计算 $\mathbb{A}^\times$ 上的积分时, 将会利用 (9.3-1).

根据命题 9.3.2, $F^\times$ 在 $\mathbb{A}^1$ 中离散, 且 $\mathbb{A}^1/F^\times$ 是紧群. 我们规定:

- 取 $F^\times$ 的 Haar 测度为计数测度, $\mathbb{A}^1/F^\times$ 的 Haar 测度为相应的商测度 $\mathrm{d}^*\overline{y}$.

命题 9.3.8 我们有

$$\mathrm{vol}(\mathbb{A}^1/F^\times, \mathrm{d}^*\overline{y}) = \frac{2^r (2\pi)^s h_F R_F}{\sqrt{\Delta_F} w_F},$$

其中 r 是 F 的实素位的个数, s 是复素位的个数, h_F 是 F 的类数, R_F 是 F 的调控子, $w_F = |\mu_F|$.

注记 9.3.4 体积依赖于测度的选取. 有的文献要求在所有 $v < \infty$ 处, $F_v^\times$ 的 Haar 测度 $\mathrm{d}^\times x_v$ 满足 $\mathrm{vol}(\mathcal{O}_v^\times, \mathrm{d}^\times x_v) = 1$, 此时可得到

$$\mathrm{vol}(\mathbb{A}^1/F^\times) = \frac{2^r (2\pi)^s h_F R_F}{w_F}.$$

证明 思路是把命题 9.3.2 的证明加以细化来计算紧群 $\mathbb{A}^1/F^\times$ 的体积. 根据引理 9.3.3, 有 LCA 群的短正合列

$$1 \longrightarrow \left(F_\infty^1 \times \prod_{v<\infty} \mathcal{O}_v^\times \right) \Big/ \mathcal{O}_F^\times \longrightarrow \mathbb{A}^1/F^\times \longrightarrow \mathrm{Cl}_F \longrightarrow 1,$$

所以
$$\mathrm{vol}(\mathbb{A}^1/F^\times) = h_F \cdot \mathrm{vol}\left(\left(F_\infty^1 \times \prod_{v<\infty} \mathcal{O}_v^\times\right) \Big/ \mathcal{O}_F^\times\right).$$
而
$$\left(F_\infty^1 \times \prod_{v<\infty} \mathcal{O}_v^\times\right) \Big/ \mathcal{O}_F^\times \cong (F_\infty^1/\mathcal{O}_F^\times) \times \prod_{v<\infty} \mathcal{O}_v^\times,$$
所以
$$\begin{aligned}
\mathrm{vol}\left(\left(F_\infty^1 \times \prod_{v<\infty} \mathcal{O}_v^\times\right) \Big/ \mathcal{O}_F^\times\right) &= \mathrm{vol}\left(F_\infty^1/\mathcal{O}_F^\times\right) \times \prod_{v<\infty} \mathrm{vol}(\mathcal{O}_v^\times) \\
&= \mathrm{vol}\left(F_\infty^1/\mathcal{O}_F^\times\right) \times \prod_{v<\infty} \frac{1}{\sqrt{\mathrm{N}(\delta_v)}} \\
&= \frac{\mathrm{vol}\left(F_\infty^1/\mathcal{O}_F^\times\right)}{\sqrt{\Delta_F}}.
\end{aligned} \tag{9.3-2}$$

依然考虑连续同态
$$\log : F_\infty^1 \longrightarrow \mathbb{R}^{r+s},$$
$$(x_v) \longmapsto (\log|x_v|_v).$$

在一个素位处, $\log|\cdot|_v$ 诱导了短正合列
$$1 \longrightarrow \{\pm 1\} \longrightarrow \mathbb{R}^\times \xrightarrow{\log|\cdot|} \mathbb{R} \longrightarrow 0$$
或
$$1 \longrightarrow \mathbb{C}^1 \longrightarrow \mathbb{C}^\times \xrightarrow{\log|\cdot|} \mathbb{R} \longrightarrow 0.$$

我们取 $\{\pm 1\}$ 的计数测度, 取 $\mathbb{C}^1$ 的角测度 (即 $\mathrm{vol}(\mathbb{C}^1) = 2\pi$), 可以验证 $\mathbb{R}$ 上与之对应的商测度是通常的 Lebesgue 测度. 同态 $\log$ 的像和核分别是
$$\mathrm{Im}(\log) = H = \left\{(x_i) \in \mathbb{R}^{r+s} \,\bigg|\, \sum_{i=1}^{r+s} x_i = 0\right\},$$
$$\mathrm{Ker}(\log) = \{\pm 1\}^r \times (\mathbb{C}^1)^s.$$

所以由同构
$$F_\infty^1/\mathcal{O}_F^\times \cong \left(\{\pm 1\}^r \times (\mathbb{C}^1)^s/\mu_F\right) \times \left(H/\log(\mathcal{O}_F^\times)\right)$$
可知
$$\begin{aligned}
\mathrm{vol}(F_\infty^1/\mathcal{O}_F^\times) &= \mathrm{vol}\left(\{\pm 1\}^r \times (\mathbb{C}^1)^s/\mu_F\right) \cdot \mathrm{vol}\left(H/\log(\mathcal{O}_F^\times)\right) \\
&= \frac{2^r (2\pi)^s}{w_F} \cdot R_F.
\end{aligned} \tag{9.3-3}$$

结合 (9.3-2) 和 (9.3-3) 得到结论. □

Hecke 特征与 L-函数 设 χ 是 $\mathbb{A}^\times$ 的特征. 由引理 9.1.6, 有分解

$$\chi = \prod \chi_v, \quad \chi_v = \chi|_{F_v^\times},$$

并且对于几乎所有的 v, χ_v 是非分歧的, 即 $\chi_v(\mathcal{O}_v^\times) = 1$. 我们在研究 $\mathbb{A}$ 的加法特征时所固定的标准加法特征 ψ 满足 $\psi|_F = \mathbf{1}$, 这一性质是很重要的, 例如在 Poisson 求和公式中需要它. 同样地, 对于特征 χ, 我们也需要它具备 $\chi|_{F^\times} = \mathbf{1}$ 的性质, 否则后续的研究无从谈起.

定义 9.3.6 如果特征 $\chi : \mathbb{A}^\times \to \mathbb{C}^\times$ 满足 $\chi|_{F^\times} = \mathbf{1}$, 就称它为 **Hecke 特征**.

由定义, 我们可以将 Hecke 特征看作 $\mathbb{A}^\times / F^\times$ 的特征. 对于 $\mathbb{A}^\times / F^\times$, 有短正合列

$$1 \longrightarrow \mathbb{A}^1 / F^\times \longrightarrow \mathbb{A}^\times / F^\times \xrightarrow{|\cdot|} \mathbb{R}_{>0}^\times \longrightarrow 1,$$

其中 $\mathbb{A}^1 / F^\times$ 是紧群. 与局部时类似 (见引理 9.2.9 和推论 9.2.1), 我们有以下结论.

引理 9.3.4 设 χ 是 Hecke 特征.

(1) $\chi|_{\mathbb{A}^1} = \mathbf{1} \Leftrightarrow$ 存在 $s \in \mathbb{C}$ 使得 $\chi = |\cdot|^s$.

(2) χ 可写成 $\eta |\cdot|^s$ 的形式, 其中 η 是酉特征, $s \in \mathbb{C}$. 更进一步, χ 能唯一地写成 $\eta |\cdot|^\sigma$ 的形式, 其中 η 是酉特征, $\sigma \in \mathbb{R}$.

证明留作练习.

类似地, 也称引理 9.3.4 中的 $\sigma \in \mathbb{R}$ 为 χ 的**指数**, 记作 $\text{Re}(\chi)$.

定义 9.3.7 设 χ 是 Hecke 特征. 它的 L-函数 (也称 L-级数) 定义为

$$L(s, \chi) = \prod_v L(s, \chi_v),$$

其中 $L(s, \chi_v)$ 是局部 L-因子, $s \in \mathbb{C}$ 为使得无穷乘积收敛的复变量.

若 $S \subset J$ 是一个有限集, 我们还可以定义**部分 L-函数**

$$L^S(s, \chi) = \prod_{v \notin S} L(s, \chi_v).$$

特别地, 记

$$L^\infty(s, \chi) = \prod_{v < \infty} L(s, \chi_v),$$

它更为接近原始的 L-函数. 例如, 当 $F = \mathbb{Q}$ 且 $\chi = \mathbf{1}$ 时, $L^\infty(s, \chi)$ 就是经典的 Riemann zeta-函数; 当 F 为一般数域且 $\chi = \mathbf{1}$ 时, $L^\infty(s, \chi)$ 是 Dedekind zeta-函数. 我们接下来将介绍如何用前叙铺垫的调和分析的知识来研究 L-函数的基本性质.

9.4 Zeta 积分: 局部理论

Zeta 积分是 Tate 的博士论文中引入的最核心对象. 我们仍然从局部谈起, 依旧设 F 是数域的局部域. 本节的记号与 9.2 节中相同.

9.4.1 基本结果

设 $\psi: F \to \mathbb{C}^1$ 是非平凡加法特征, $dx = d_\psi x$ 是 F 相对于 ψ 的自对偶测度, $f \mapsto \widehat{f} = \widehat{f}_{\psi, dx}$ 是对应的 Fourier 变换. 固定 $F^\times$ 的 Haar 测度 $d^\times x$.

定义 9.4.1 设 χ 是 $F^\times$ 的酉特征. 对任意 $f \in \mathcal{S}(F)$, 定义**局部 zeta 积分**

$$Z(s, \chi, f) := \int_{F^\times} f(x) \chi(x) |x|^s \, d^\times x,$$

其中 $s \in \mathbb{C}$ 为使得积分收敛的复变量.

对 $F^\times$ 的任意特征 χ, 可以同样地定义 $Z(s, \chi, f)$. 由推论 9.2.1, 可将 χ 写成 $\eta \cdot |\cdot|^{s_0}$ 的形式, 其中 η 是酉特征, $s_0 = \operatorname{Re}(\chi)$. 那么此时 $Z(s, \chi, f) = Z(s + s_0, \eta, f)$, 化归至酉特征的情形.

定理 9.4.1 (1) 对任意 $f \in \mathcal{S}(F)$,
(a) $Z(s, \chi, f)$ 在 $\operatorname{Re}(s) > 0$ 处绝对收敛;
(b) $Z(s, \chi, f)$ 可以亚纯延拓至复平面;
(c) $Z(s, \chi, f)/L(s, \chi)$ 是复平面上的全纯函数.
(2) 存在 $f \in \mathcal{S}(F)$ 使得 $Z(s, \chi, f) = L(s, \chi)$.
(3) 存在形如 ab^s 的非零全纯函数, 其中 $a \in \mathbb{C}^\times, b \in \mathbb{R}_{>0}$, 使得对任意 $f \in \mathcal{S}(F)$ 有

$$\frac{Z(1-s, \chi^{-1}, \widehat{f})}{L(1-s, \chi^{-1})} = \epsilon(s, \chi, \psi) \frac{Z(s, \chi, f)}{L(s, \chi)}. \tag{9.4-1}$$

关系式 (9.4-1) 被称作**函数方程**, $\epsilon(s, \chi, \psi)$ 被称为**局部 ϵ-因子**.

当 F 是非 Archimedes 域时, 局部 zeta 积分有更特殊的性质.

命题 9.4.1 设 F 是非 Archimedes 域. 记

$$\mathfrak{a} = \{Z(s, \chi, f) \mid f \in \mathcal{S}(F)\},$$

则 $\mathfrak{a} \subset \mathbb{C}(q^s)$ 是 $\mathbb{C}[q^s, q^{-s}]$-模, 并且由 $L(s, \chi)$ 生成.

我们将在 9.4.2 小节对非 Archimedes 域情形证明定理 9.4.1 和命题 9.4.1, 并在 9.4.3 小节对 Archimedes 域情形证明定理 9.4.1. 在此之前, 我们简单讨论下局部 ϵ-因子. 首先, 从函数方程 (9.4-1) 容易看出 $\epsilon(s, \chi, \psi)$ 不依赖于 $d^\times x$ 的选取, 但它依赖于 Fourier 变换 $\widehat{f}$ 的定义方式, 所以依赖于 ψ 和 dx 的选取. 具体关系见引理 9.4.2.

引理 9.4.1 设 $a \in F^\times$, 则有
$$Z(s,\chi,f^a) = \chi^{-1}(a)|a|^{-s}Z(s,\chi,f).$$

证明 代入定义立得. □

引理 9.4.2 (1) $\epsilon(s,\chi\cdot|\cdot|^t,\psi) = \epsilon(s+t,\chi,\psi)$.
(2) $\epsilon(s,\chi,\psi_a) = \chi(a)|a|^{s-\frac{1}{2}}\epsilon(s,\chi,\psi)$.

证明 由定义直接可得结论 (1). 对于结论 (2), 由引理 9.2.4 和引理 9.4.1 知

$$\frac{\epsilon(s,\chi,\psi_a)}{\epsilon(s,\chi,\psi)} = \frac{Z\left(1-s,\chi^{-1},\widehat{f}_{\psi_a,\mathrm{d}_{\psi_a}x}\right)}{Z\left(1-s,\chi^{-1},\widehat{f}_{\psi,\mathrm{d}_\psi x}\right)}$$

$$= \frac{Z\left(1-s,\chi^{-1},|a|^{\frac{1}{2}}\left(\widehat{f}_{\psi,\mathrm{d}_\psi x}\right)^a\right)}{Z\left(1-s,\chi^{-1},\widehat{f}_{\psi,\mathrm{d}_\psi x}\right)}$$

$$= \chi(a)|a|^{s-\frac{1}{2}}.$$

结论成立. □

9.4.2 非 Archimedes 情形

我们首先对非 Archimedes 域 F 证明定理 9.4.1 以及命题 9.4.1. Archimedes 域时定理的证明基本相同, 只有部分计算细节有差异, 请见下一节.

收敛性 因为 χ 是酉特征, 所以对于 $Z(s,\chi,f)$ 的绝对收敛性, 需要研究积分

$$\int_{F^\times} |f(x)||x|^s \,\mathrm{d}^\times x,$$

此处我们将 $\mathrm{Re}(s)$ 简记为 s. 将其分为两部分

$$\int_{|x|\leqslant 1} |f(x)||x|^s \,\mathrm{d}^\times x + \int_{|x|>1} |f(x)||x|^s \,\mathrm{d}^\times x.$$

- 在区域 $|x|>1$, 由于 $\mathrm{Supp}(f) \cap \{x \in F \mid |x|>1\}$ 是紧集, 所以此部分的积分对任意 $s \in \mathbb{R}$ 都收敛.
- 因为 f 在区域 $|x| \leqslant 1$ 有界, 所以对于此部分只需要研究 $\int_{|x|\leqslant 1} |x|^s \,\mathrm{d}^\times x$ 的收敛性. 此时

$$\int_{|x|\leqslant 1} |x|^s \,\mathrm{d}^\times x = \sum_{n=0}^\infty \int_{\varpi^n \mathcal{O}^\times} |x|^s \,\mathrm{d}^\times x$$

$$= \mathrm{vol}(\mathcal{O}^\times, \mathrm{d}^\times x) \sum_{n=0}^\infty q^{-ns}.$$

它在 $s > 0$ 时收敛.

综上可见 $Z(s, \chi, f)$ 在 $\operatorname{Re}(s) > 0$ 处绝对收敛, 定理 9.4.1(1) 的结论 (a) 得证.

部分全纯性 由绝对收敛性知微分与积分可交换, 因此不难看出 $Z(s, \chi, f)$ 在 $\operatorname{Re}(s) > 0$ 处全纯. 又因为 $L(s, \chi)$ 在 $\operatorname{Re}(s) > 0$ 处没有零点, 所以 $Z(s, \chi, f)/L(s, \chi)$ 在 $\operatorname{Re}(s) > 0$ 处全纯. 以上我们证明了定理 9.4.1(1) 的结论 (b) 和 (c) 在 $\operatorname{Re}(s) > 0$ 处的性质.

测试函数 在本小节, 我们将选取特定的函数 $f \in \mathcal{S}(F)$ 使得定理 9.4.1中的结论对其成立. 这些函数被称作测试函数. 首先固定加法特征 $\psi: F \to \mathbb{C}^1$ 使得 ψ 的导子是 $\mathcal{O}$, 并设 $\mathrm{d}x = \mathrm{d}_\psi x$ 是相应的自对偶测度. 由注记 9.2.4,

$$\operatorname{vol}(\mathcal{O}, \mathrm{d}x) = 1.$$

选取 $F^\times$ 的 Haar 测度 $\mathrm{d}^\times x$ 使得 $\operatorname{vol}(\mathcal{O}^\times, \mathrm{d}^\times x) = 1$, 那么

$$\mathrm{d}^\times x = \frac{q}{q-1} \frac{\mathrm{d}x}{|x|}.$$

命题 9.4.2 *存在 $f \in \mathcal{S}(F)$ 使得*

(1) 在 $\operatorname{Re}(s) > 0$ 处, $Z(s, \chi, f) = L(s, \chi)$.

(2) 在 $\operatorname{Re}(s) < 1$ 处, $Z(1-s, \chi^{-1}, \widehat{f})/L(1-s, \chi^{-1})$ 没有零点.

(3) 存在形如 ab^s 的非零全纯函数 $\epsilon(s, \chi, \psi)$, 使得在 $0 < \operatorname{Re}(s) < 1$ 处有

$$\frac{Z(1-s, \chi^{-1}, \widehat{f})}{L(1-s, \chi^{-1})} = \epsilon(s, \chi, \psi) \frac{Z(s, \chi, f)}{L(s, \chi)}.$$

证明 首先假设 χ 是非分歧的. 令

$$f = \mathbf{1}_\mathcal{O}.$$

此时

$$\begin{aligned}
Z(s, \chi, f) &= \int_\mathcal{O} \chi(x) |x|^s \, \mathrm{d}^\times x \\
&= \sum_{n=0}^\infty \int_{\varpi^n \mathcal{O}^\times} \chi(x) |x|^s \, \mathrm{d}^\times x \\
&= \sum_{n=0}^\infty \chi(\varpi)^n q^{-ns} \\
&= \frac{1}{1 - \chi(\varpi) q^{-s}} \\
&= L(s, \chi).
\end{aligned}$$

所以 f 满足结论 (1). 又由引理 9.2.6 知

$$\widehat{f} = \widehat{\mathbf{1}}_\mathcal{O} = \mathbf{1}_\mathcal{O}.$$

因为 χ^{-1} 也是非分歧的, 从而在 $\operatorname{Re}(s) < 1$ 处有

$$Z(1-s, \chi^{-1}, \widehat{f}) = L(1-s, \chi^{-1}).$$

所以 f 满足结论 (2) 和结论 (3), 并且此时

$$\epsilon(s, \chi, \psi) = 1.$$

现在假设 χ 分歧, 导子为 $c > 1$. 令

$$f(x) = \begin{cases} \chi^{-1}(x), & \text{若 } x \in \mathcal{O}^\times \\ 0, & \text{若 } x \notin \mathcal{O}^\times, \end{cases}$$

易见 $f \in \mathcal{S}(F)$. 此时

$$\begin{aligned} Z(s, \chi, f) &= \int_{\mathcal{O}^\times} \chi^{-1}(x) \chi(x) |x|^s \, \mathrm{d}^\times x \\ &= 1 \\ &= L(s, \chi). \end{aligned}$$

所以 f 满足结论 (1). 由定义知

$$\begin{aligned} \widehat{f}(x) &= \int_{\mathcal{O}^\times} \chi^{-1}(y) \psi(xy) \, \mathrm{d}y \\ &= \int_{\mathcal{O}^\times} \chi^{-1}(y) \psi_x(y) \, \mathrm{d}y \\ &= g(\chi^{-1}, \psi_x), \end{aligned}$$

其中 $g(\chi^{-1}, \psi_x)$ 是下述引理 9.4.3 中定义的 Gauss 和, 我们先运用其性质继续证明命题. 因为 ψ 的导子是 $\mathcal{O}$, 所以 ψ_x 的导子是 $x^{-1}\mathcal{O}$, 那么由引理 9.4.3 知

$$\operatorname{Supp}(\widehat{f}) = \varpi^{-c} \mathcal{O}^\times.$$

现在计算 $\widehat{f}$ 的 zeta 积分, 有

$$\begin{aligned} Z(1-s, \chi^{-1}, \widehat{f}) &= \int_{F^\times} \widehat{f}(x) \chi^{-1}(x) |x|^{1-s} \, \mathrm{d}^\times x \\ &= \int_{\varpi^{-c}\mathcal{O}^\times} \left(\int_{\mathcal{O}^\times} \chi^{-1}(y) \psi(xy) \, \mathrm{d}y \right) \chi^{-1}(x) |x|^{1-s} \mathrm{d}^\times x \\ &= \chi(\varpi^c) q^{c(1-s)} \int_{\mathcal{O}^\times} \left(\int_{\mathcal{O}^\times} \chi^{-1}(xy) \psi(\varpi^{-c} xy) \, \mathrm{d}y \right) \mathrm{d}^\times x \\ &\xrightarrow{xy \mapsto y} \chi(\varpi^c) q^{c(1-s)} \int_{\mathcal{O}^\times} \chi^{-1}(y) \psi(\varpi^{-c} y) \, \mathrm{d}y \end{aligned}$$

$$= \chi(\varpi^c)g(\chi^{-1},\psi_{\varpi^{-c}})q^{c(1-s)}.$$

注意此时 $L(1-s,\chi^{-1}) = 1$, 所以

$$\epsilon(s,\chi,\psi) = \chi(\varpi^c)g(\chi^{-1},\psi_{\varpi^{-c}})q^{c(1-s)}.$$

由此看出 f 满足结论 (2) 和 (3). □

特别地, 我们完成了定理 9.4.1(2) 的证明.

引理 9.4.3 设 χ 是 $F^\times$ 的酉特征, 导子是 $c > 0$, 并且设 ψ 是 F 的加法特征, 导子为 $\mathfrak{p}^n$. 记

$$g(\chi,\psi) := \int_{\mathcal{O}^\times} \chi(x)\psi(x)\,\mathrm{d}x,$$

称为 **Gauss 和**.

(1) 如果 $n \neq c$, 那么 $g(\chi,\psi) = 0$.
(2) 如果 $n = c$, 那么 $g(\chi,\psi)\overline{g(\chi,\psi)} = q^{-c}$.

证明 因为 $\mathrm{d}^\times x = \dfrac{q}{q-1}\dfrac{\mathrm{d}x}{|x|}$, 所以在 $\mathcal{O}^\times$ 的区域里积分时, $\mathrm{d}x = \dfrac{q-1}{q}\mathrm{d}^\times x$. 在证明中会经常使用这种加法测度与乘法测度的转化.

对于结论 (1), 分以下几种情况进行讨论. 如果 $n > 0$, 记 $U_n = 1 + \mathfrak{p}^n$.

• 若 $n \leqslant 0$, 则 $\psi|_{\mathcal{O}^\times} = \mathbf{1}$, 所以

$$g(\chi,\psi) = \int_{\mathcal{O}^\times} \chi(x)\,\mathrm{d}x = \frac{q-1}{q}\int_{\mathcal{O}^\times} \chi(x)\,\mathrm{d}^\times x = 0.$$

• 若 $0 < n < c$, 则 $U_n \supsetneq U_c$. 此时 $\chi|_{U_n} \neq \mathbf{1}$, 并且对任意 $y \in \mathcal{O}^\times$ 有

$$\psi(yU_n) = \psi(y + \mathfrak{p}^n) = \psi(y).$$

所以

$$g(\chi,\psi) = \sum_{y \in \mathcal{O}^\times/U_n} \int_{yU_n} \chi(x)\psi(x)\,\mathrm{d}x$$

$$= \sum_{y \in \mathcal{O}^\times/U_n} \chi(y)\psi(y) \underbrace{\int_{U_n} \chi(x)\,\mathrm{d}x}_{=0}$$

$$= 0.$$

• 若 $n > c$, 则 $U_n \subsetneq U_c$. 此时 $\psi|_{\mathfrak{p}^c} \neq \mathbf{1}$, 并且对任意 $y \in \mathcal{O}^\times$ 有 $\chi(yU_c) = \chi(y)$. 所以

$$g(\chi,\psi) = \sum_{y \in \mathcal{O}^\times/U_c} \int_{yU_c} \chi(y)\psi(x)\,\mathrm{d}x$$

$$= \sum_{y \in \mathcal{O}^\times/U_c} \chi(y)\psi(y) \underbrace{\int_{\mathfrak{p}^c} \psi(yx)\,\mathrm{d}x}_{=0}$$

$$= 0.$$

对于结论 (2), 代入定义得

$$g(\chi,\psi)\overline{g(\chi,\psi)} = \int_{\mathcal{O}^\times} \chi(x)\psi(x)\,\mathrm{d}x \int_{\mathcal{O}^\times} \overline{\chi(y)\psi(y)}\mathrm{d}y$$
$$= \int_{\mathcal{O}^\times} \int_{\mathcal{O}^\times} \chi(xy^{-1})\psi(x-y)\,\mathrm{d}x\mathrm{d}y$$
$$\xrightarrow{x \mapsto xy} \int_{\mathcal{O}^\times} \chi(x) \left(\int_{\mathcal{O}^\times} \psi(y(x-1))\,\mathrm{d}y \right) \mathrm{d}x.$$

先计算积分

$$\int_{\mathcal{O}^\times} \psi(y(x-1))\,\mathrm{d}y = \int_{\mathcal{O}} \psi(y(x-1))\,\mathrm{d}y - \int_{\mathfrak{p}} \psi(y(x-1))\,\mathrm{d}y$$
$$= \begin{cases} 1 - q^{-1}, & \text{若 } x - 1 \in \mathfrak{p}^c, \\ -q^{-1}, & \text{若 } x - 1 \in \mathfrak{p}^{c-1} \setminus \mathfrak{p}^c, \\ 0, & \text{若 } x - 1 \notin \mathfrak{p}^{c-1}, \end{cases}$$

即

$$\int_{\mathcal{O}^\times} \psi(y(x-1))\,\mathrm{d}y = \mathbf{1}_{1+\mathfrak{p}^c}(x) - q^{-1}\mathbf{1}_{1+\mathfrak{p}^{c-1}}(x).$$

所以

$$g(\chi,\psi)\overline{g(\chi,\psi)} = \underbrace{\int_{1+\mathfrak{p}^c} \chi(x)\,\mathrm{d}x}_{=\mathrm{vol}(1+\mathfrak{p}^c,\mathrm{d}x)} - q^{-1}\underbrace{\int_{1+\mathfrak{p}^{c-1}} \chi(x)\,\mathrm{d}x}_{=0}$$
$$= q^{-c}.$$

结论 (2) 成立. $\square$

延拓与函数方程 为了利用命题 9.4.2 中测试函数的性质去证明定理 9.4.1, 可以使用以下引理.

引理 9.4.4 设 $f, g \in \mathcal{S}(F)$, 则在 $0 < \mathrm{Re}(s) < 1$ 处有

$$Z(s,\chi,f)Z(1-s,\chi^{-1},\widehat{g}) = Z(s,\chi,g)Z(1-s,\chi^{-1},\widehat{f}).$$

证明 代入定义进行计算, 得到

$$Z(s,\chi,f)Z(1-s,\chi^{-1},\widehat{g})$$
$$= \int_{F^\times} f(x)\chi(x)|x|^s\,\mathrm{d}^\times x \int_{F^\times} \left(\int_F g(z)\psi(yz)\,\mathrm{d}z \right) \chi^{-1}(y)|y|^{1-s}\,\mathrm{d}^\times y$$

$$= \frac{q-1}{q} \int_{(F^\times)^3} f(x)g(z)\chi(xy^{-1})|x|^s|y|^{1-s}|z|\psi(yz) \, \mathrm{d}^\times x \, \mathrm{d}^\times y \, \mathrm{d}^\times z$$

$$= \frac{q-1}{q} \int_{(F^\times)^3} f(x)g(z)\chi(y^{-1})\psi(xyz)|xyz||y|^{-s} \, \mathrm{d}^\times x \, \mathrm{d}^\times y \, \mathrm{d}^\times z.$$

在上述等式中用到了

- 因为 $\{0\}$ 是零测集, 所以在 F 上积分等于在 $F^\times$ 上积分;
- $\mathrm{d}z = \dfrac{q-1}{q}|z|\mathrm{d}^\times z$;
- Fubini 定理, 请自行验证使用条件成立;
- 适当的变量替换.

从上述表达式可以看出 f 和 g 的位置是对称的, 所以结论成立. □

注记 9.4.1 从证明可以看出, 引理 9.4.4 对 Archimedes 域同样成立.

定理 9.4.1 的证明 令 f 为命题 9.4.2 中的测试函数, 则在 $0 < \mathrm{Re}(s) < 1$ 处有

$$\frac{Z(1-s, \chi^{-1}, \widehat{f})}{L(1-s, \chi^{-1})} = \epsilon(s, \chi, \psi) \frac{Z(s, \chi, f)}{L(s, \chi)}.$$

对任意 $g \in \mathcal{S}(F)$, 将引理 9.4.4 中的等式左、右两边分别乘上式左、右两边, 然后消去共同因子 $Z(s, \chi, f)Z(1-s, \chi^{-1}, \widehat{f})$, 便知

$$\frac{Z(1-s, \chi^{-1}, \widehat{g})}{L(1-s, \chi^{-1})} = \epsilon(s, \chi, \psi) \frac{Z(s, \chi, g)}{L(s, \chi)}.$$

上式两边分别是 $\mathrm{Re}(s) < 1$ 和 $\mathrm{Re}(s) > 0$ 处的全纯函数, 所以它们可粘合为复平面上的全纯函数, 仍记作 $\epsilon(s, \chi, \psi) \dfrac{Z(s, \chi, g)}{L(s, \chi)}$. 除以 $\epsilon(s, \chi, \psi)$ 便知 $\dfrac{Z(s, \chi, g)}{L(s, \chi)}$ 可延拓为复平面的全纯函数, 再乘亚纯函数 $L(s, \chi)$ 可知 $Z(s, \chi, g)$ 能亚纯延拓至复平面. 定理 9.4.1 中所有结论都已得证. □

命题 9.4.1 的证明 设 c 是 χ 的导子, 仍假设 $\mathrm{vol}(\mathcal{O}^\times, \mathrm{d}^\times x) = 1$. 我们先分析 $Z(s, \chi, f)$ 的性状.

- 若 $f(0) = 0$, 则存在 $\epsilon > 0$ 使得 f 在 $|x| \leqslant \epsilon$ 处恒为零, 即 $f \in C_c^\infty(F^\times)$. 此时 $Z(s, \chi, f)$ 在整个复平面都绝对收敛. 进一步地, 存在正整数 $m > c$ 使得 f 在任意陪集 aU_m 上为常值, 其中 $U_m = 1 + \mathfrak{p}^m$. 可将 f 的支集写成无交并的形式, 即

$$\mathrm{Supp}(f) = \bigsqcup_{i=1}^N a_i U_m.$$

那么有

$$Z(s, \chi, f) = \sum_{i=1}^N \int_{a_i U_m} f(x)\chi(x)|x|^s \, \mathrm{d}^\times x = \sum_{i=1}^N f(a_i)\chi(a_i)|a_i|^s \mathrm{vol}(U_m).$$

此时 $Z(s, \chi, f) \in \mathbb{C}[q^s, q^{-s}]$.

- 若 $f(0) \neq 0$, 令 $\tilde{f} = f - f(0)\mathbf{1}_{\mathcal{O}}$, 则 $\tilde{f} \in \mathcal{S}(F)$ 且 $\tilde{f}(0) = 0$. 此时
$$Z(s, \chi, f) = Z(s, \chi, \tilde{f}) + f(0)Z(s, \chi, \mathbf{1}_{\mathcal{O}}).$$

对于 $Z(s, \chi, \mathbf{1}_{\mathcal{O}})$, 有
$$Z(s, \chi, \mathbf{1}_{\mathcal{O}}) = \sum_{n=0}^{\infty} \int_{\varpi^n \mathcal{O}^\times} \chi(x)|x|^s \, \mathrm{d}^\times x$$
$$= \sum_{n=0}^{\infty} \chi(\varpi)^n q^{-ns} \int_{\mathcal{O}^\times} \chi(x) \, \mathrm{d}^\times x.$$

如果 χ 分歧, 那么
$$\int_{\mathcal{O}^\times} \chi(x) \, \mathrm{d}^\times x = 0.$$

如果 χ 非分歧, 那么
$$Z(s, \chi, \mathbf{1}_{\mathcal{O}}) = L(s, \chi).$$

两种情形都有 $Z(s, \chi, f) \in \mathbb{C}(q^s)$, 并且 $\dfrac{Z(s, \chi, f)}{L(s, \chi)} \in \mathbb{C}[q^s, q^{-s}]$.

综上, 对任意 $f \in \mathcal{S}(f)$, 有
$$Z(s, \chi, f) \in \mathbb{C}(q^s), \text{ 并且 } \frac{Z(s, \chi, f)}{L(s, \chi)} \in \mathbb{C}[q^s, q^{-s}].$$

特别地, $Z(s, \chi, f)$ 可亚纯延拓至复平面, $\dfrac{Z(s, \chi, f)}{L(s, \chi)}$ 可解析延拓至复平面.

下面研究 $\mathfrak{a} = \{Z(s, \chi, f) \mid f \in \mathcal{S}(F)\}$ 的结构. 显然 $\mathfrak{a}$ 是 $\mathbb{C}(q^s)$ 的 $\mathbb{C}$-子空间. 根据引理 9.4.1, 有关系
$$Z(s, \chi, f^a) = \chi^{-1}(a)|a|^{-s} Z(s, \chi, f)$$
$$= \chi^{-1}(a) q^{\mathrm{ord}(a) \cdot s} Z(s, \chi, f).$$

特别地,
$$q^s Z(s, \chi, f) = \chi(\varpi) Z(s, \chi, f^\varpi) \in \mathfrak{a}.$$

所以 $\mathfrak{a}$ 在数乘 $\mathbb{C}[q^s, q^{-s}]$ 下封闭, 从而是 $\mathbb{C}[q^s, q^{-s}]$-模. 我们已证明 $\dfrac{Z(s, \chi, f)}{L(s, \chi)} \in \mathbb{C}[q^s, q^{-s}]$, 并且存在 f 使得 $Z(s, \chi, f) = L(s, \chi)$, 所以 $\mathfrak{a}$ 可由 $L(s, \chi)$ 生成. $\square$

9.4.3 Archimedes 情形

现在我们对 Archimedes 域证明定理 9.4.1, 思路与非 Archimedes 域时一样. 在细节上, 只需证明命题 9.4.2 成立, 即选取好的测试函数 f 进行计算. 取 ψ 为标准加法特征, $\mathrm{d}x = \mathrm{d}_\psi x$, $\mathrm{d}^\times x = \dfrac{\mathrm{d}x}{|x|}$.

收敛性　局部 zeta 积分 $Z(s,\chi,f)$ 的绝对收敛性与非 Archimedes 域情形的证明类似, 即将积分分成两部分:

$$\int_{F^\times} |f(x)||x|^s \, \mathrm{d}^\times x = \int_{|x|\leqslant 1} |f(x)||x|^s \, \mathrm{d}^\times x + \int_{|x|>1} |f(x)||x|^s \, \mathrm{d}^\times x$$
$$= \int_{|x|\leqslant 1} |f(x)||x|^{s-1} \, \mathrm{d}x + \int_{|x|>1} |f(x)||x|^{s-1} \, \mathrm{d}x.$$

因为 $f \in \mathcal{S}(F)$, 当 $|x|$ 趋于 ∞ 时, $|f(x)||x|^{s-1}$ 急速趋于 0, 所以在区域 $|x|>1$, 该积分对任意 $s \in \mathbb{C}$ 都收敛. 又因为 f 在区域 $|x|\leqslant 1$ 有界, 所以只需要研究 $\int_{|x|\leqslant 1} |x|^{s-1} \, \mathrm{d}x$ 的收敛性. 易知当 $\mathrm{Re}(s)>0$ 时此积分收敛.

测试函数　对 $F = \mathbb{R}$ 和 $F = \mathbb{C}$ 分别进行讨论.

(1) $F = \mathbb{R}$. 只需研究 $\chi = \mathbf{1}$ 和 $\chi = \mathrm{sgn}$ 两种情形.

- 当 $\chi = \mathbf{1}$ 时, 令

$$f(x) = \mathrm{e}^{-\pi x^2},$$

则有

$$\begin{aligned} Z(s,\chi,f) &= \int_{\mathbb{R}^\times} \mathrm{e}^{-\pi x^2} |x|^s \, \mathrm{d}^\times x \\ &= 2\int_0^\infty \mathrm{e}^{-\pi x^2} x^{s-1} \, \mathrm{d}x \\ &\xlongequal{u=\pi x^2} \pi^{-s/2} \int_0^\infty \mathrm{e}^{-u} u^{\frac{s}{2}-1} \, \mathrm{d}u \\ &= \pi^{-s/2} \Gamma(s/2) \\ &= \Gamma_{\mathbb{R}}(s) \\ &= L(s,\chi). \end{aligned} \quad (9.4\text{-}2)$$

此时 $\widehat{f} = f$, 所以

$$Z(1-s,\chi^{-1},\widehat{f}) = L(1-s,\chi), \quad \epsilon(s,\chi,\psi) = 1.$$

- 当 $\chi = \mathrm{sgn}$ 时, 即 $\chi(x) = x^{-1}|x|$, 令

$$f(x) = x\mathrm{e}^{-\pi x^2}.$$

与 (9.4-2) 同样的计算可得

$$Z(s,\chi,f) = \Gamma_{\mathbb{R}}(s+1) = L(s,\chi).$$

此时 $\widehat{f} = \mathrm{i}f$, 其中 $\mathrm{i} = \sqrt{-1}$. 所以

$$Z(1-s,\chi^{-1},\widehat{f}) = \mathrm{i}Z(1-s,\chi^{-1},f) = \mathrm{i}L(1-s,\chi^{-1}),$$

由此知
$$\epsilon(s,\chi,\psi) = \mathrm{i}.$$

(2) $F = \mathbb{C}$. 此时 $\mathrm{d}z = 2\mathrm{d}x\mathrm{d}y$, $|z| = z\bar{z}$, $\mathrm{d}^\times z = \dfrac{\mathrm{d}z}{|z|} = \dfrac{2\mathrm{d}x\mathrm{d}y}{x^2+y^2}$. 若采用极坐标 $z = r\mathrm{e}^{\mathrm{i}\theta}$, 则 $\mathrm{d}^\times z = \dfrac{2}{r}\mathrm{d}r\mathrm{d}\theta$. 我们只需要考虑酉特征 $\chi(z) = z^{-a}|z|^{a/2}$ 或 $\chi(z) = \bar{z}^{-a}|z|^{a/2}$ 即可, 其中 $a \geqslant 0$.

- 当 $\chi(z) = z^{-a}|z|^{a/2}$ 时, $\chi^{-1}(z) = \bar{z}^{-a}|z|^{a/2}$. 令
$$f(z) = \pi^{-1}z^a\mathrm{e}^{-2\pi|z|}.$$

那么有
$$\begin{aligned}
Z(s,\chi,f) &= \int_{\mathbb{C}^\times} \pi^{-1}\mathrm{e}^{-\pi|z|}|z|^{s+\frac{a}{2}}\,\mathrm{d}^\times z \\
&= \int_0^{2\pi}\int_0^\infty \pi^{-1}\mathrm{e}^{-2\pi r^2}r^{2s+a}\frac{2}{r}\,\mathrm{d}r\mathrm{d}\theta \\
&\xrightarrow{t=2\pi r^2} 2\int_0^\infty \mathrm{e}^{-t}[(2\pi)^{-1}t]^{s+\frac{a}{2}-1}\,\mathrm{d}t \\
&= 2(2\pi)^{-(s+\frac{a}{2})}\Gamma\left(s+\frac{a}{2}\right) \\
&= \Gamma_{\mathbb{C}}\left(s+\frac{a}{2}\right) \\
&= L(s,\chi).
\end{aligned}$$

通过计算可知
$$\widehat{f}(z) = \mathrm{i}^a\pi^{-1}\bar{z}^a\mathrm{e}^{-2\pi|z|},$$
$$Z(1-s,\chi^{-1},\widehat{f}) = \mathrm{i}^a L(1-s,\chi^{-1}).$$

所以
$$\epsilon(s,\chi,\psi) = \mathrm{i}^a.$$

- 当 $\chi(z) = \bar{z}^{-a}|z|^{a/2}$ 时, 令
$$f(z) = \pi^{-1}\bar{z}^a\mathrm{e}^{-2\pi|z|}.$$

同样的计算可得
$$Z(s,\chi,f) = L(s,\chi),$$
$$\widehat{f}(z) = \mathrm{i}^a\pi^{-1}z^a\mathrm{e}^{-2\pi|z|},$$
$$Z(1-s,\chi^{-1},\widehat{f}) = \mathrm{i}^a L(1-s,\chi^{-1}),$$
$$\epsilon(s,\chi,\psi) = \mathrm{i}^a.$$

9.4.4 分布与 zeta 积分

本小节旨在简要介绍如何用分布去理解 zeta 积分, 这是 Weil 的观点. 我们将陈述相关结果, 但不会给出所有证明.

定义 9.4.2 (1) 若 F 是非 Archimedes 域, 则 F 上的**分布**指的是 $\mathcal{S}(F) = C_c^\infty(F)$ 的线性泛函. 记 $\mathcal{D}(F)$ 为 F 上的分布空间.

(2) 若 F 是 Archimedes 域, 则 F 上的**分布**指的是 $C_c^\infty(F)$ 的连续线性泛函; F 上的**温和分布**指的是 $\mathcal{S}(F)$ 的连续线性泛函. 此时记 $\mathcal{D}(F)$ 为温和分布空间.

> **注记 9.4.2** 若 F 是 Archimedes 域, 则嵌入映射 $C_c^\infty(F) \to \mathcal{S}(F)$ 是连续映射, 并且像是稠密的, 所以温和分布都是分布. 在今后的探讨中, 只关注温和分布, 将简称它们为分布, 称 $\mathcal{D}(F)$ 为分布空间, 请加以甄别.

在 $\mathcal{D}(F)$ 上有一些自然的变换. 设 $\lambda \in \mathcal{D}(F)$, $f \in \mathcal{S}(F)$, $\langle \lambda, f \rangle$ 是 $\mathcal{D}(F)$ 和 $\mathcal{S}(F)$ 之间的自然配对.

- 乘法群 $F^\times$ 可作用在 $\mathcal{D}(F)$ 上, 定义为
$$\langle r(a)\lambda, f \rangle := \langle \lambda, f^{a^{-1}} \rangle,\ a \in F^\times.$$

- $\mathcal{S}(F)$ 上的 Fourier 变换诱导了 $\mathcal{D}(F)$ 上的 Fourier 变换, 定义为
$$\langle \widehat{\lambda}, f \rangle := \langle \lambda, \widehat{f} \rangle.$$

- 若 $F = \mathbb{R}$, 有微分作用 D, 定义为
$$\langle D\lambda, f \rangle := -\left\langle \lambda, \frac{\partial}{\partial x} f \right\rangle.$$

- 若 $F = \mathbb{C}$, 有微分作用 D 和 $\overline{D}$, 定义为
$$\langle D\lambda, f \rangle := -\left\langle \lambda, \frac{\partial}{\partial z} f \right\rangle, \quad \langle \overline{D}\lambda, f \rangle := -\left\langle \lambda, \frac{\partial}{\partial \overline{z}} f \right\rangle.$$

定义 9.4.3 对于 $F^\times$ 的特征 χ, 记
$$\mathcal{D}(F)^\chi := \{\lambda \in \mathcal{D}(F) \mid r(a)\lambda = \chi(a)\lambda,\ \forall a \in F^\times\},$$
即 $\mathcal{D}(F)$ 的 χ-特征子空间.

引理 9.4.5 若 $\lambda \in \mathcal{D}(F)^\chi$, 则 $\widehat{\lambda} \in \mathcal{D}(F)^{\chi^{-1}|\cdot|}$.

证明 由引理 9.2.4,
$$\langle \widehat{\lambda}, f^{a^{-1}} \rangle = \langle \lambda, \widehat{f^{a^{-1}}} \rangle = \langle \lambda, |a|(\widehat{f})^a \rangle = \chi^{-1}(a)|a|\langle \lambda, \widehat{f} \rangle = \chi^{-1}(a)|a|\langle \widehat{\lambda}, f \rangle. \quad \square$$

例 9.4.1 我们看两个重要的例子.

(1) 若 $\mathrm{Re}(\chi) > 0$, 则局部 zeta 积分定义了分布 $Z(\chi)$:
$$f \longmapsto Z(\chi, f) := \int_{F^\times} f(x)\chi(x) \, \mathrm{d}^\times x.$$

易见
$$Z(\chi) \in \mathcal{D}(F)^\chi.$$

由定理 9.4.1, 存在测试函数 f 使得 $Z(\chi, f) \neq 0$, 所以分布 $Z(\chi)$ 非零.

(2) 若 $\mathrm{Re}(\chi) < 1$, 则 $\mathrm{Re}(\chi^{-1}|\cdot|) > 0$, 此时局部 zeta 积分定义了非零分布 $Z(\chi^{-1}|\cdot|)$. 由引理 9.4.5, Fourier 变换
$$\widehat{Z}(\chi^{-1}|\cdot|) \in \mathcal{D}(F)^\chi.$$

命题 9.4.3 对任意特征 χ, 有
$$\dim \mathcal{D}(F)^\chi \geqslant 1.$$

证明 例 9.4.1 构造了 $\mathcal{D}(F)^\chi$ 中的非零元, 即 $Z(\chi)$ 或 $\widehat{Z}(\chi^{-1}|\cdot|)$, 所以 $\dim \mathcal{D}(F)^\chi \geqslant 1$. $\square$

定理 9.4.2 (局部重数一定理) 对任意特征 χ, 有
$$\dim \mathcal{D}(F)^\chi = 1.$$

当 F 是非 Archimedes 域时, $\mathcal{S}(F) = C_c^\infty(F)$ 相对简单, 且 $\mathcal{D}(F)$ 中不涉及拓扑条件, 此时我们仅给出定理 9.4.2 的证明概要. 当 F 是 Archimedes 域时, 证明的思路大体是相同的, 但需要一些更为细致的分析学考量. 以下假设 F 是非 Archimedes 域, $F^\times$ 的 Haar 测度 $\mathrm{d}^\times x$ 满足 $\mathrm{vol}(\mathcal{O}^\times) = 1$.

乘法群 $F^\times$ 在 F 上的作用有两个轨道, 即 $F^\times$ 和 $\{0\}$, 其中 $F^\times$ 是开轨道. 这促使我们考虑子空间 $C_c^\infty(F^\times) \subset \mathcal{S}(F)$. 在非 Archimedes 域, 有
$$C_c^\infty(F^\times) = \{f \in \mathcal{S}(F) \mid f(0) = 0\}.$$

由对偶性得到正合列
$$0 \longrightarrow \mathcal{D}(F)_0 \longrightarrow \mathcal{D}(F) \longrightarrow \mathcal{D}(F^\times) \longrightarrow 0,$$

其中

- $\mathcal{D}(F^\times) := \mathrm{Hom}(C_c^\infty(F^\times), \mathbb{C})$ 是 $C_c^\infty(F^\times)$ 的对偶空间;
- $\mathcal{D}(F)_0$ 是 $\mathcal{D}(F) \to \mathcal{D}(F^\times)$ 的核, 即
$$\mathcal{D}(F)_0 = \{\lambda \in \mathcal{D}(F) \mid \lambda(f) = 0, \ \forall f \in C_c^\infty(F^\times)\},$$

被称作支集在 **0 点的分布**.

乘法群 $F^\times$ 自然地作用在上述正合列的各项，并且这些作用是协调的. 考虑 $F^\times$ 作用的 χ-特征子空间，得到正合列

$$0 \longrightarrow \mathcal{D}(F)_0^\chi \longrightarrow \mathcal{D}(F)^\chi \longrightarrow \mathcal{D}(F^\times)^\chi. \tag{9.4-3}$$

引理 9.4.6 对任意特征 χ，有 $\dim \mathcal{D}(F^\times)^\chi = 1$，并且 $\mathcal{D}(F^\times)^\chi$ 由

$$\chi \mathrm{d}^\times x : f \longmapsto \int_{F^\times} f(x) \chi(x) \, \mathrm{d}^\times x$$

生成.

证明 首先注意到对于 $F^\times$ 的任意特征 χ_1 和 χ_2，有同构

$$\mathcal{D}(F^\times)^{\chi_1} \longrightarrow \mathcal{D}(F^\times)^{\chi_2},$$

$$\lambda_1 \longmapsto \lambda_2, \quad \lambda_2(f) := \lambda_1(\chi_1^{-1} \chi_2 f).$$

所以只需证明 $\mathcal{D}(F^\times)^\mathbf{1}$ 由 $\mathrm{d}^\times x : f \mapsto \int_{F^\times} f(x) \, \mathrm{d}^\times x$ 生成. 设 $\lambda \in \mathcal{D}(F^\times)^\mathbf{1}$. 对于 $f \in C_c^\infty(F^\times)$，存在 $m \geqslant 1$ 使得 f 是有限和 $\sum f(a_i) \mathbf{1}_{a_i U_m}$ 的形式. 对于任意陪集 aU_m，都有 $\mathbf{1}_{aU_m} = (\mathbf{1}_{U_m})^{a^{-1}}$，所以 $\lambda(\mathbf{1}_{aU_m}) = \lambda(\mathbf{1}_{U_m})$. 而 $\mathbf{1}_{\mathcal{O}^\times} = \sum_{a_i \in \mathcal{O}^\times / U_m} \mathbf{1}_{a_i U_m}$，所以

$$\lambda(\mathbf{1}_{U_m}) = \frac{1}{[\mathcal{O}^\times : U_m]} \lambda(\mathbf{1}_{\mathcal{O}^\times}) = \mathrm{vol}(U_m) \lambda(\mathbf{1}_{\mathcal{O}^\times}).$$

由此可得

$$\lambda(f) = \lambda(\mathbf{1}_{\mathcal{O}^\times}) \sum f(a_i) \mathrm{vol}(a_i U_m) = \lambda(\mathbf{1}_{\mathcal{O}^\times}) \int_{F^\times} f(x) \, \mathrm{d}^\times x.$$

而 $\lambda(\mathbf{1}_{\mathcal{O}^\times})$ 是与 f 无关的常数，结论得证. □

引理 9.4.7 $\mathcal{D}(F)_0 = \mathbb{C}\delta_0$，其中 $\delta_0(f) := f(0)$.

证明 显然 $\mathcal{D}(F)_0 \supset \mathbb{C} \cdot \delta_0$. 设 $\lambda \in \mathcal{D}(F)_0$，$f \in \mathcal{S}(F)$，则 $f - f(0)\mathbf{1}_\mathcal{O} \in C_c^\infty(F^\times)$，所以 $\lambda(f - f(0)\mathbf{1}_\mathcal{O}) = 0$，即 $\lambda(f) = \lambda(\mathbf{1}_\mathcal{O}) f(0)$. 所以 $\lambda = \lambda(\mathbf{1}_\mathcal{O}) \delta_0$. □

推论 9.4.1 如果 $\chi = \mathbf{1}$，那么 $\mathcal{D}(F)_0^\chi = \mathbb{C}\delta_0$；如果 $\chi \neq \mathbf{1}$，那么 $\mathcal{D}(F)_0^\chi = \{0\}$.

证明 只需注意到 $\mathcal{D}(F)_0^\chi \subset \mathcal{D}(F)_0 = \mathbb{C}\delta_0$，而 $\delta_0 \in \mathcal{D}(F)_0^\mathbf{1}$. □

命题 9.4.4 对任意特征 χ，有 $\dim \mathcal{D}(F)^\chi \leqslant 1$.

证明 由正合列 (9.4-3)、引理 9.4.6、推论 9.4.1 知

$$\dim \mathcal{D}(F)^\chi \leqslant \begin{cases} 1, & \text{若 } \chi \neq \mathbf{1}, \\ 2, & \text{若 } \chi = \mathbf{1}. \end{cases}$$

现在需要证明：如果 $\chi = \mathbf{1}$，那么自然映射

$$\mathcal{D}(F)^\mathbf{1} \longrightarrow \mathcal{D}(F^\times)^\mathbf{1} = \mathbb{C}\mathrm{d}^\times x$$

是零映射. 采用反证法, 假设 $\lambda \in \mathcal{D}(F)^{\mathbf{1}} \mapsto \mathrm{d}^{\times}x \in \mathcal{D}(F^{\times})^{\mathbf{1}}$, 那么

$$\lambda(f) = \int_{F^{\times}} f(x)\mathrm{d}^{\times}x, \quad \forall f \in C_c^{\infty}(F^{\times}).$$

取

$$f = \mathbf{1}_{\mathcal{O}^{\times}} = \mathbf{1}_{\mathcal{O}} - \mathbf{1}_{\varpi\mathcal{O}} = \mathbf{1}_{\mathcal{O}} - (\mathbf{1}_{\mathcal{O}})^{\varpi^{-1}}.$$

则 $\lambda(f) = \operatorname{vol}(\mathcal{O}^{\times}) = 1$. 然而又有

$$\lambda(f) = \lambda(\mathbf{1}_{\mathcal{O}}) - \lambda((\mathbf{1}_{\mathcal{O}})^{\varpi^{-1}}) = \lambda(\mathbf{1}_{\mathcal{O}}) - \lambda(\mathbf{1}_{\mathcal{O}}) = 0.$$

矛盾. □

定理 9.4.2 的证明 由命题 9.4.3 和命题 9.4.4 推出. □

我们可以利用定理 9.4.2 建立 zeta 积分的函数方程, 从而得到解析或亚纯延拓. 设 χ 是酉特征. 当 $0 < \operatorname{Re}(s) < 1$ 时, 局部 zeta 积分以及它的 Fourier 变换给出了 $\mathcal{D}(F)^{\chi|\cdot|^s}$ 中的两个非零元 $Z(s,\chi)$ 和 $\widehat{Z}(1-s,\chi^{-1})$. 记

$$Z^0(s,\chi) := \frac{Z(s,\chi)}{L(s,\chi)}, \quad \widehat{Z}^0(1-s,\chi^{-1}) := \frac{\widehat{Z}(1-s,\chi^{-1})}{L(1-s,\chi^{-1})},$$

它们也是 $\mathcal{D}(F)^{\chi|\cdot|^s}$ 中的非零元. 由定理 9.4.2, $Z^0(s,\chi)$ 和 $\widehat{Z}^0(1-s,\chi^{-1})$ 都是 $\mathcal{D}(F)^{\chi|\cdot|^s}$ 的基, 所以 ϵ-因子 $\epsilon(s,\chi,\psi)$ 就是这两个基的比值, 即

$$\epsilon(s,\chi,\psi) = \frac{\widehat{Z}^0(1-s,\chi^{-1})}{Z^0(s,\chi)}.$$

因为 $\widehat{Z}^0(1-s,\chi^{-1},f) \in \mathbb{C}[q^s,q^{-s}]$, 且存在 f 使得 $Z^0(s,\chi,f) = 1$, 所以 $\epsilon(s,\chi,\psi) \in \mathbb{C}[q^s,q^{-s}]$. 同理, 又存在 f 使得 $\widehat{Z}^0(1-s,\chi^{-1},f) = 1$, 所以 $\epsilon(\chi,s)$ 是 $\mathbb{C}[q^s,q^{-s}]$ 中的乘法可逆元, 因此它必须是 aq^{ns} 的形式.

9.5 Zeta 积分: 整体理论

9.5.1 基本结果

设 F 是数域, $\mathbb{A}$ 是它的 adele 环. 又设 $\psi = \prod \psi_v : \mathbb{A}/F \to \mathbb{C}^1$ 是非平凡加法特征, $\mathrm{d}x = \prod \mathrm{d}x_v$ 是 $\mathbb{A}$ 关于 ψ 的自对偶 Haar 测度, $f \mapsto \widehat{f} = \widehat{f}_{\psi,\mathrm{d}x}$ 是对应的 Fourier 变换. 固定 $\mathbb{A}^{\times}$ 的 Haar 测度 $\mathrm{d}^{\times}x = \prod \mathrm{d}^{\times}x_v$.

定义 9.5.1　设 $\chi: \mathbb{A}^\times/F^\times \to \mathbb{C}^\times$ 是酉 Hecke 特征. 对任意 $f \in \mathcal{S}(\mathbb{A})$, 定义**整体 zeta 积分**

$$Z(s,\chi,f) := \int_{\mathbb{A}^\times} f(x)\chi(x)|x|^s \, \mathrm{d}^\times x,$$

其中 $s \in \mathbb{C}$ 为使得积分收敛的复变量.

与局部时一样, 对任意 Hecke 特征 χ, 都可以同样地定义 $Z(s,\chi,f)$, 并能化归至酉特征的情形.

定理 9.5.1　设 χ 是酉 Hecke 特征, 则对任意 $f \in \mathcal{S}(\mathbb{A})$, 有如下结论:

(1) $Z(s,\chi,f)$ 在 $\mathrm{Re}(s) > 1$ 处绝对收敛, 并可以亚纯延拓至复平面.

(2) 若 χ 不是 $|\cdot|^\lambda$ 的形式, 其中 $\lambda \in \mathrm{i}\mathbb{R}$, 则 $Z(s,\chi,f)$ 是复平面上的全纯函数. 若 $\chi = |\cdot|^\lambda$, $\lambda \in \mathrm{i}\mathbb{R}$, 则 $Z(s,\chi,f)$ 在 $s = -\lambda$ 和 $1-\lambda$ 外全纯, 在 $s = -\lambda$ 和 $1-\lambda$ 处最多有单极点, 并且相应的留数是

$$-f(0) \cdot \mathrm{vol}(\mathbb{A}^1/F^\times) \text{ 和 } \widehat{f}(0) \cdot \mathrm{vol}(\mathbb{A}^1/F^\times).$$

(3) 有函数方程

$$Z(s,\chi,f) = Z(1-s,\chi^{-1},\widehat{f}).$$

9.5.2　定理 9.5.1 的证明

收敛性　对于 $Z(s,\chi,f)$ 的绝对收敛性, 只需假设 $f = \bigotimes f_v$, $s \in \mathbb{R}$, 并考察

$$\int_{\mathbb{A}^\times} |f(x)||x|^s \, \mathrm{d}^\times x = \prod_v \int_{F_v^\times} |f_v(x_v)||x_v|_v^s \, \mathrm{d}^\times x_v$$

$$= \prod_v Z(s, \mathbf{1}_v, |f_v|)$$

的收敛性. 对于几乎所有的 v 有 $f_v = \mathbf{1}_{\mathcal{O}_v}$, 此时

$$Z(s, \mathbf{1}_v, |f_v|) = (1 - q_v^{-s})^{-1}.$$

因为对于任意 v, $Z(s, \mathbf{1}_v, |f_v|)$ 在 $s > 0$ 处收敛, 所以只需证明

$$\prod_{v < \infty} (1 - q_v^{-s})^{-1}$$

在 $s > 1$ 处收敛. 设 $[F:\mathbb{Q}] = n$, 则对于任意素数 p,

$$\prod_{v|p} (1 - q_v^{-s})^{-1} \leqslant (1 - p^{-s})^{-n}.$$

所以当 $s > 1$ 时,

$$\prod_{v < \infty} (1 - q_v^{-s})^{-1} \leqslant \prod_p (1 - p^{-s})^{-n} = \left(\sum_{k \geqslant 1} k^{-s}\right)^n < \infty.$$

因此 $Z(s,\chi,f)$ 在 $\mathrm{Re}(s) > 1$ 处绝对收敛. 不难看出 $Z(s,\chi,f)$ 在此区域全纯.

延拓与函数方程 将整体 zeta 积分 $Z(s,\chi,f)$ 分为两部分:

$$Z_0(s,\chi,f) := \int_{|x|<1} f(x)\chi(x)|x|^s \, \mathrm{d}^\times x,$$

$$Z_1(s,\chi,f) := \int_{|x|>1} f(x)\chi(x)|x|^s \, \mathrm{d}^\times x.$$

由 (9.3-1) 可知

$$Z_0(s,\chi,f) = \int_0^1 t^s \chi(t) \int_{\mathbb{A}^1} f(tx)\chi(x) \, \mathrm{d}^*x \, \frac{\mathrm{d}t}{t},$$

$$Z_1(s,\chi,f) = \int_1^\infty t^s \chi(t) \int_{\mathbb{A}^1} f(tx)\chi(x) \, \mathrm{d}^*x \, \frac{\mathrm{d}t}{t}.$$

因为 $Z(s,\chi,f)$ 在 $\mathrm{Re}(s) > 1$ 处绝对收敛, 所以 $Z_0(s,\chi,f)$ 和 $Z_1(s,\chi,f)$ 也在此区域绝对收敛并且全纯. 更进一步, 在 $Z_1(s,\chi,f)$ 的积分区域 $|x| > 1$ 处, $|x|^s$ 的绝对值随着 $\mathrm{Re}(s)$ 的减小而变小, 所以 $Z_1(s,\chi,f)$ 在整个复平面上绝对收敛, 并且是全纯函数.

下面我们分析 $Z_0(s,\chi,f)$. 首先考察积分

$$\int_{\mathbb{A}^1} f(tx)\chi(x) \, \mathrm{d}^*x.$$

因为 $\chi|_{F^\times} = 1$, 所以

$$\int_{\mathbb{A}^1} f(tx)\chi(x) \, \mathrm{d}^*x = \int_{\mathbb{A}^1/F^\times} \left(\sum_{\gamma \in F^\times} f(\gamma tx) \right) \chi(x) \, \mathrm{d}^*x,$$

其中我们仍用 d^*x 记 $\mathbb{A}^1/F^\times$ 的商测度. 因为 $x \in \mathbb{A}^1$, $|t| = t$, 所以由 Poisson 求和 (见推论 9.3.2) 知

$$\sum_{\gamma \in F^\times} f(\gamma tx) = \left(t^{-1} \sum_{\gamma \in F^\times} \widehat{f}(\gamma t^{-1}x^{-1}) \right) + \left(t^{-1}\widehat{f}(0) - f(0) \right).$$

代入 $Z_0(s,\chi,f)$ 得到

$$Z_0(s,\chi,f) = \underbrace{\int_0^1 t^s \chi(t) \int_{\mathbb{A}^1/F^\times} \left(t^{-1} \sum_{\gamma \in F^\times} \widehat{f}(\gamma t^{-1}x^{-1}) \right) \chi(x) \, \mathrm{d}^*x \, \frac{\mathrm{d}t}{t}}_{\text{第一项}} +$$

$$\underbrace{\widehat{f}(0) \int_0^1 t^{s-1}\chi(t) \int_{\mathbb{A}^1/F^\times} \chi(a) \, \mathrm{d}^*x \, \frac{\mathrm{d}t}{t}}_{\text{第二项}} -$$

$$\underbrace{f(0) \int_0^1 t^s \chi(t) \int_{\mathbb{A}^1/F^\times} \chi(a) \, \mathrm{d}^* x \, \frac{\mathrm{d}t}{t}}_{\text{第三项}}.$$

对上式中的第一项进行变量替换 $t \mapsto t^{-1}, x \mapsto x^{-1}$, 可见它等于

$$\int_1^\infty t^{1-s} \chi^{-1}(t) \int_{\mathbb{A}^1/F^\times} \left(\sum_{\gamma \in F^\times} \widehat{f}(\gamma t x) \right) \chi^{-1}(x) \, \mathrm{d}^* x \, \frac{\mathrm{d}t}{t} = Z_1(1-s, \chi^{-1}, \widehat{f}).$$

对于第二项和第三项, 注意到

$$\int_{\mathbb{A}^1/F^\times} \chi(a) \, \mathrm{d}^* x = \begin{cases} \mathrm{vol}(\mathbb{A}^1/F^\times), & \text{若 } \chi|_{\mathbb{A}^1} = \mathbf{1}, \\ 0, & \text{若 } \chi|_{\mathbb{A}^1} \neq \mathbf{1}. \end{cases}$$

对于酉特征 χ, $\chi|_{\mathbb{A}^1} = \mathbf{1} \Leftrightarrow \chi = |\cdot|^\lambda$, 其中 $\lambda \in i\mathbb{R}$.

- 如果 $\chi = |\cdot|^\lambda$, 那么第二项等于

$$\widehat{f}(0) \cdot \mathrm{vol}(\mathbb{A}^1/F^\times) \cdot \int_0^1 t^{s-1+\lambda} \, \frac{\mathrm{d}t}{t} = \widehat{f}(0) \cdot \mathrm{vol}(\mathbb{A}^1/F^\times) \cdot \frac{1}{s-1+\lambda},$$

第三项等于

$$f(0) \cdot \mathrm{vol}(\mathbb{A}^1/F^\times) \cdot \frac{1}{s+\lambda}.$$

此时

$$Z(s, \chi, f) = Z_1(s, \chi, f) + Z_1(1-s, \chi^{-1}, \widehat{f}) - $$
$$\mathrm{vol}(\mathbb{A}^1/F^\times) \left(\widehat{f}(0) \frac{1}{1-s-\lambda} + f(0) \frac{1}{s+\lambda} \right),$$

它是复平面上的亚纯函数, 在 $s = -\lambda$ 和 $1 - \lambda$ 外全纯, 在 $s = -\lambda$ 和 $1 - \lambda$ 处最多有单极点, 并且留数符合结论所述.

- 如果 χ 不是 $|\cdot|^\lambda$ 的形式, 那么

$$Z(s, \chi, f) = Z_1(s, \chi, f) + Z_1(1-s, \chi^{-1}, \widehat{f}),$$

它是复平面上的全纯函数.

无论哪种情形, 都可以看出 $Z(s, \chi, f)$ 满足函数方程

$$Z(s, \chi, f) = Z(1-s, \chi^{-1}, \widehat{f}).$$

9.5.3 L-函数

我们已定义 Hecke 特征 χ 的 L-函数

$$L(s,\chi) = \prod_v L(s,\chi_v).$$

本节将证明它的基本性质，其中的函数方程涉及 ϵ-因子.

定义 9.5.2 ϵ-因子定义为

$$\epsilon(s,\chi) = \prod_v \epsilon(s,\chi_v,\psi_v).$$

引理 9.5.1 $\epsilon(s,\chi)$ 不依赖于 ψ 的选取，是形如 ab^s 的全纯函数，其中 $a \in \mathbb{C}^\times$, $b \in \mathbb{R}_{>0}$.

证明 由命题 9.3.5，非平凡加法特征 $\mathbb{A}/F \to \mathbb{C}^1$ 均为 ψ_a 的形式，其中 $a \in F^\times$. 根据引理 9.4.2，有

$$\frac{\prod \epsilon(s,\chi_v,\psi_{a,v})}{\prod \epsilon(s,\chi_v,\psi_v)} = \prod_v \chi_v(a)|a|_v^{s-\frac{1}{2}} = \chi(a)|a|^{s-\frac{1}{2}} = 1.$$

由定理 9.4.1，每个局部因子 $\epsilon(s,\chi_v,\psi_v)$ 都是 ab^s 的形式，并且对于几乎所有的 v 有 $\epsilon(s,\chi_v,\psi_v) = 1$，所以结论成立. $\square$

定理 9.5.2 设 χ 是酉 Hecke 特征.

(1) $L(s,\chi)$ 在 $\mathrm{Re}(s) > 1$ 处绝对收敛，并可以亚纯延拓至复平面.

(2) 若 χ 不是 $|\cdot|^\lambda$ 的形式，其中 $\lambda \in i\mathbb{R}$，则 $L(s,\chi)$ 是复平面上的全纯函数. 若 $\chi = |\cdot|^\lambda$, $\lambda \in i\mathbb{R}$，则 $L(s,\chi)$ 在 $s = -\lambda$ 和 $1-\lambda$ 外全纯，在 $s = -\lambda$ 和 $1-\lambda$ 处有极点，并且

$$\mathrm{Res}_{s=1-\lambda} L^\infty(s,\chi) = \frac{2^{r_1}(2\pi)^{r_2} h_F R_F}{w_F \sqrt{\Delta_F}},$$

其中 r_1 是 F 的实素位的个数，r_2 是复素位的个数，h_F 是 F 的类数，R_F 是 F 的调控子，$w_F = |\mu_F|$.

(3) 有函数方程

$$L(s,\chi) = \epsilon(s,\chi) L(1-s,\chi^{-1}).$$

证明 对任意素位 v，都存在 $f_v \in \mathcal{S}(F_v)$ 使得 $Z(s,\chi_v,f_v) = L(s,\chi_v)$，并且对于几乎所有的 v 有 $f_v = \mathbf{1}_{\mathcal{O}_v}$. 令 $f = \otimes f_v \in \mathcal{S}(\mathbb{A})$，则 $Z(s,\chi,f) = L(s,\chi)$. 所以由定理 9.5.1，$L(s,\chi)$ 在 $\mathrm{Re}(s) > 1$ 处绝对收敛，可以亚纯延拓至复平面. 并且若 χ 不是 $|\cdot|^\lambda$ 的形式，则 $L(s,\chi)$ 是复平面上的全纯函数；若 $\chi = |\cdot|^\lambda$，则 $L(s,\chi)$ 在 $s = -\lambda$ 和 $1-\lambda$ 外全纯，在 $s = -\lambda$ 和 $1-\lambda$ 处最多有单极点，并且相应的留数是 $-f(0) \cdot \mathrm{vol}(\mathbb{A}^1/F^\times)$ 和 $\widehat{f}(0) \cdot \mathrm{vol}(\mathbb{A}^1/F^\times)$. 注意

$$L(s,|\cdot|^\lambda) = L(s+\lambda,\mathbf{1}),$$

所以只需计算 $L(s,\mathbf{1})$ 在 $s=1$ 处的留数. 由注记 9.3.4, 有

$$\mathrm{vol}(\mathbb{A}^1/F^\times,\mathrm{d}^\times x)=\frac{2^{r_1}(2\pi)^{r_2}h_F R_F}{w_F}.$$

此时测度 $\mathrm{d}^\times x=\prod \mathrm{d}^\times x_v$ 与计算测试函数时选取的测度相同. 现在我们选取 ψ 为标准加法特征, $\mathrm{d}x=\prod \mathrm{d}x_v$ 为关于 ψ 的自对偶测度. 但这与之前计算测试函数时选取的测度不同, 所以 $\widehat{f}_v$ 需要调整. 下面是使得 $Z(s,\mathbf{1}_v,f_v)=L(s,\mathbf{1}_v)$ 的 f_v 以及它的 Fourier 变换 $\widehat{f}_v$:

- 若 $F_v=\mathbb{R}$, $f_v(x)=\widehat{f}_v(x)=\mathrm{e}^{-\pi x^2}$;
- 若 $F_v=\mathbb{C}$, $f_v(z)=\widehat{f}_v(z)=\pi^{-1}\mathrm{e}^{-2\pi|z|}$;
- 若 F_v 是非 Archimedes 域, $f_v=\mathbf{1}_{\mathcal{O}_v}$, $\widehat{f}_v=\mathrm{vol}(\mathcal{O}_v,\mathrm{d}x_v)\mathbf{1}_{\delta_v^{-1}}=\mathrm{N}(\delta_v)^{-1/2}\mathbf{1}_{\delta_v^{-1}}$

(见引理 9.2.7 及其证明).

所以

$$\widehat{f}(0)=\prod_{\text{复素位}v}\pi^{-1}\prod_{v<\infty}\mathrm{N}(\delta_v)^{-1/2}=\frac{1}{\pi^{r_2}\sqrt{\Delta_F}},$$

进而

$$\mathrm{Res}_{s=1}L(s,\mathbf{1})=\widehat{f}(0)\cdot\mathrm{vol}(\mathbb{A}^1/F^\times)=\frac{2^{r_1+r_2}h_F R_F}{w_F\sqrt{\Delta_F}}.$$

又因为 $\prod_{v\mid\infty}L(1,\mathbf{1})=\pi^{-r_2}$, 所以

$$\mathrm{Res}_{s=1}L^\infty(s,\mathbf{1})=\frac{2^{r_1}(2\pi)^{r_2}h_F R_F}{w_F\sqrt{\Delta_F}}.$$

结论 (1) 和 (2) 成立.

由定理 9.4.1, 有局部 zeta 积分的函数方程

$$\frac{Z(1-s,\chi_v^{-1},\widehat{f}_v)}{L(1-s,\chi_v^{-1})}=\epsilon(s,\chi_v,\psi_v)\frac{Z(s,\chi_v,f_v)}{L(s,\chi_v)},$$

从而有

$$\frac{Z(1-s,\chi^{-1},\widehat{f})}{L(1-s,\chi^{-1})}=\epsilon(s,\chi)\frac{Z(s,\chi,f)}{L(s,\chi)}.$$

而又有整体 zeta 积分的函数方程

$$Z(1-s,\chi^{-1},\widehat{f})=Z(s,\chi,f).$$

所以

$$L(s,\chi)=\epsilon(s,\chi)L(1-s,\chi^{-1}).$$

结论 (3) 成立. $\square$

习题

1. 证明引理 9.1.2.
2. 证明引理 9.1.4.
3. 证明引理 9.1.7.
4. 证明命题 9.1.5.
5. 证明引理 9.2.9.
6. 证明推论 9.2.2.
7. 证明引理 9.2.10.
8. 设 $F = \mathbb{Q}$. 对于素数 p, 令

$$a(p) = (1, \cdots, 1, \underbrace{p}_{\text{素位}p}, 1, \cdots) \in \mathbb{A}^\times.$$

证明在子空间拓扑下, $\lim\limits_{p \to \infty} a(p) = 1$, $\lim\limits_{p \to \infty} a(p)^{-1} \neq 1$.

9. 证明 $\mathbb{A}^\times$ 的限制直积拓扑比子空间拓扑要细.
10. 证明引理 9.3.2.
11. 证明引理 9.3.4.

参考文献

[1] M. F. Atiyah, I. G. MacDonald. Introduction to Commutative Algebra. Berkeley: Avalon Publishing, 1994.

[2] J. Ax. Zeros of polynomials over local fields —The Galois action. Journal of Algebra, 1970, 15(3): 417–428.

[3] A. Baker. Linear forms in the logarithms of algebraic numbers. Mathematika, 1966, 13: 204–216.

[4] M. Bhargava. The density of discriminants of quartic rings and fields. Annals of Mathematics, 2005, 162(2): 1031–1063.

[5] N. Bourbaki. Algebra I: Chapters 1–3. Berlin: Springer-Verlag, 1989.

[6] L. Carlitz. Note on irregular primes. Proceedings of the American Mathematical Society, 1954, 5: 329–331.

[7] J. W. S. Cassels, A. Fröhlich. Algebraic number theory. London: Academic Press, 1967.

[8] S. Chowla. An extension of Heilbronn's class-number theorem. The Quarterly Journal of Mathematic, 1934, 5(1): 304–307.

[9] L. Claborn. Every abelian group is a class group. Pacific Journal of Mathematics, 1966, 18(2): 219–222.

[10] H. Cohen, H. W. Lenstra Jr. Heuristics on class groups of number fields// Number theory, Noordwijkerhout 1983. Berlin: Springer, 1984: 33–62.

[11] H. Cohen, J. Martinet. Étude heuristique des groupes de classes des corps de nombres. Journal für die Reine und Angewandte Mathematik, 1990, 404: 39–76.

[12] K. Conrad. A non-free relative integral extension. https://kconrad.math.uconn.edu/blurbs/gradnumthy/notfree.pdf.

[13] K. Conrad. Dedekind's index theorem. https://kconrad.math.uconn.edu/blurbs/gradnumthy/dedekind-index-thm.pdf.

[14] F. Diamond, J. Shurman. A first course in modular forms. New York: Springer, 2005.

[15] G. B. Folland. A course in abstract harmonic analysis. 2nd ed. Boca Raton: CRC Press, 2016.

[16] C. F. Gauss. Disquisitiones arithmeticae. Translated by Arthur A. Clarke. New Haven : Yale University Press, 1966.

[17] Dorian Goldfeld. Gauss's class number problem for imaginary quadratic fields. Bulletin of the American Mathematical Society, 1985, 13 (1): 23–37.

[18] D. M. Goldfeld. The class number of quadratic fields and the conjectures of Birch and Swinnerton-Dyer. Annali della Scuola Normale Superiore di Pisa - Classe di Scienze, 1976, 4(3): 623–663.

[19] B. H. Gross, D. B. Zagier. Heegner points and derivatives of L-series. Inventiones Mathematicae, 1986, 84(2): 225–320.

[20] H. A. Heilbronn. On the class-number in imaginary quadratic fields. Quarterly Journal of Mathematics, 1934, 1: 150–160.

[21] K. Heegner. Diophantische analysis und modulfunktionen. Mathematische Zeitschrift, 1952, 56: 227–253.

[22] K. Iwasawa. Local class field theory. New York: Oxford University Press, 1986.

[23] K. L. Jensen. Om talteoretiske Egenskaber ved de Bernoulliske Tal. Nyt Tidsskrift for Matematik, 1915, 26: 73–83.

[24] R. P. Langlands. Representation theory: its rise and its role in number theory//G. Symposium, D. G. Caldi, G.D Mostow, et al. Proceedings of the Gibbs Symposium. Providence: American Mathematical Society, 1990: 181–210.

[25] R. 朗兰兹. Langlands 纲领和他的数学世界. 季理真, 选文. 黎景辉, 等, 译. 北京: 高等教育出版社, 2018.

[26] H. B. Mann. On integral bases. Proceedings of the American Mathematical Society, 1958, 9: 167– 172.

[27] J. Milnor. Introduction to algebraic K-theory. Princeton: Princeton University Press, 1971.

[28] J. Neukirch. Algebraic number theory. Berlin: Springer, 1999.

[29] M. Ozaki. Construction of maximal unramified p-extensions with prescribed Galois groups. Inventiones Mathematicae, 2011, 183(3): 649–680.

[30] J.-P. Serre. A course in arithmetic. New York: Springer-Verlag, 1973.

[31] J.-P. Serre. Local fields. New York: Springer-Verlag, 1979.

[32] H. M. Stark. A complete determination of the complex quadratic fields of class-number one. Michigan Mathematical Journal, 1967, 14: 1–27.

[33] J. Tate. Fourier analysis in number fields, and Hecke's zeta-functions//J. W. S. Cassels, A. Fröhlich. Algebraic Number Theory. London: Academic Press, 1967: 305–347.

[34] O. Yahagi. Construction of number fields with prescribed l-class groups. Tokyo Journal of Mathematics, 1978, 1(2): 275–283.

[35] 冯克勤. 代数数论. 哈尔滨: 哈尔滨工业大学出版社, 2018.

[36] 黎景辉. 代数数论. 北京: 高等教育出版社, 2016.

[37] 黎景辉, 冯绪宁. 拓扑群引论. 2 版. 北京: 科学出版社, 2014.

名词索引暨英译

adele 环 (adele ring) 240

Archimedes 赋值 (Archimedean valuation) 158

Borel 测度 (Borel measure) 224

Cauchy 序列 (Cauchy sequence) 108, 170

CM 域 (CM field) 95

Dedekind 整环 (Dedekind domain) 28

Fourier 变换 (Fourier transform) 226, 235, 247

Frobenius 自同构 (Frobenius automorphism) 66

Gauss 和 (Gauss sum) 257

Gram 矩阵 (Gram matrix) 133

Haar 测度 (Haar measure) 225

Hecke 特征 (Hecke character) 252

Hilbert 符号 (Hilbert symbol) 118

idele 群 (idele group) 242

Kransner 引理 (Krasner lemma) 203

LCA 群 (LCA group) 221

LCA 群的短正合列 (short exact sequence of LCA groups) 221

Minkowski 常数 (Minkowski constant) 78

Minkowski 界 (Minkowski bound) 78

Newton 折线 (Newton polygon) 183

Noether 环 (Noetherian ring) 28

Radon 测度 (Radon measure) 224

Schwartz-Bruhat 函数 (Schwartz-Bruhat function) 234, 247

Steinberg 符号 (Steinberg symbol) 123

tame 符号 (tame symbol) 125

Witt 环 (Witt ring) 138

Zariski 拓扑 (Zariski topology) 100

L-函数 (L-function) 252

p-进绝对值 (p-adic absolute value) 106

p-进数 (p-adic number) 102

p-进展开 (p-adic expansion) 102

p-进整数 (p-adic integer) 102

p-进整数环 (ring of p-adic integers) 104

p-进指数赋值 (p-adic exponential valuation) 107

ϵ-因子 (ϵ-factor) 270

B

标准加法特征 (standard additive character) 233, 244

C

差分 (different) 44
超距空间 (ultrametric space) 111
超越数 (transcendental number) 2

D

代数数 (algebraic number) 2
代数整数 (algebraic integer) 2
导子 (conductor) 234, 239
第二阶 K 群 (second K-group) 124
对偶测度 (dual measure) 226
对偶群 (dual group) 222

E

二次模 (quadratic module) 132
二次型 (quadratic form) 132
二次域 (quadratic field) 5

F

反向极限 (inverse limit) 104
范 (norm) 7, 43
非 Archimedes 赋值 (non-Archimedean valuation) 158
非分歧 (unramified) 45
非分歧特征 (unramified character) 238

分布 (distribution) 263
分解群 (decomposition group) 60
分解域 (decomposition field) 60
分裂 (split) 45
分歧 (ramified) 45
分歧指数 (ramification degree) 44
分式理想 (fractional ideal) 30
分式理想的范 (norm of fractional ideal) 43
分圆域 (cyclotomic field) 5
复嵌入 (complex embedding) 16
赋值 (valuation) 158
赋值域 (valuation field) 158

G

高阶分歧群 (higher ramification group) 207, 210
格 (lattice) 84
共轭 (conjugate) 59
惯性 (inert) 45
惯性群 (inertia group) 60
惯性域 (inertia field) 60

J

基本单位 (fundamental unit) 91
基本单位系 (fundamental system of units) 94
基本区域 (fundamental domain) 84
迹 (trace) 7
加法特征 (additive character) 232, 244
紧开拓扑 (compact-open topology) 222
局部 ϵ-因子 (local ϵ-factor) 253
局部 L-因子 (local L-factor) 239
局部 zeta 积分 (local zeta integral) 253

局部化 (localization) 36
局部紧交换群 (locally compact abelian group) 221
局部紧空间 (locally compact space) 175
局部紧群 (locally compact group) 221
局部域 (local field) 175
绝对值 (absolute value) 242
均衡基 (aligned basis) 14

K

可乘集 (multiplicative set) 36
可分解 (factorizable) 247

L

类群 (class group) 33
类数 (class number) 78
离散赋值 (discrete valuation) 163
离散赋值环 (discrete valuation ring) 164
理想的范 (norm of ideal) 42
理想类群 (ideal class group) 33
理想群 (ideal group) 33
零序列 (null sequence) 108, 170

M

迷向元素 (isotropic element) 134
幂元基 (power basis) 17

P

判别式 (discriminant) 13, 16
谱 (spectrum) 100

Q

全实域 (totally real field) 95

全虚域 (totally imaginary field) 95

R

弱逼近定理 (weak approximation theorem) 110

S

商测度 (quotient measure) 226
剩余次数 (residue degree) 45
剩余类域 (residue field) 37
实嵌入 (real embedding) 16
数域 (number field) 5
双曲平面 (hyperbolic plane) 134
素除子 (place) 160
素元 (uniformizer) 163

T

特征 (character) 222
调控子 (regulator) 94
投射极限 (projective limit) 104
拓扑群 (topological group) 221

W

完全分裂 (split completely) 45
完全分歧 (totally ramified) 45
维数 (dimension) 28
温和分布 (tempered distribution) 263

X

限制直积 (restricted product) 227
限制直积拓扑 (restricted product topology) 228
线性不相交 (linearly disjoint) 22

相对差分 (relative different) 56
相对范 (relative norm) 55
相对判别式 (relative discriminant) 56
序子环 (order) 91

Y

酉特征 (unitary character) 222
余体积 (co-volume) 85

Z

整闭 (integrally closed) 4, 5
整闭包 (integral closure) 4
整基 (integral basis) 16
整数环 (ring of integers) 5
整体 zeta 积分 (global zeta integral) 267
整性 (integrality) 2
正规 (normal) 5
指数 (exponent) 238, 252
指数赋值 (exponential valuation) 162
主分式理想 (principal fractional ideal) 30
自对偶测度 (self-dual measure) 236
最大公因子 (greatest common divisor) 33
最小公倍 (least common multiple) 33

郑重声明

高等教育出版社依法对本书享有专有出版权。任何未经许可的复制、销售行为均违反《中华人民共和国著作权法》，其行为人将承担相应的民事责任和行政责任；构成犯罪的，将被依法追究刑事责任。为了维护市场秩序，保护读者的合法权益，避免读者误用盗版书造成不良后果，我社将配合行政执法部门和司法机关对违法犯罪的单位和个人进行严厉打击。社会各界人士如发现上述侵权行为，希望及时举报，我社将奖励举报有功人员。

反盗版举报电话　　（010）58581999　58582371
反盗版举报邮箱　　dd@hep.com.cn
通信地址　　北京市西城区德外大街4号
　　　　　　高等教育出版社知识产权与法律事务部
邮政编码　　100120

读者意见反馈

为收集对教材的意见建议，进一步完善教材编写并做好服务工作，读者可将对本教材的意见建议通过如下渠道反馈至我社。

咨询电话　　400-810-0598
反馈邮箱　　hepsci@pub.hep.cn
通信地址　　北京市朝阳区惠新东街4号富盛大厦1座
　　　　　　高等教育出版社理科事业部
邮政编码　　100029

防伪查询说明

用户购书后刮开封底防伪涂层，使用手机微信等软件扫描二维码，会跳转至防伪查询网页，获得所购图书详细信息。

防伪客服电话　　（010）58582300

图书在版编目（CIP）数据

代数数论 / 程创勋, 张翀编著. -- 北京 : 高等教育出版社, 2025.9. -- ISBN 978-7-04-064905-5

Ⅰ. O156.2

中国国家版本馆 CIP 数据核字第 2025LF3289 号

Daishu Shulun

策划编辑	杨　帆	出版发行	高等教育出版社
责任编辑	胡　颖	社　　址	北京市西城区德外大街 4 号
封面设计	贺雅馨	邮政编码	100120
版式设计	徐艳妮	购书热线	010-58581118
责任校对	高　歌	咨询电话	400-810-0598
责任印制	赵义民	网　　址	http://www.hep.edu.cn
			http://www.hep.com.cn
		网上订购	http://www.hepmall.com.cn
			http://www.hepmall.com
			http://www.hepmall.cn
		印　　刷	北京盛通印刷股份有限公司
		开　　本	787mm×1092mm　1/16
		印　　张	18.75
		字　　数	370 千字
		版　　次	2025 年 9 月第 1 版
		印　　次	2025 年 9 月第 1 次印刷
		定　　价	49.60 元

本书如有缺页、倒页、脱页等质量问题
请到所购图书销售部门联系调换

版权所有　侵权必究
物　料　号　64905-00

数学"101 计划"已出版教材目录

1. 《基础复分析》　　　　　　崔贵珍　高　延
2. 《代数学（一）》　　　　　　李　方　邓少强　冯荣权　刘东文
3. 《代数学（二）》　　　　　　李　方　邓少强　冯荣权　刘东文
4. 《代数学（三）》　　　　　　冯荣权　邓少强　李　方　徐彬斌
5. 《代数学（四）》　　　　　　冯荣权　邓少强　李　方　徐彬斌
6. 《代数学（五）》　　　　　　邓少强　李　方　冯荣权　常　亮
7. 《数学物理方程》　　　　　　雷　震　王志强　华波波　曲　鹏　黄耿耿
8. 《概率论（上册）》　　　　　李增沪　张　梅　何　辉
9. 《概率论（下册）》　　　　　李增沪　张　梅　何　辉
10. 《概率论和随机过程 上册》　林正炎　苏中根　张立新
11. 《概率论和随机过程 下册》　苏中根
12. 《实变函数》　　　　　　　　程　伟　吕　勇　尹会成
13. 《泛函分析》　　　　　　　　王　凯　姚一隽　黄昭波
14. 《数论基础》　　　　　　　　方江学
15. 《基础拓扑学及应用》　　　　雷逢春　杨志青　李风玲
16. 《微分几何》　　　　　　　　黎俊彬　袁　伟　张会春
17. 《最优化方法与理论》　　　　文再文　袁亚湘
18. 《数理统计》　　　　　　　　王兆军　邹长亮　周永道　冯　龙
19. 《数学分析》数字教材　　　　张　然　王春朋　尹景学
20. 《微分方程 II》　　　　　　周蜀林
21. 《数学分析（上册）》　　　　楼红卫　杨家忠　梅加强
22. 《数学分析（中册）》　　　　杨家忠　梅加强　楼红卫
23. 《数学分析（下册）》　　　　梅加强　楼红卫　杨家忠
24. 《微分方程数值解法》　　　　李荣华　李永海　武海军
25. 《数值分析》　　　　　　　　包　刚　杨志坚　李铁香　刘　歆　武海军
26. 《数值线性代数》　　　　　　高卫国　魏　轲　柏兆俊
27. 《复变函数》　　　　　　　　王晓光
28. 《微分方程 I》　　　　　　　柳　彬　肖冬梅　张伟年

29.《概率论与随机过程（上册）》	陈大岳	任艳霞	章复熹	
30.《数学分析（第一册）》	张 然	翟起龙	段 犇	尹景学
31.《数学分析（第二册）》	张 然	王 蕊	翟起龙	王春朋
32.《数学分析（第三册）》	王春朋	王 蕊	吕俊良	段 犇
33.《微分几何》	来米加			
34.《代数数论》	程创勋	张 翀		